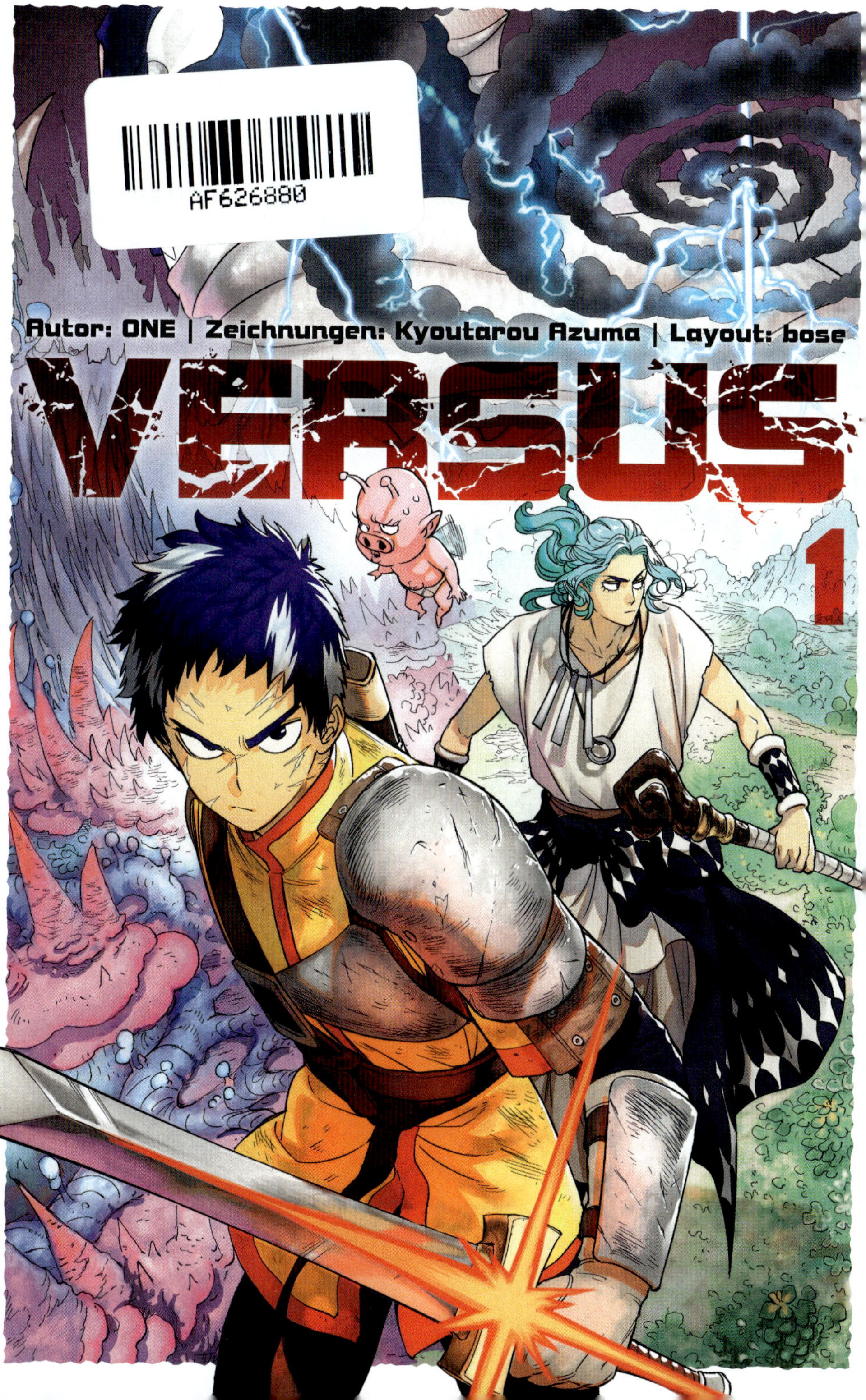
Autor: ONE | Zeichnungen: Kyoutarou Azuma | Layout: bose
VERSUS
1

INHALT

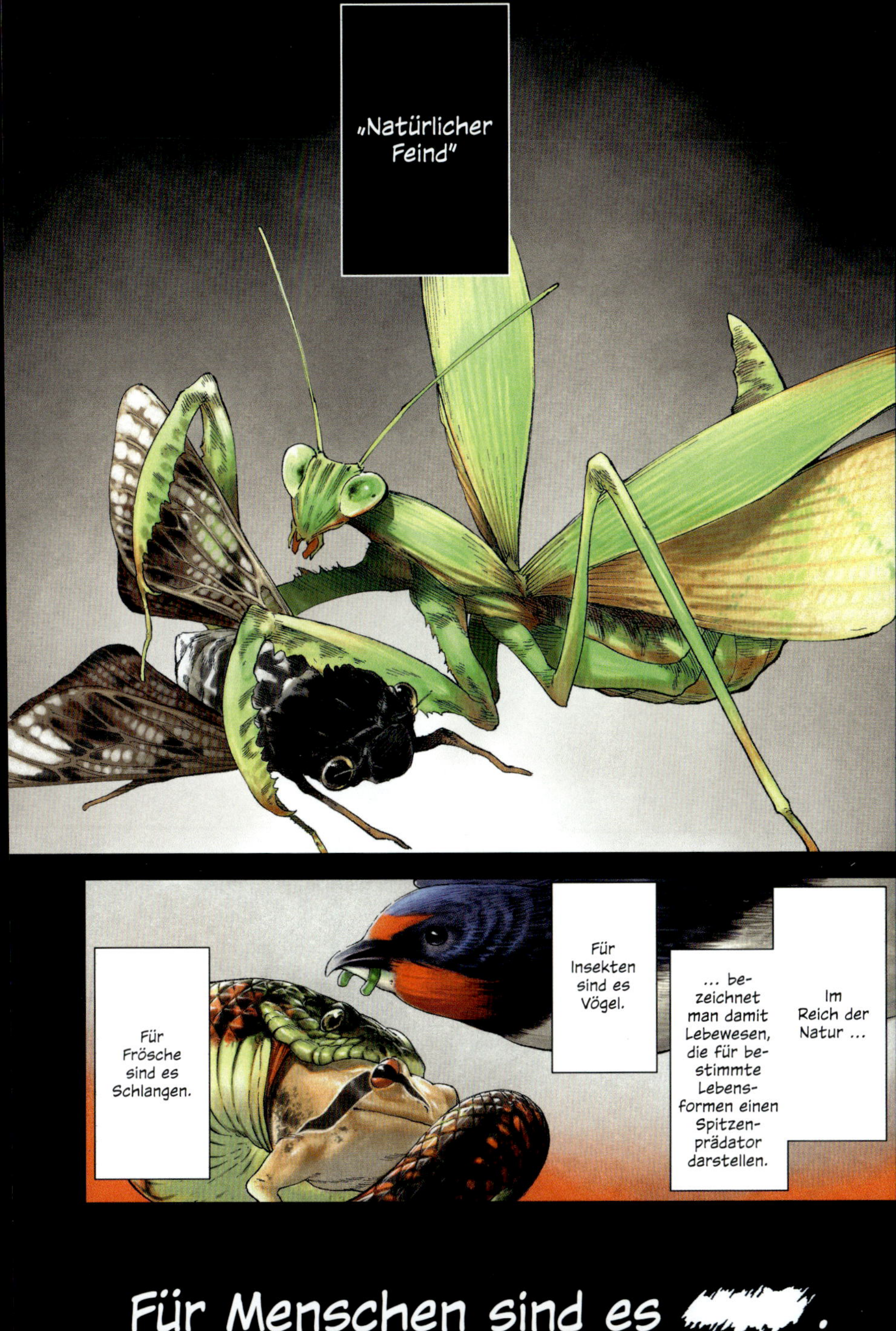
„Natürlicher Feind"
Im Reich der Natur …
… bezeichnet man damit Lebewesen, die für bestimmte Lebensformen einen Spitzenprädator darstellen.
Für Insekten sind es Vögel.
Für Frösche sind es Schlangen.
Für Menschen sind es .

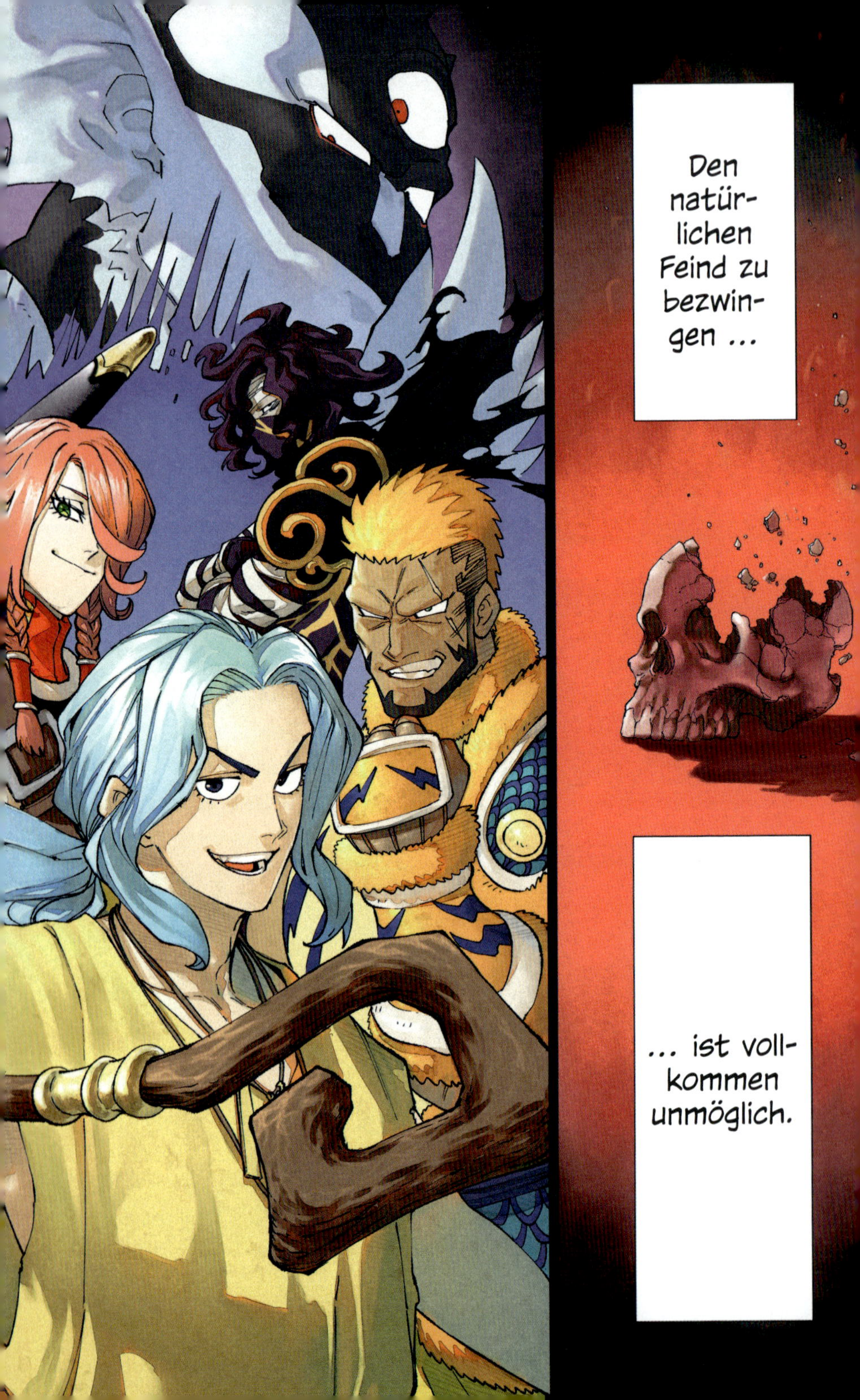
Den natürlichen Feind zu bezwingen ...
... ist vollkommen unmöglich.

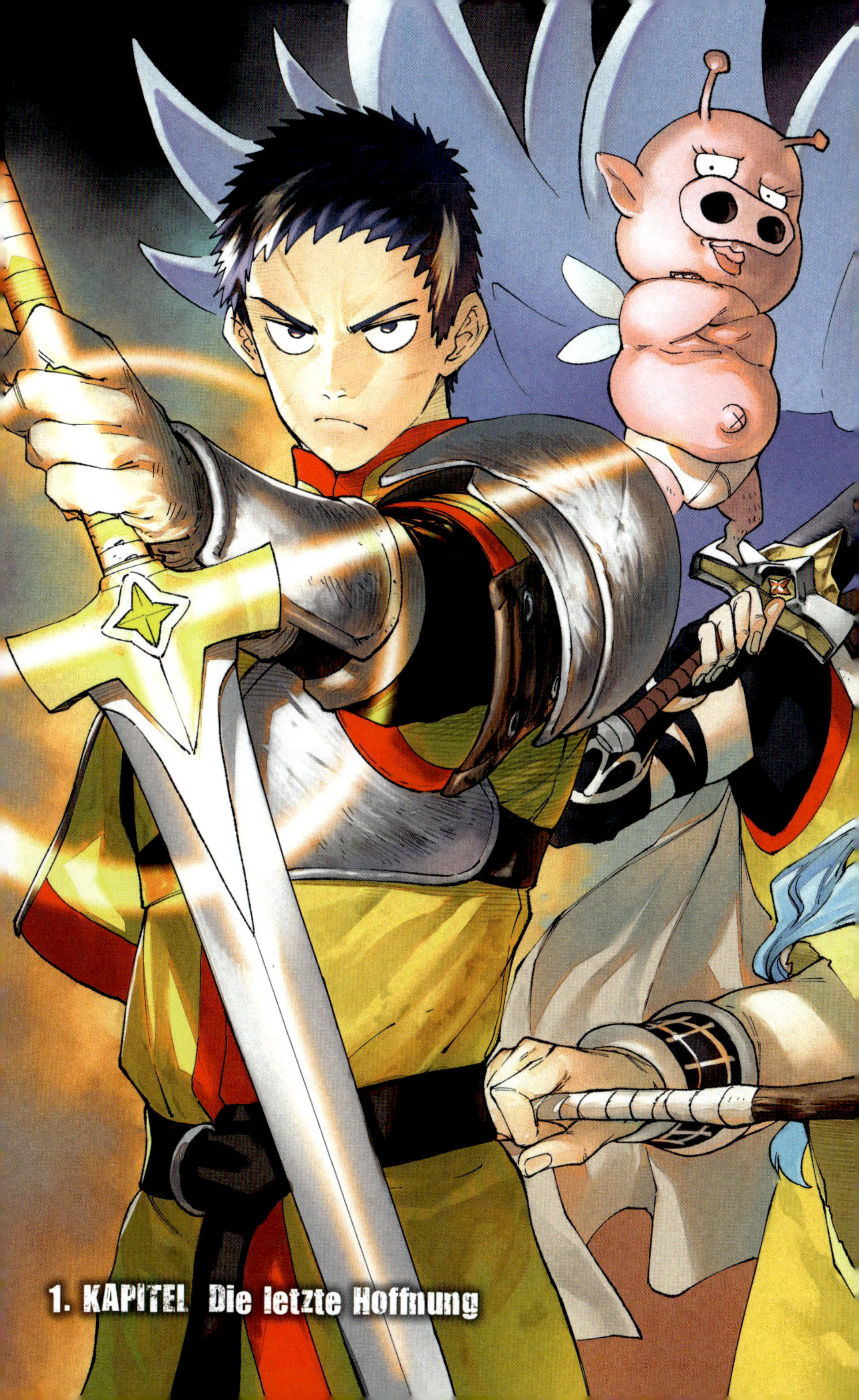

1. KAPITEL Die letzte Hoffnung

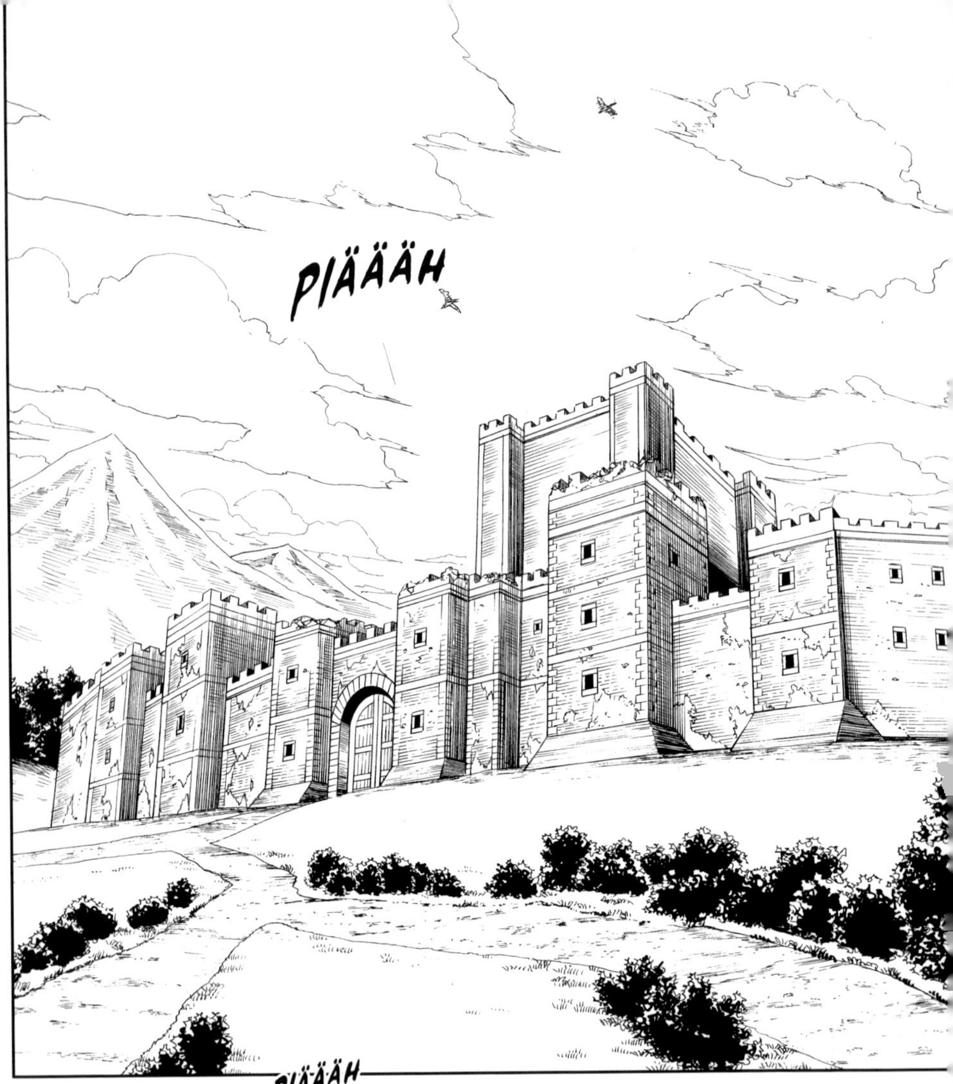
PIÄÄÄH

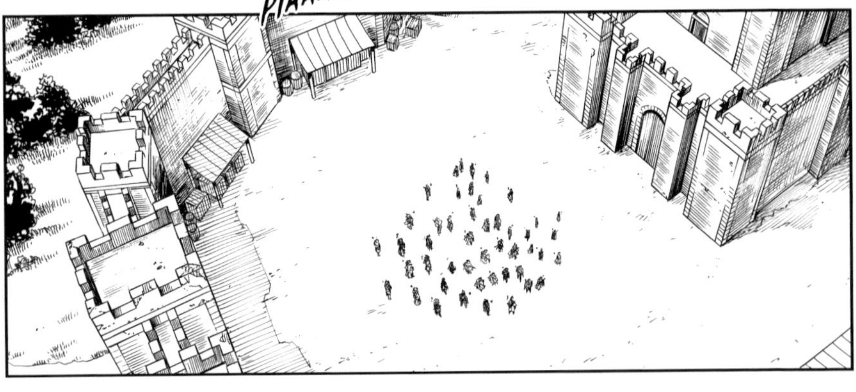
PIÄÄÄH

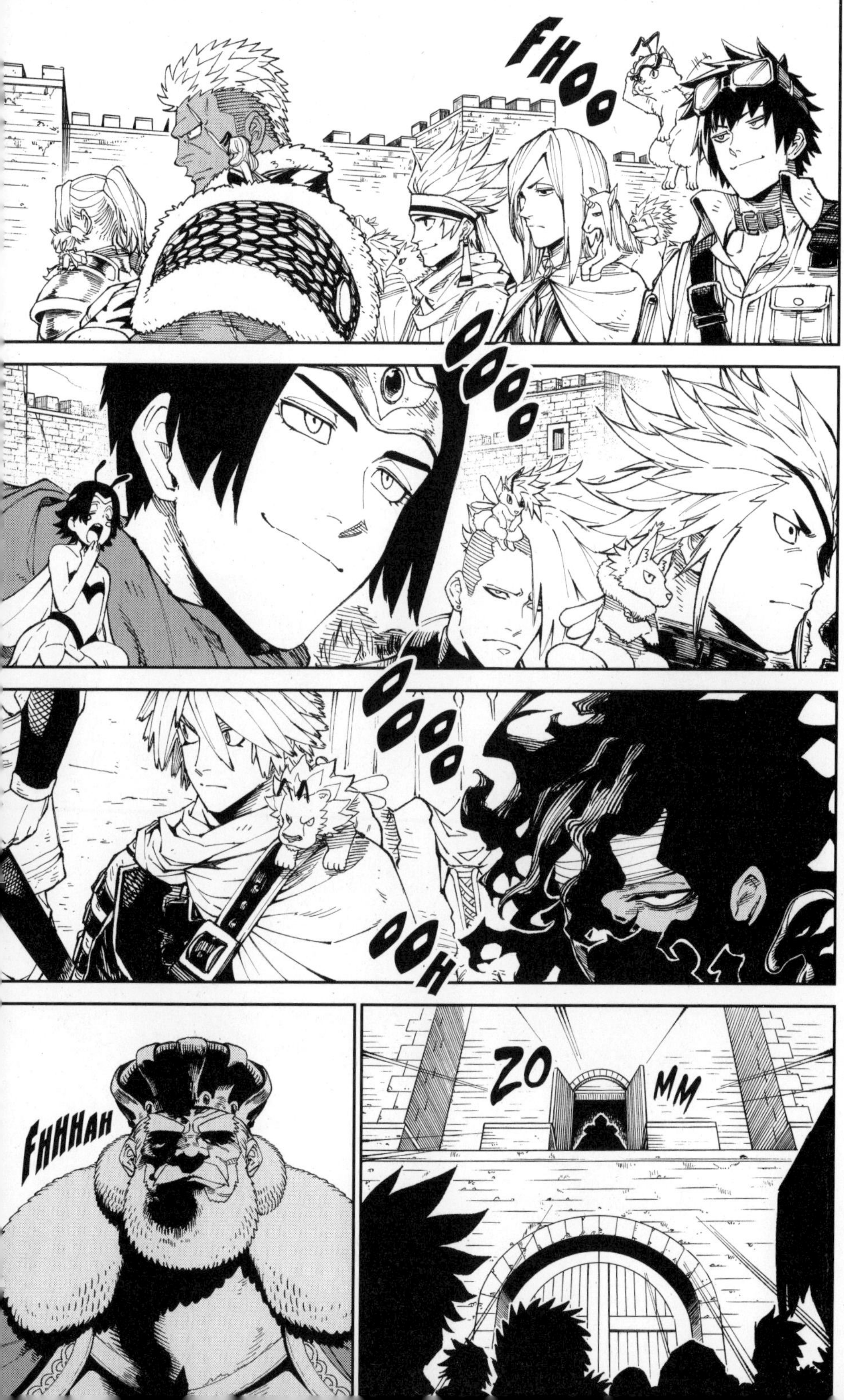

FHOO
OOOO
OOOO
OOH
FHHHAH
ZO
MM

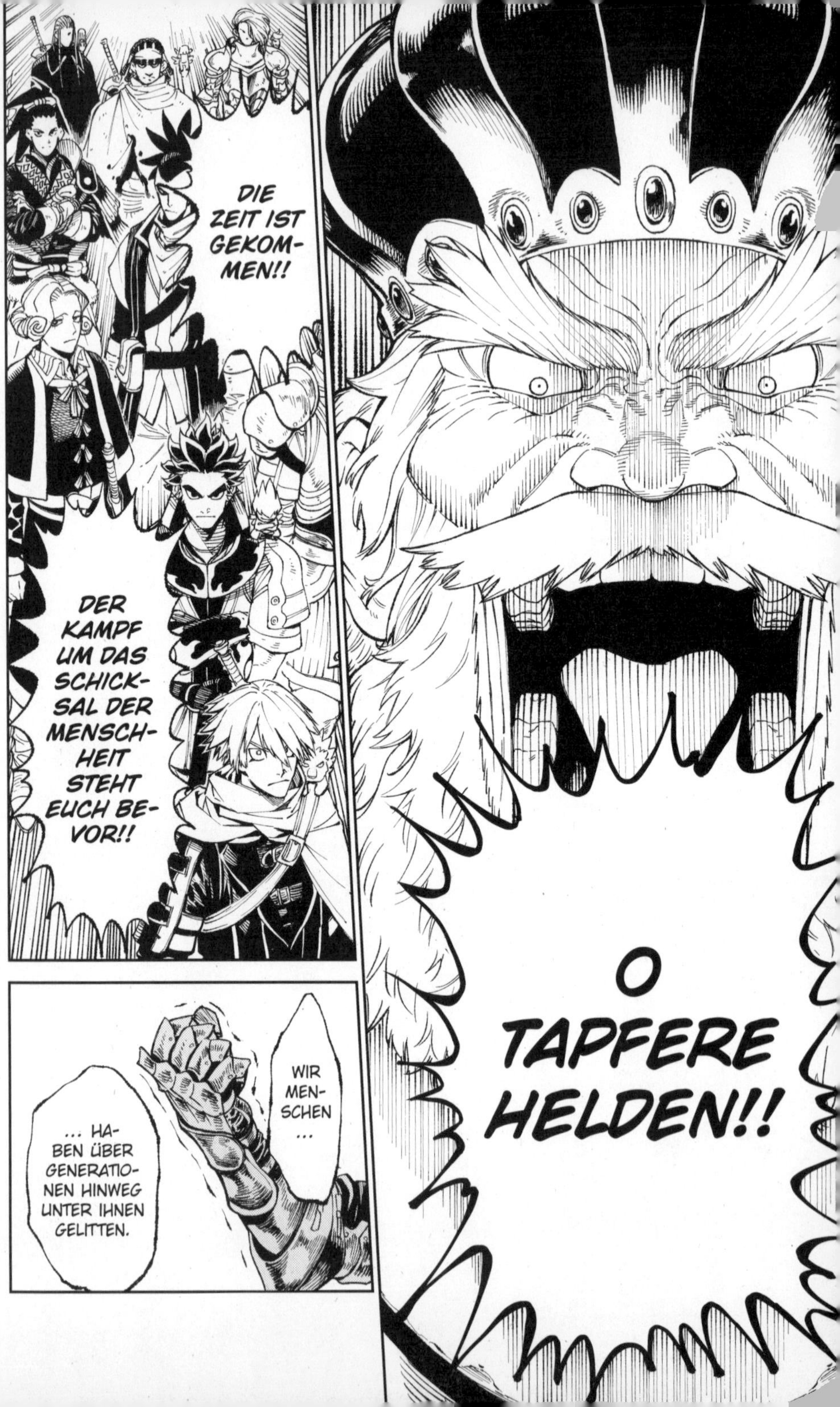
O TAPFERE HELDEN!!
DIE ZEIT IST GEKOMMEN!!
DER KAMPF UM DAS SCHICKSAL DER MENSCHHEIT STEHT EUCH BEVOR!!
WIR MENSCHEN ...
... HABEN ÜBER GENERATIONEN HINWEG UNTER IHNEN GELITTEN.

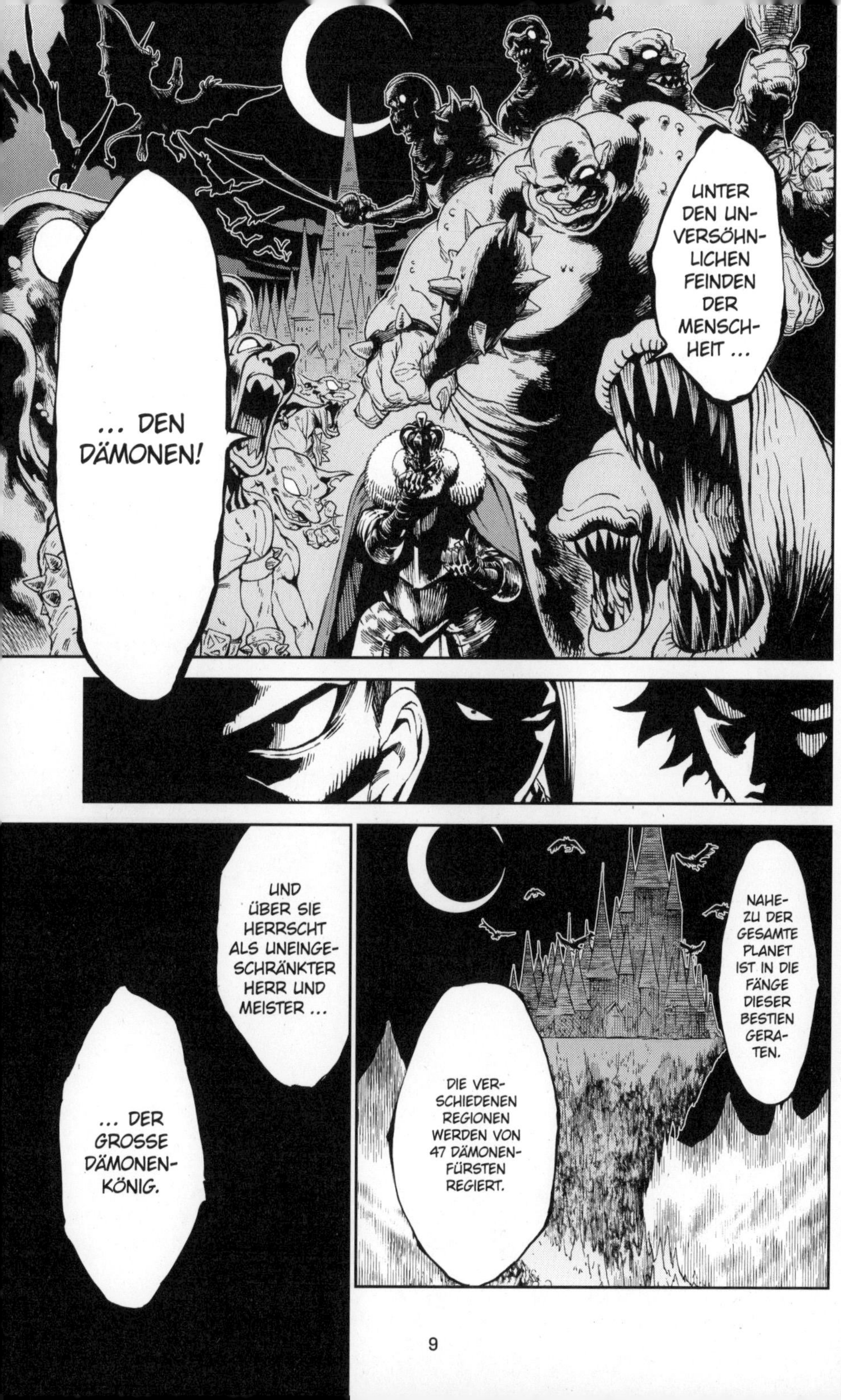
UNTER DEN UN-VERSÖHN-LICHEN FEINDEN DER MENSCH-HEIT …
… DEN DÄMONEN!
NAHE-ZU DER GESAMTE PLANET IST IN DIE FÄNGE DIESER BESTIEN GERA-TEN.
DIE VER-SCHIEDENEN REGIONEN WERDEN VON 47 DÄMONEN-FÜRSTEN REGIERT.
UND ÜBER SIE HERRSCHT ALS UNEINGE-SCHRÄNKTER HERR UND MEISTER …
… DER GROSSE DÄMONEN-KÖNIG.

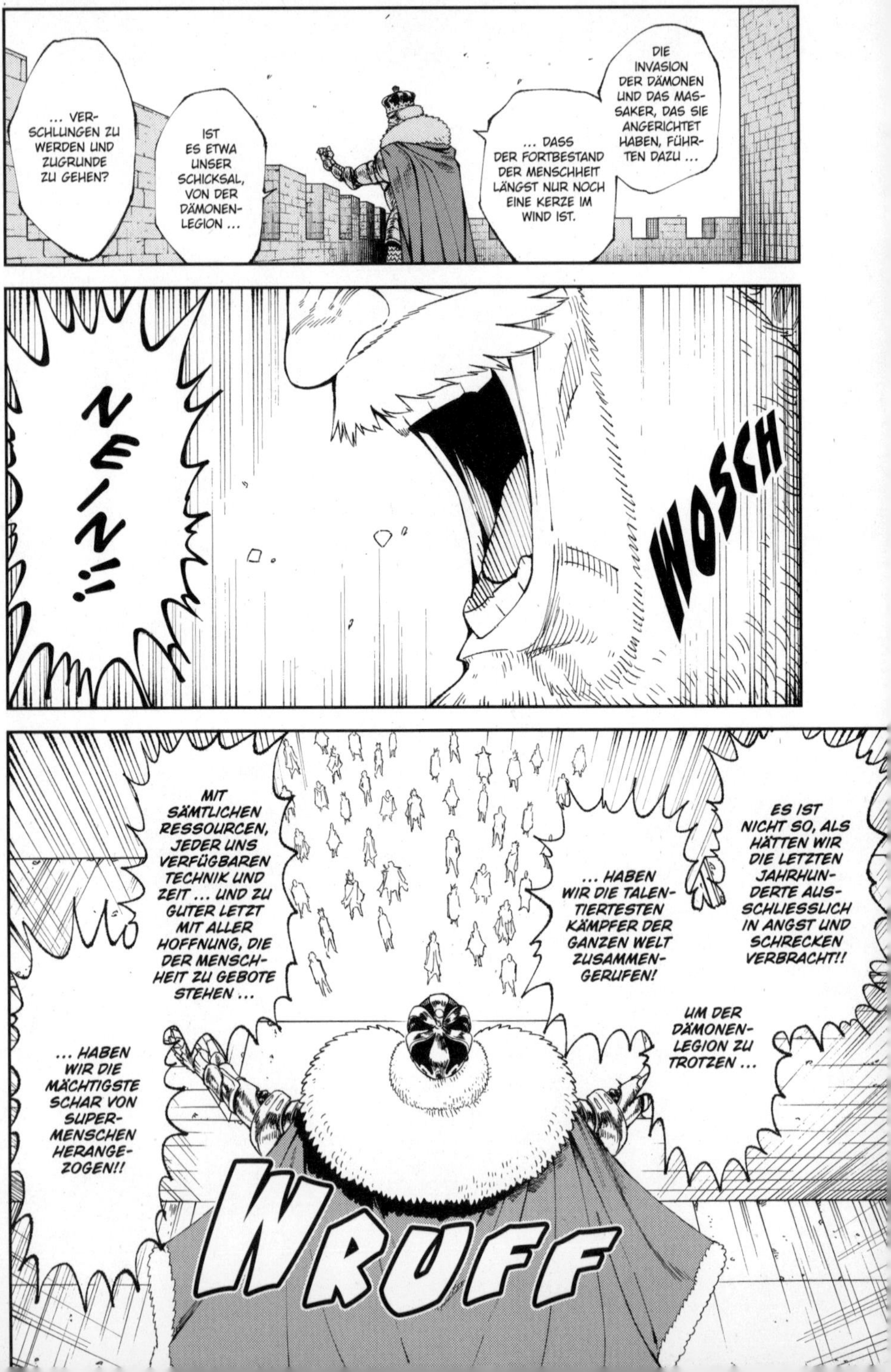
DIE INVASION DER DÄMONEN UND DAS MASSAKER, DAS SIE ANGERICHTET HABEN, FÜHRTEN DAZU …
… DASS DER FORTBESTAND DER MENSCHHEIT LÄNGST NUR NOCH EINE KERZE IM WIND IST.
IST ES ETWA UNSER SCHICKSAL, VON DER DÄMONENLEGION …
… VERSCHLUNGEN ZU WERDEN UND ZUGRUNDE ZU GEHEN?
WOSCH
NEIN!!
ES IST NICHT SO, ALS HÄTTEN WIR DIE LETZTEN JAHRHUNDERTE AUSSCHLIESSLICH IN ANGST UND SCHRECKEN VERBRACHT!!
UM DER DÄMONENLEGION ZU TROTZEN …
… HABEN WIR DIE TALENTIERTESTEN KÄMPFER DER GANZEN WELT ZUSAMMENGERUFEN!
MIT SÄMTLICHEN RESSOURCEN, JEDER UNS VERFÜGBAREN TECHNIK UND ZEIT … UND ZU GUTER LETZT MIT ALLER HOFFNUNG, DIE DER MENSCHHEIT ZU GEBOTE STEHEN …
… HABEN WIR DIE MÄCHTIGSTE SCHAR VON SUPERMENSCHEN HERANGEZOGEN!!
WRUFF

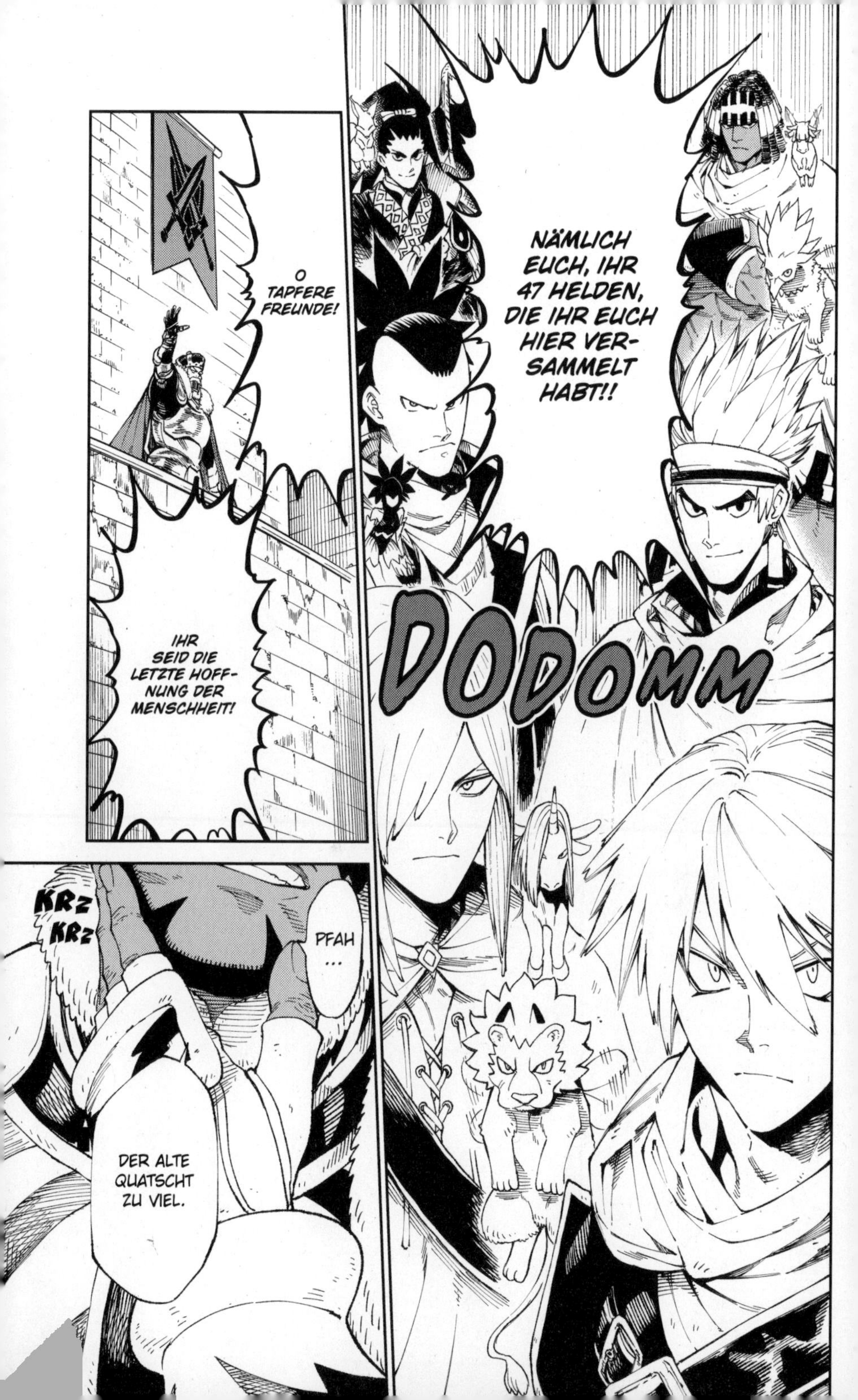
NÄMLICH EUCH, IHR 47 HELDEN, DIE IHR EUCH HIER VERSAMMELT HABT!!
O TAPFERE FREUNDE!
IHR SEID DIE LETZTE HOFFNUNG DER MENSCHHEIT!
DODOMM
PFAH …
KRZ KRZ
DER ALTE QUATSCHT ZU VIEL.

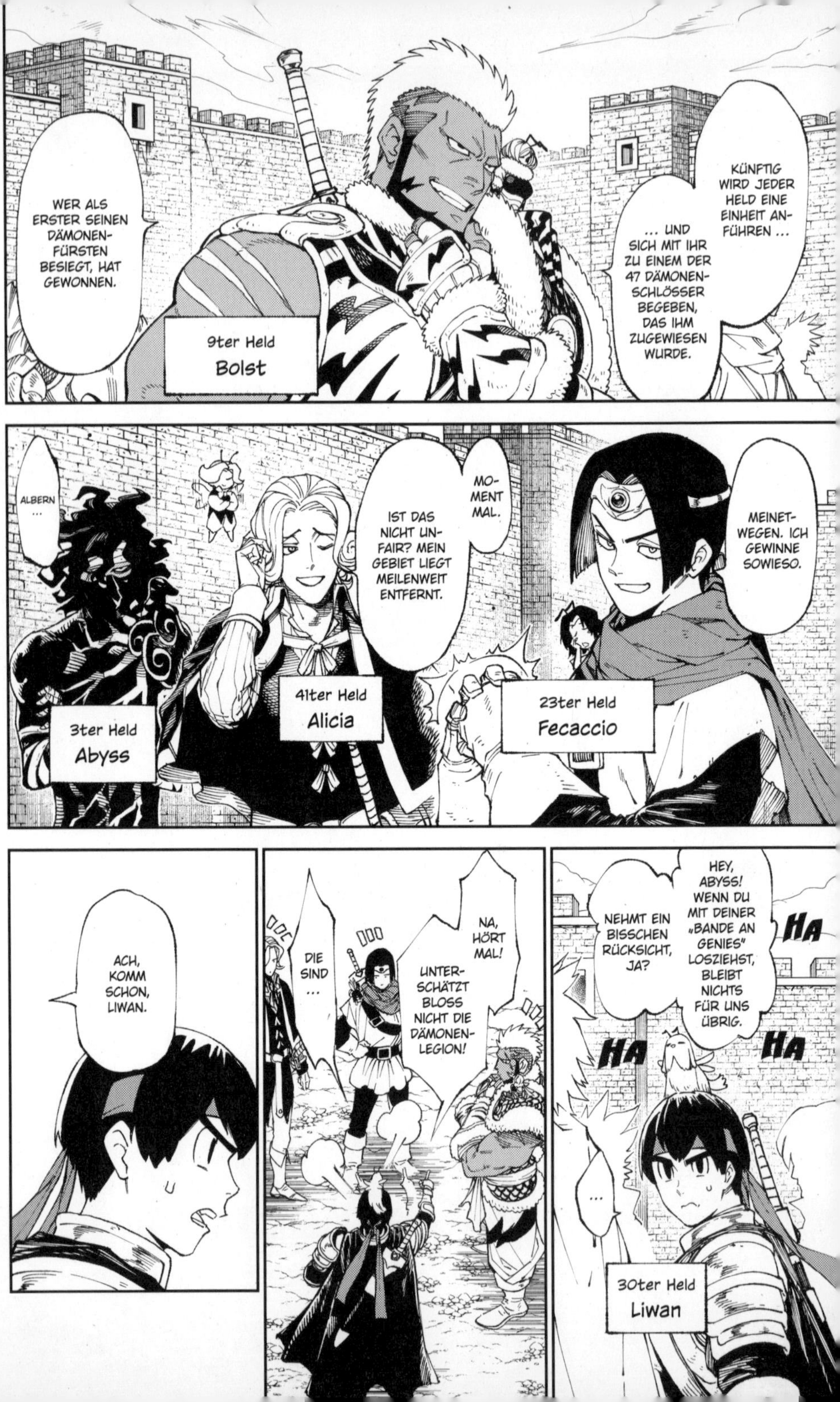
KÜNFTIG WIRD JEDER HELD EINE EINHEIT ANFÜHREN …
… UND SICH MIT IHR ZU EINEM DER 47 DÄMONENSCHLÖSSER BEGEBEN, DAS IHM ZUGEWIESEN WURDE.
WER ALS ERSTER SEINEN DÄMONENFÜRSTEN BESIEGT, HAT GEWONNEN.
9ter Held Bolst
MEINETWEGEN. ICH GEWINNE SOWIESO.
23ter Held Fecaccio
MOMENT MAL.
IST DAS NICHT UNFAIR? MEIN GEBIET LIEGT MEILENWEIT ENTFERNT.
41ter Held Alicia
ALBERN …
3ter Held Abyss
HEY, ABYSS! WENN DU MIT DEINER „BANDE AN GENIES" LOSZIEHST, BLEIBT NICHTS FÜR UNS ÜBRIG.
NEHMT EIN BISSCHEN RÜCKSICHT, JA?
HA
HA
HA
…
30ter Held Liwan
NA, HÖRT MAL!
UNTERSCHÄTZT BLOSS NICHT DIE DÄMONENLEGION!
DIE SIND …
ACH, KOMM SCHON, LIWAN.

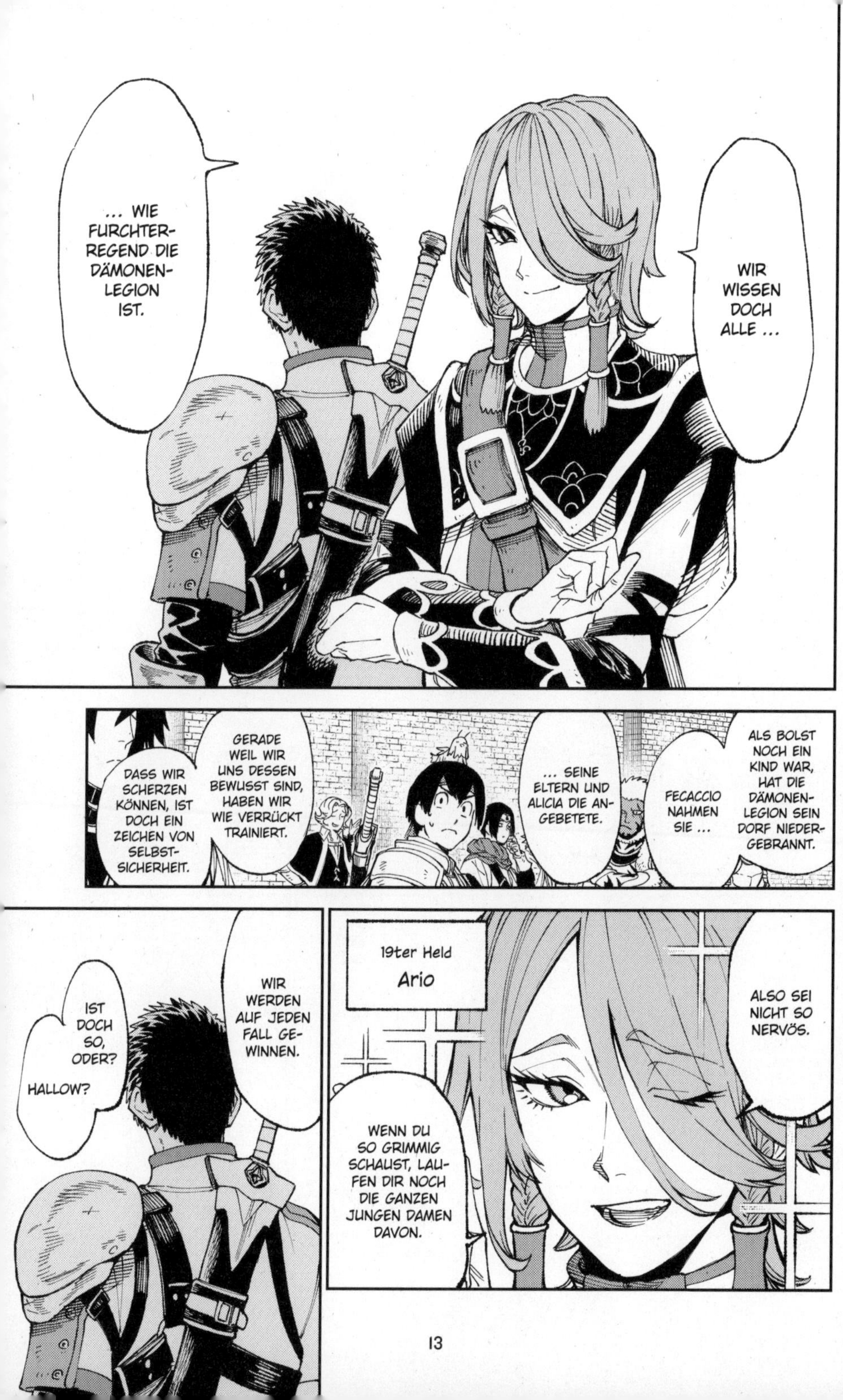
WIR WISSEN DOCH ALLE ...
... WIE FURCHTER-REGEND DIE DÄMONEN-LEGION IST.
ALS BOLST NOCH EIN KIND WAR, HAT DIE DÄMONEN-LEGION SEIN DORF NIEDER-GEBRANNT.
FECACCIO NAHMEN SIE ...
... SEINE ELTERN UND ALICIA DIE AN-GEBETETE.
GERADE WEIL WIR UNS DESSEN BEWUSST SIND, HABEN WIR WIE VERRÜCKT TRAINIERT.
DASS WIR SCHERZEN KÖNNEN, IST DOCH EIN ZEICHEN VON SELBST-SICHERHEIT.
19ter Held
Ario
ALSO SEI NICHT SO NERVÖS.
WENN DU SO GRIMMIG SCHAUST, LAU-FEN DIR NOCH DIE GANZEN JUNGEN DAMEN DAVON.
WIR WERDEN AUF JEDEN FALL GE-WINNEN.
IST DOCH SO, ODER?
HALLOW?

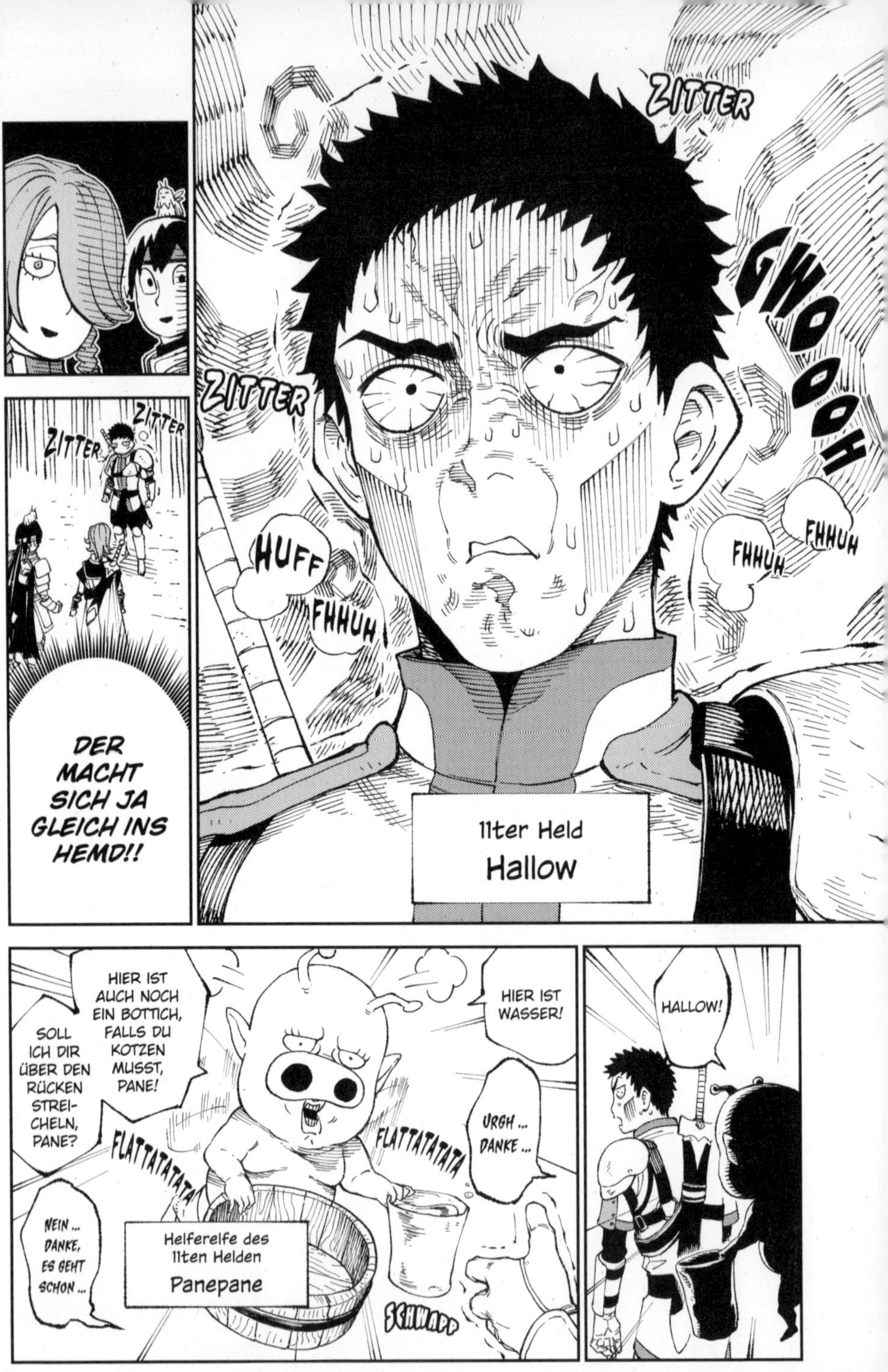
ZITTER
GWOOOH
ZITTER
ZITTER
ZITTER
HUFF
FHHUH
FHHUH
FHHUH
DER MACHT SICH JA GLEICH INS HEMD!!
11ter Held
Hallow
HALLOW!
HIER IST WASSER!
HIER IST AUCH NOCH EIN BOTTICH, FALLS DU KOTZEN MUSST, PANE!
SOLL ICH DIR ÜBER DEN RÜCKEN STREI-CHELN, PANE?
FLATTATATATA
FLATTATATATA
URGH … DANKE …
NEIN … DANKE, ES GEHT SCHON …
Helferelfe des 11ten Helden
Panepane
SCHWAPP

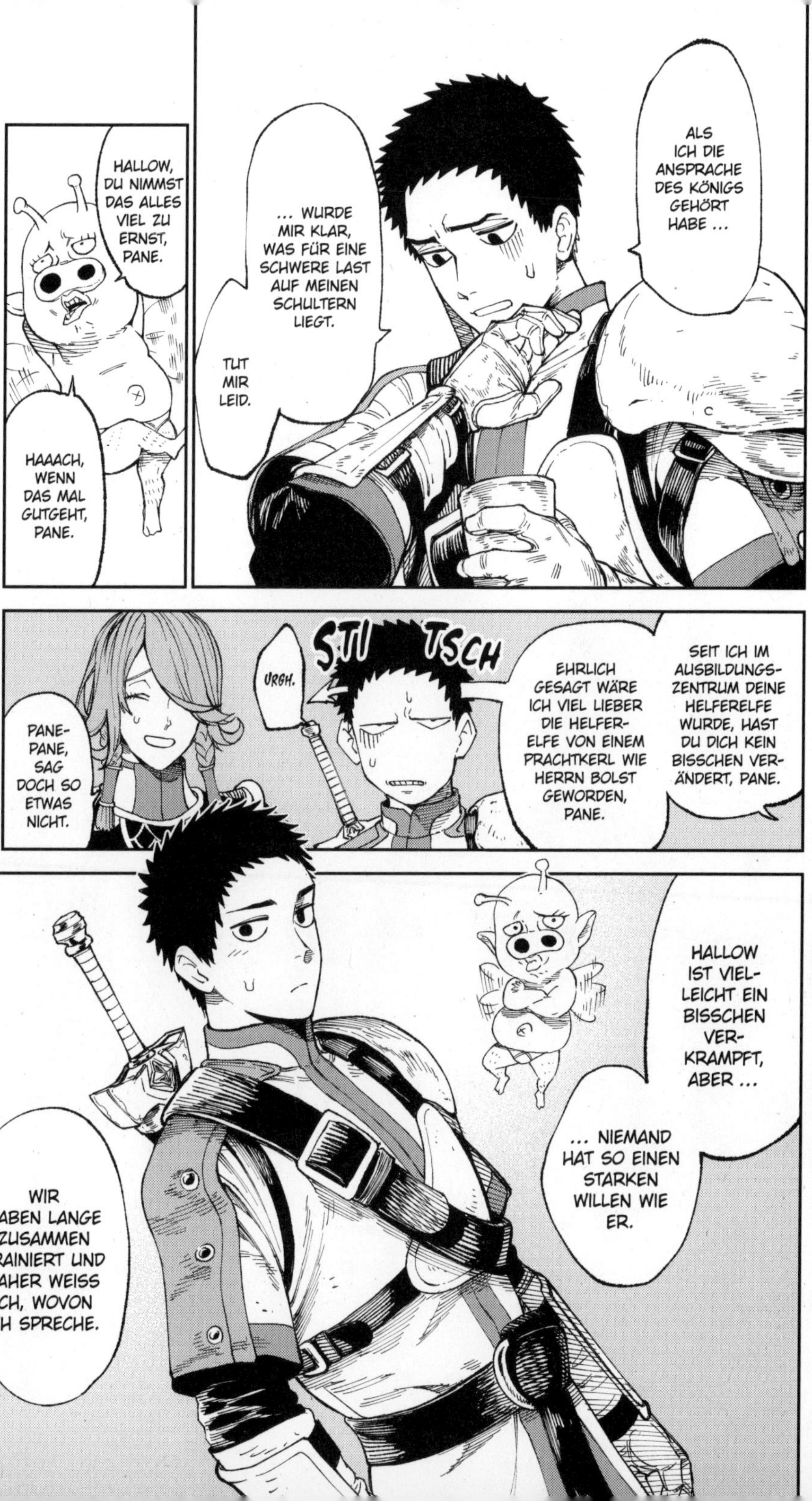
ALS ICH DIE ANSPRACHE DES KÖNIGS GEHÖRT HABE …
… WURDE MIR KLAR, WAS FÜR EINE SCHWERE LAST AUF MEINEN SCHULTERN LIEGT.
TUT MIR LEID.
HALLOW, DU NIMMST DAS ALLES VIEL ZU ERNST, PANE.
HAAACH, WENN DAS MAL GUTGEHT, PANE.
SEIT ICH IM AUSBILDUNGSZENTRUM DEINE HELFERELFE WURDE, HAST DU DICH KEIN BISSCHEN VERÄNDERT, PANE.
EHRLICH GESAGT WÄRE ICH VIEL LIEBER DIE HELFERELFE VON EINEM PRACHTKERL WIE HERRN BOLST GEWORDEN, PANE.
STI TSCH
URGH.
PANE-PANE, SAG DOCH SO ETWAS NICHT.
HALLOW IST VIELLEICHT EIN BISSCHEN VERKRAMPFT, ABER …
… NIEMAND HAT SO EINEN STARKEN WILLEN WIE ER.
WIR HABEN LANGE ZUSAMMEN TRAINIERT UND DAHER WEISS ICH, WOVON ICH SPRECHE.

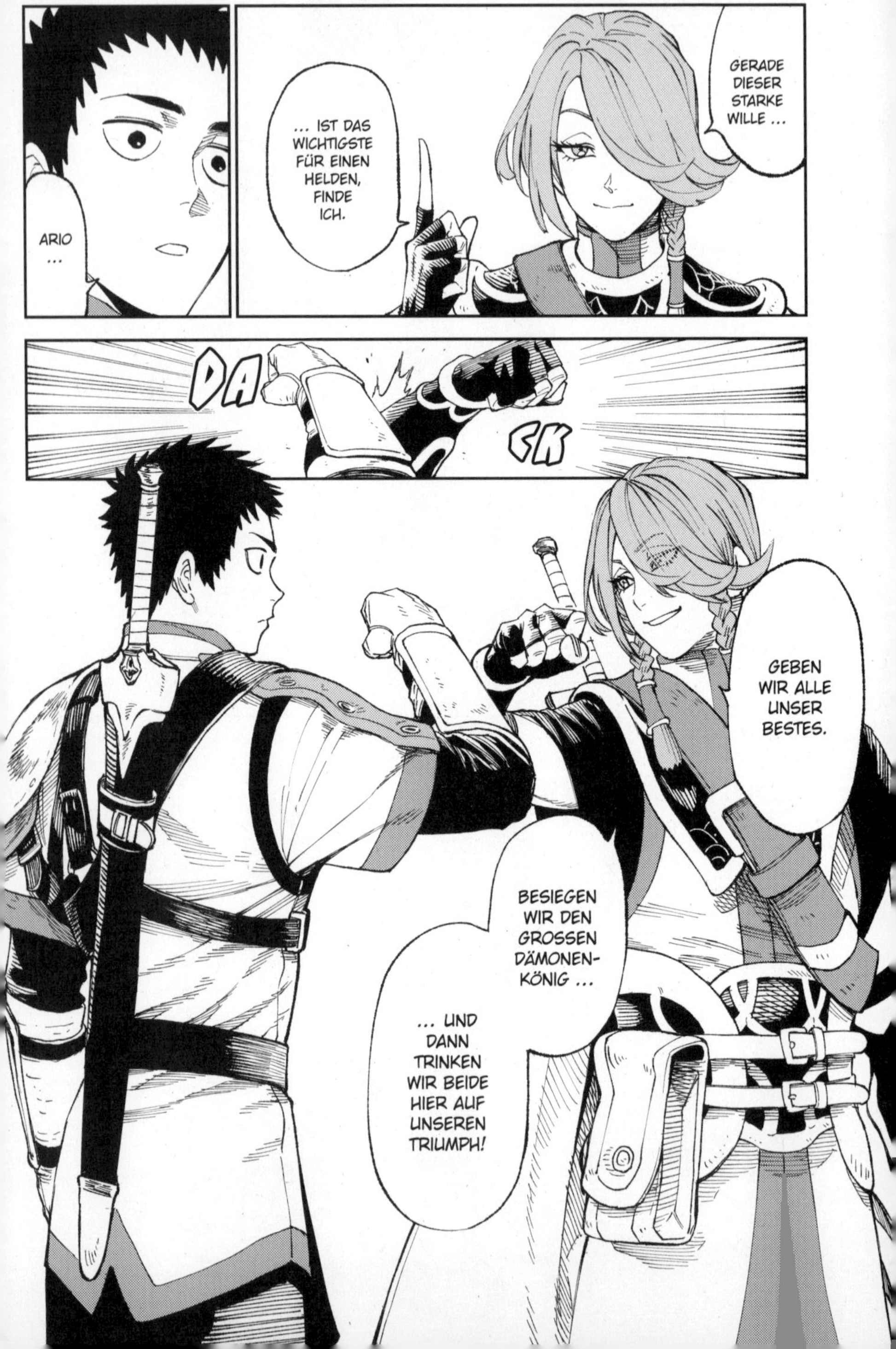
GERADE DIESER STARKE WILLE …
… IST DAS WICHTIGSTE FÜR EINEN HELDEN, FINDE ICH.
ARIO …
DACK
GEBEN WIR ALLE UNSER BESTES.
BESIEGEN WIR DEN GROSSEN DÄMONEN-KÖNIG …
… UND DANN TRINKEN WIR BEIDE HIER AUF UNSEREN TRIUMPH!

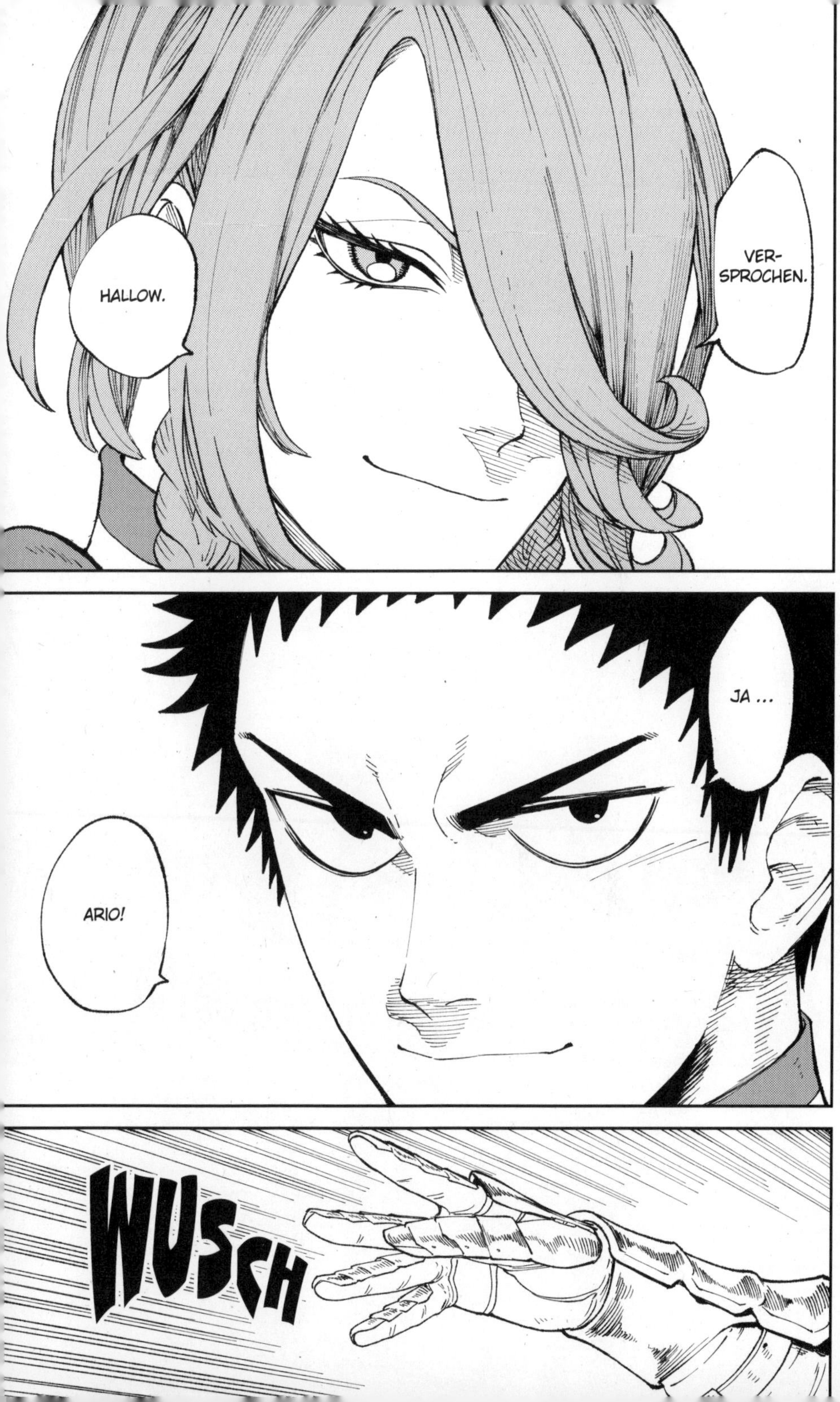
VER-
SPROCHEN.
HALLOW.
JA ...
ARIO!
WUSCH

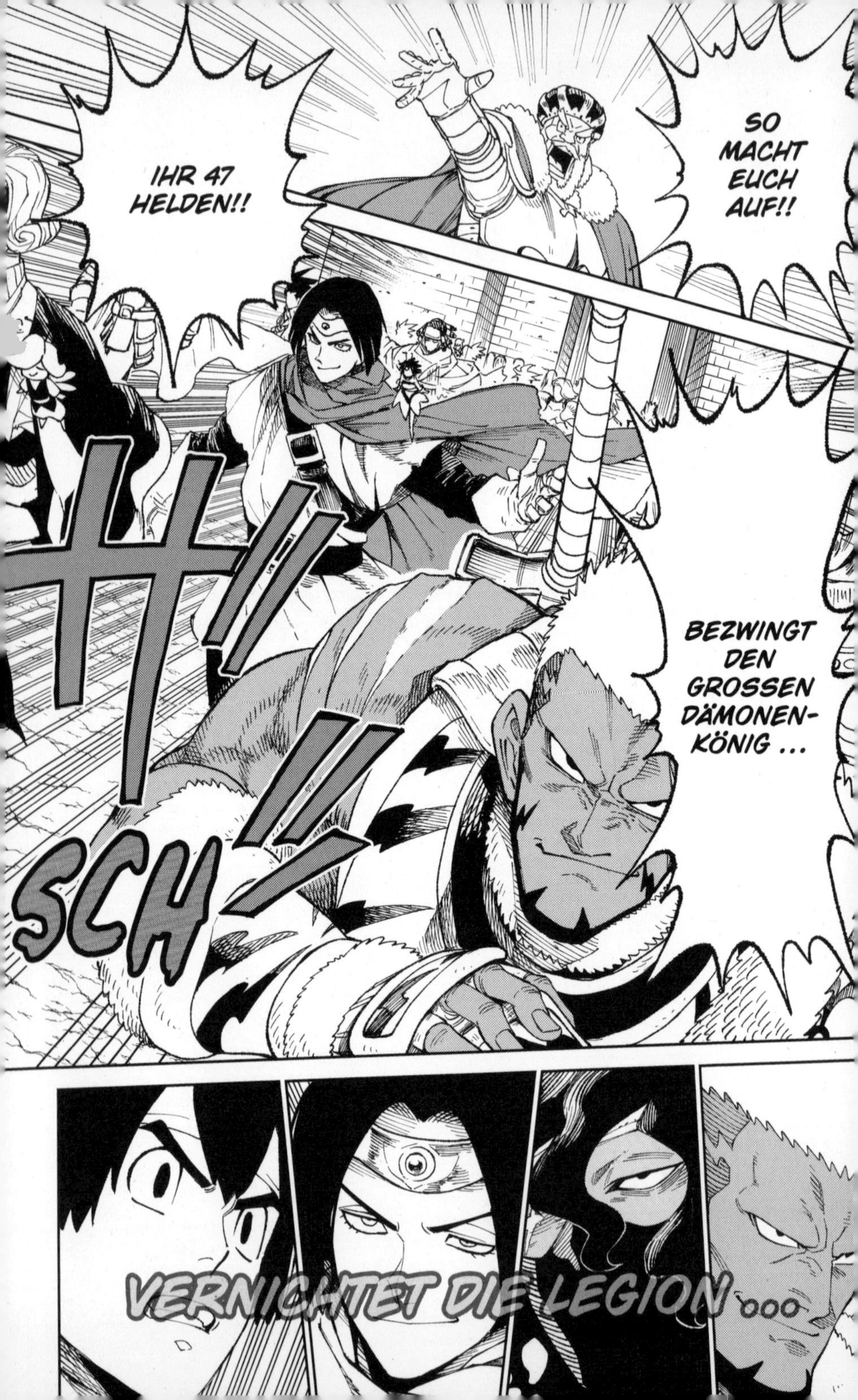
SO MACHT EUCH AUF!!
IHR 47 HELDEN!!
BEZWINGT DEN GROSSEN DÄMONEN-KÖNIG …
SCHH
VERNICHTET DIE LEGION …

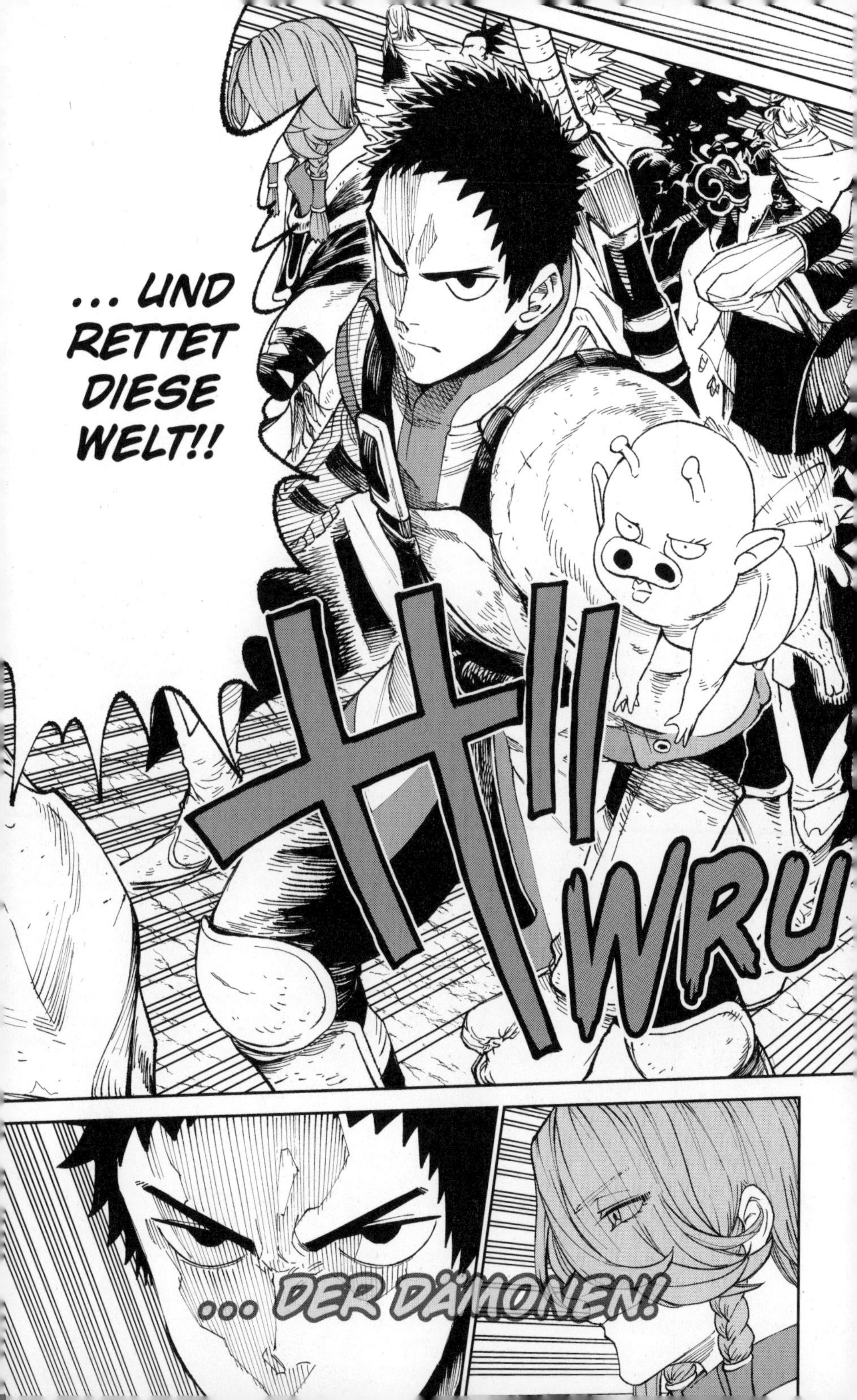
... UND RETTET DIESE WELT!!
WRU
... DER DÄMONEN!

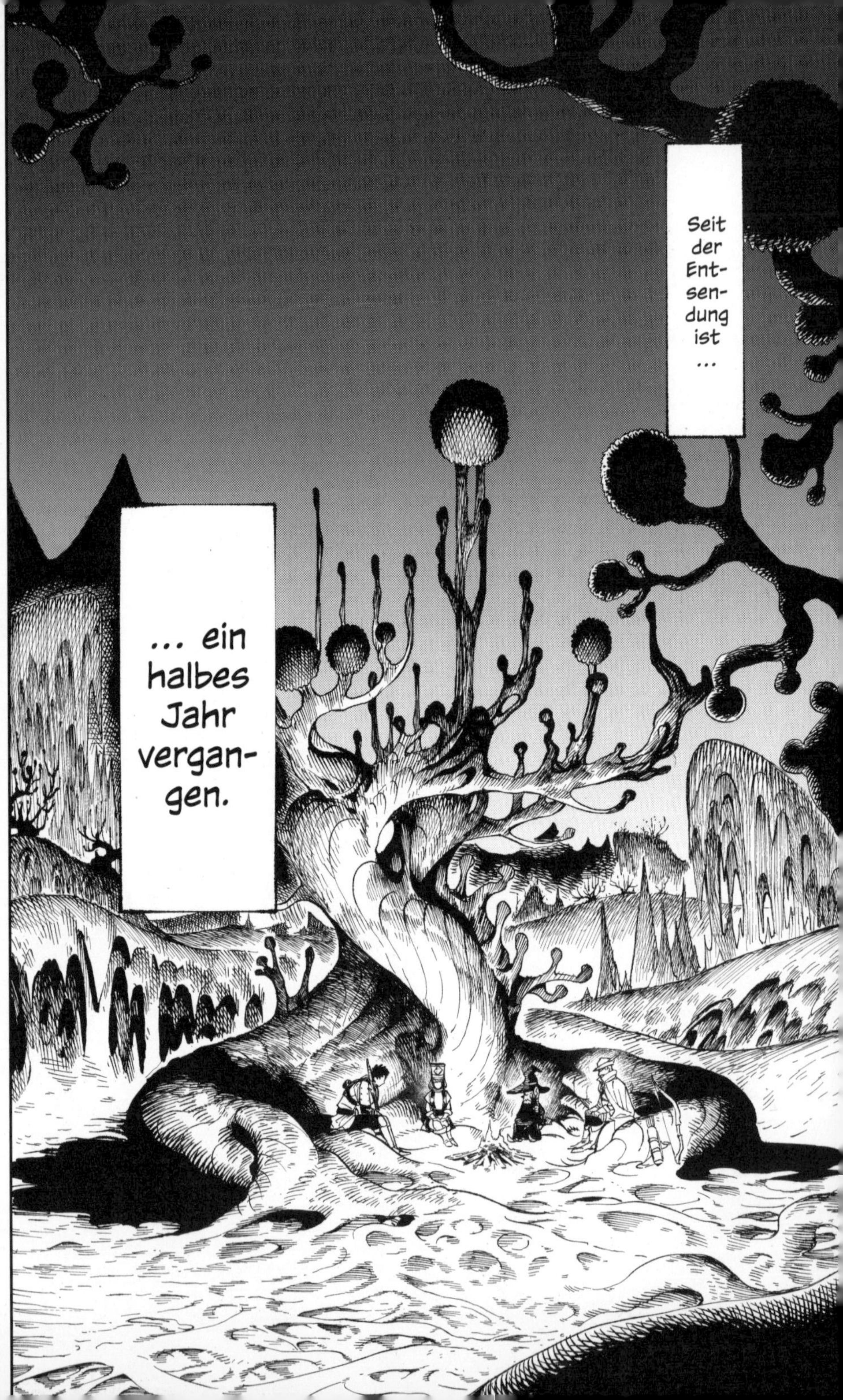
Seit der Entsendung ist ...
... ein halbes Jahr vergangen.

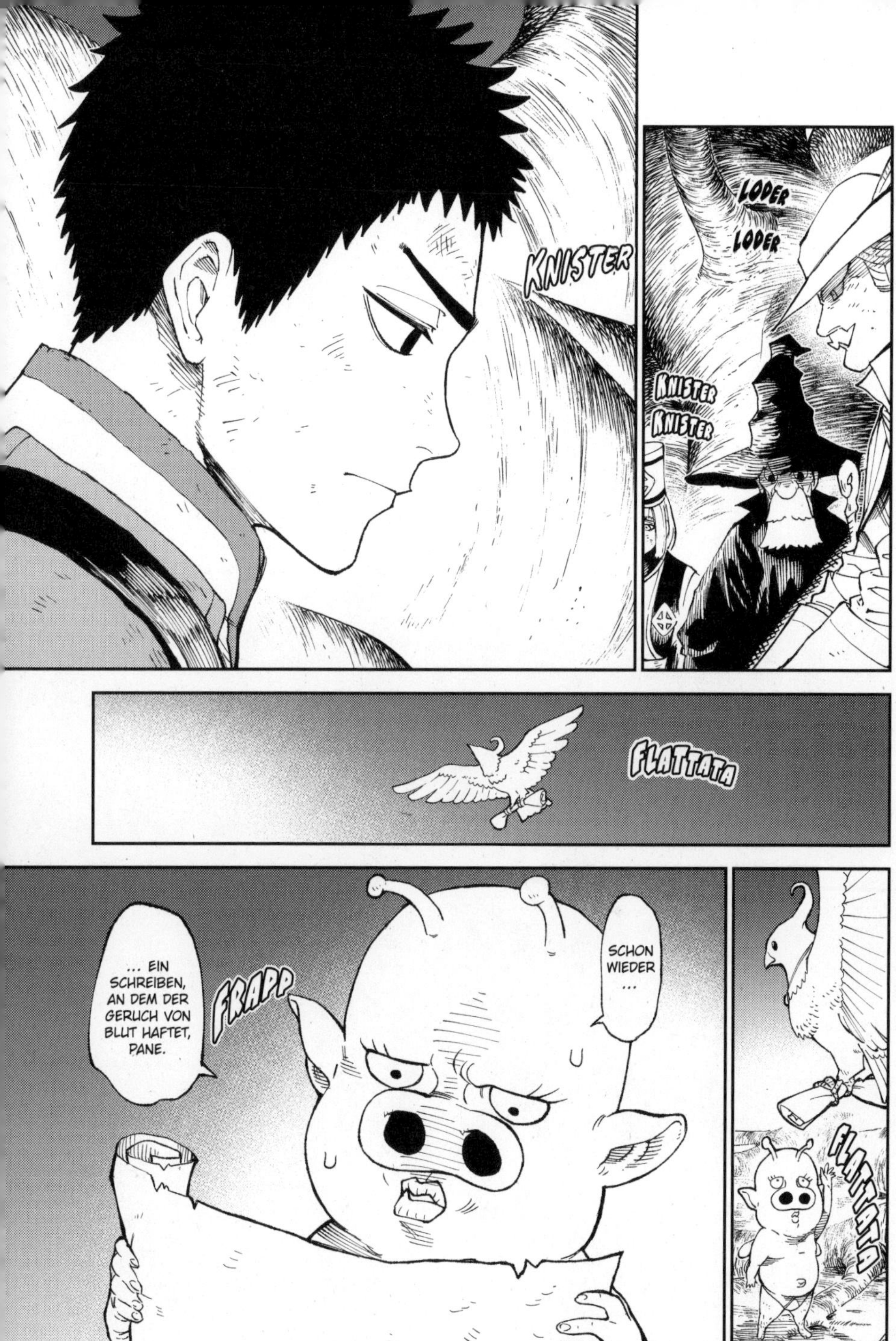

KNISTER
LODER
LODER
KNISTER
KNISTER
FLATTATA
SCHON WIEDER …
FRAPP
… EIN SCHREIBEN, AN DEM DER GERUCH VON BLUT HAFTET, PANE.
FLATTATA

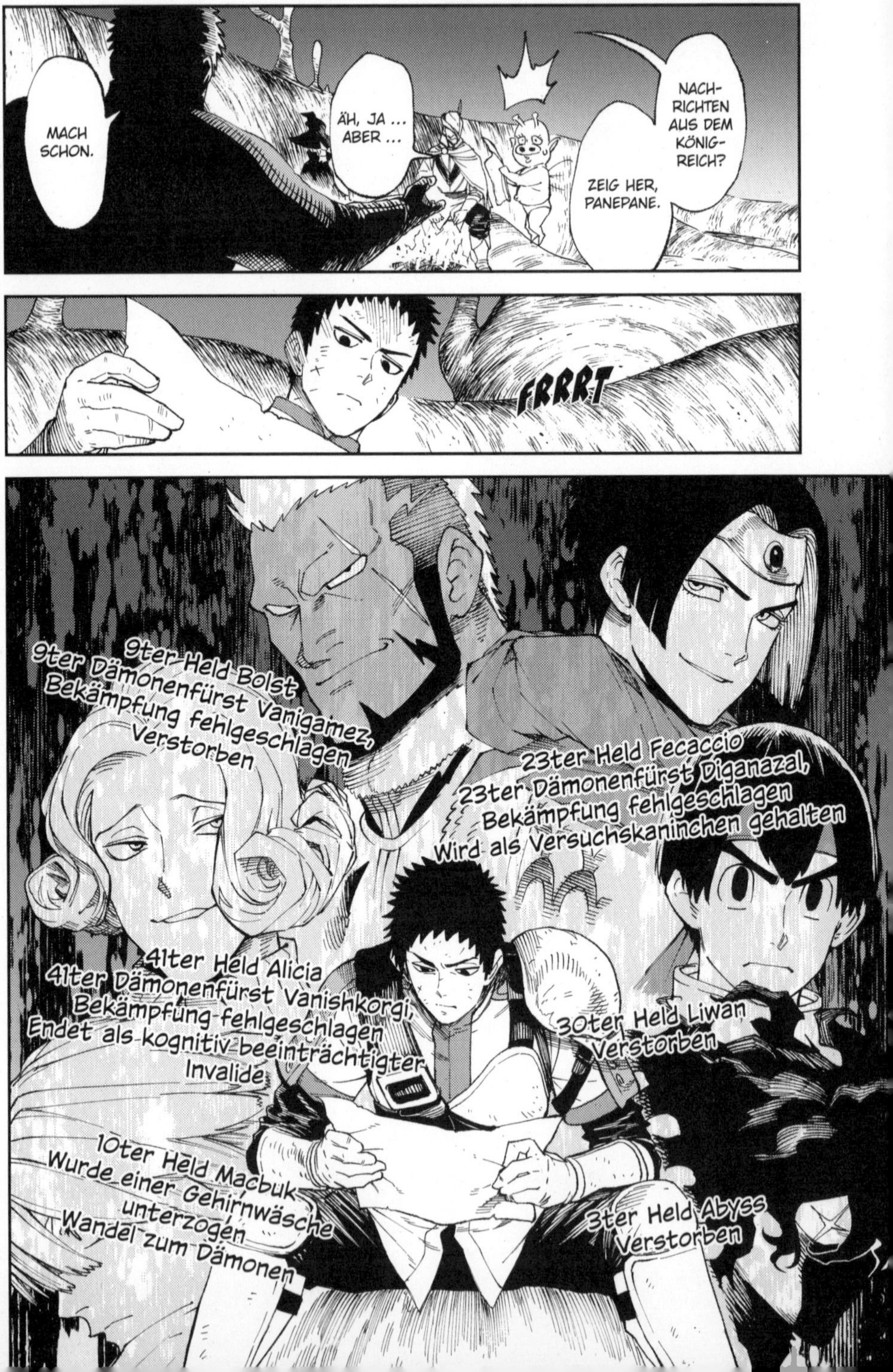
NACH-
RICHTEN
AUS DEM
KÖNIG-
REICH?
ZEIG HER,
PANEPANE.
ÄH, JA …
ABER …
MACH
SCHON.
FRRRT
23ter Held Fecaccio
23ter Dämonenfürst Diganazal,
Bekämpfung fehlgeschlagen
Wird als Versuchskaninchen gehalten
9ter Held Bolst
9ter Dämonenfürst Vanigamez,
Bekämpfung fehlgeschlagen
Verstorben
30ter Held Liwan
Verstorben
41ter Held Alicia
41ter Dämonenfürst Vanishkorgi,
Bekämpfung fehlgeschlagen,
Endet als kognitiv beeinträchtigter
Invalide
3ter Held Abyss
Verstorben
10ter Held Macbuk
Wurde einer Gehirnwäsche
unterzogen
Wandel zum Dämonen

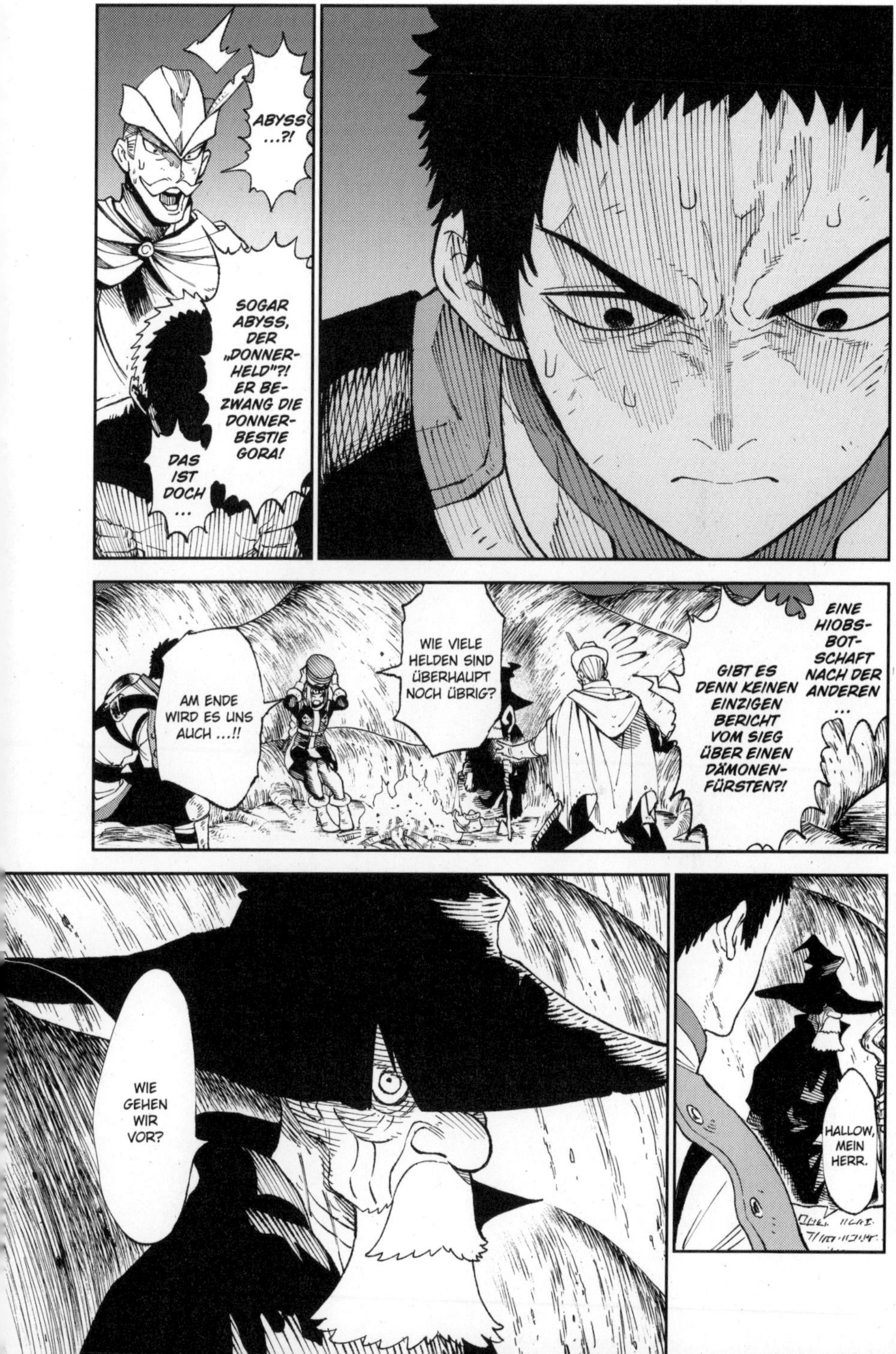
ABYSS ...?!
SOGAR ABYSS, DER „DONNERHELD"?! ER BEZWANG DIE DONNERBESTIE GORA!
DAS IST DOCH ...
EINE HIOBSBOTSCHAFT NACH DER ANDEREN ...
GIBT ES DENN KEINEN EINZIGEN BERICHT VOM SIEG ÜBER EINEN DÄMONENFÜRSTEN?!
WIE VIELE HELDEN SIND ÜBERHAUPT NOCH ÜBRIG?
AM ENDE WIRD ES UNS AUCH ...!!
HALLOW, MEIN HERR.
WIE GEHEN WIR VOR?

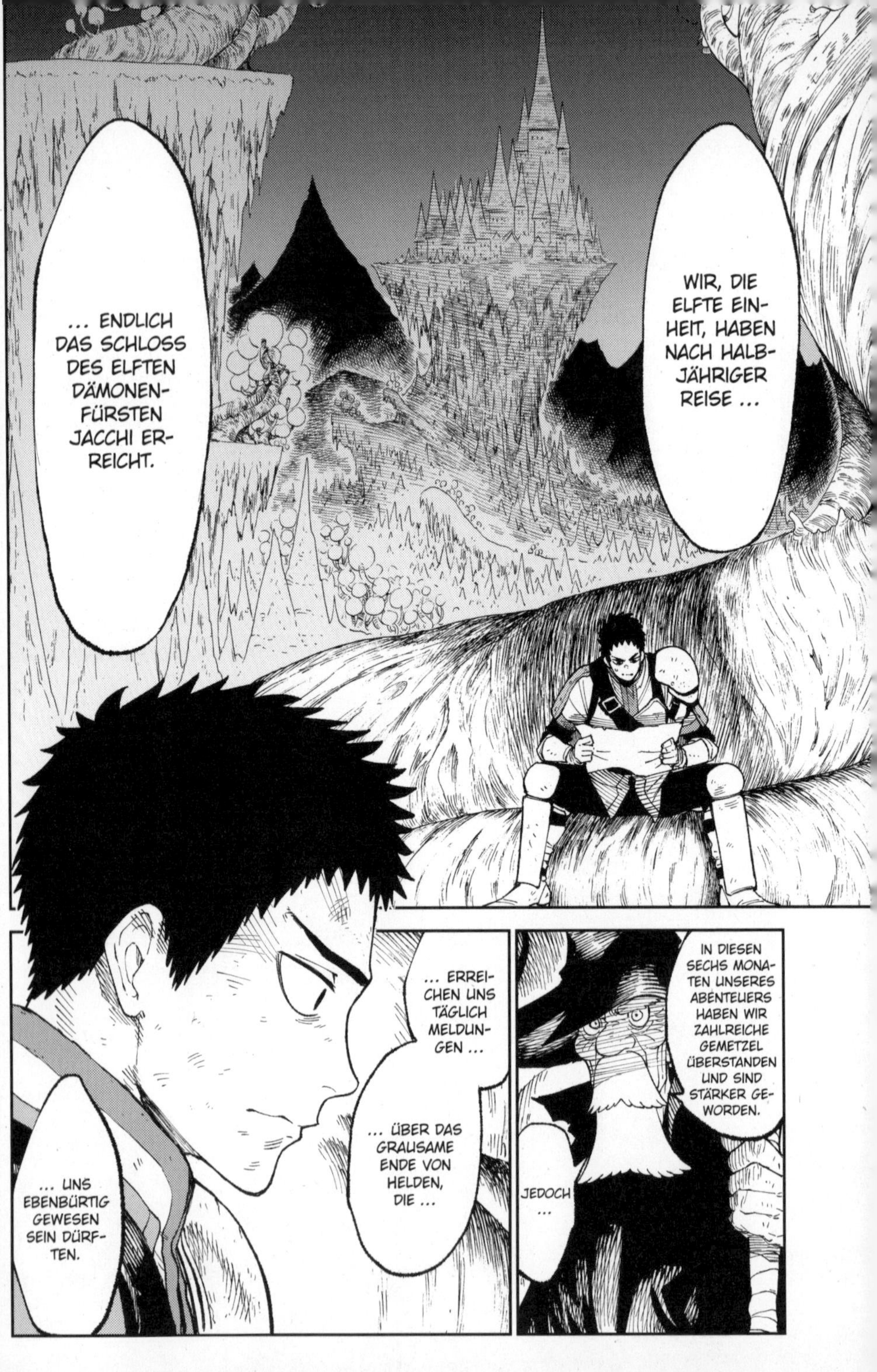
WIR, DIE ELFTE EINHEIT, HABEN NACH HALBJÄHRIGER REISE ...
... ENDLICH DAS SCHLOSS DES ELFTEN DÄMONENFÜRSTEN JACCHI ERREICHT.
IN DIESEN SECHS MONATEN UNSERES ABENTEUERS HABEN WIR ZAHLREICHE GEMETZEL ÜBERSTANDEN UND SIND STÄRKER GEWORDEN.
JEDOCH ...
... ERREICHEN UNS TÄGLICH MELDUNGEN ...
... ÜBER DAS GRAUSAME ENDE VON HELDEN, DIE ...
... UNS EBENBÜRTIG GEWESEN SEIN DÜRFTEN.

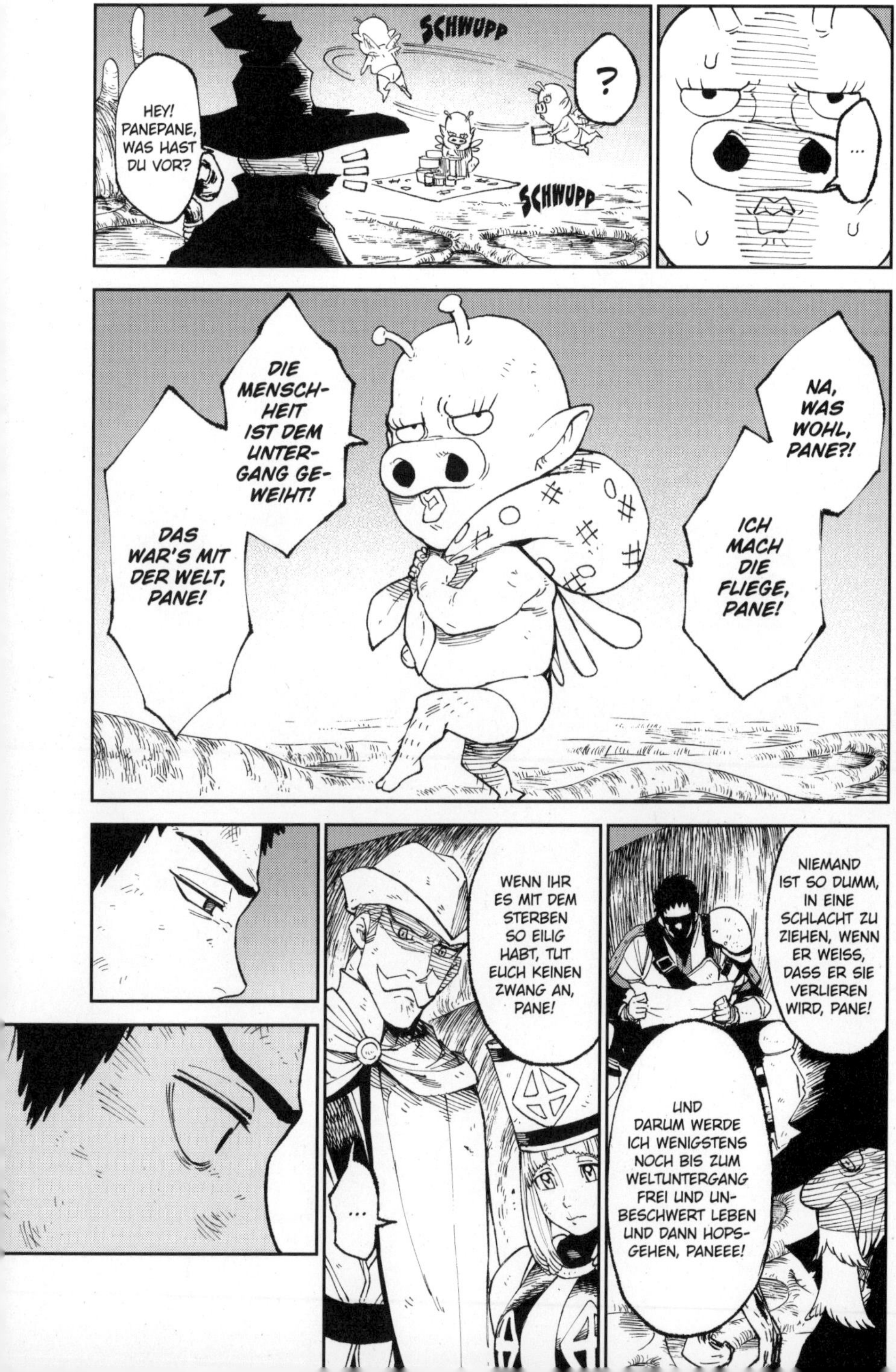
...
?
SCHWUPP
SCHWUPP
HEY! PANEPANE, WAS HAST DU VOR?
NA, WAS WOHL, PANE?!
ICH MACH DIE FLIEGE, PANE!
DIE MENSCHHEIT IST DEM UNTERGANG GEWEIHT!
DAS WAR'S MIT DER WELT, PANE!
NIEMAND IST SO DUMM, IN EINE SCHLACHT ZU ZIEHEN, WENN ER WEISS, DASS ER SIE VERLIEREN WIRD, PANE!
UND DARUM WERDE ICH WENIGSTENS NOCH BIS ZUM WELTUNTERGANG FREI UND UNBESCHWERT LEBEN UND DANN HOPSGEHEN, PANEEE!
WENN IHR ES MIT DEM STERBEN SO EILIG HABT, TUT EUCH KEINEN ZWANG AN, PANE!
...

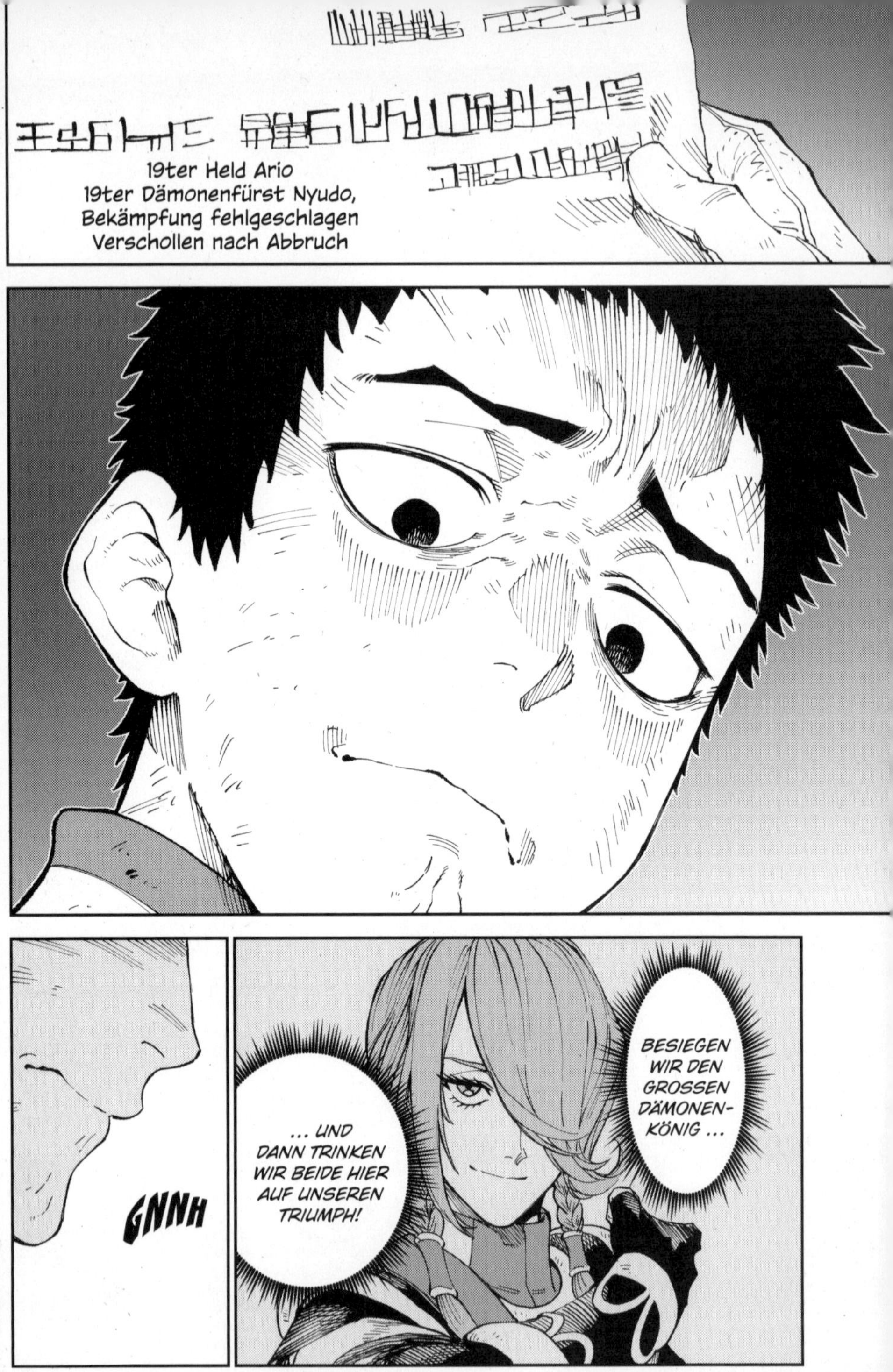
19ter Held Ario
19ter Dämonenfürst Nyudo,
Bekämpfung fehlgeschlagen
Verschollen nach Abbruch
BESIEGEN WIR DEN GROSSEN DÄMONEN-KÖNIG ...
... UND DANN TRINKEN WIR BEIDE HIER AUF UNSEREN TRIUMPH!
GNNH

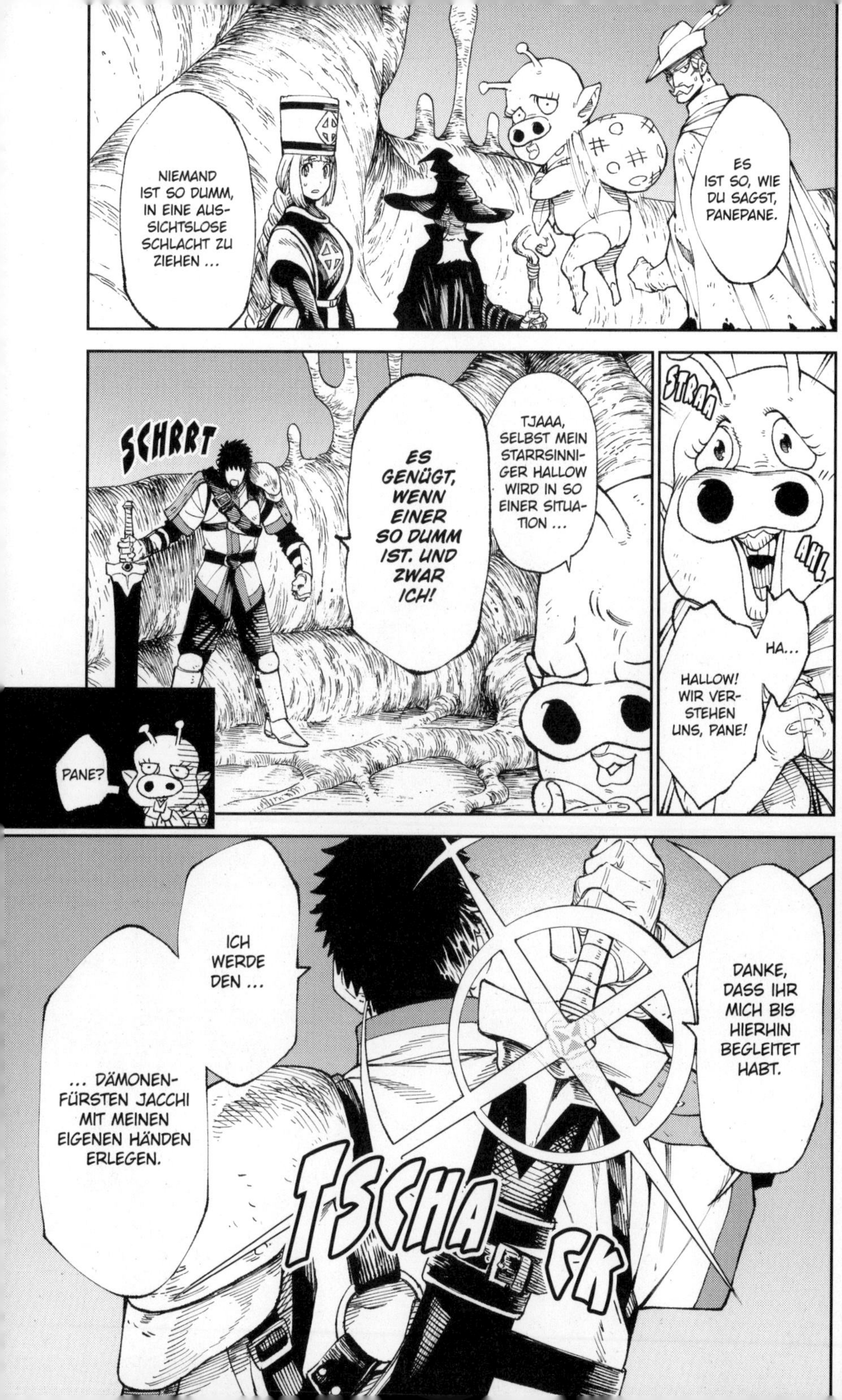
ES IST SO, WIE DU SAGST, PANEPANE.
NIEMAND IST SO DUMM, IN EINE AUS-SICHTSLOSE SCHLACHT ZU ZIEHEN …
STRAA
AHL
HA…
HALLOW! WIR VER-STEHEN UNS, PANE!
TJAAA, SELBST MEIN STARRSINNI-GER HALLOW WIRD IN SO EINER SITUA-TION …
ES GENÜGT, WENN EINER SO DUMM IST. UND ZWAR ICH!
SCHRRT
PANE?
DANKE, DASS IHR MICH BIS HIERHIN BEGLEITET HABT.
ICH WERDE DEN …
… DÄMONEN-FÜRSTEN JACCHI MIT MEINEN EIGENEN HÄNDEN ERLEGEN.
TSCHA CK

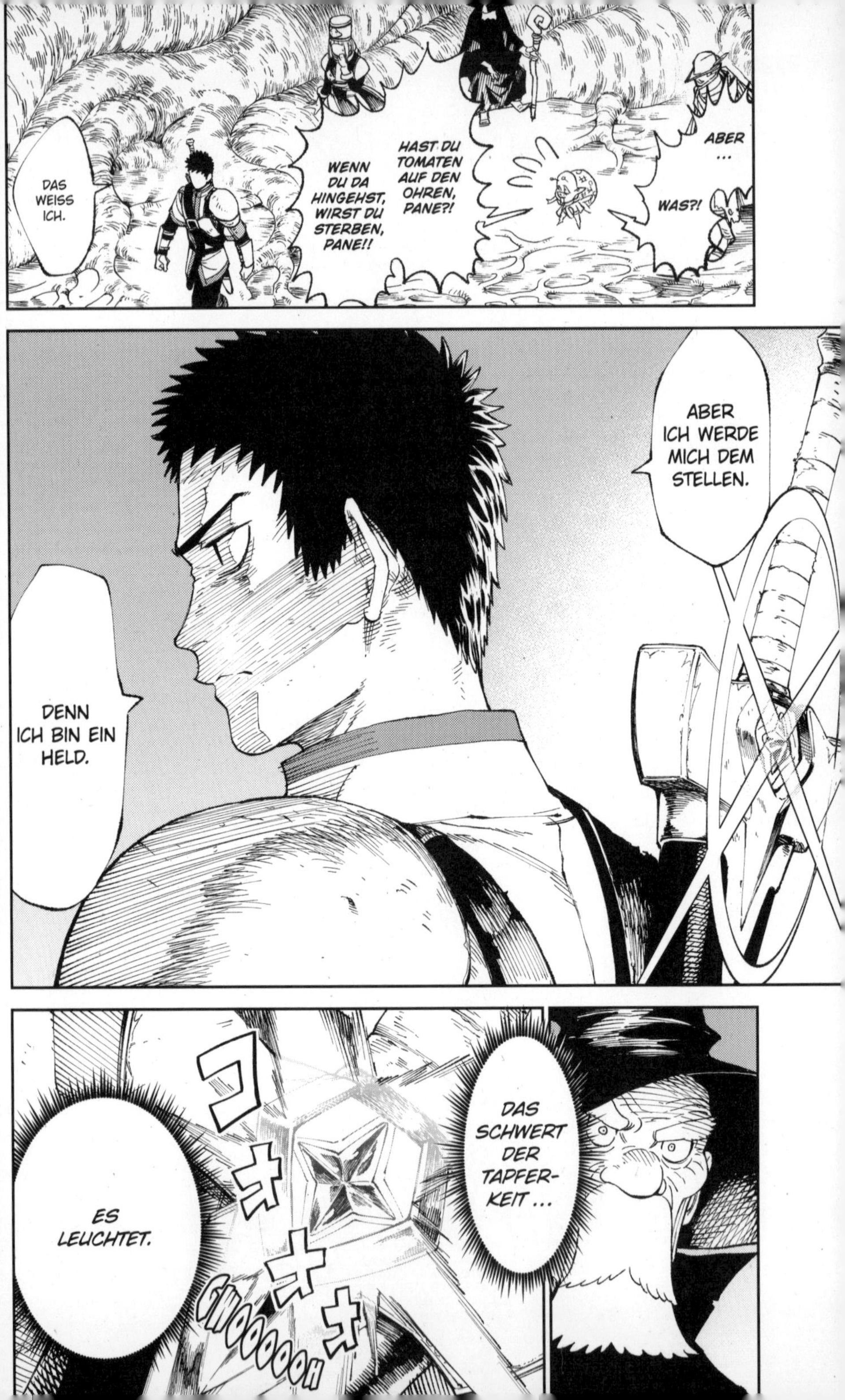
ABER …
WAS?!
HAST DU TOMATEN AUF DEN OHREN, PANE?!
WENN DU DA HINGEHST, WIRST DU STERBEN, PANE!!
DAS WEISS ICH.
ABER ICH WERDE MICH DEM STELLEN.
DENN ICH BIN EIN HELD.
DAS SCHWERT DER TAPFER-KEIT …
ES LEUCHTET.
GWOOOOOOH

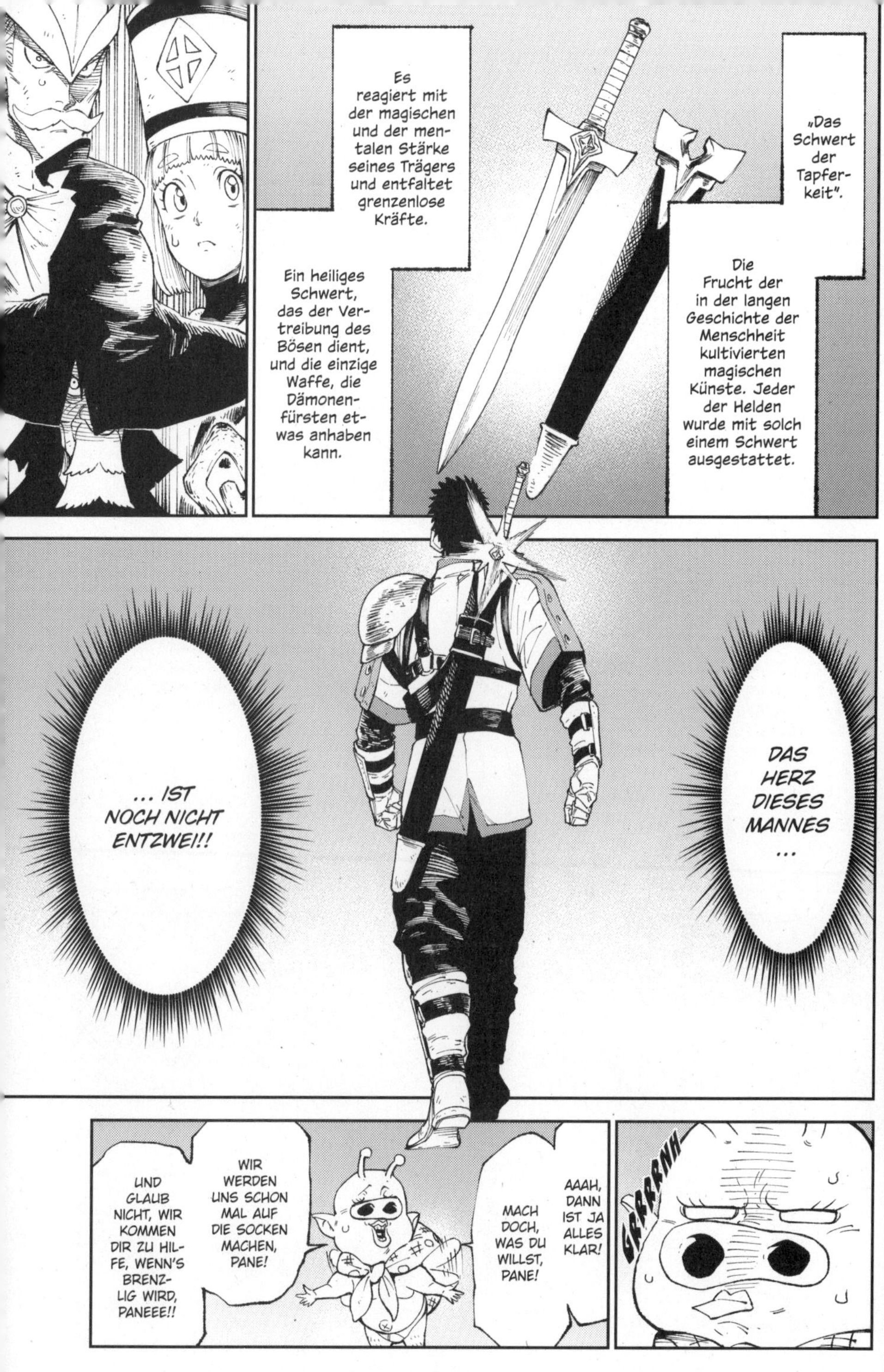
„Das Schwert der Tapferkeit“.
Die Frucht der in der langen Geschichte der Menschheit kultivierten magischen Künste. Jeder der Helden wurde mit solch einem Schwert ausgestattet.
Es reagiert mit der magischen und der mentalen Stärke seines Trägers und entfaltet grenzenlose Kräfte.
Ein heiliges Schwert, das der Vertreibung des Bösen dient, und die einzige Waffe, die Dämonenfürsten etwas anhaben kann.
DAS HERZ DIESES MANNES ...
... IST NOCH NICHT ENTZWEI!!
GRRRRNH
AAAH, DANN IST JA ALLES KLAR!
MACH DOCH, WAS DU WILLST, PANE!
WIR WERDEN UNS SCHON MAL AUF DIE SOCKEN MACHEN, PANE!
UND GLAUB NICHT, WIR KOMMEN DIR ZU HILFE, WENN'S BRENZLIG WIRD, PANEEE!!

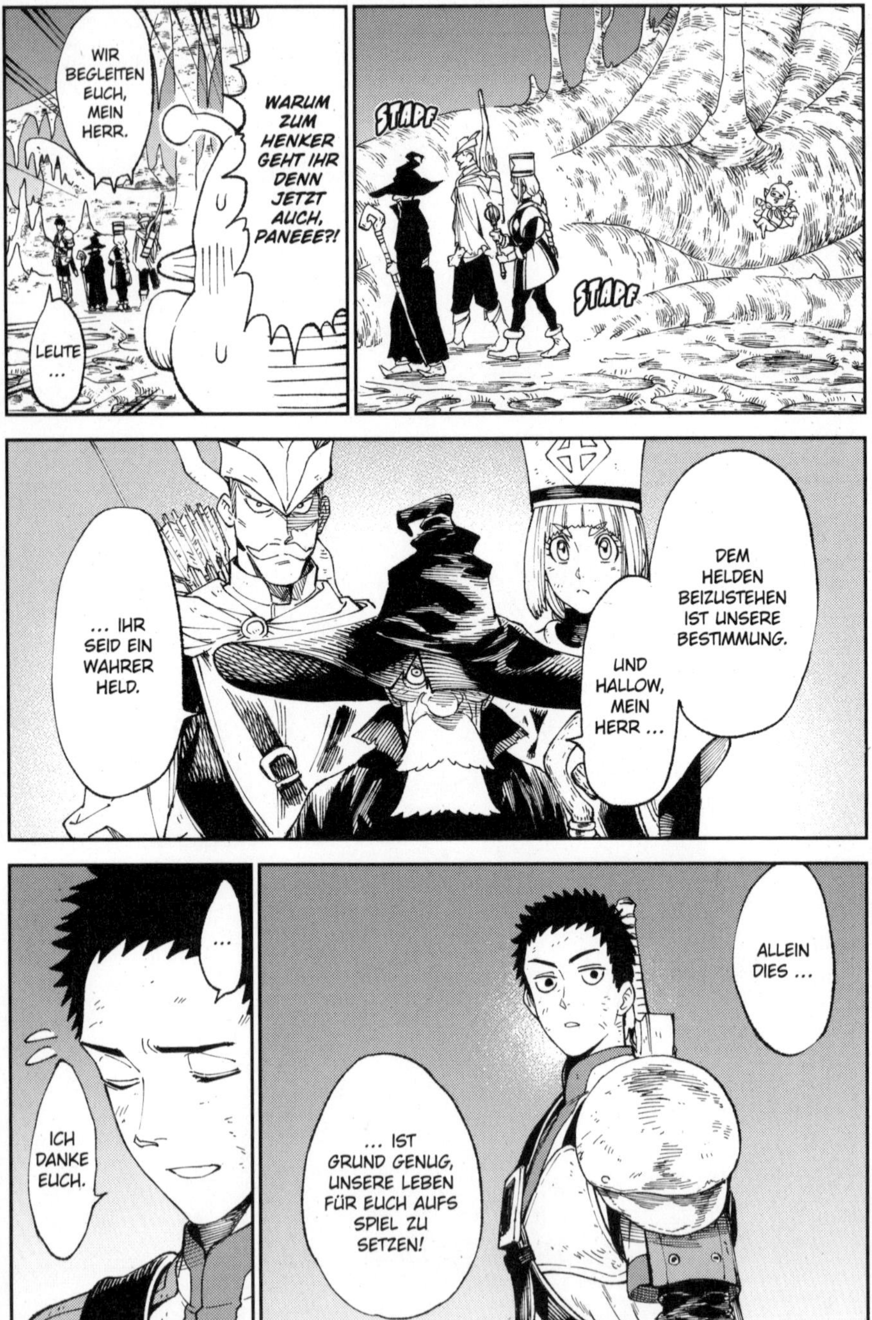
WIR BEGLEITEN EUCH, MEIN HERR.
LEUTE ...
WARUM ZUM HENKER GEHT IHR DENN JETZT AUCH, PANEEE?!
STAPF
STAPF
... IHR SEID EIN WAHRER HELD.
DEM HELDEN BEIZUSTEHEN IST UNSERE BESTIMMUNG.
UND HALLOW, MEIN HERR ...
...
ICH DANKE EUCH.
ALLEIN DIES ...
... IST GRUND GENUG, UNSERE LEBEN FÜR EUCH AUFS SPIEL ZU SETZEN!

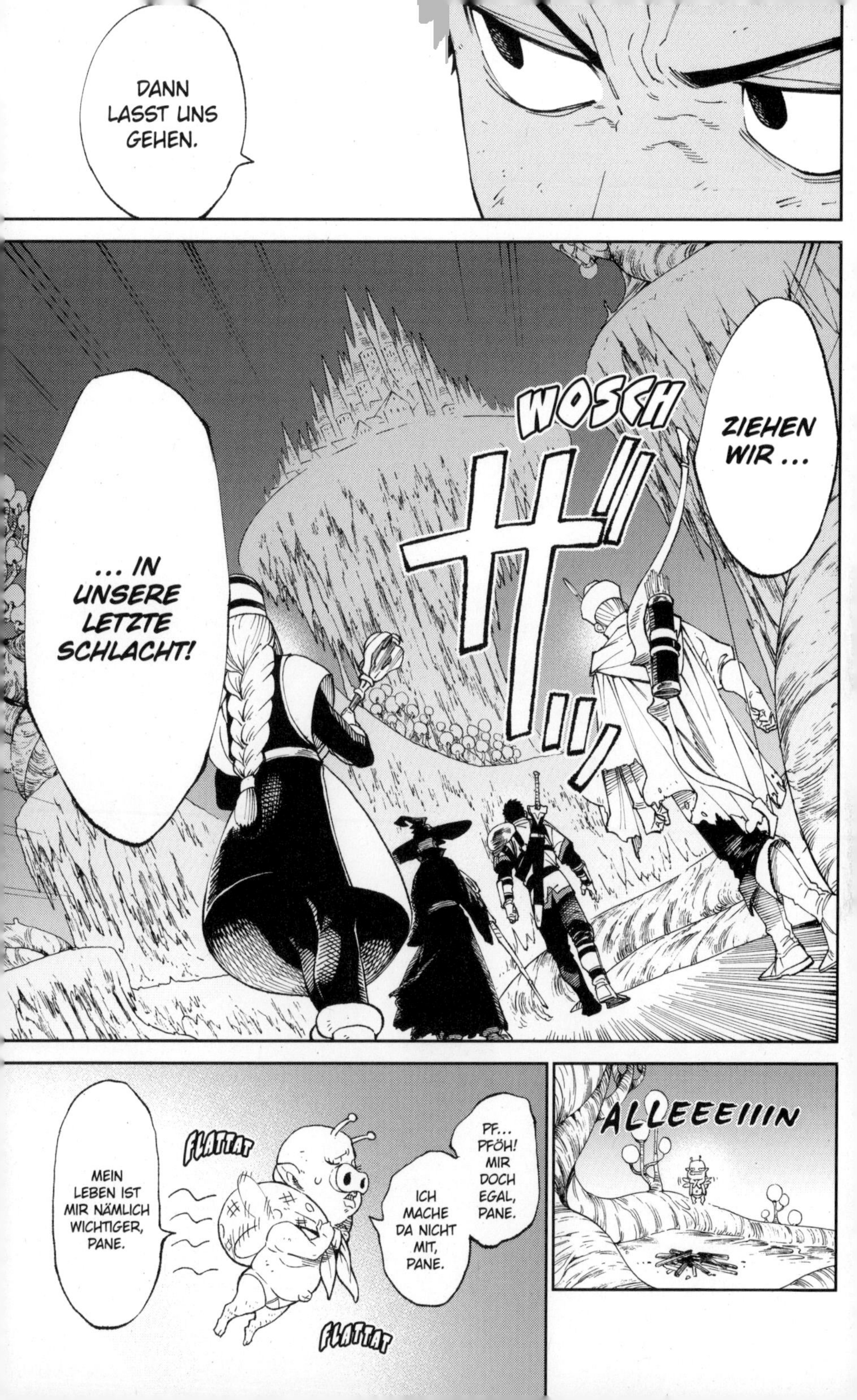
DANN LASST UNS GEHEN.
ZIEHEN WIR ...
WOSCH
... IN UNSERE LETZTE SCHLACHT!
PF... PFÖH! MIR DOCH EGAL, PANE.
ICH MACHE DA NICHT MIT, PANE.
FLATTAT
MEIN LEBEN IST MIR NÄMLICH WICHTIGER, PANE.
FLATTAT
ALLEEEIIIN

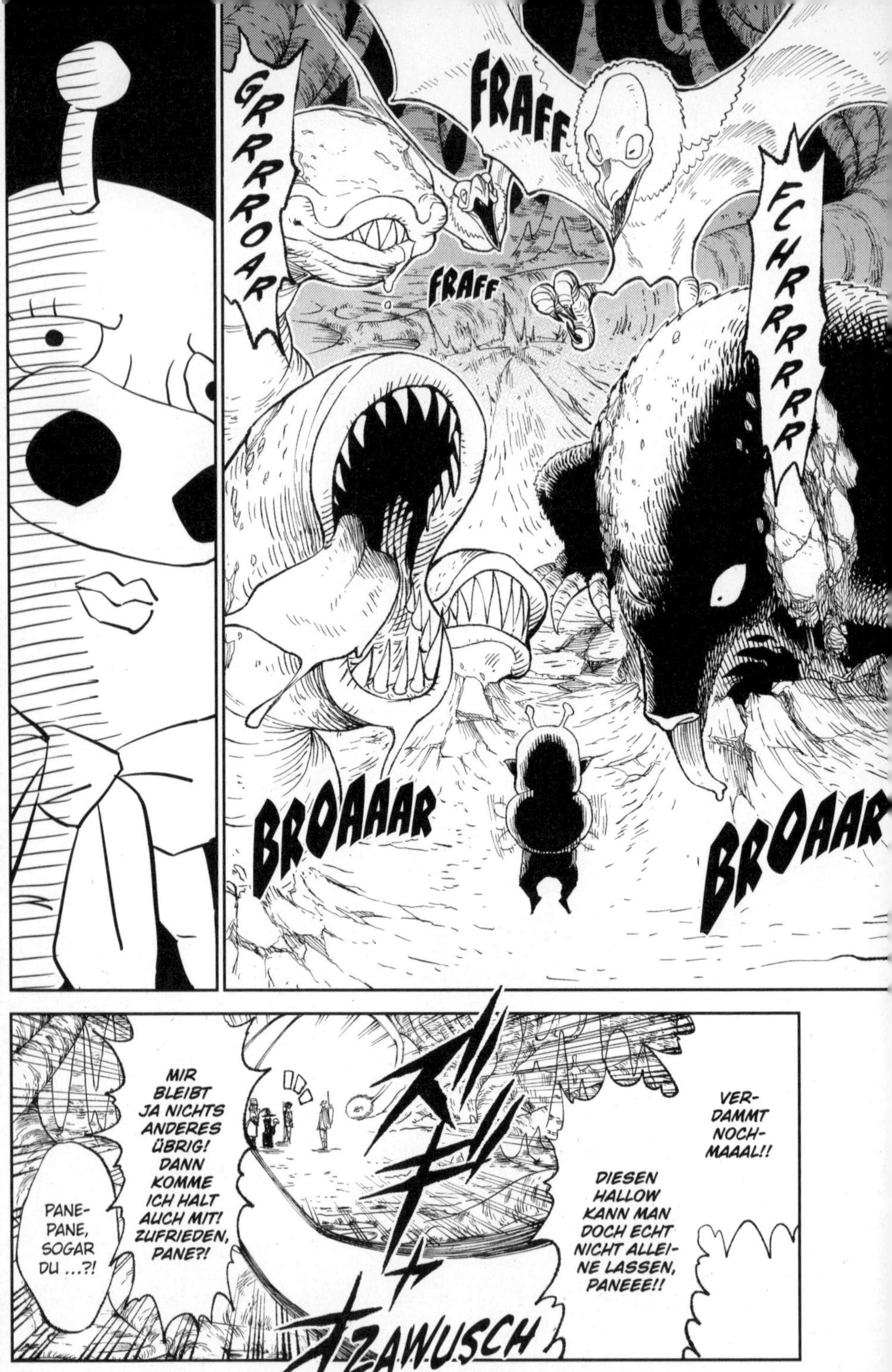

FCHRRRRRR
FRAFF
GRRRROAR
FRAFF
BROAAR
BROAAAR
VER-DAMMT NOCH-MAAAL!!
DIESEN HALLOW KANN MAN DOCH ECHT NICHT ALLEI-NE LASSEN, PANEEE!!
ZAWUSCH
MIR BLEIBT JA NICHTS ANDERES ÜBRIG! DANN KOMME ICH HALT AUCH MIT! ZUFRIEDEN, PANE?!
PANE-PANE, SOGAR DU ...?!

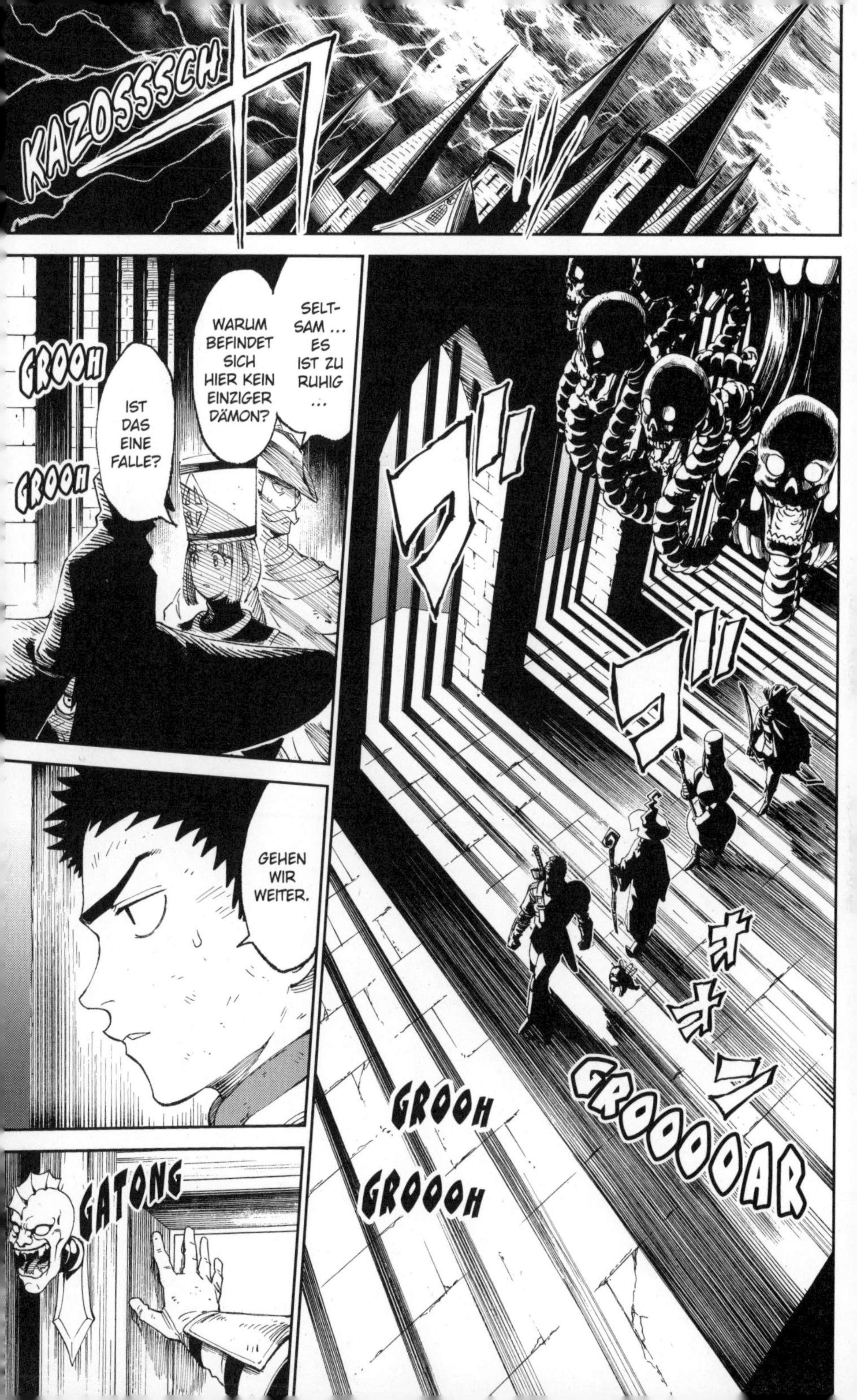
KAZOSSSCH
SELT-SAM ... ES IST ZU RUHIG ...
WARUM BEFINDET SICH HIER KEIN EINZIGER DÄMON?
IST DAS EINE FALLE?
GROOH
GROOH
GEHEN WIR WEITER.
GROOOOOAR
GROOH
GROOOH
GATONG

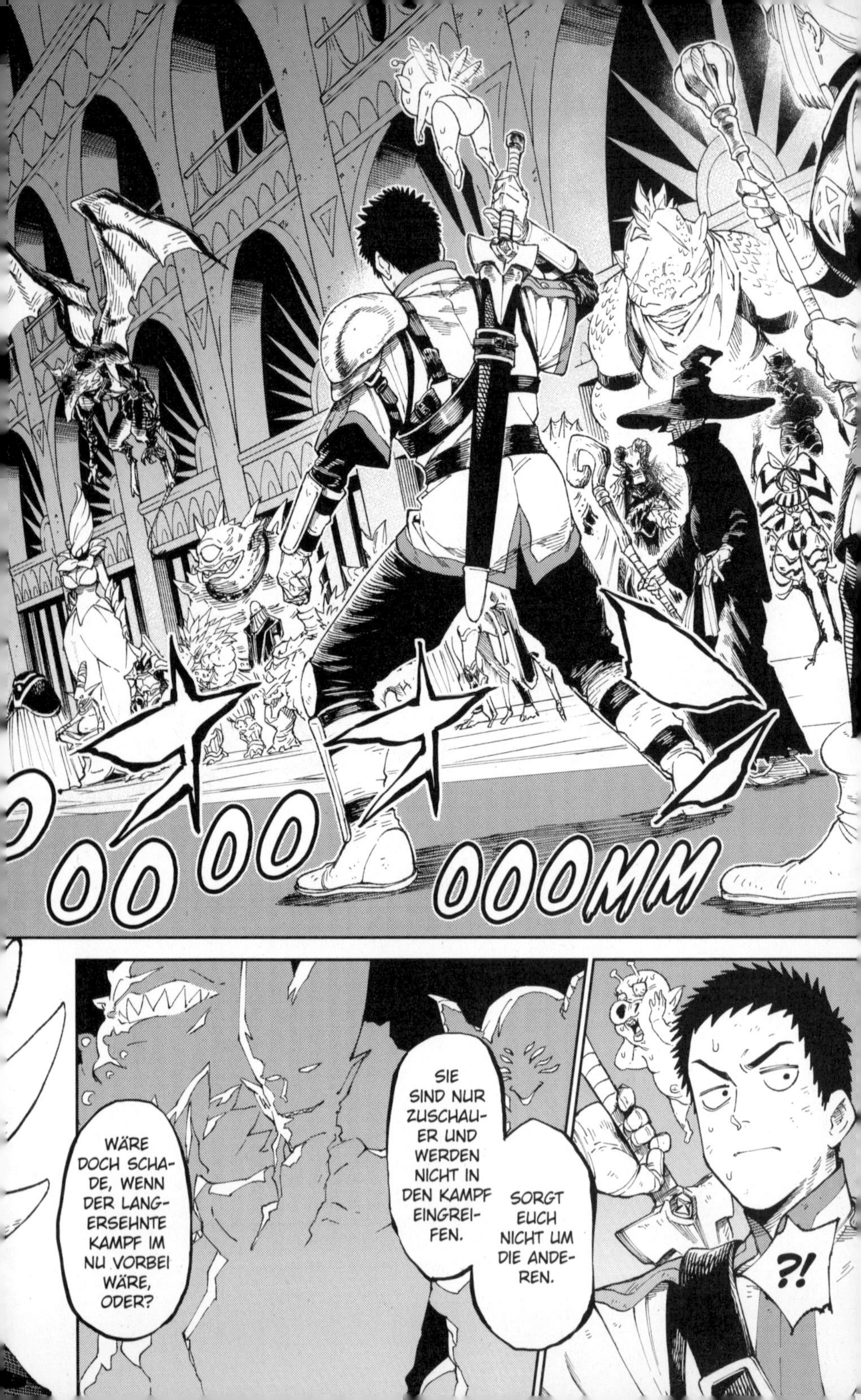
OO OO OO OOOMM
Sorgt euch nicht um die anderen.
Sie sind nur Zuschauer und werden nicht in den Kampf eingreifen.
Wäre doch schade, wenn der langersehnte Kampf im Nu vorbei wäre, oder?
?!

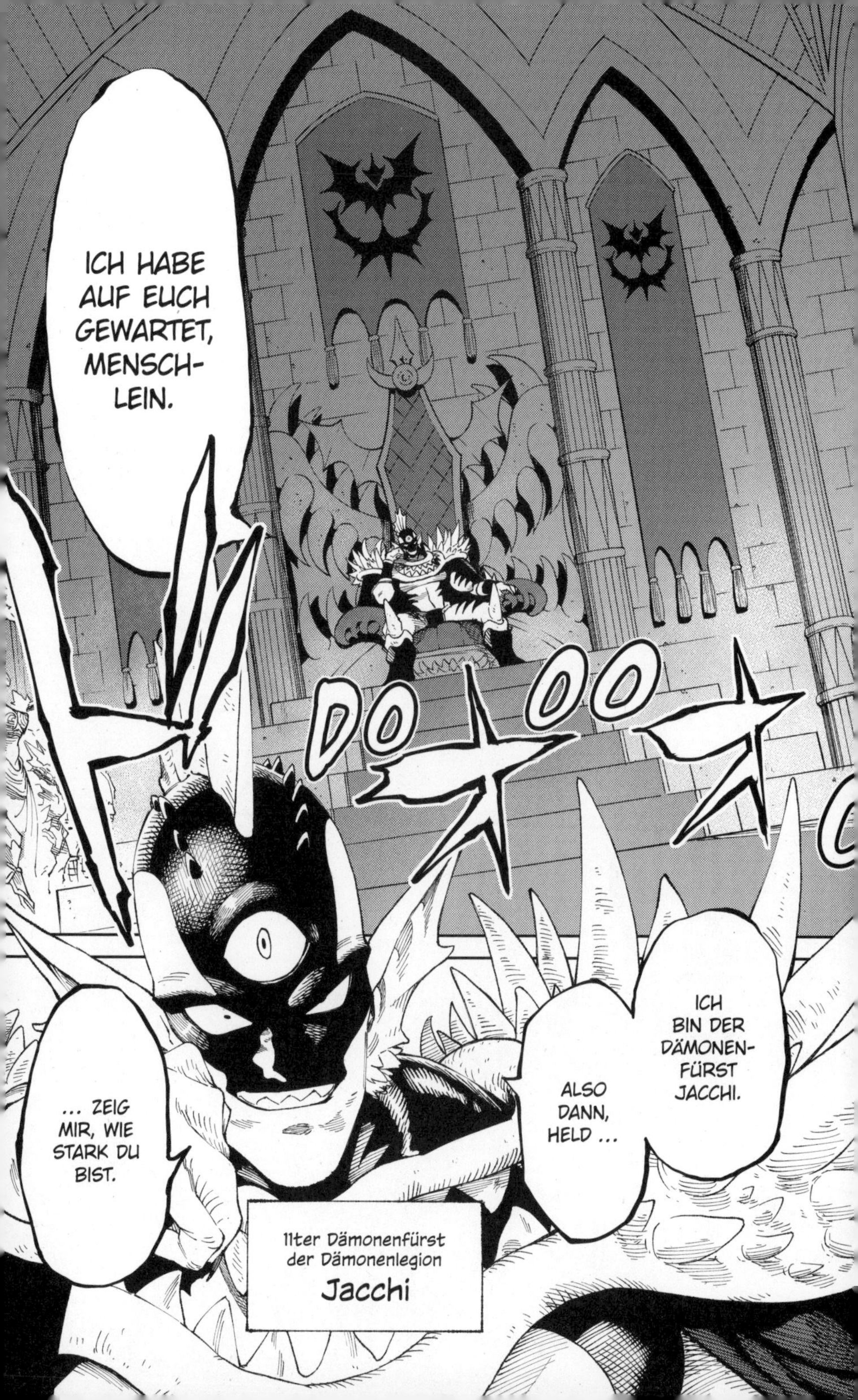
ICH HABE AUF EUCH GEWARTET, MENSCH-LEIN.
DO OO
ICH BIN DER DÄMONEN-FÜRST JACCHI.
ALSO DANN, HELD …
… ZEIG MIR, WIE STARK DU BIST.
11ter Dämonenfürst der Dämonenlegion
Jacchi

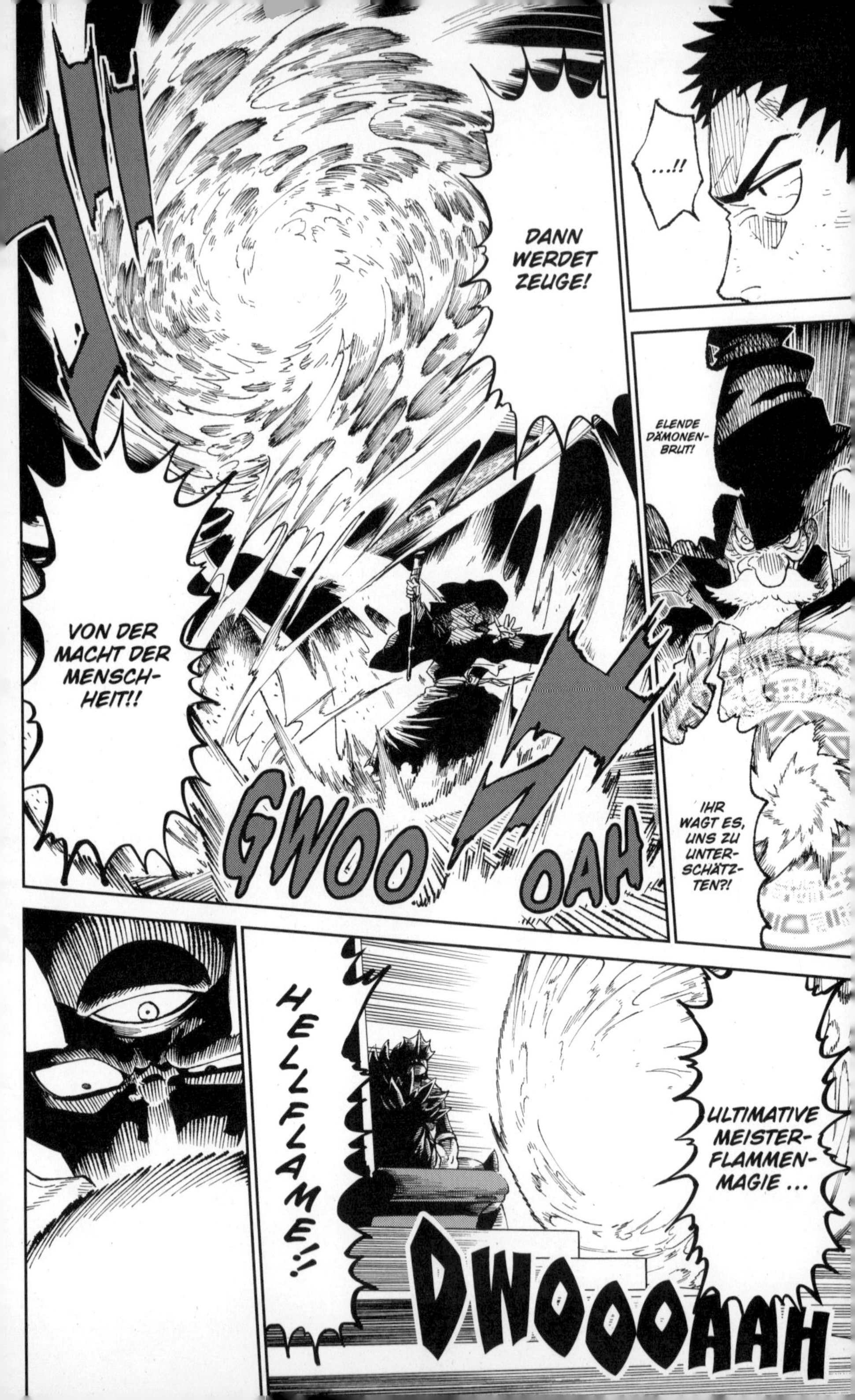

...!!
DANN WERDET ZEUGE!
ELENDE DÄMONENBRUT!
IHR WAGT ES, UNS ZU UNTERSCHÄTZTEN?!
VON DER MACHT DER MENSCHHEIT!!
GWOO OAH
ULTIMATIVE MEISTERFLAMMENMAGIE ...
HELLFLAME!!
DWOOOAAH

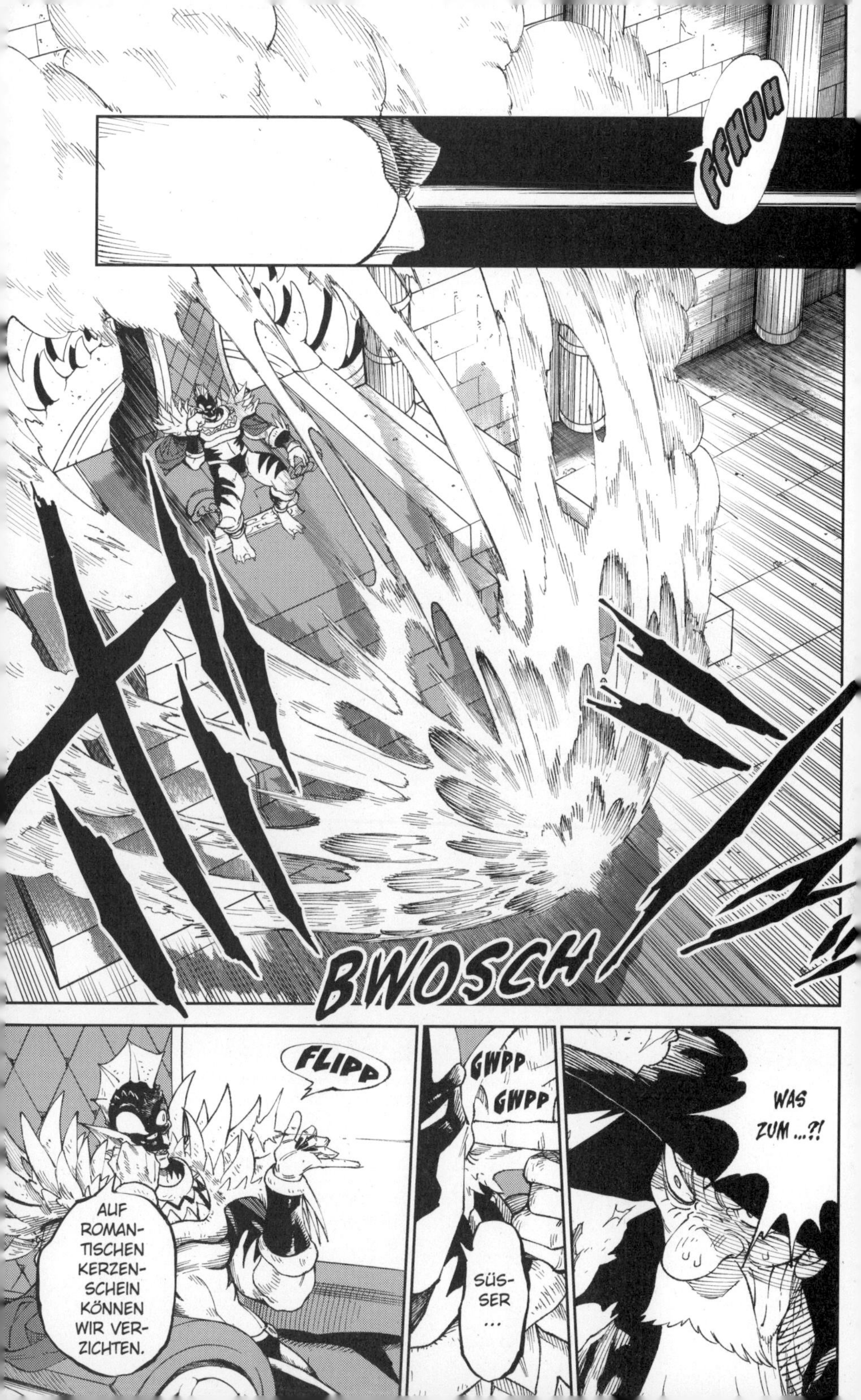
FFHUH
BWOSCH
FLIPP
AUF ROMANTISCHEN KERZENSCHEIN KÖNNEN WIR VERZICHTEN.
GWPP GWPP
SÜSSER …
WAS ZUM …?!

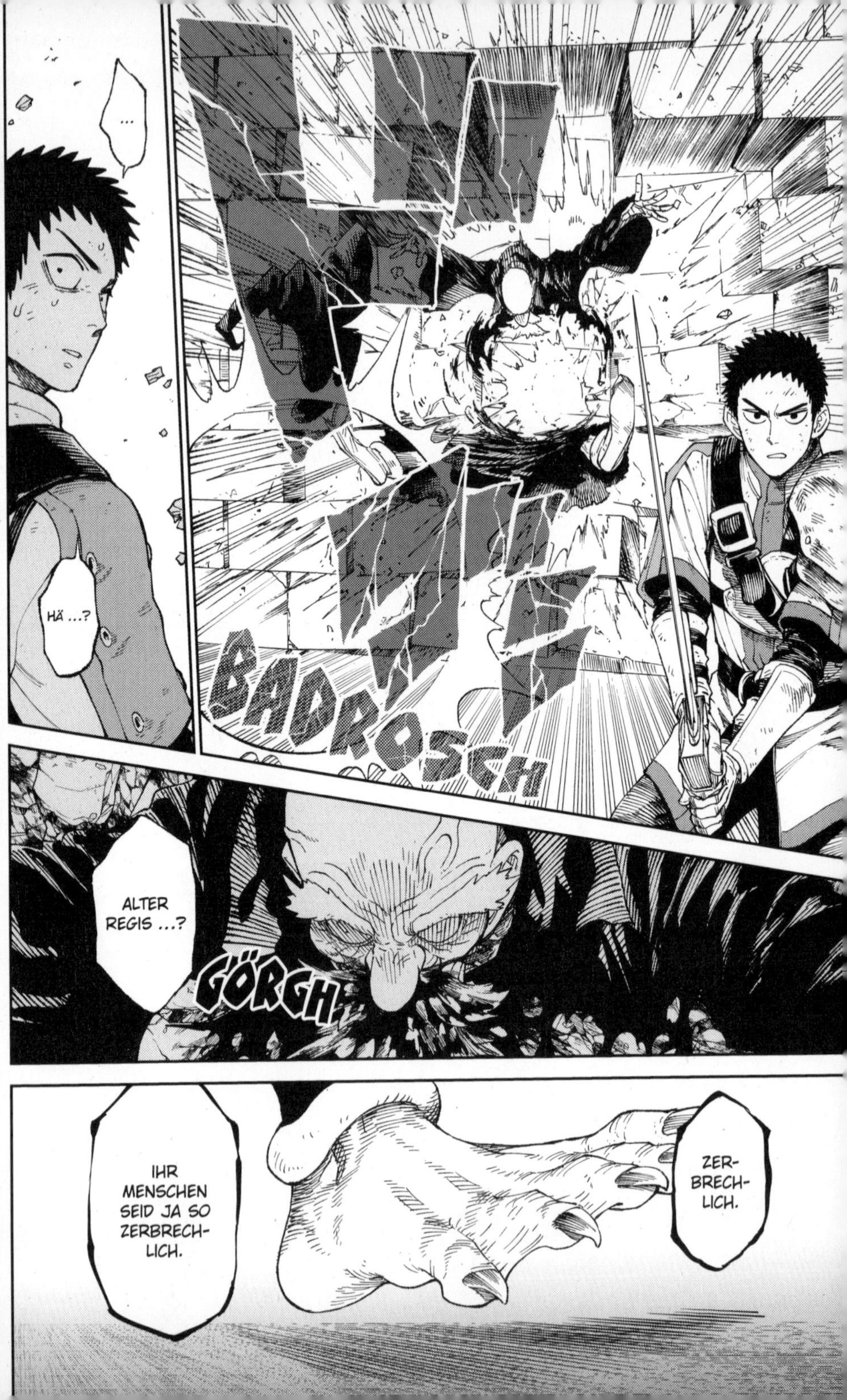
BADROSCH
…
HÄ …?
ALTER REGIS …?
GÖRGH
ZERBRECH-LICH.
IHR MENSCHEN SEID JA SO ZERBRECH-LICH.

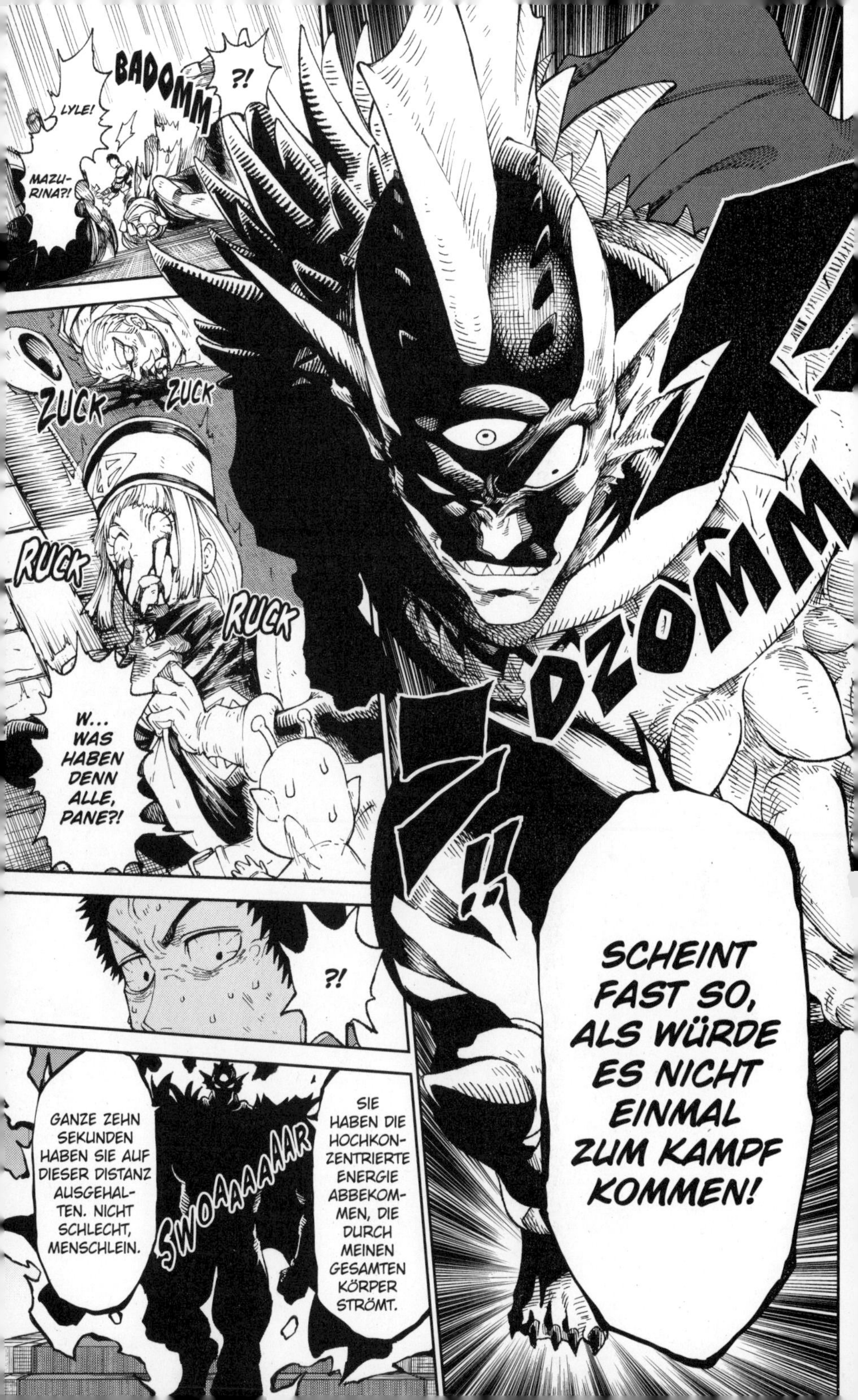

BADOMM
?!
LYLE!
MAZU-RINA?!
DZOMM
!!
SCHEINT FAST SO, ALS WÜRDE ES NICHT EINMAL ZUM KAMPF KOMMEN!
ZUCK ZUCK
RUCK RUCK
W... WAS HABEN DENN ALLE, PANE?!
?!
SIE HABEN DIE HOCHKON-ZENTRIERTE ENERGIE ABBEKOM-MEN, DIE DURCH MEINEN GESAMTEN KÖRPER STRÖMT.
SWOAAAAAAR
GANZE ZEHN SEKUNDEN HABEN SIE AUF DIESER DISTANZ AUSGEHAL-TEN. NICHT SCHLECHT, MENSCHLEIN.

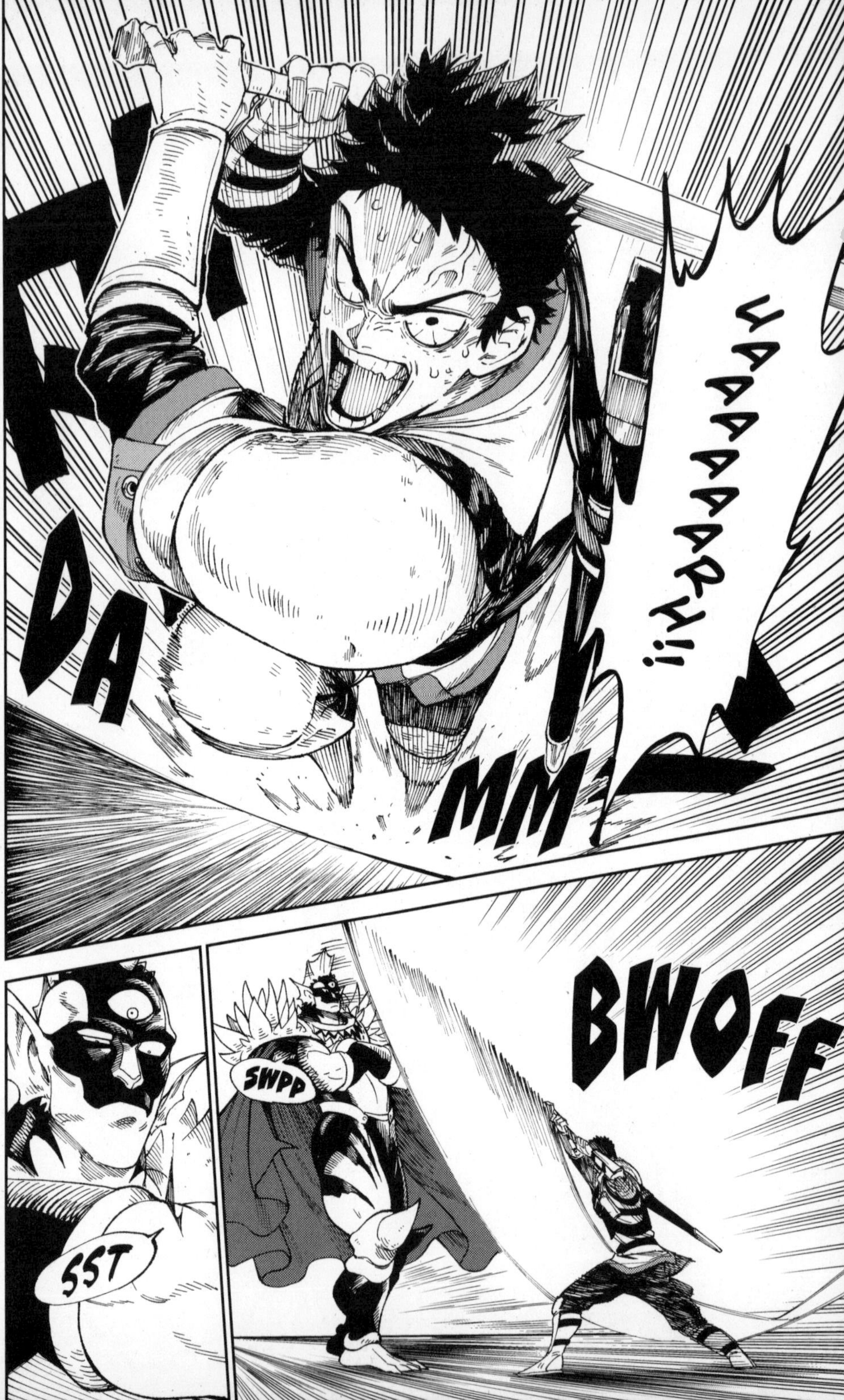
UAAAAAARH!!
DA
MM
BWOFF
SWPP
SST

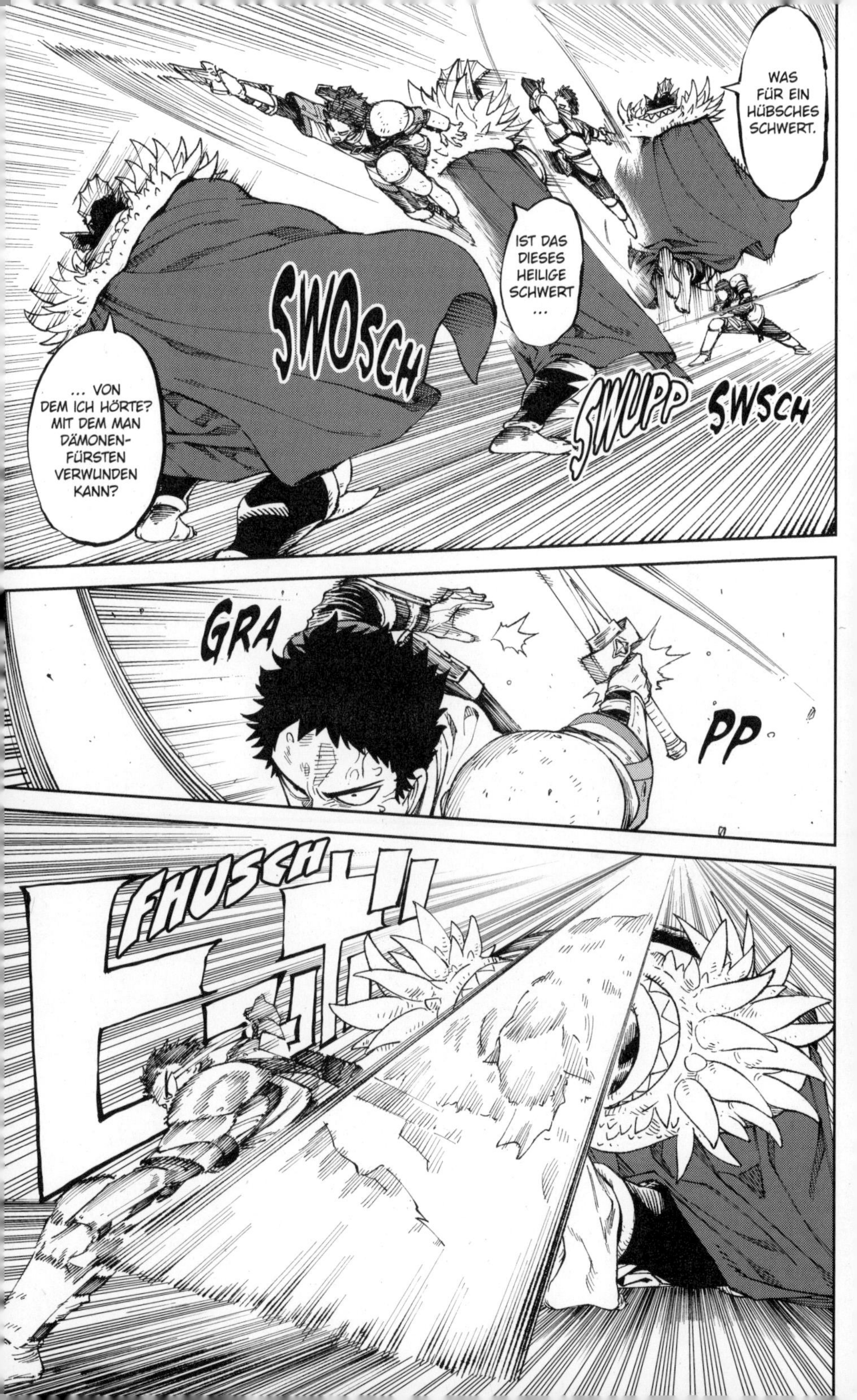
WAS FÜR EIN HÜBSCHES SCHWERT.
IST DAS DIESES HEILIGE SCHWERT …
SWSCH
SWUPP
SWOSCH
… VON DEM ICH HÖRTE? MIT DEM MAN DÄMONEN-FÜRSTEN VERWUNDEN KANN?
GRA
PP
FHUSCH

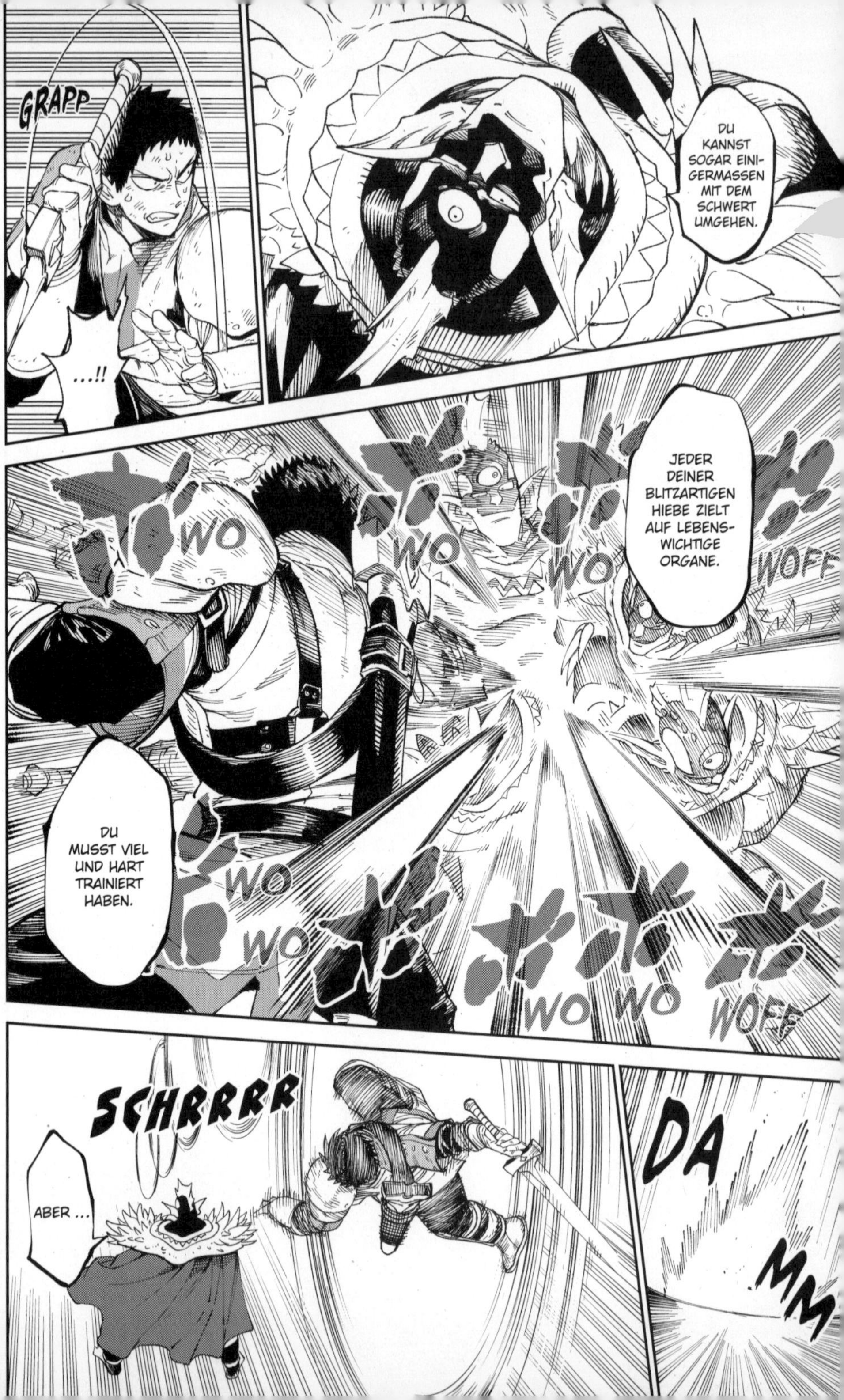
DU KANNST SOGAR EINIGERMASSEN MIT DEM SCHWERT UMGEHEN.
GRAPP
...!!
JEDER DEINER BLITZARTIGEN HIEBE ZIELT AUF LEBENSWICHTIGE ORGANE.
WO WO WO WOFF
DU MUSST VIEL UND HART TRAINIERT HABEN.
WO WO WO WO WOFF
DA MM
SCHRRRR
ABER ...

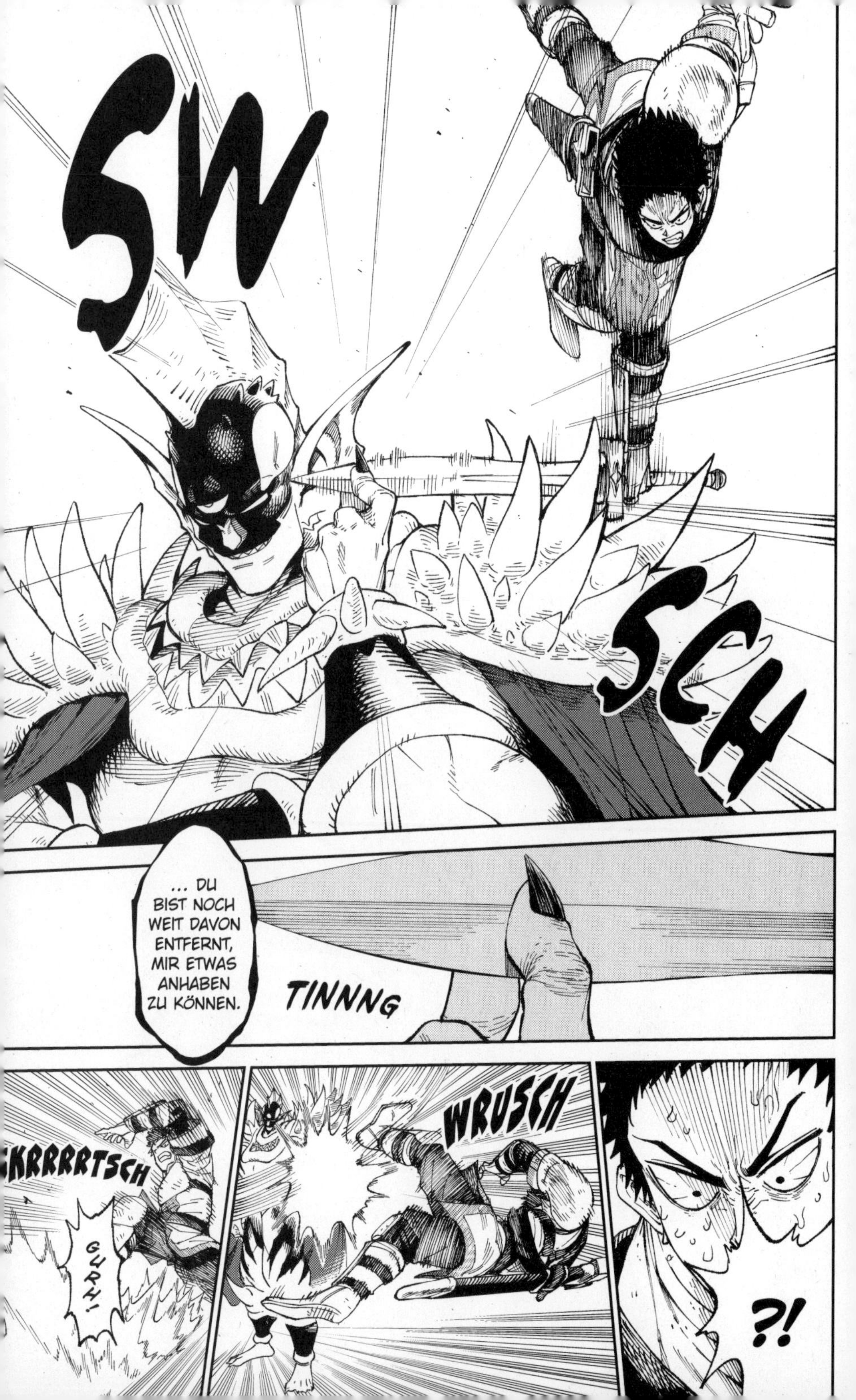
SW
SCH
... DU BIST NOCH WEIT DAVON ENTFERNT, MIR ETWAS ANHABEN ZU KÖNNEN.
TINNNG
?!
WRUSCH
KRRRRRTSCH
GURH!

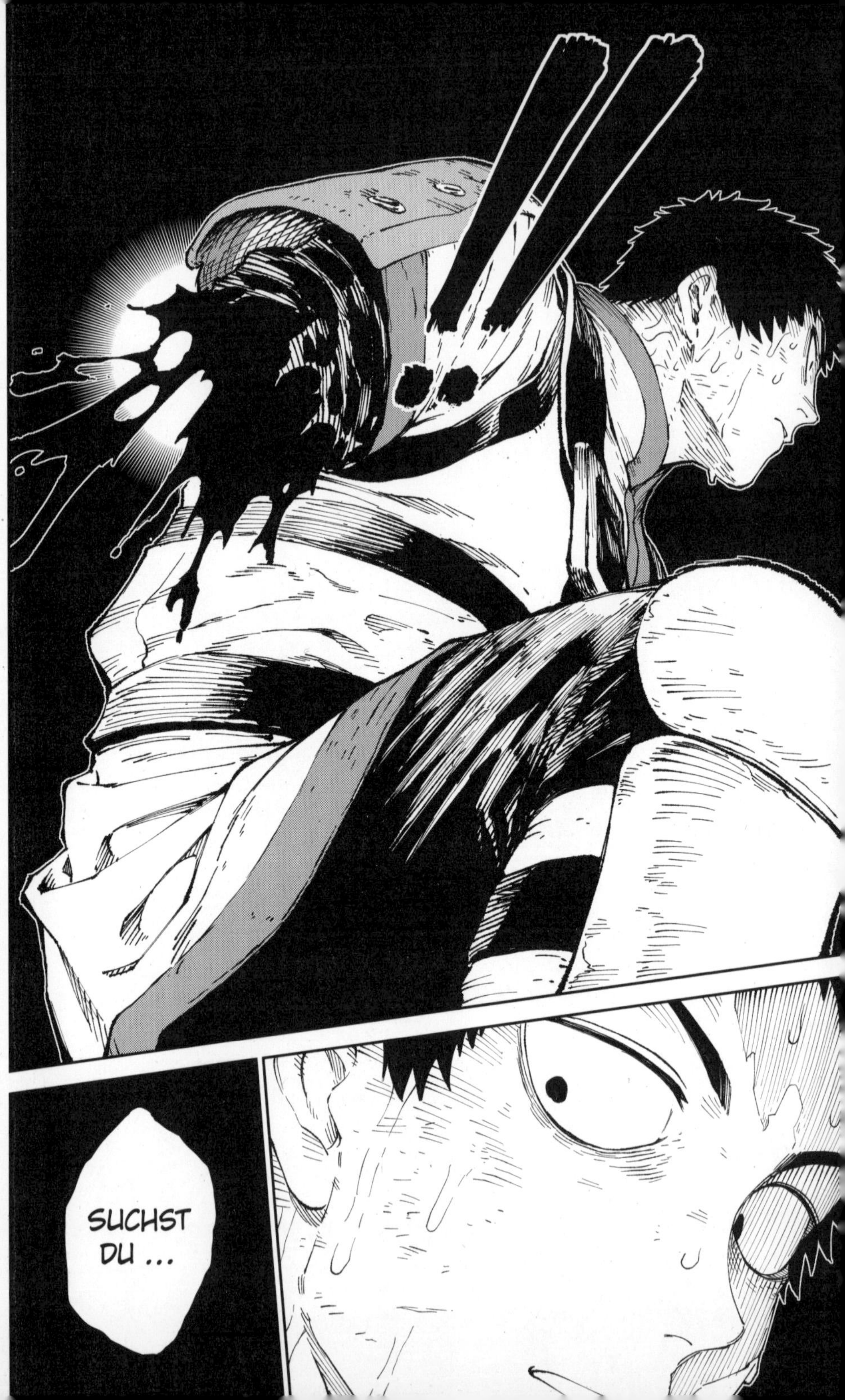
SUCHST DU ...

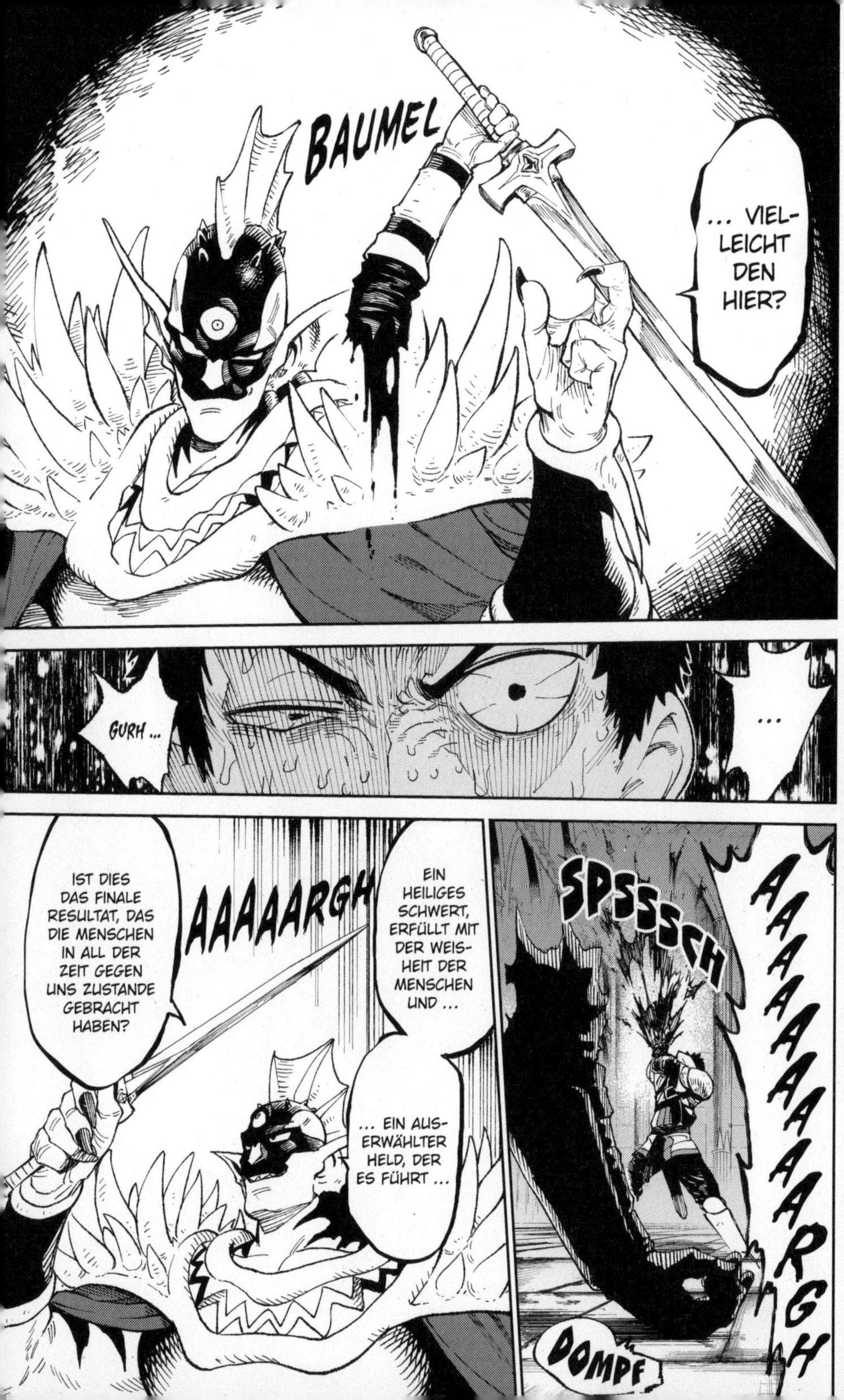
BAUMEL
… VIEL-
LEICHT
DEN
HIER?
…
GURH …
EIN
HEILIGES
SCHWERT,
ERFÜLLT MIT
DER WEIS-
HEIT DER
MENSCHEN
UND …
AAAAARGH
IST DIES
DAS FINALE
RESULTAT, DAS
DIE MENSCHEN
IN ALL DER
ZEIT GEGEN
UNS ZUSTANDE
GEBRACHT
HABEN?
… EIN AUS-
ERWÄHLTER
HELD, DER
ES FÜHRT …
AAAAAAAAAAAARGH
SPSSSCH
DOMPF

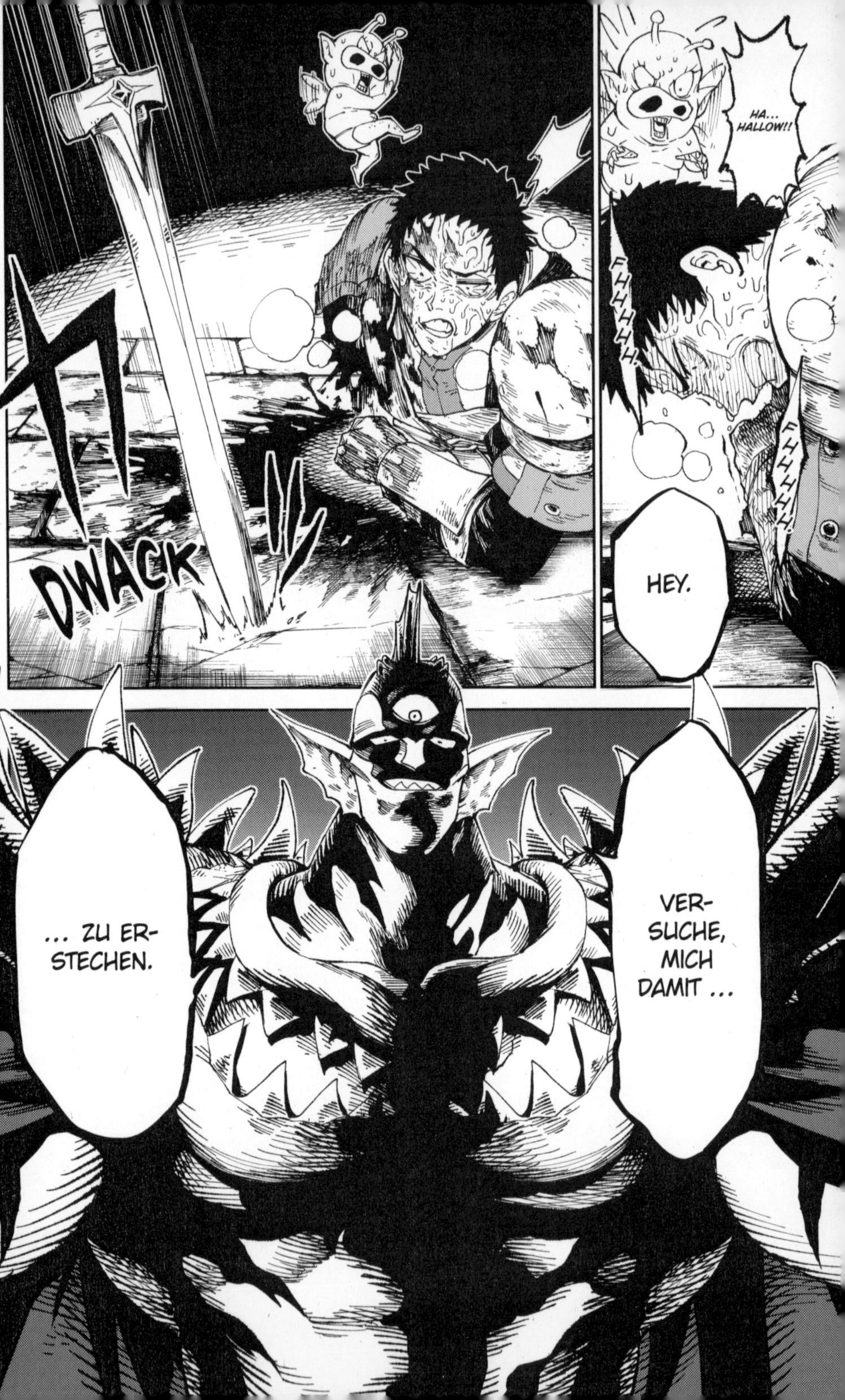
HA… HALLOW!!
FHHHHH
FHHHHHH
DWACK
HEY.
VER-
SUCHE,
MICH
DAMIT …
… ZU ER-
STECHEN.

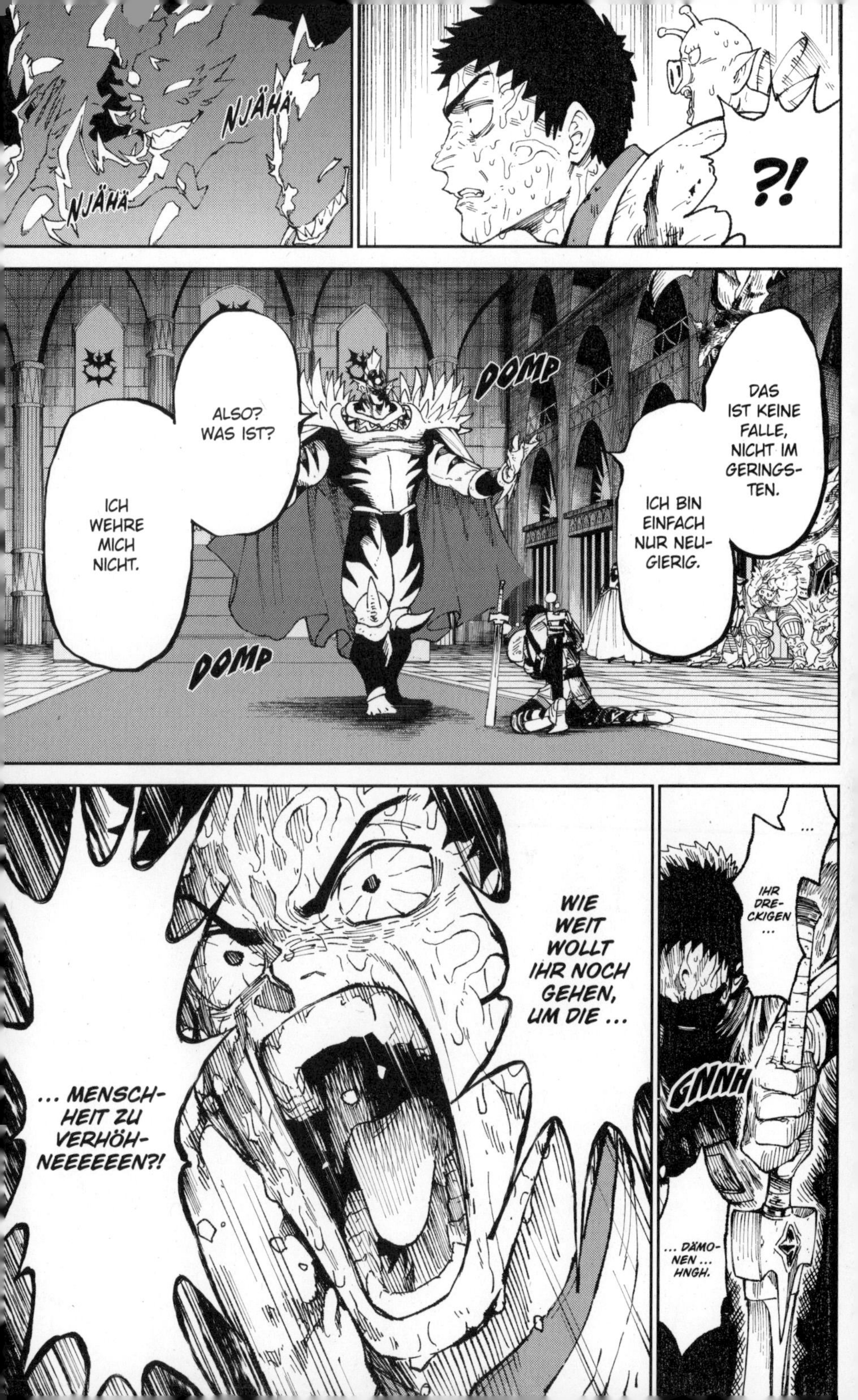
?!
NJÄHÄ
NJÄHÄ
DAS IST KEINE FALLE, NICHT IM GERINGS-TEN.
ICH BIN EINFACH NUR NEU-GIERIG.
DOMP
ALSO? WAS IST?
ICH WEHRE MICH NICHT.
DOMP
…
IHR DRE-CKIGEN …
GNNH
… DÄMO-NEN … HNGH.
WIE WEIT WOLLT IHR NOCH GEHEN, UM DIE …
… MENSCH-HEIT ZU VERHÖH-NEEEEEEN?!

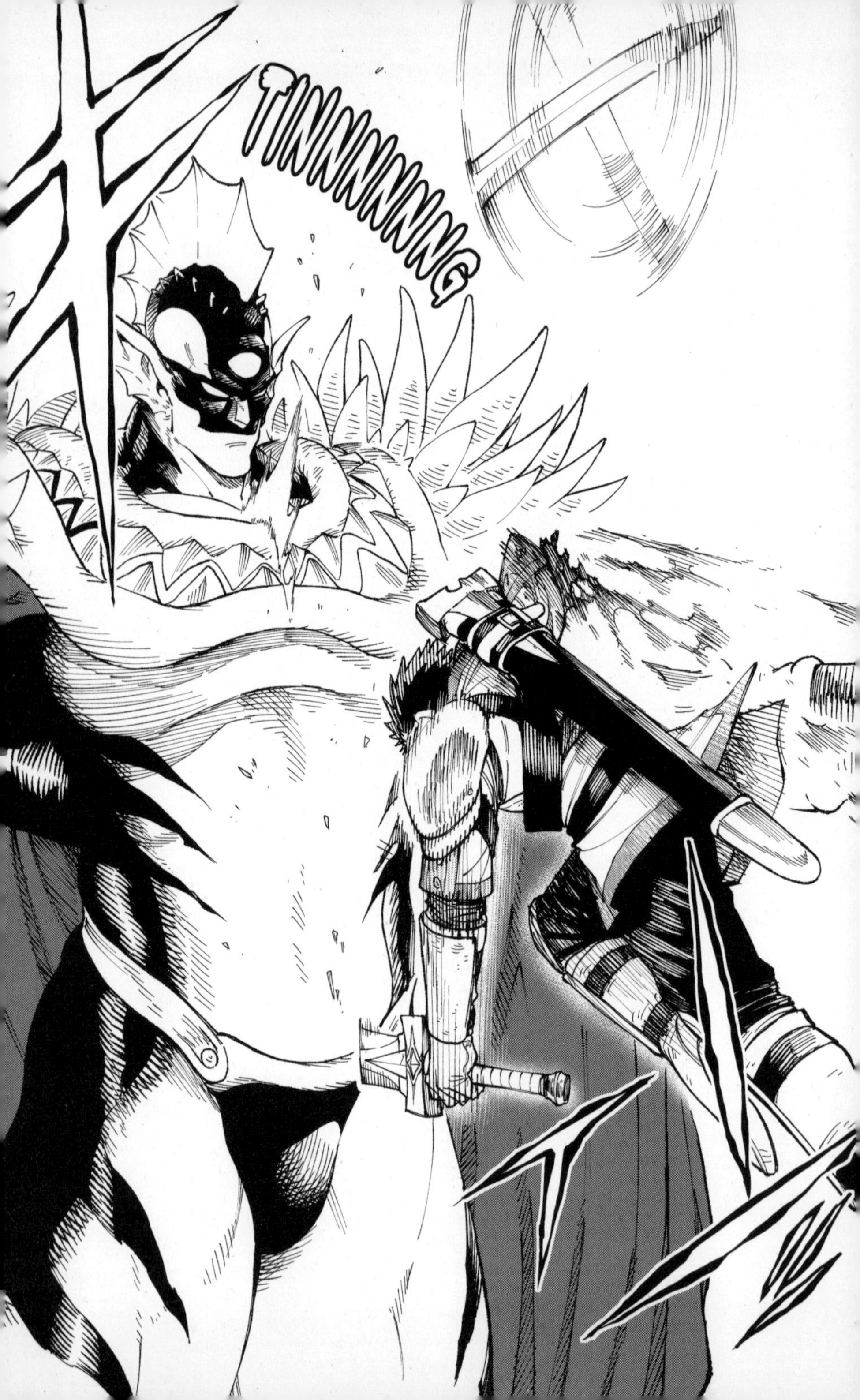
TINNNNNNG

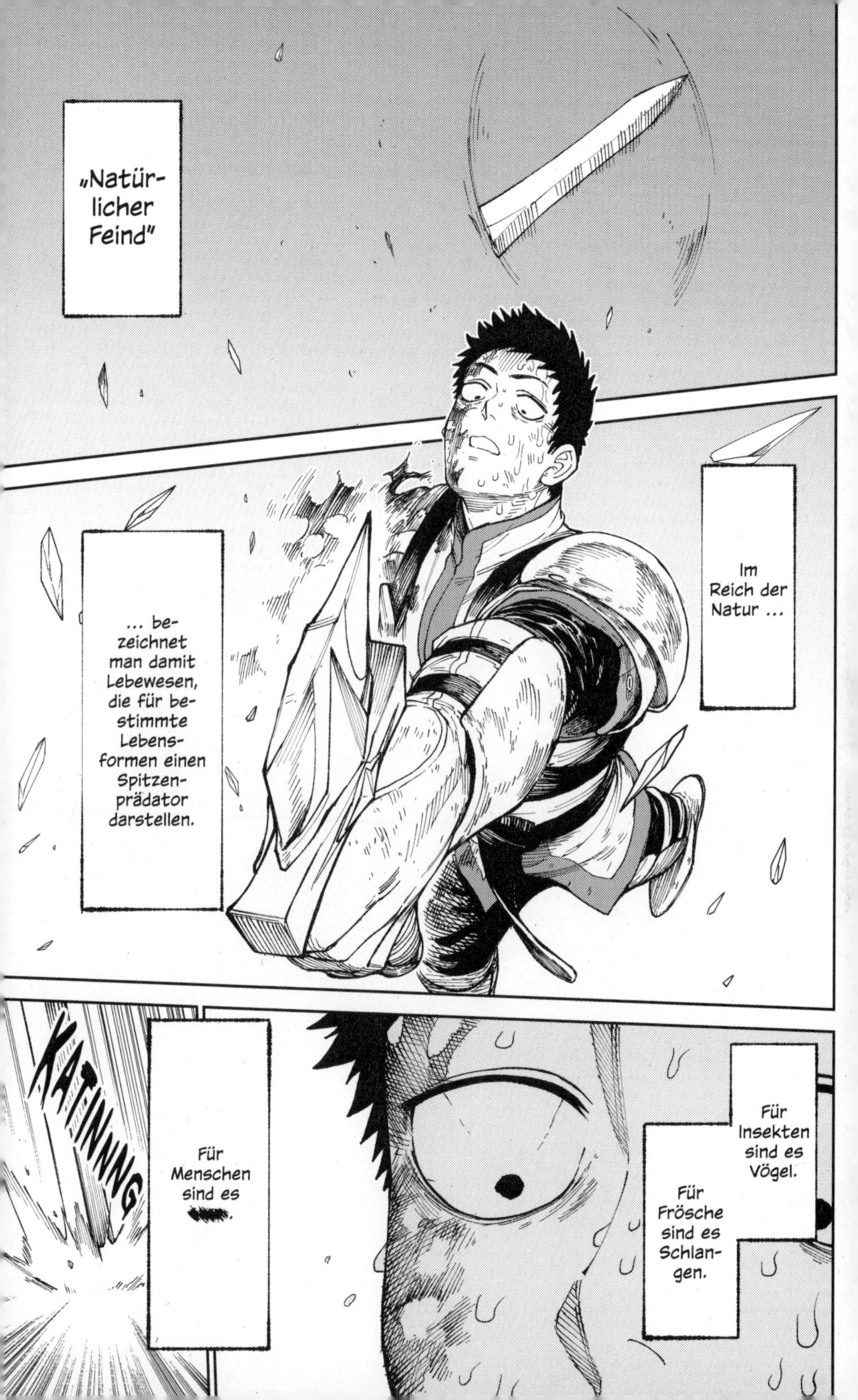
„Natürlicher Feind"
Im Reich der Natur …
… bezeichnet man damit Lebewesen, die für bestimmte Lebensformen einen Spitzenprädator darstellen.
Für Insekten sind es Vögel.
Für Frösche sind es Schlangen.
Für Menschen sind es
KATINNNG

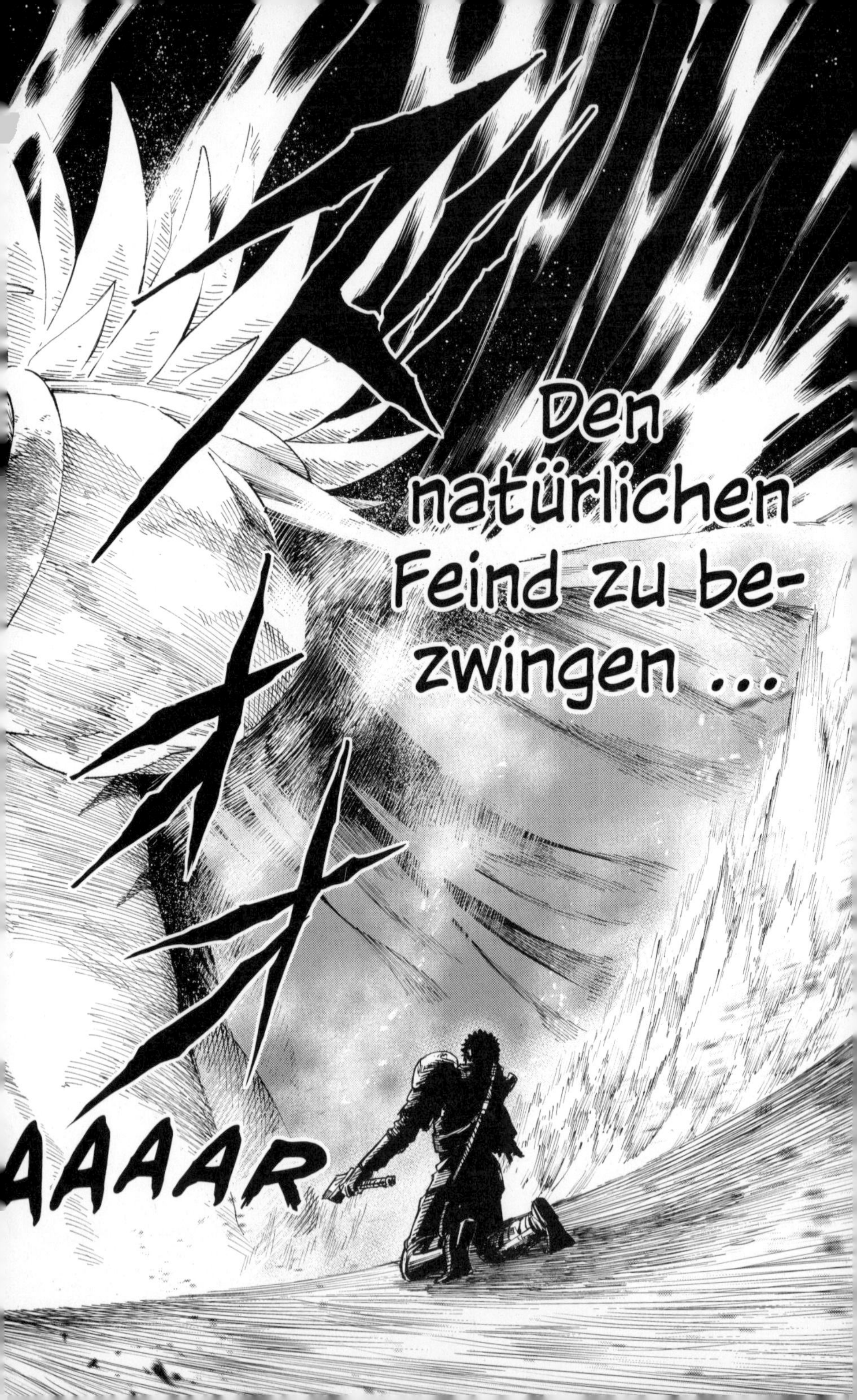

Den natürlichen Feind zu bezwingen ...
AAAAR

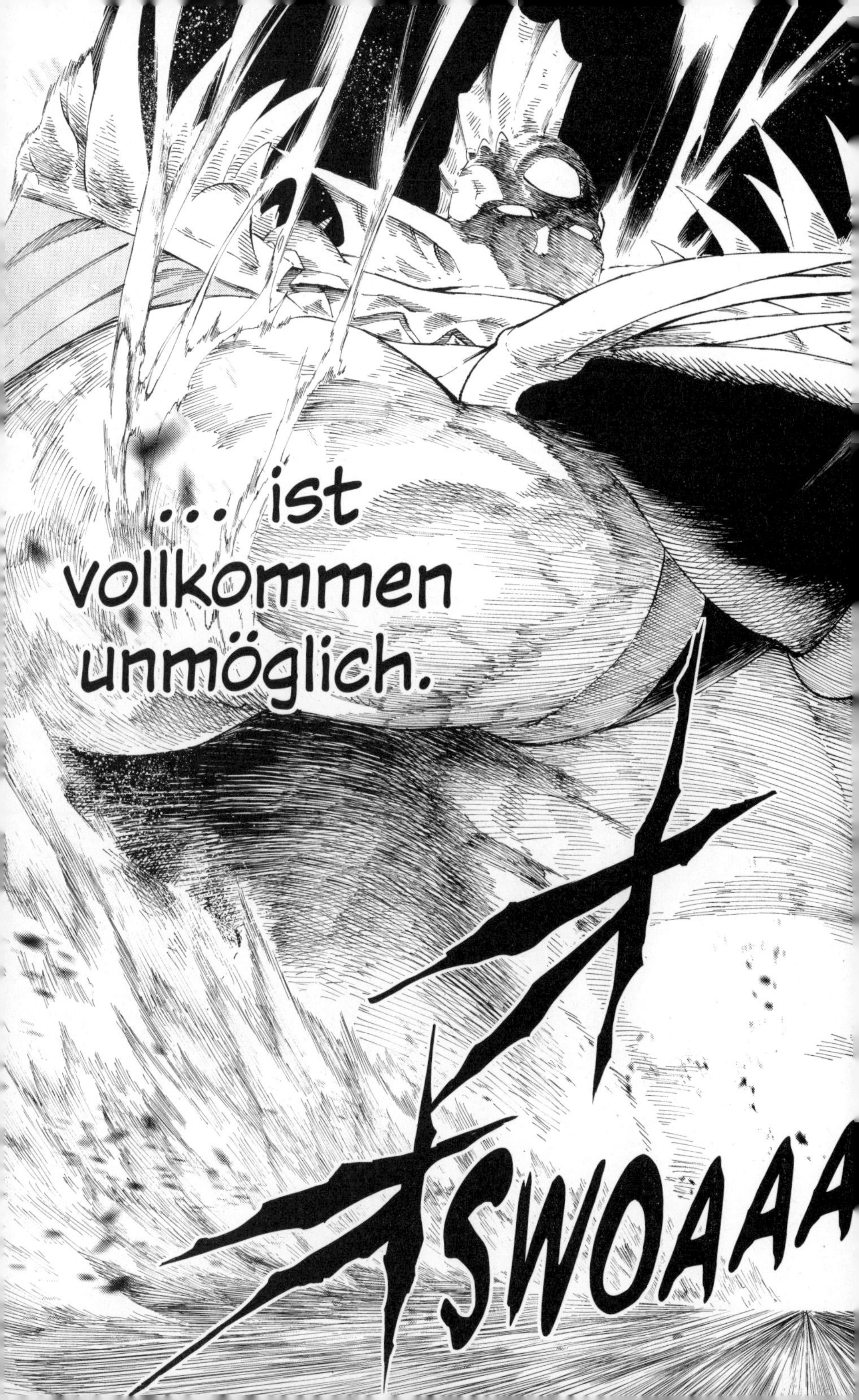
... ist vollkommen unmöglich.
SWOAAA

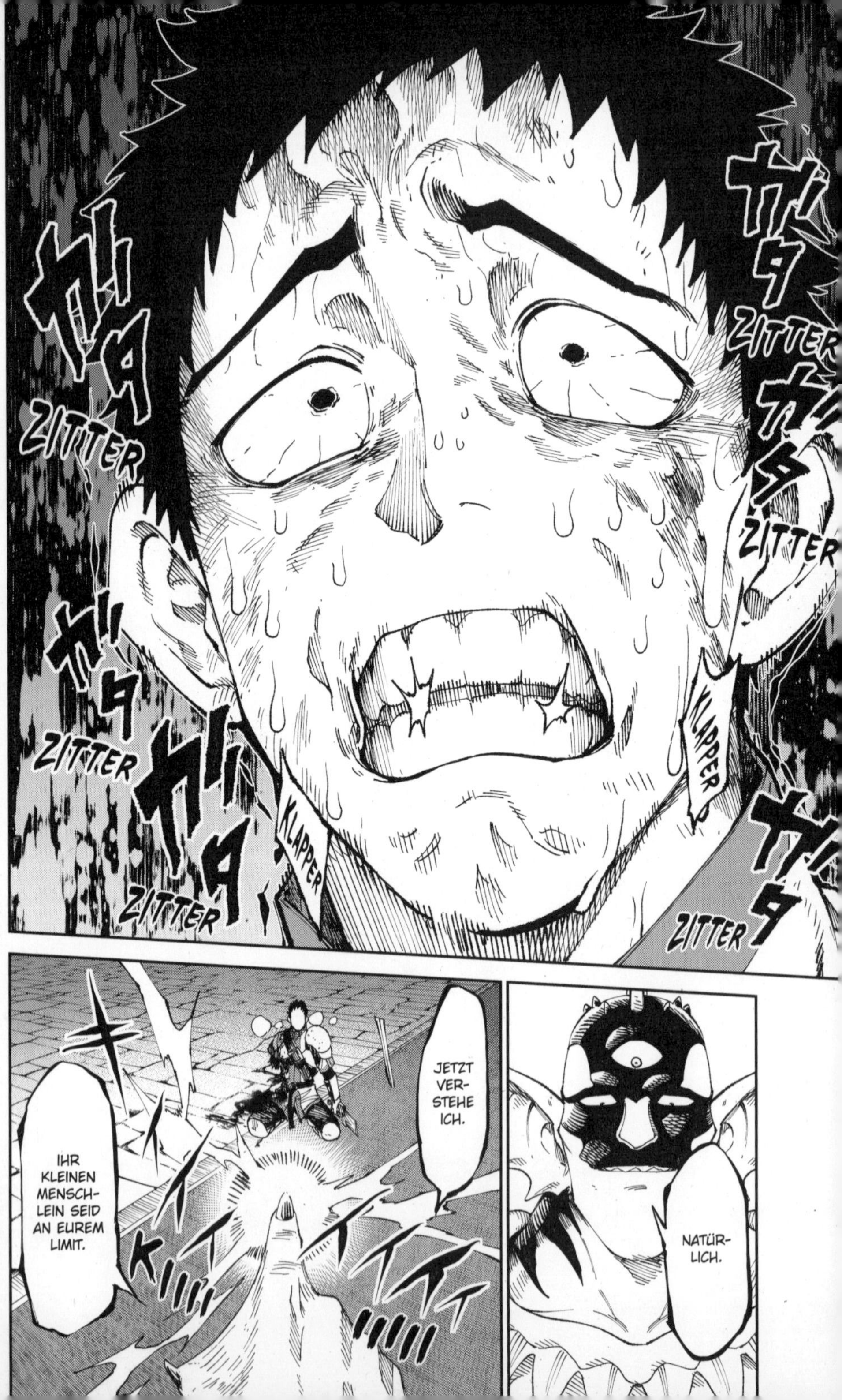
ZITTER
ZITTER
KLAPPER
ZITTER
ZITTER
ZITTER
ZITTER
KLAPPER
ZITTER
NATÜRLICH.
JETZT VERSTEHE ICH.
IHR KLEINEN MENSCHLEIN SEID AN EUREM LIMIT.
KIIII

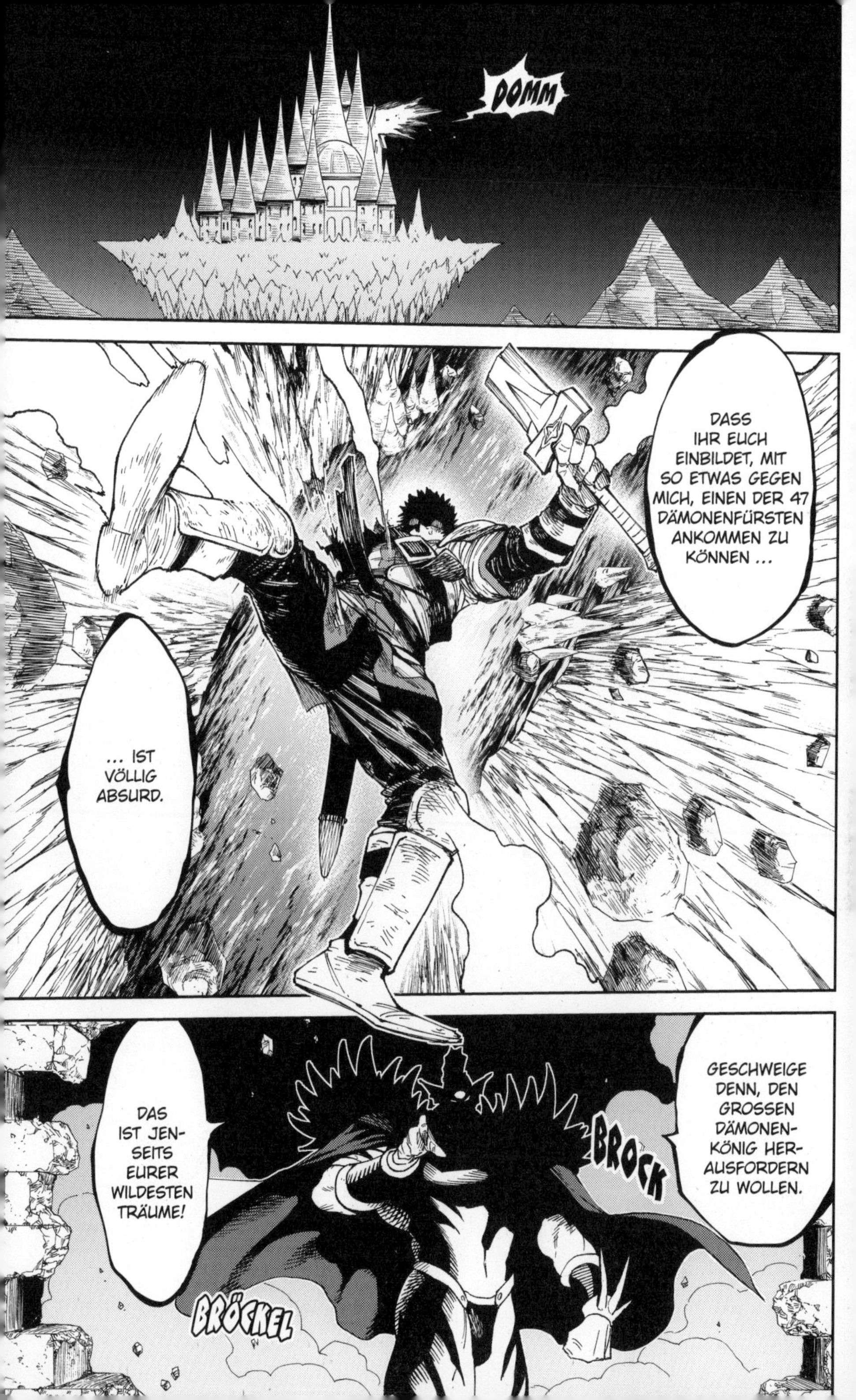
DOMM
DASS IHR EUCH EINBILDET, MIT SO ETWAS GEGEN MICH, EINEN DER 47 DÄMONENFÜRSTEN ANKOMMEN ZU KÖNNEN …
… IST VÖLLIG ABSURD.
GESCHWEIGE DENN, DEN GROSSEN DÄMONEN-KÖNIG HER-AUSFORDERN ZU WOLLEN.
BROCK
DAS IST JEN-SEITS EURER WILDESTEN TRÄUME!
BRÖCKEL

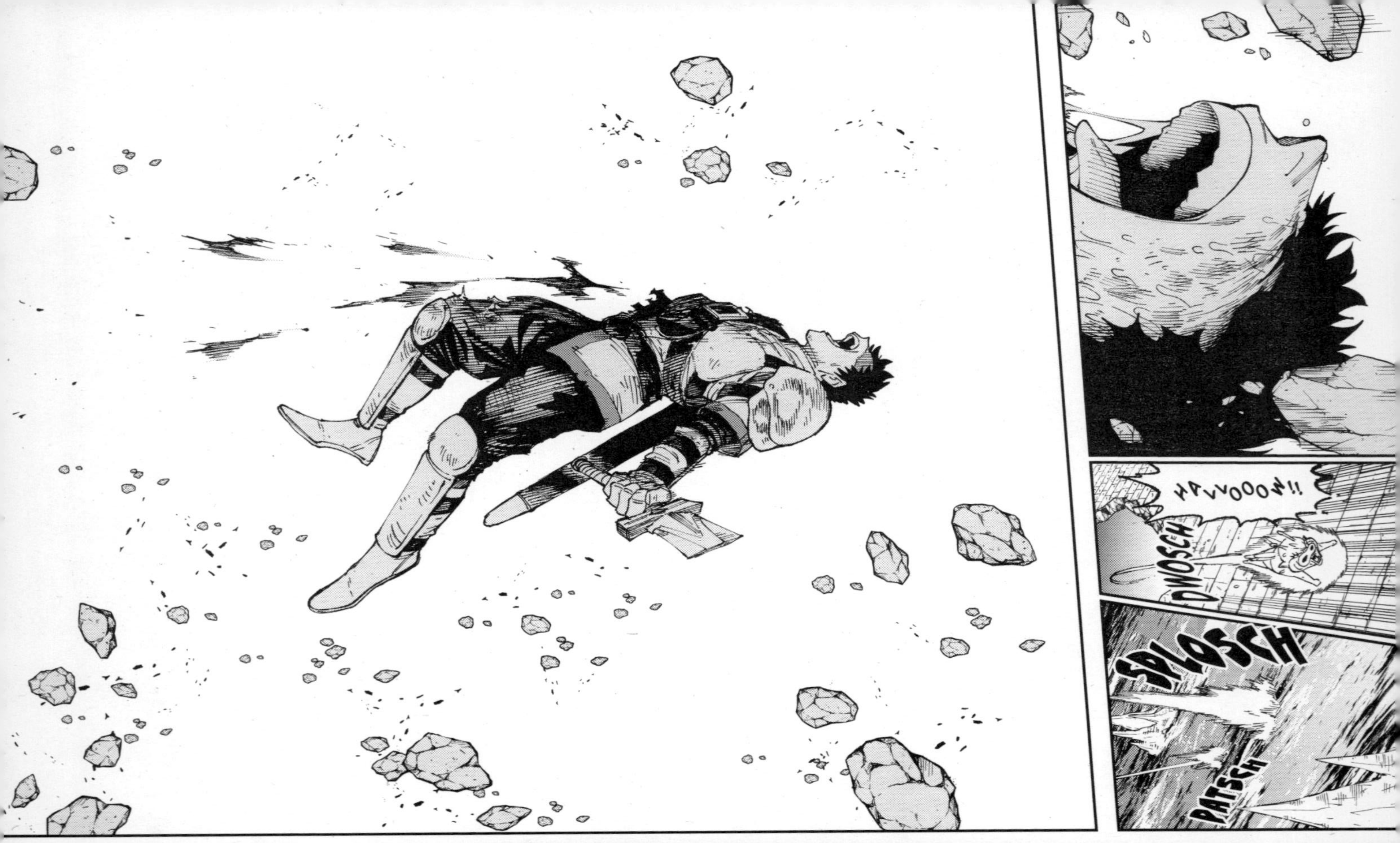
DWOSCH
HAVOOOW!!
SPLOSCH
PATSCH

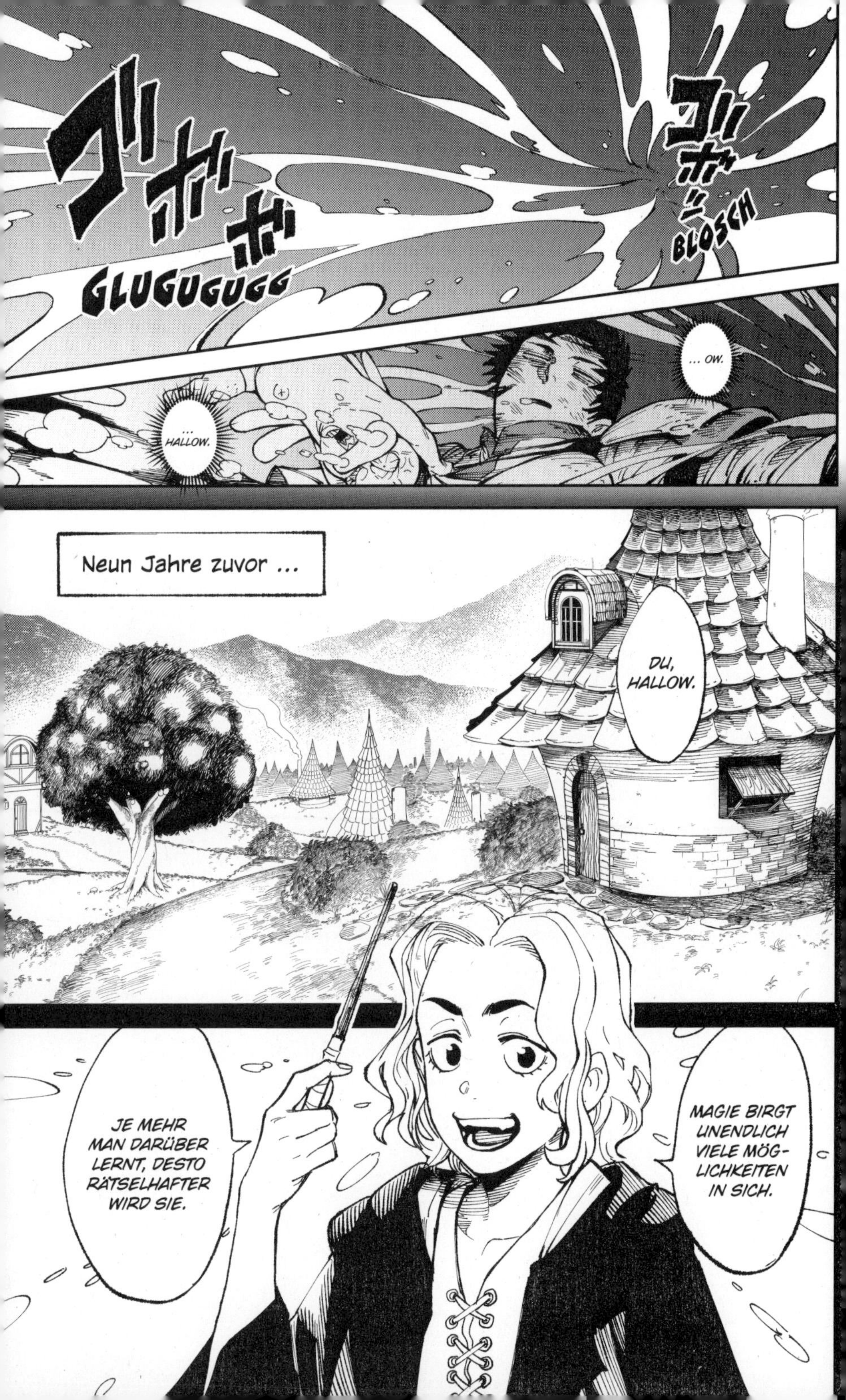
BLOSCH
GLUGUGUGG
... OW.
... HALLOW.
Neun Jahre zuvor ...
DU, HALLOW.
MAGIE BIRGT UNENDLICH VIELE MÖG-LICHKEITEN IN SICH.
JE MEHR MAN DARÜBER LERNT, DESTO RÄTSELHAFTER WIRD SIE.

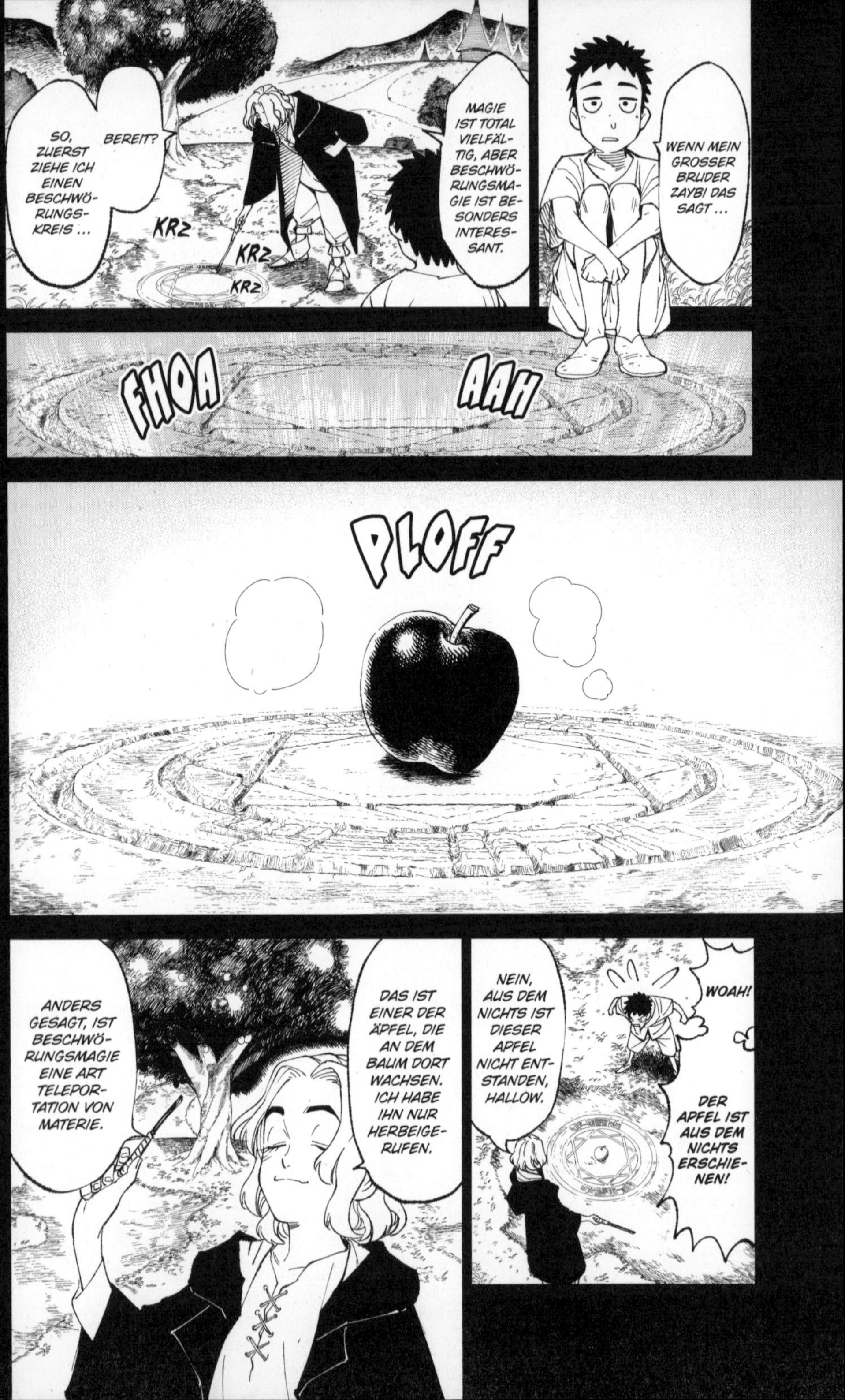
WENN MEIN GROSSER BRUDER ZAYBI DAS SAGT …
MAGIE IST TOTAL VIELFÄLTIG, ABER BESCHWÖRUNGSMAGIE IST BESONDERS INTERESSANT.
BEREIT?
SO, ZUERST ZIEHE ICH EINEN BESCHWÖRUNGSKREIS …
KRZ
KRZ
KRZ
AAH
FHOA
PLOFF
WOAH!
DER APFEL IST AUS DEM NICHTS ERSCHIENEN!
NEIN, AUS DEM NICHTS IST DIESER APFEL NICHT ENTSTANDEN, HALLOW.
DAS IST EINER DER ÄPFEL, DIE AN DEM BAUM DORT WACHSEN. ICH HABE IHN NUR HERBEIGERUFEN.
ANDERS GESAGT, IST BESCHWÖRUNGSMAGIE EINE ART TELEPORTATION VON MATERIE.

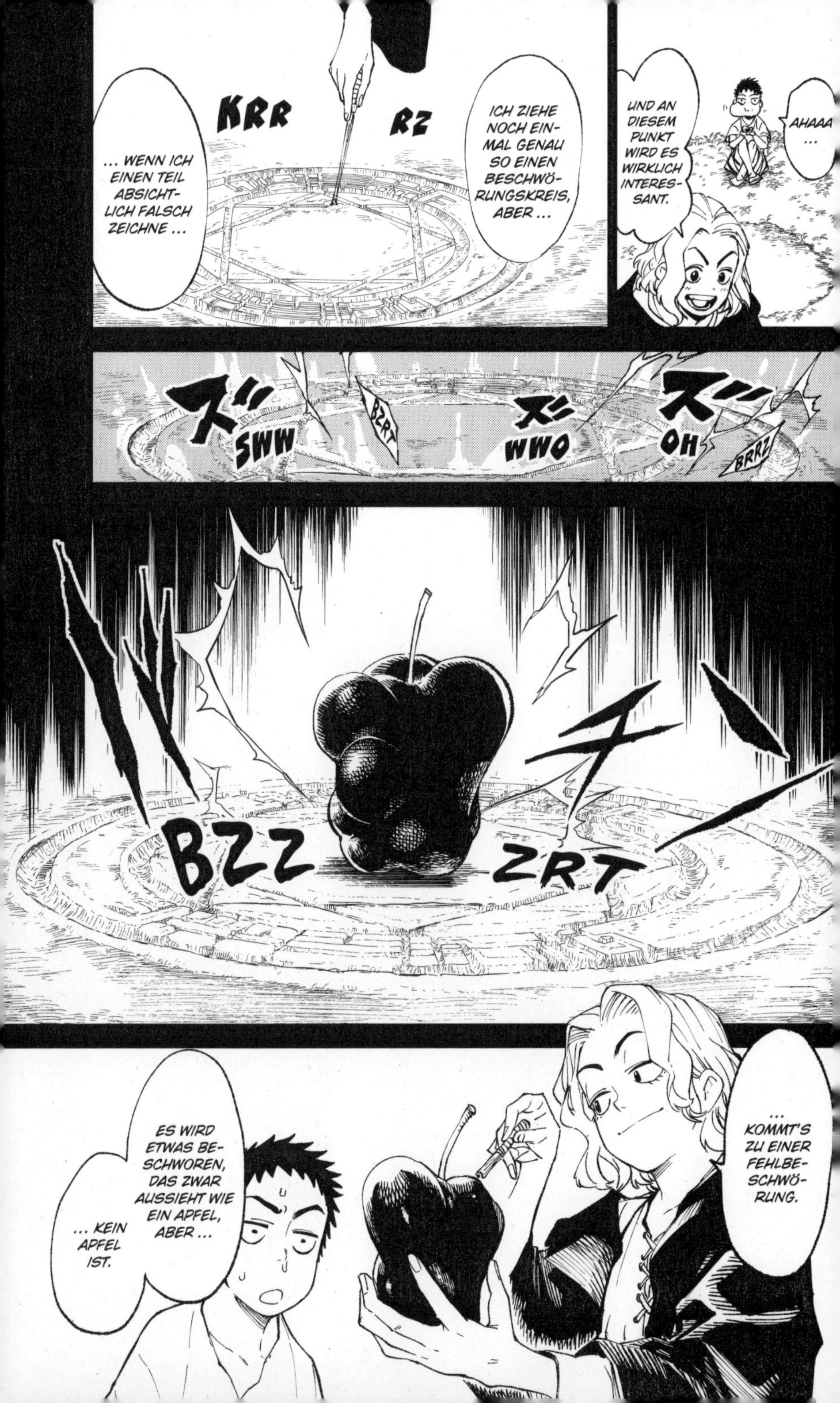
AHAAA …
UND AN DIESEM PUNKT WIRD ES WIRKLICH INTERESSANT.
ICH ZIEHE NOCH EINMAL GENAU SO EINEN BESCHWÖRUNGSKREIS, ABER …
KRR
RZ
… WENN ICH EINEN TEIL ABSICHTLICH FALSCH ZEICHNE …
OH
BRRZ
WWO
BZRT
SWW
ZRT
BZZ
… KOMMT'S ZU EINER FEHLBESCHWÖRUNG.
ES WIRD ETWAS BESCHWOREN, DAS ZWAR AUSSIEHT WIE EIN APFEL, ABER …
… KEIN APFEL IST.

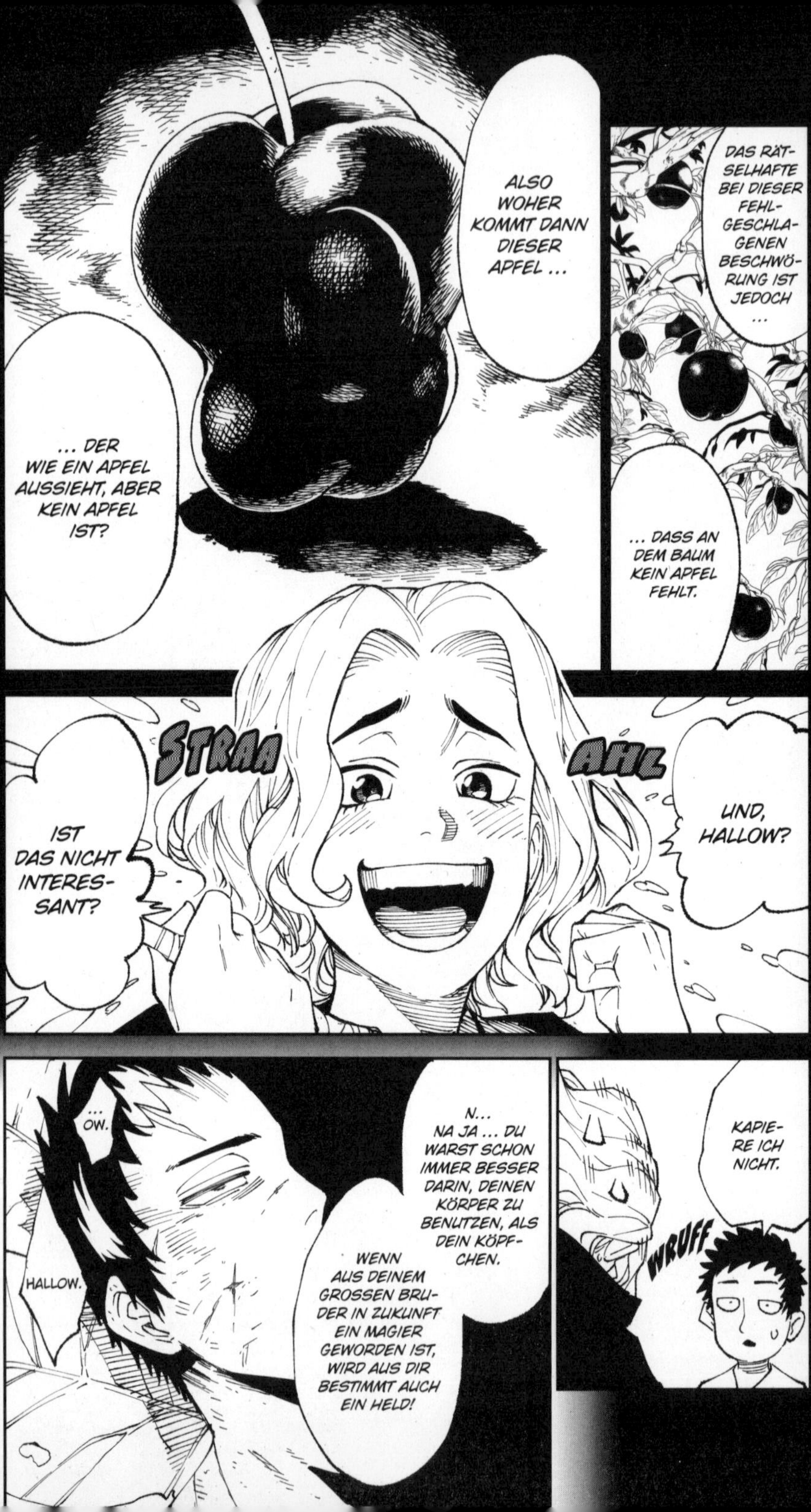
DAS RÄTSELHAFTE BEI DIESER FEHLGESCHLAGENEN BESCHWÖRUNG IST JEDOCH ...
... DASS AN DEM BAUM KEIN APFEL FEHLT.
ALSO WOHER KOMMT DANN DIESER APFEL ...
... DER WIE EIN APFEL AUSSIEHT, ABER KEIN APFEL IST?
UND, HALLOW?
STRAAAHL
IST DAS NICHT INTERESSANT?
KAPIERE ICH NICHT.
WRUFF
N... NA JA ... DU WARST SCHON IMMER BESSER DARIN, DEINEN KÖRPER ZU BENUTZEN, ALS DEIN KÖPFCHEN.
WENN AUS DEINEM GROSSEN BRUDER IN ZUKUNFT EIN MAGIER GEWORDEN IST, WIRD AUS DIR BESTIMMT AUCH EIN HELD!
... OW.
HALLOW.

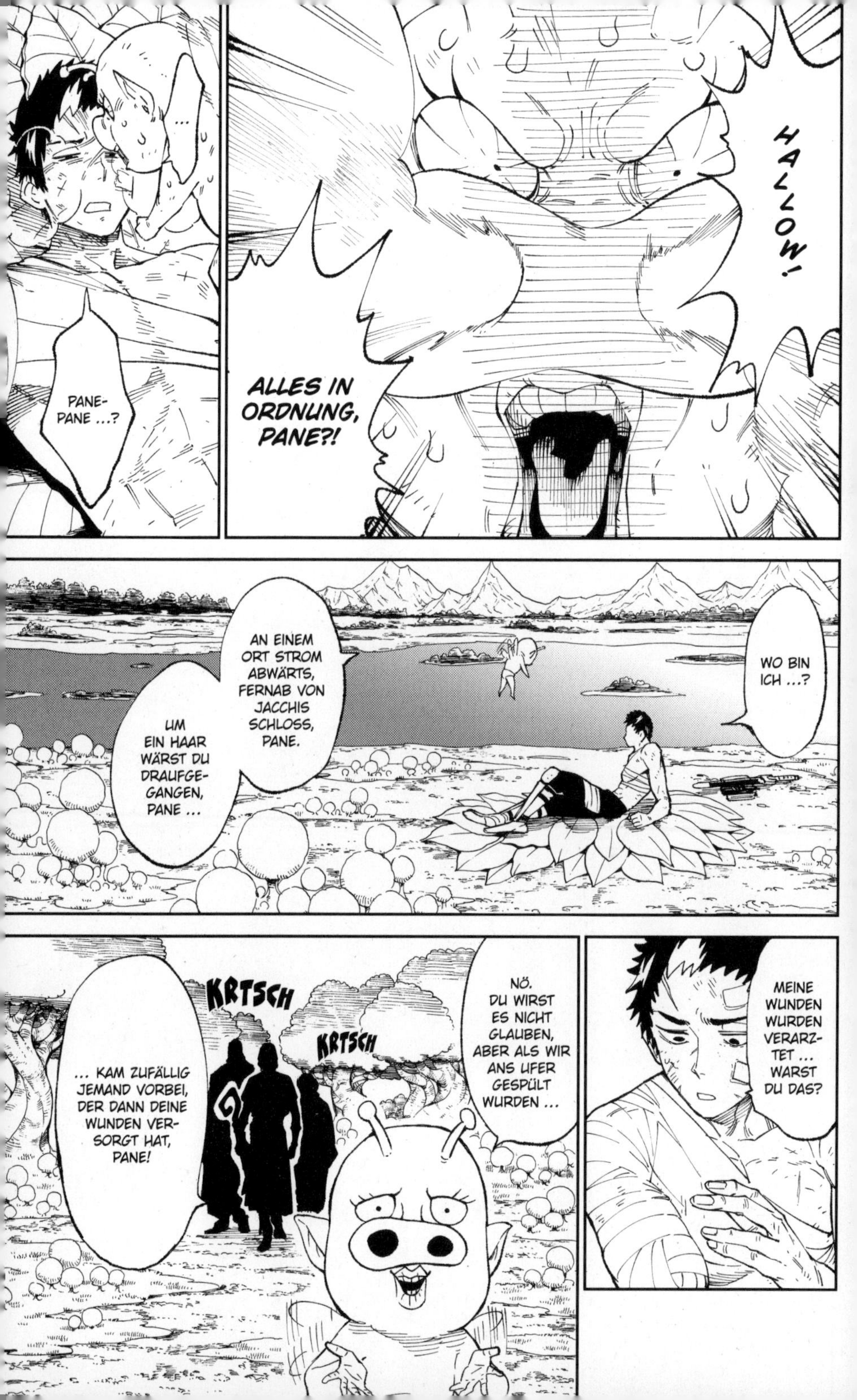
HALLOW!
ALLES IN ORDNUNG, PANE?!
…
PANE-PANE …?
WO BIN ICH …?
AN EINEM ORT STROM ABWÄRTS, FERNAB VON JACCHIS SCHLOSS, PANE.
UM EIN HAAR WÄRST DU DRAUFGEGANGEN, PANE …
MEINE WUNDEN WURDEN VERARZTET … WARST DU DAS?
NÖ. DU WIRST ES NICHT GLAUBEN, ABER ALS WIR ANS UFER GESPÜLT WURDEN …
KRTSCH
KRTSCH
… KAM ZUFÄLLIG JEMAND VORBEI, DER DANN DEINE WUNDEN VERSORGT HAT, PANE!

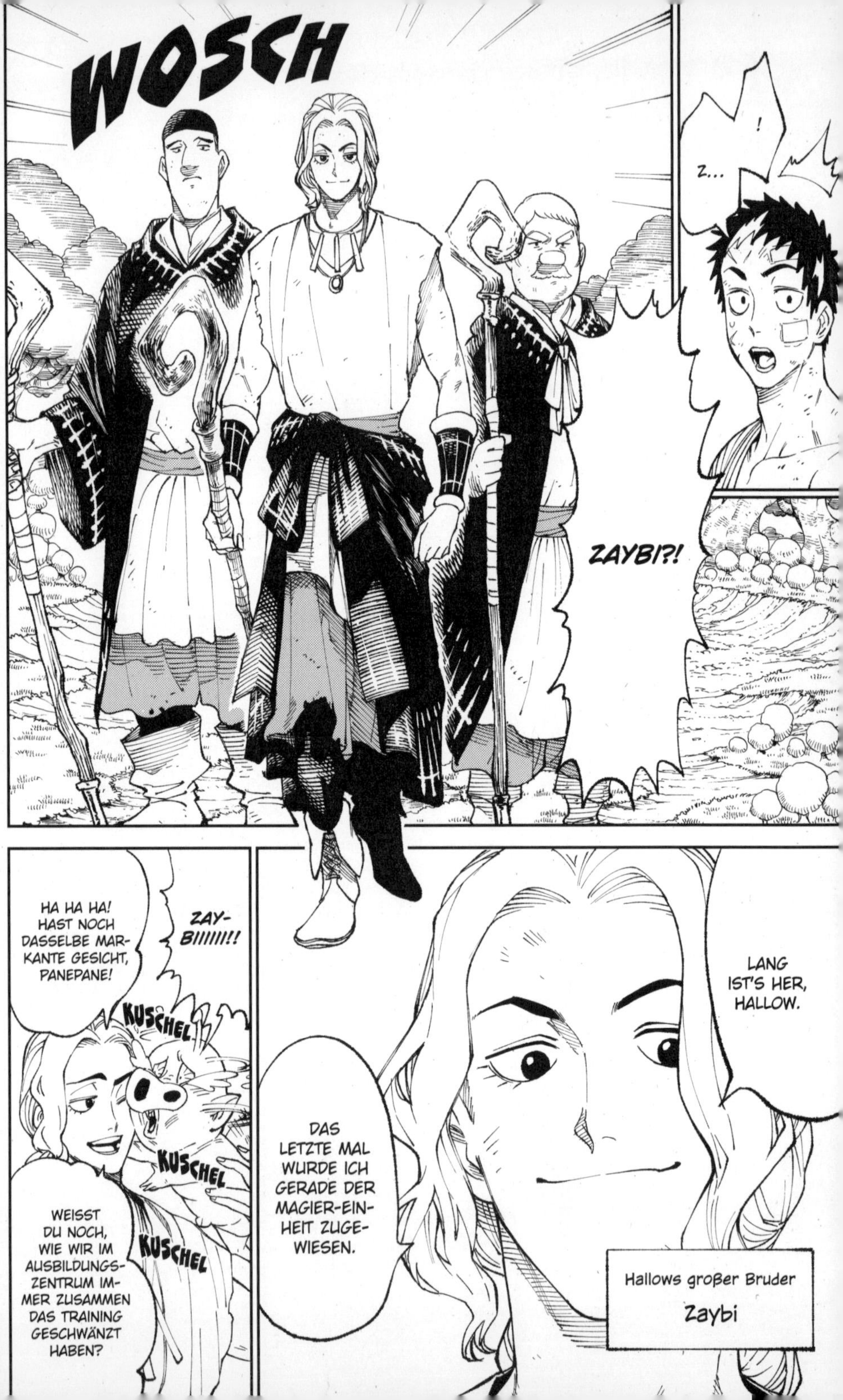
WOSCH
!
Z...
ZAYBI?!
LANG IST'S HER, HALLOW.
DAS LETZTE MAL WURDE ICH GERADE DER MAGIER-EINHEIT ZUGEWIESEN.
Hallows großer Bruder
Zaybi
ZAY-BIIIIIII!!
HA HA HA! HAST NOCH DASSELBE MARKANTE GESICHT, PANEPANE!
KUSCHEL
KUSCHEL
KUSCHEL
WEISST DU NOCH, WIE WIR IM AUSBILDUNGSZENTRUM IMMER ZUSAMMEN DAS TRAINING GESCHWÄNZT HABEN?

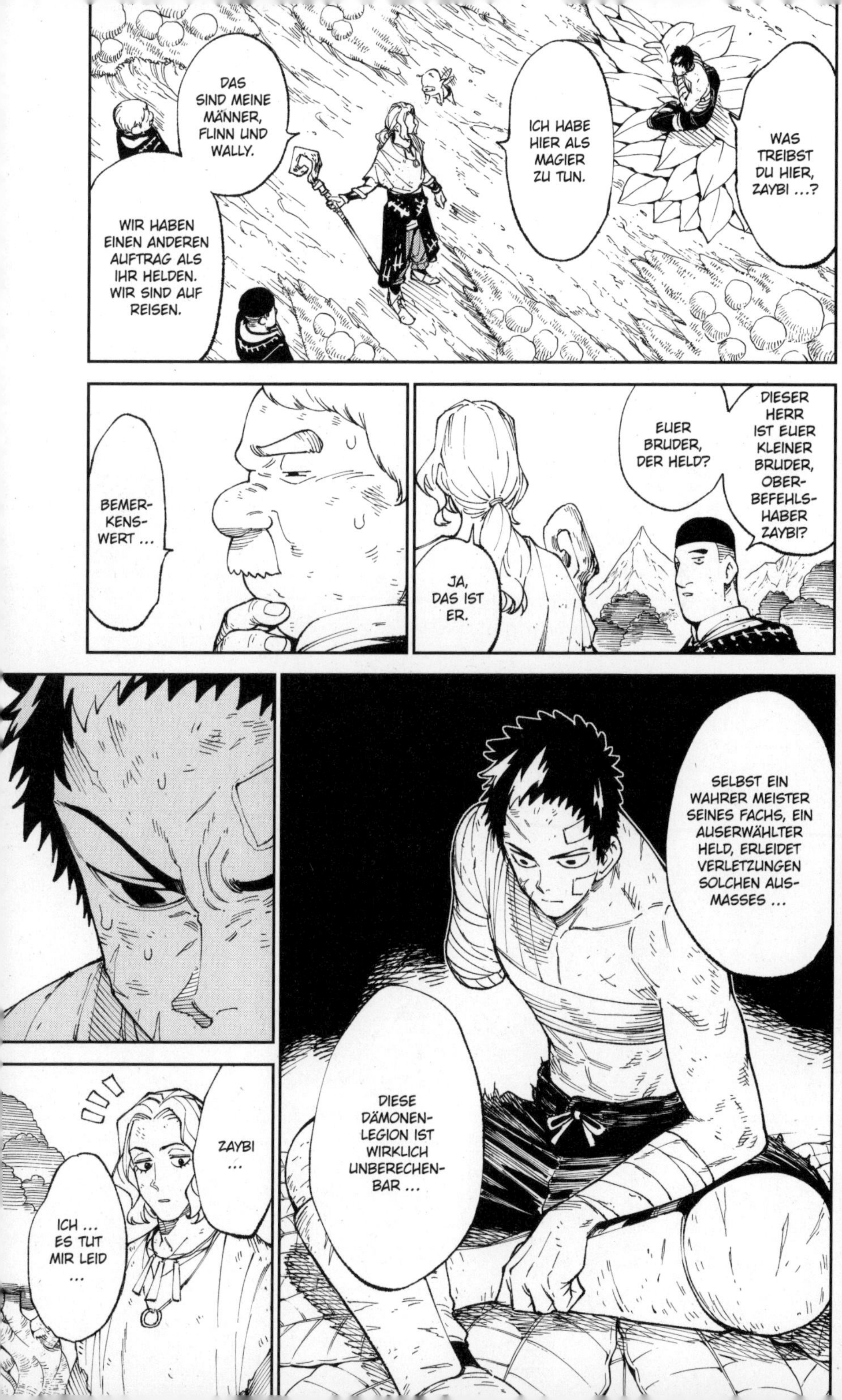
WAS TREIBST DU HIER, ZAYBI …?
ICH HABE HIER ALS MAGIER ZU TUN.
DAS SIND MEINE MÄNNER, FLINN UND WALLY.
WIR HABEN EINEN ANDEREN AUFTRAG ALS IHR HELDEN. WIR SIND AUF REISEN.
DIESER HERR IST EUER KLEINER BRUDER, OBER-BEFEHLS-HABER ZAYBI?
EUER BRUDER, DER HELD?
JA, DAS IST ER.
BEMERKENSWERT …
SELBST EIN WAHRER MEISTER SEINES FACHS, EIN AUSERWÄHLTER HELD, ERLEIDET VERLETZUNGEN SOLCHEN AUSMASSES …
DIESE DÄMONEN-LEGION IST WIRKLICH UNBERECHENBAR …
ZAYBI …
ICH … ES TUT MIR LEID …

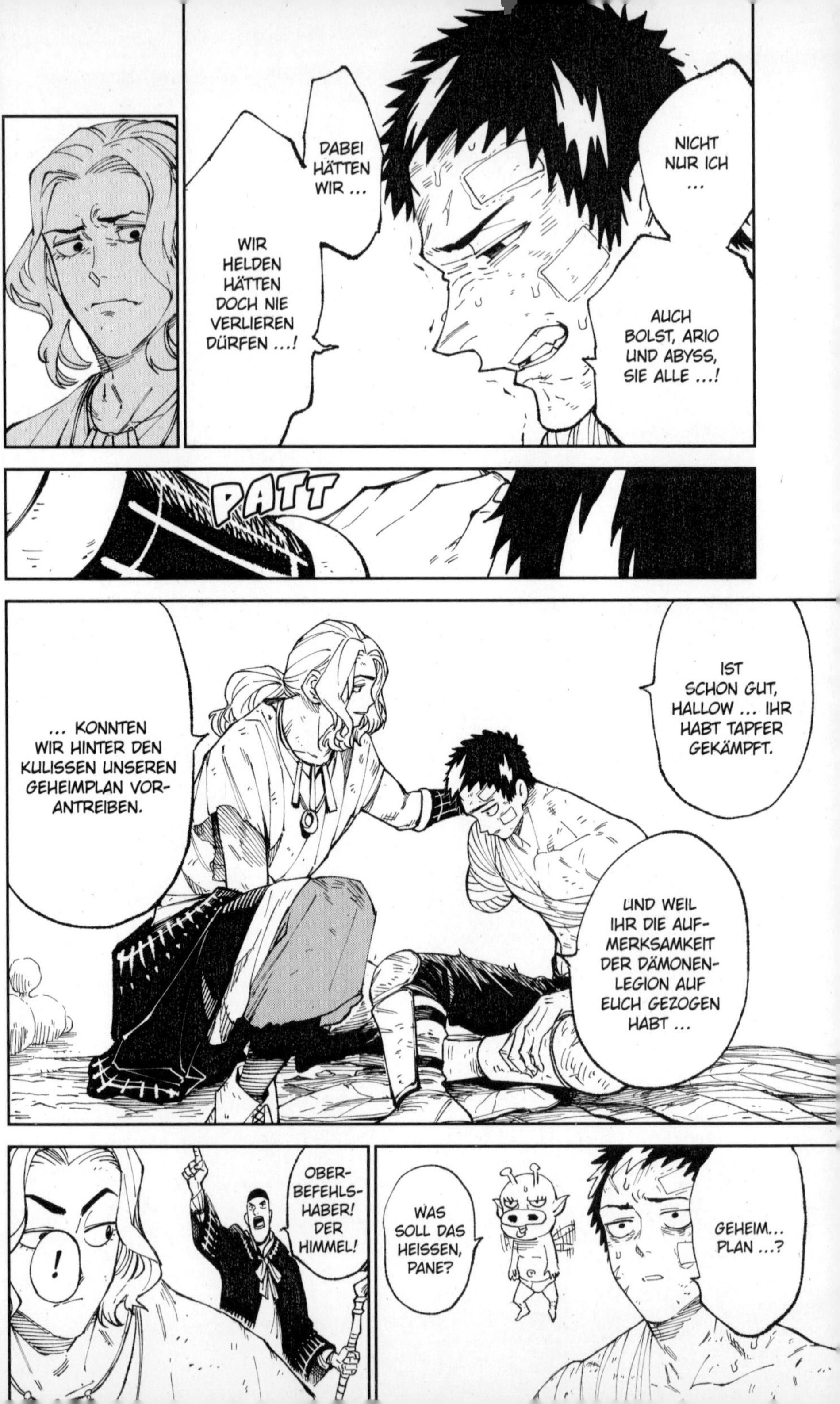
NICHT NUR ICH …
AUCH BOLST, ARIO UND ABYSS, SIE ALLE …!
DABEI HÄTTEN WIR …
WIR HELDEN HÄTTEN DOCH NIE VERLIEREN DÜRFEN …!
PATT
IST SCHON GUT, HALLOW … IHR HABT TAPFER GEKÄMPFT.
UND WEIL IHR DIE AUFMERKSAMKEIT DER DÄMONEN-LEGION AUF EUCH GEZOGEN HABT …
… KONNTEN WIR HINTER DEN KULISSEN UNSEREN GEHEIMPLAN VORANTREIBEN.
GEHEIM… PLAN …?
WAS SOLL DAS HEISSEN, PANE?
OBER-BEFEHLS-HABER! DER HIMMEL!
!

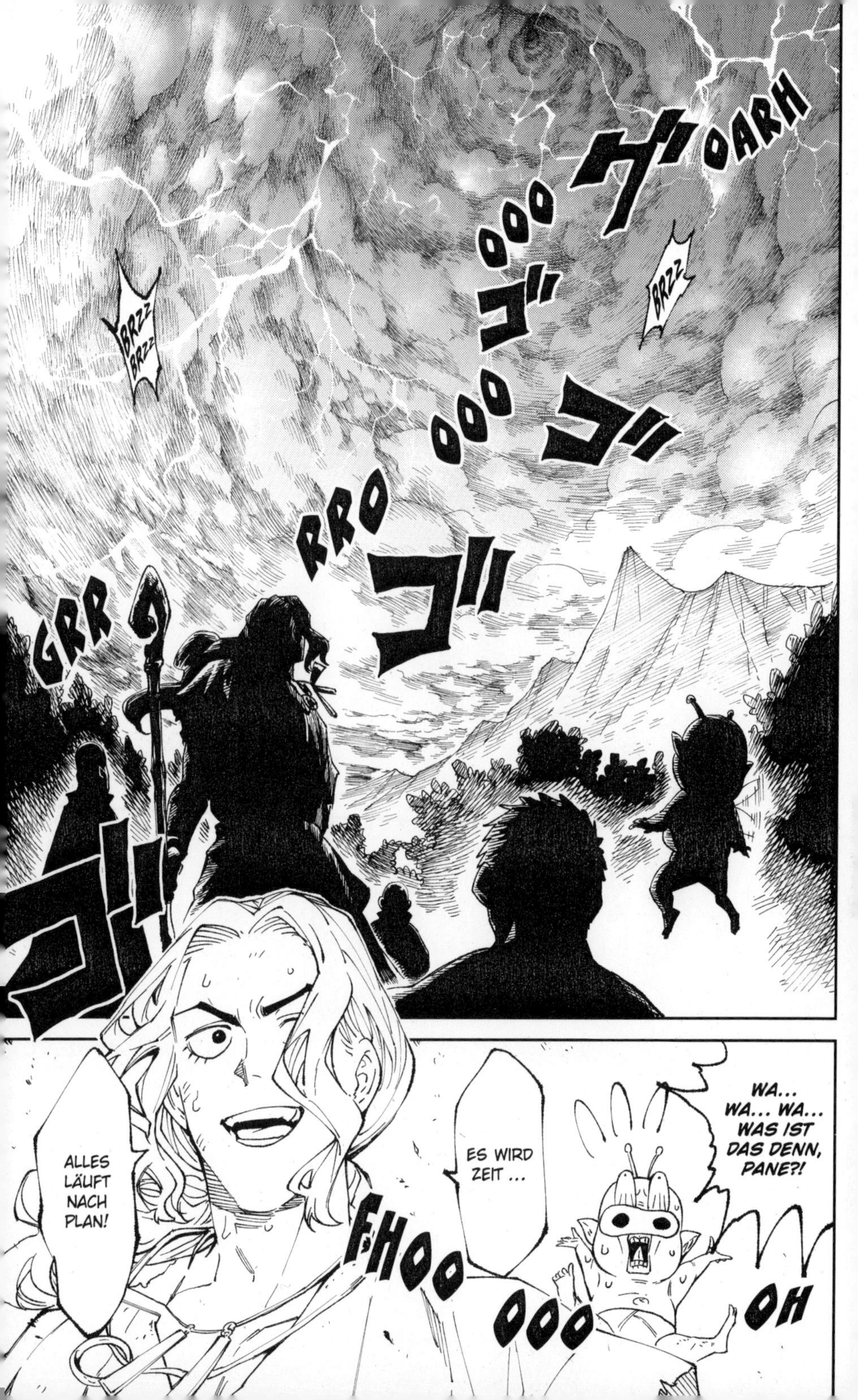
OARH
BRZZ
OOOO
OOO
RRO
BRZZ BRZZ
GRR
WA... WA... WA... WAS IST DAS DENN, PANE?!
OH
FHOOOOOO
ES WIRD ZEIT ...
ALLES LÄUFT NACH PLAN!

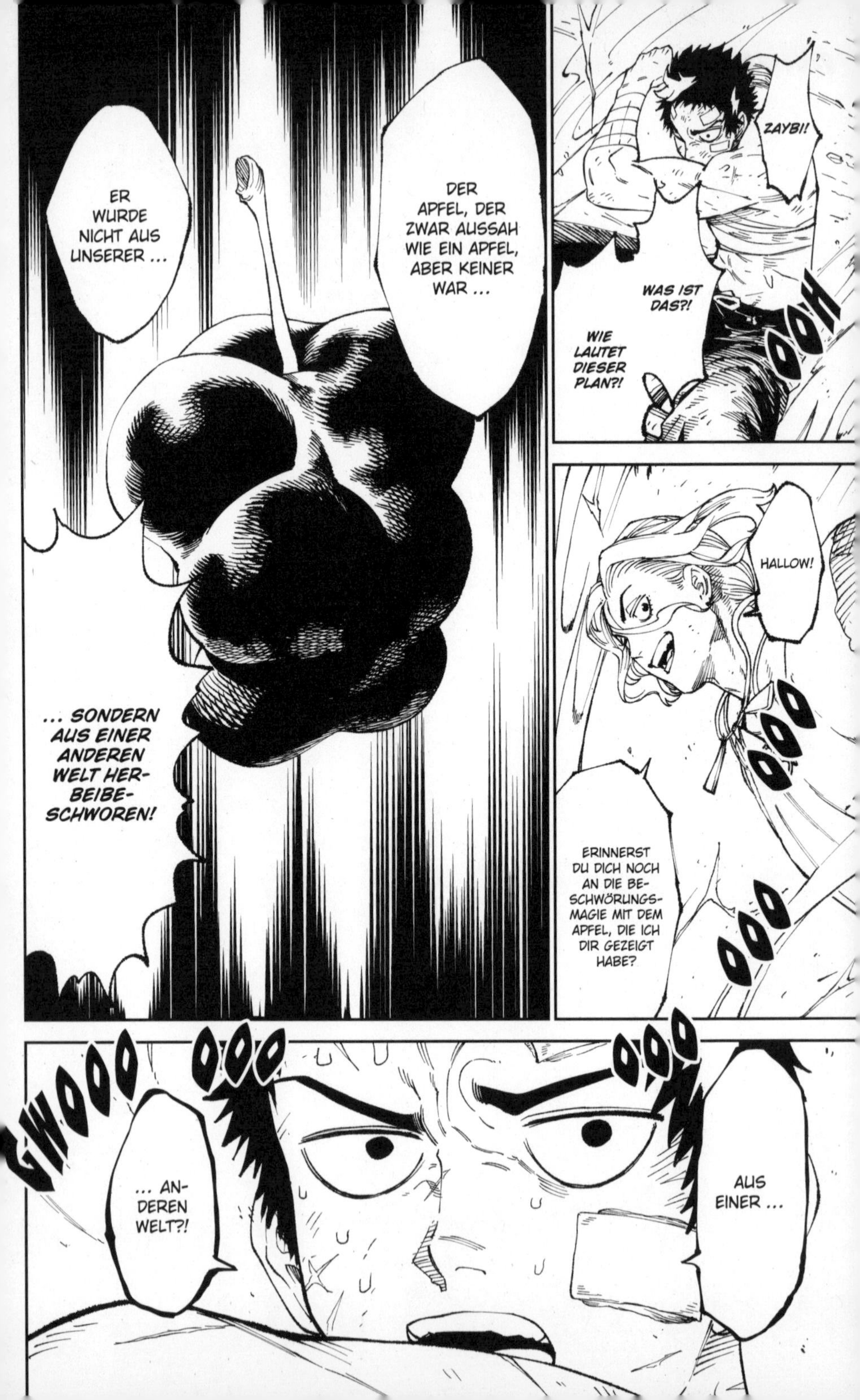
ZAYBI!
WAS IST DAS?!
WIE LAUTET DIESER PLAN?!
HALLOW!
ERINNERST DU DICH NOCH AN DIE BESCHWÖRUNGSMAGIE MIT DEM APFEL, DIE ICH DIR GEZEIGT HABE?
DER APFEL, DER ZWAR AUSSAH WIE EIN APFEL, ABER KEINER WAR …
ER WURDE NICHT AUS UNSERER …
… SONDERN AUS EINER ANDEREN WELT HERBEIBESCHWOREN!
AUS EINER …
… ANDEREN WELT?!
GWOOOOOOOOO

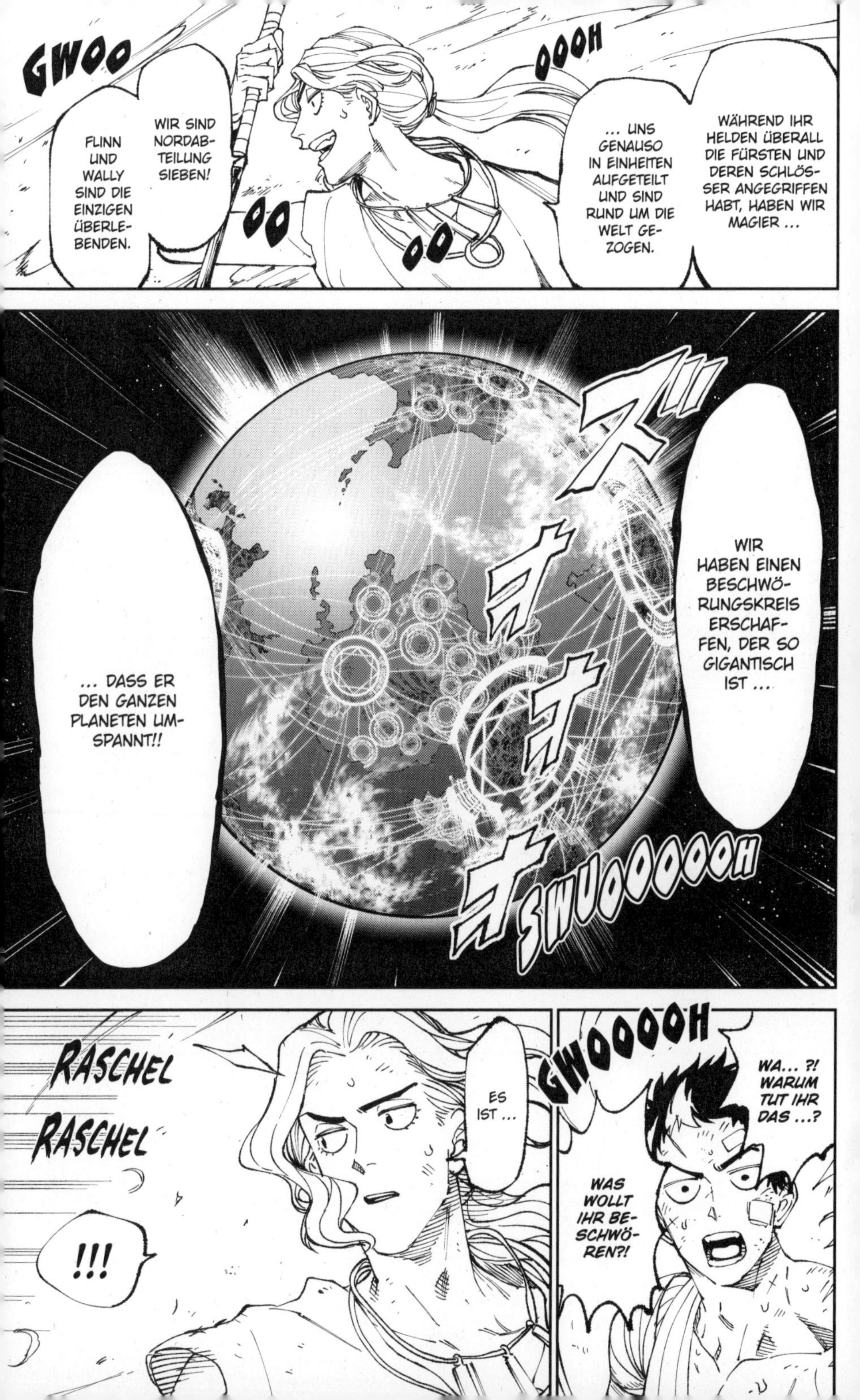
GWOO
OOOH
WÄHREND IHR HELDEN ÜBERALL DIE FÜRSTEN UND DEREN SCHLÖS-SER ANGEGRIFFEN HABT, HABEN WIR MAGIER …
… UNS GENAUSO IN EINHEITEN AUFGETEILT UND SIND RUND UM DIE WELT GE-ZOGEN.
WIR SIND NORDAB-TEILUNG SIEBEN!
FLINN UND WALLY SIND DIE EINZIGEN ÜBERLE-BENDEN.
OO
OO
WIR HABEN EINEN BESCHWÖ-RUNGSKREIS ERSCHAF-FEN, DER SO GIGANTISCH IST …
… DASS ER DEN GANZEN PLANETEN UM-SPANNT!!
SWUOOOOOOH
WA… ?! WARUM TUT IHR DAS …?
WAS WOLLT IHR BE-SCHWÖ-REN?!
GWOOOOH
ES IST …
RASCHEL
RASCHEL
!!!

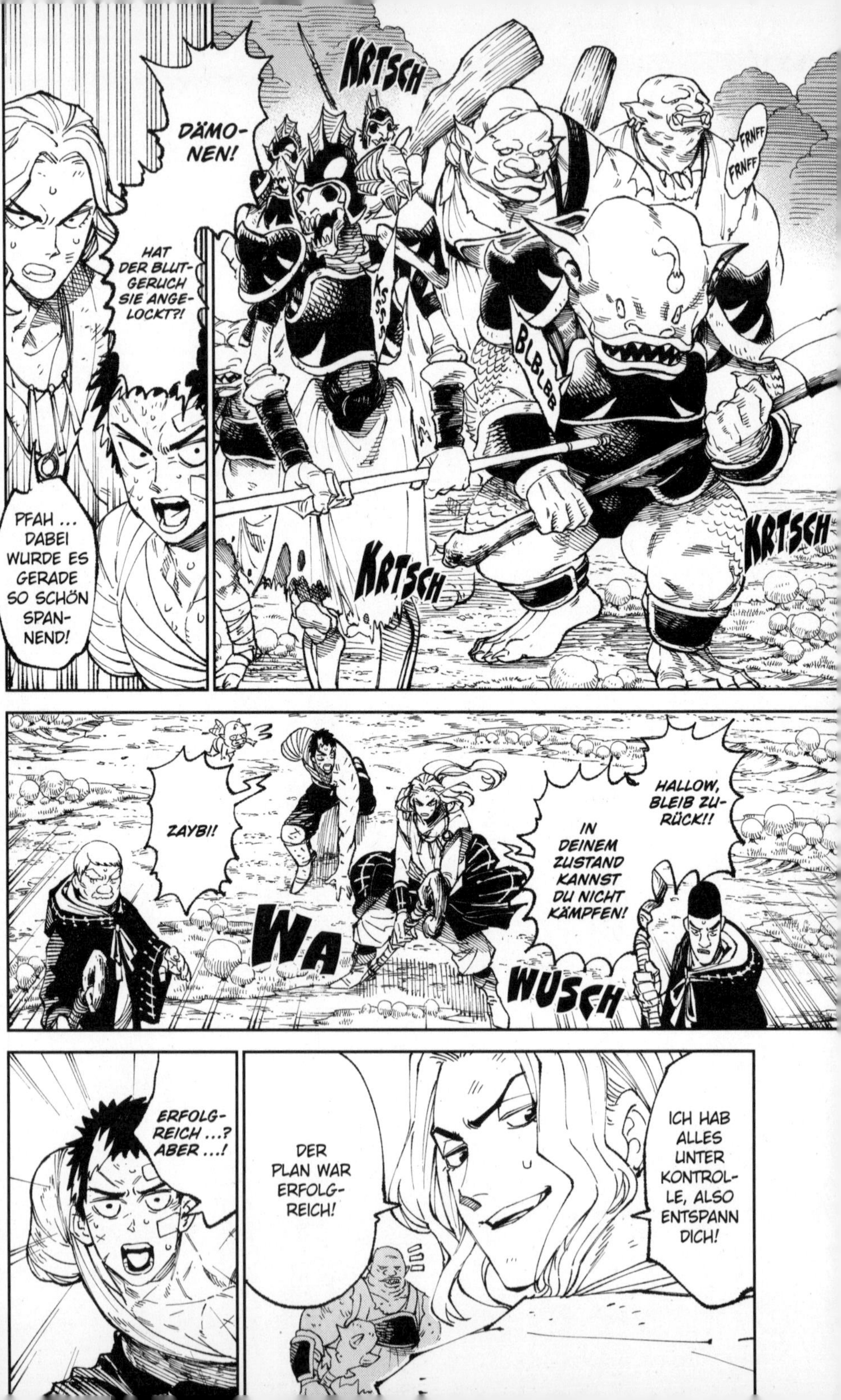
KRTSCH
DÄMONEN!
HAT DER BLUTGERUCH SIE ANGELOCKT?!
FRNFF FRNFF
KSSS
BLBLBB
KRTSCH
KRTSCH
PFAH ... DABEI WURDE ES GERADE SO SCHÖN SPANNEND!
HALLOW, BLEIB ZURÜCK!!
IN DEINEM ZUSTAND KANNST DU NICHT KÄMPFEN!
WUSCH
WA
ZAYBI!
ICH HAB ALLES UNTER KONTROLLE, ALSO ENTSPANN DICH!
DER PLAN WAR ERFOLGREICH!
ERFOLGREICH ...? ABER ...!

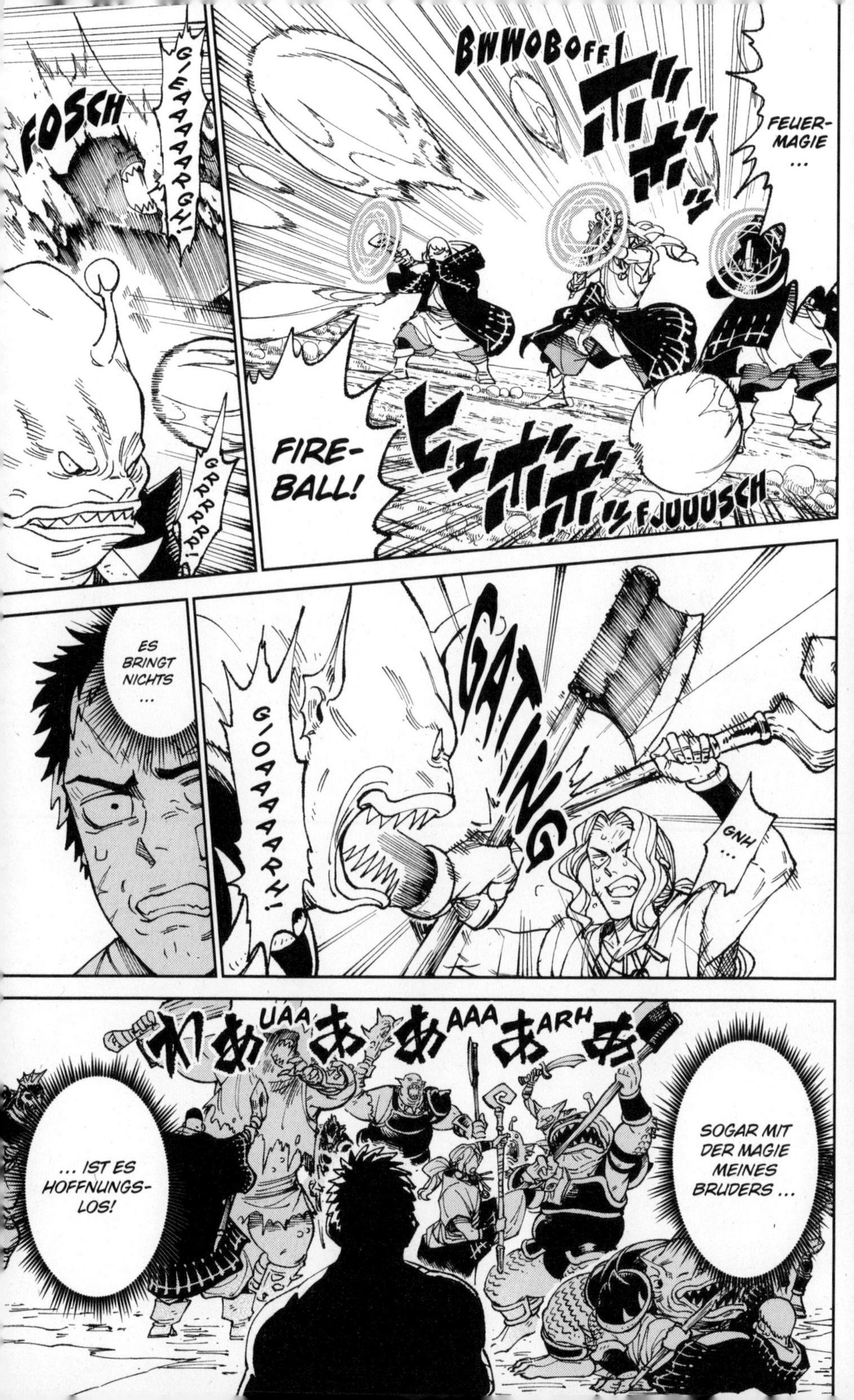
BWWOBOFF
FEUER-
MAGIE
...
FIRE-
BALL!
FJUUUSCH
GIEAAAAARGH!
FOSCH
GRRRRR!
GATING
GNH
...
GIOAAAAAARH!
ES
BRINGT
NICHTS
...
UAA
AAA
ARH
SOGAR MIT
DER MAGIE
MEINES
BRUDERS ...
... IST ES
HOFFNUNGS-
LOS!

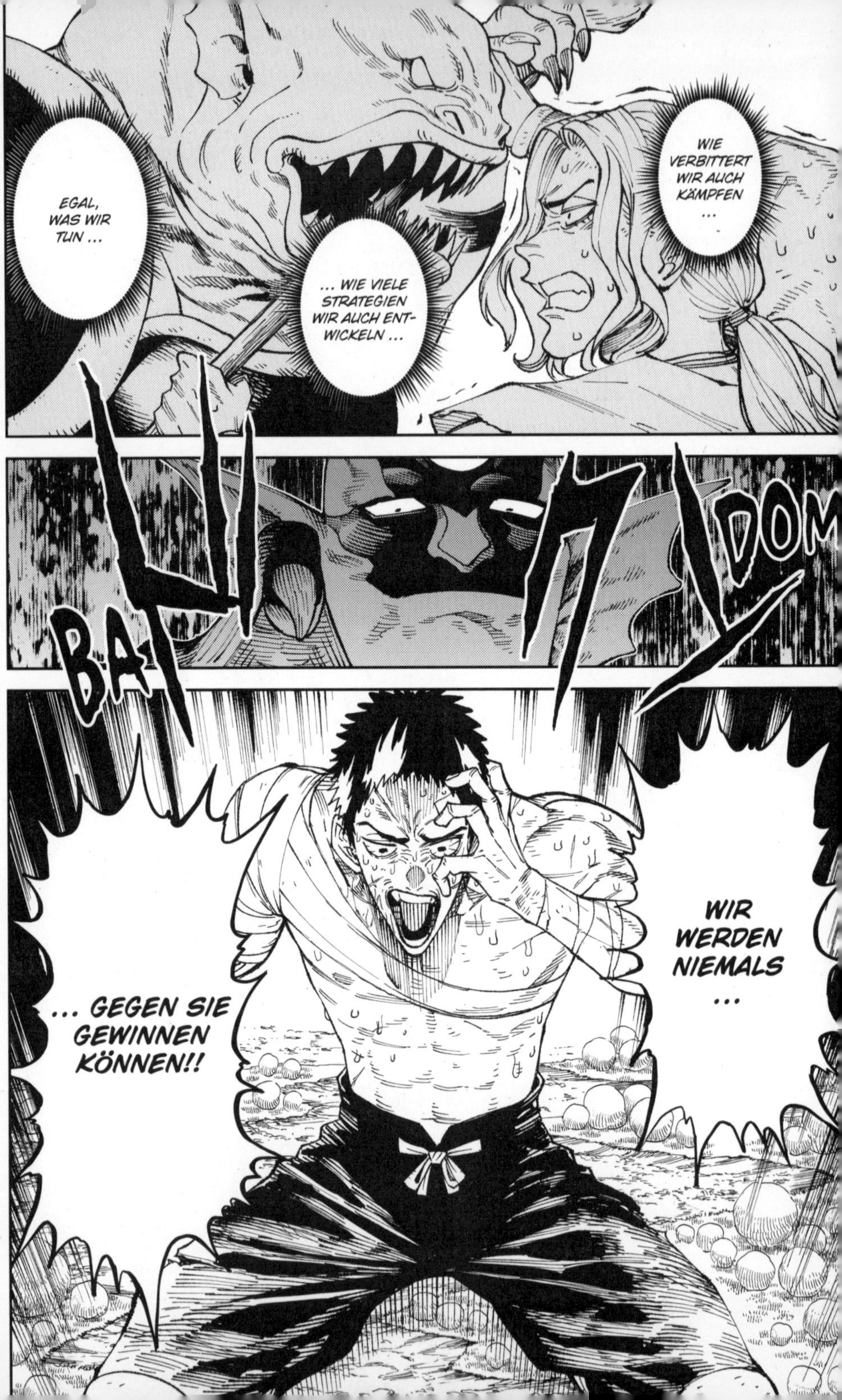

WIE VERBITTERT WIR AUCH KÄMPFEN ...
... WIE VIELE STRATEGIEN WIR AUCH ENT-WICKELN ...
EGAL, WAS WIR TUN ...
BA
DOM
WIR WERDEN NIEMALS ...
... GEGEN SIE GEWINNEN KÖNNEN!!

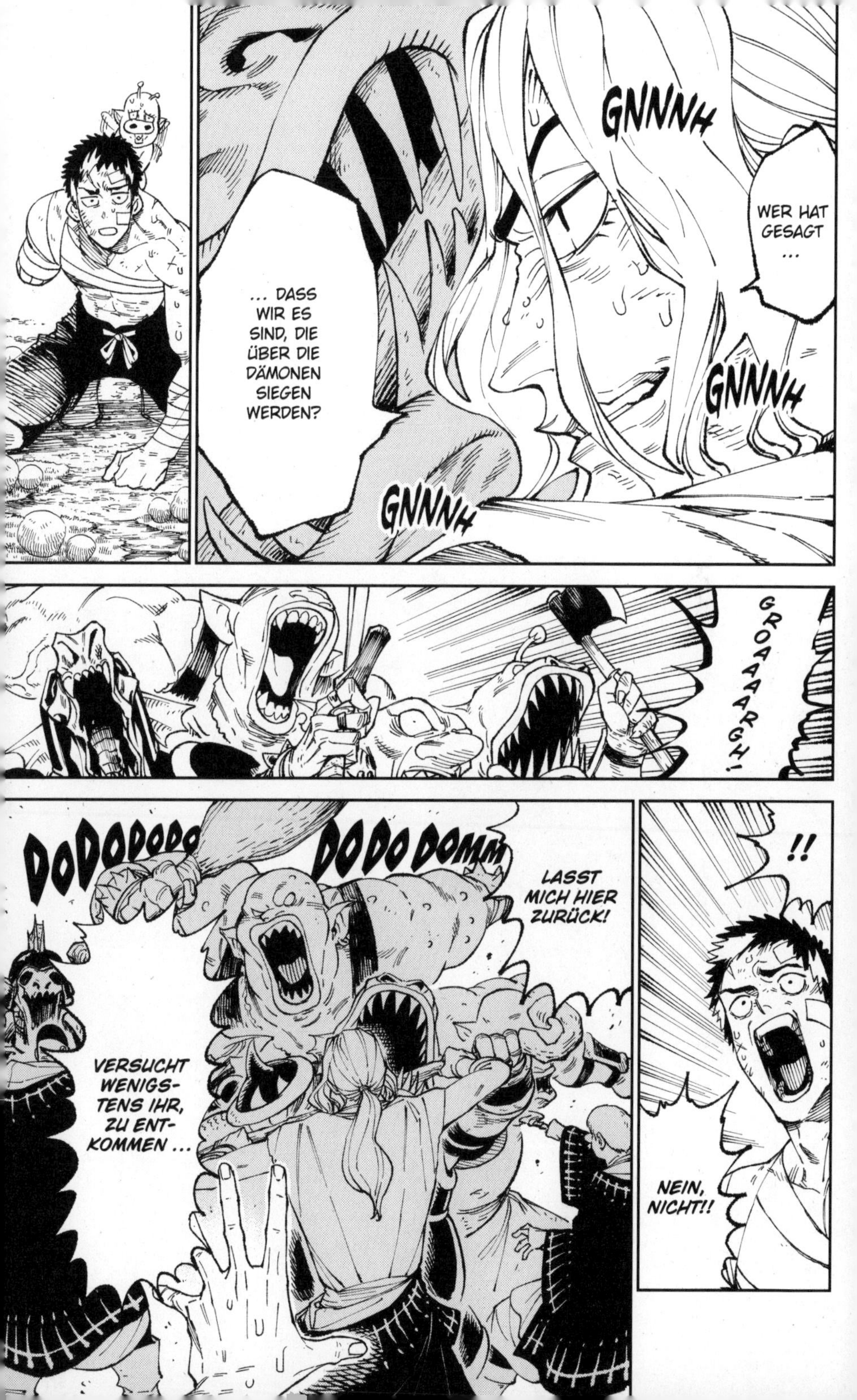
GNNNH
WER HAT GESAGT …
GNNNH
… DASS WIR ES SIND, DIE ÜBER DIE DÄMONEN SIEGEN WERDEN?
GNNNH
GROAAAARGH!
!!
NEIN, NICHT!!
DO DO DOMM
LASST MICH HIER ZURÜCK!
DODODODO
VERSUCHT WENIGSTENS IHR, ZU ENTKOMMEN …

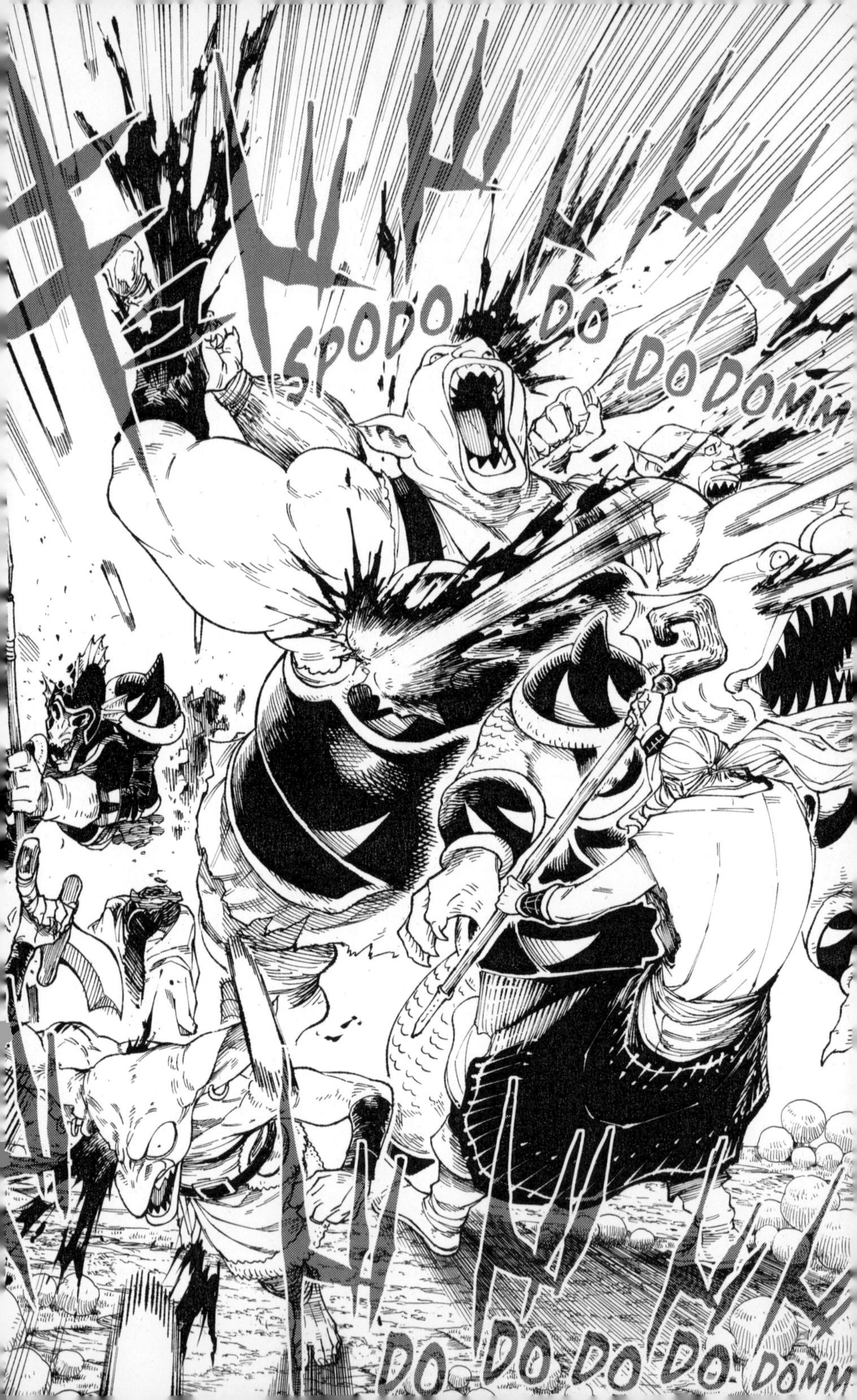

SPODO DO DO DOMM
DO DO DO DO DOMM

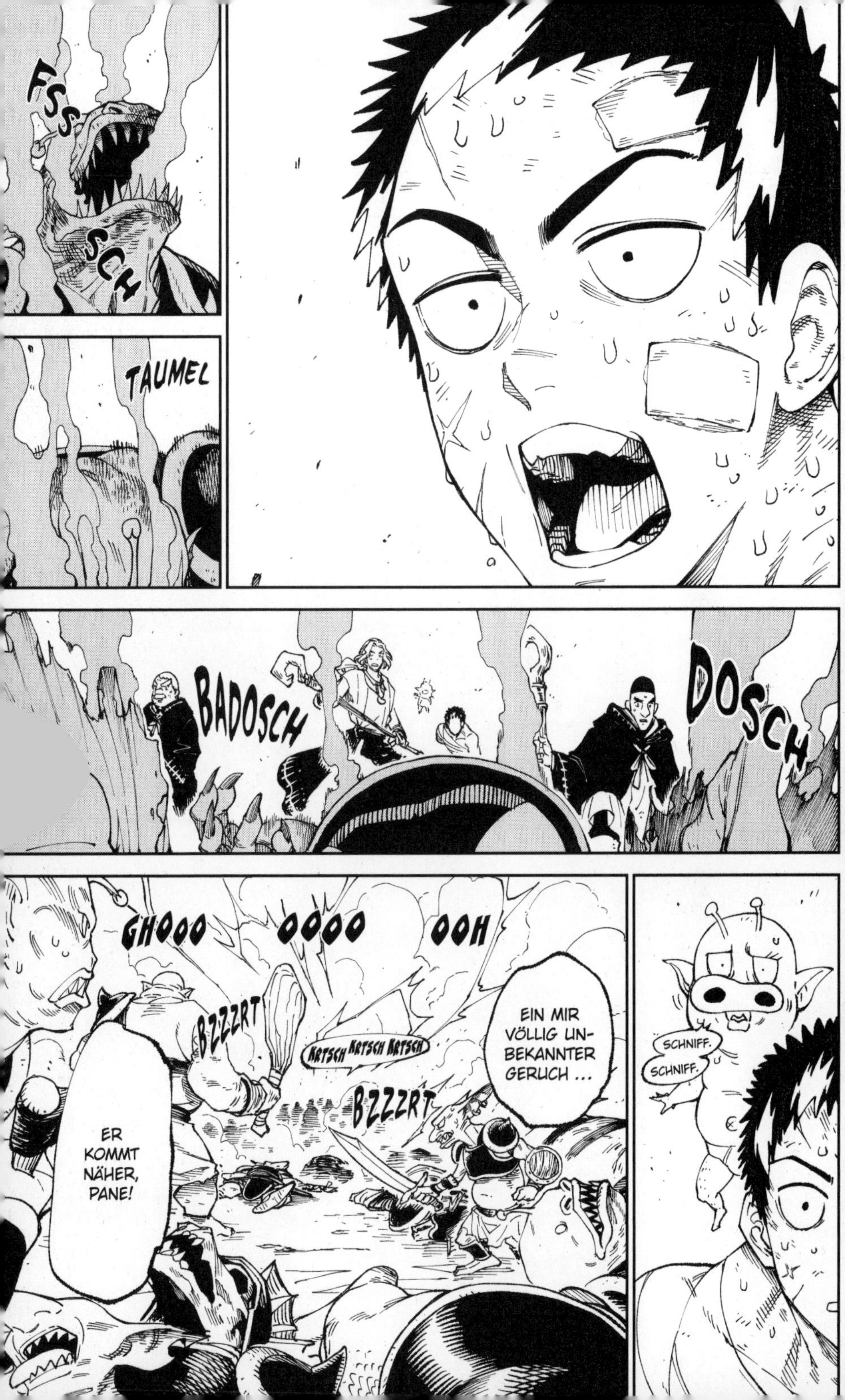
FSS
SCH
TAUMEL
DOSCH
BADOSCH
SCHNIFF.
SCHNIFF.
OOH
OOOO
GHOOO
EIN MIR VÖLLIG UNBEKANNTER GERUCH …
BZZZRT
KRTSCH KRTSCH KRTSCH
BZZZRT
ER KOMMT NÄHER, PANE!

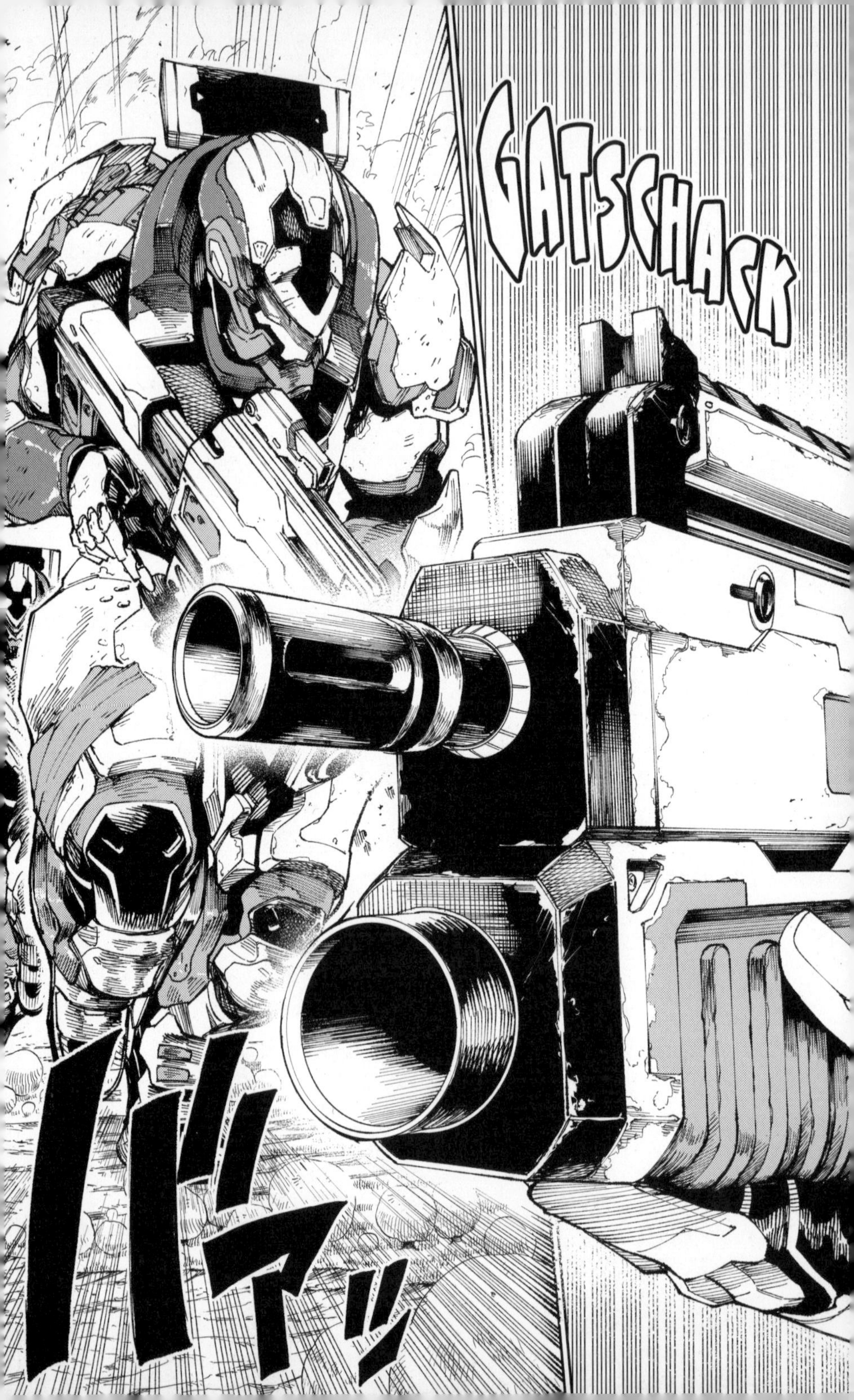
GATSCHACK

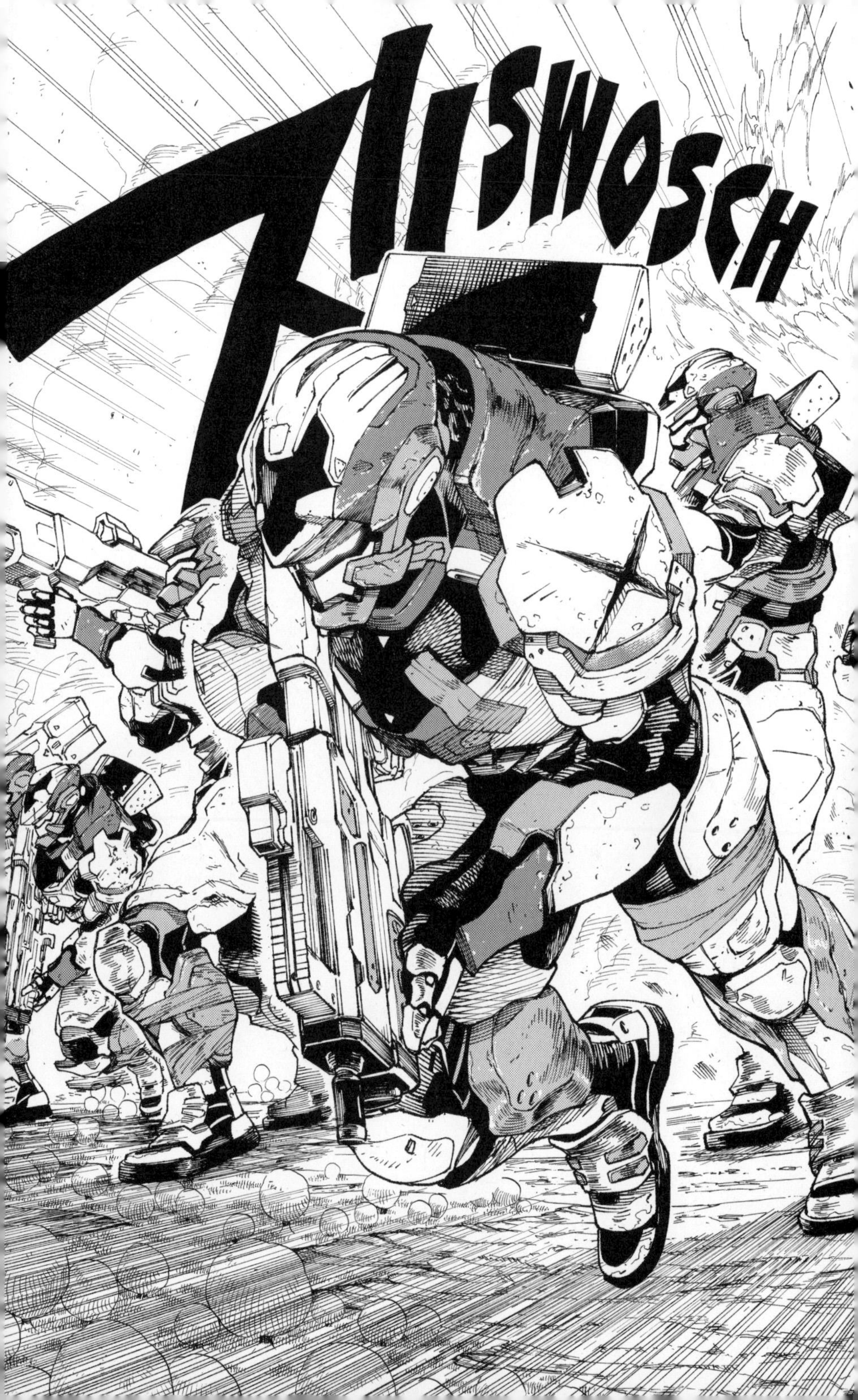
ZUSWOSCH

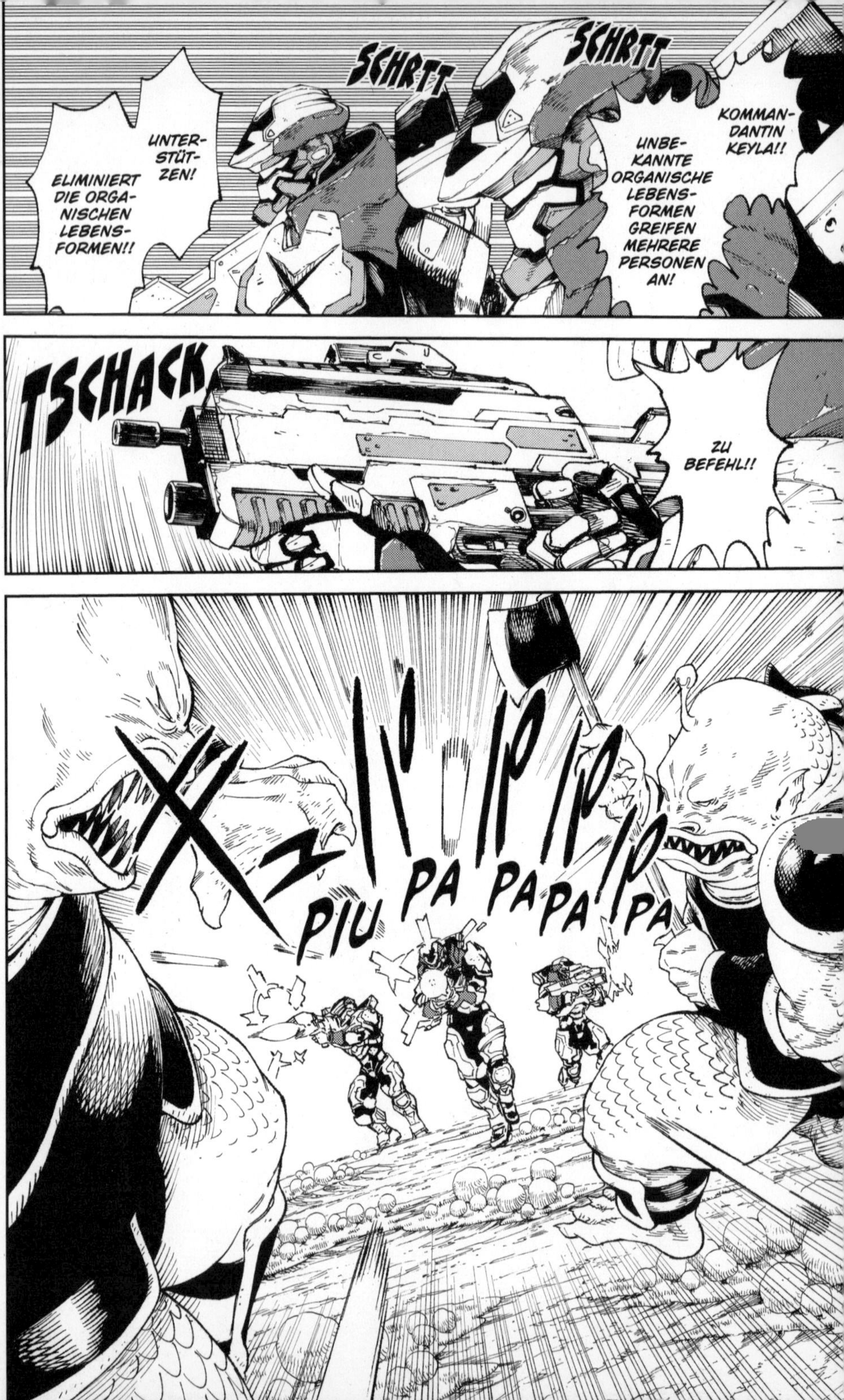
KOMMANDANTIN KEYLA!!
UNBEKANNTE ORGANISCHE LEBENSFORMEN GREIFEN MEHRERE PERSONEN AN!
SCHRTT
SCHRTT
UNTERSTÜTZEN!
ELIMINIERT DIE ORGANISCHEN LEBENSFORMEN!!
ZU BEFEHL!!
TSCHACK
PIU PA PA PA PA

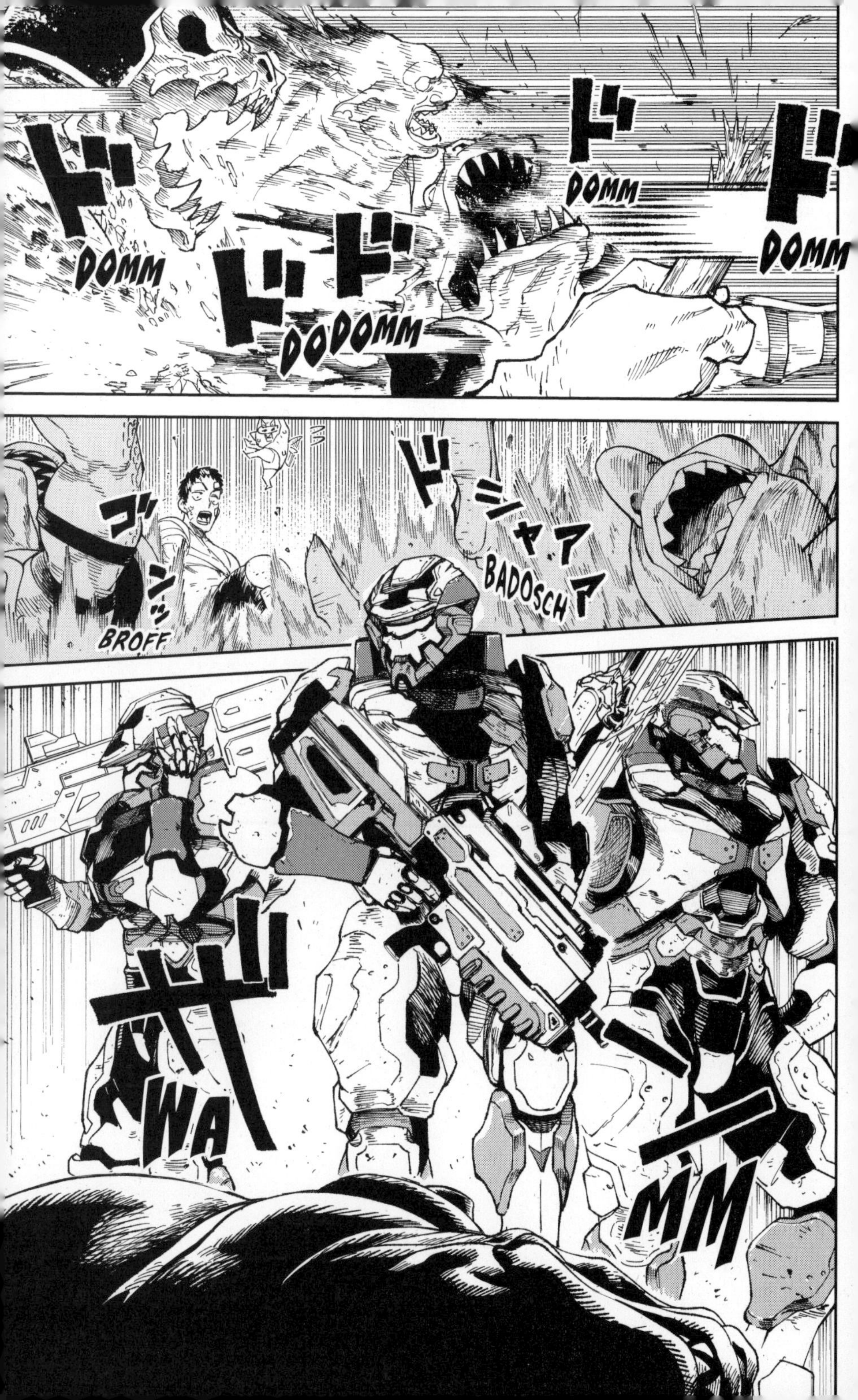

ド
DOMM
ドドド
DODOMM
ド
DOMM
ド
DOMM
ドシャア
BADOSCH
ゴシッ
BROFF
ボワーー
WA
MM

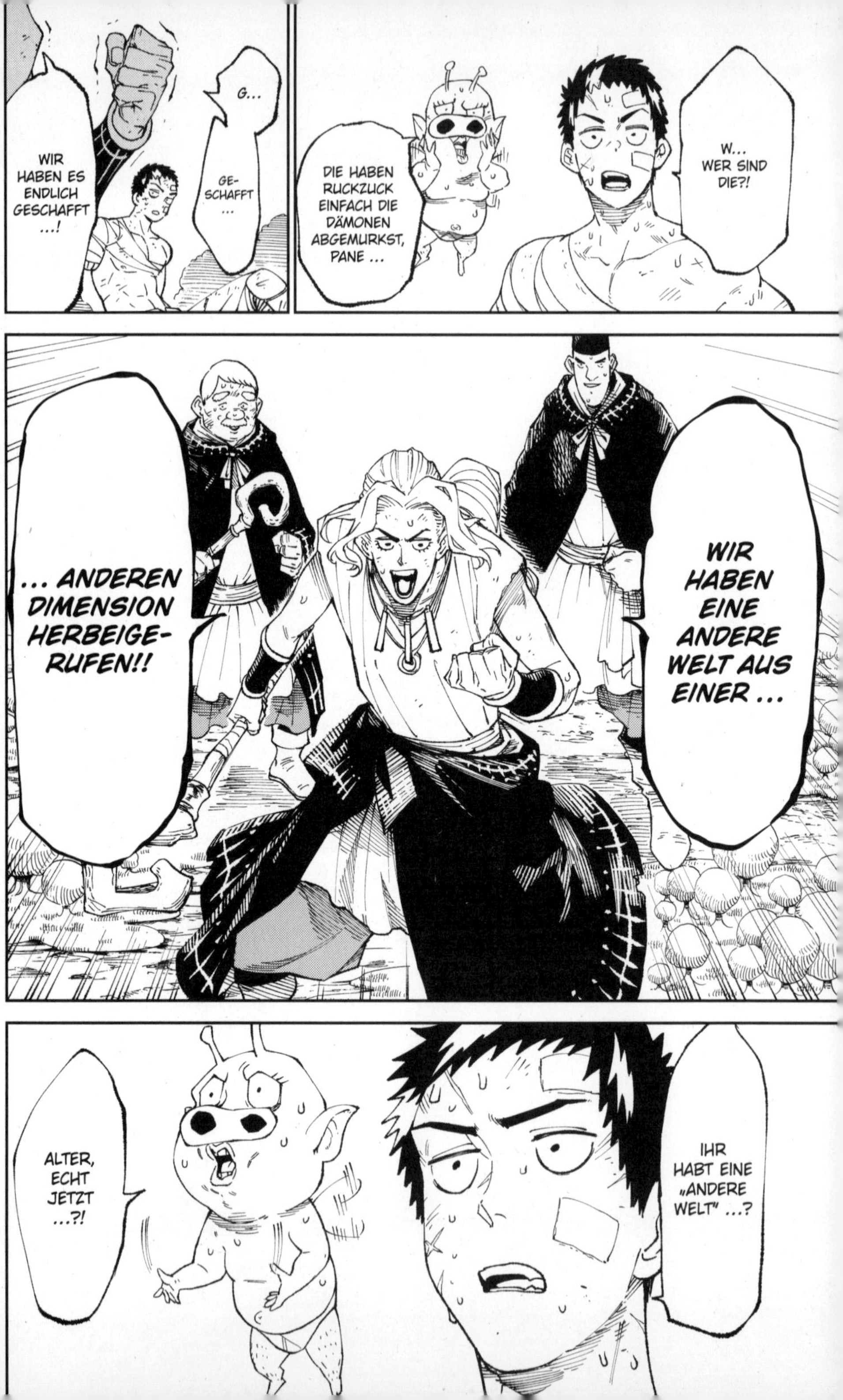
W... WER SIND DIE?!
DIE HABEN RUCKZUCK EINFACH DIE DÄMONEN ABGEMURKST, PANE ...
G...
GE-SCHAFFT ...
WIR HABEN ES ENDLICH GESCHAFFT ...!
WIR HABEN EINE ANDERE WELT AUS EINER ...
... ANDEREN DIMENSION HERBEIGE-RUFEN!!
IHR HABT EINE „ANDERE WELT" ...?
ALTER, ECHT JETZT ...?!

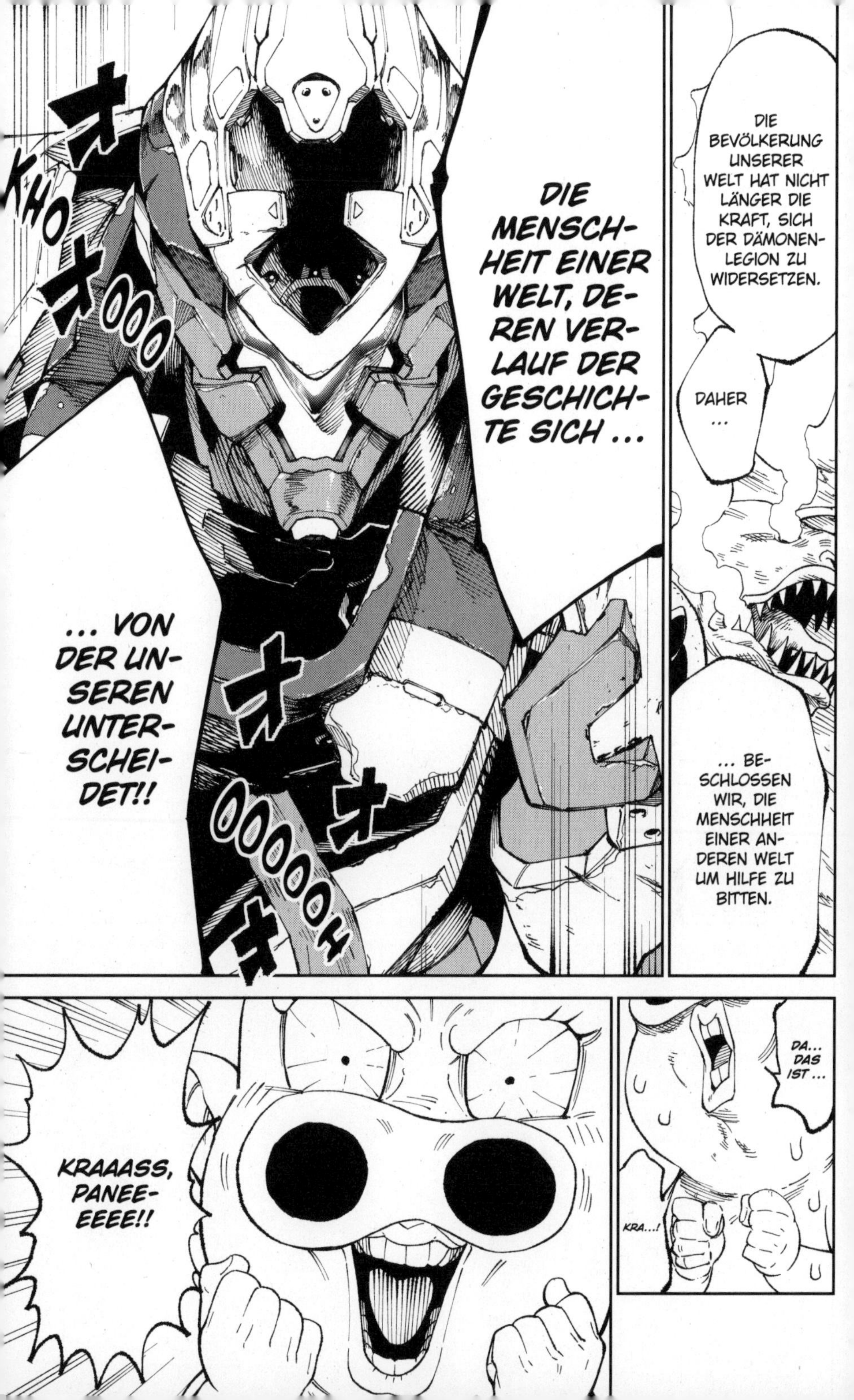
DIE BEVÖLKERUNG UNSERER WELT HAT NICHT LÄNGER DIE KRAFT, SICH DER DÄMONEN-LEGION ZU WIDERSETZEN.
DAHER …
… BESCHLOSSEN WIR, DIE MENSCHHEIT EINER ANDEREN WELT UM HILFE ZU BITTEN.
DIE MENSCHHEIT EINER WELT, DEREN VERLAUF DER GESCHICHTE SICH …
… VON DER UNSEREN UNTERSCHEIDET!!
KHOOOO
OOOOOOH
DA… DAS IST …
KRA…!
KRAAASS, PANEEEEEE!!

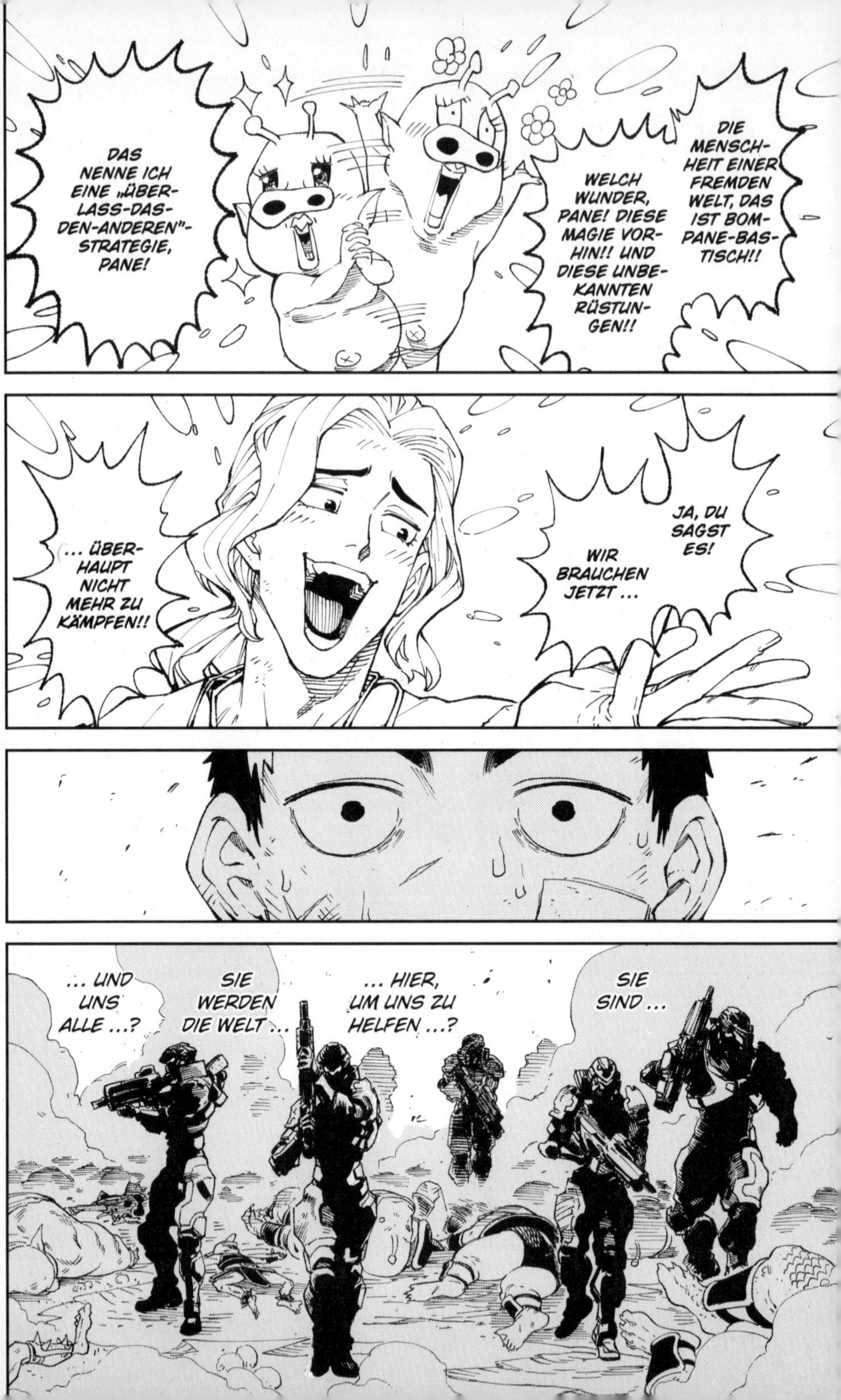

DIE MENSCHHEIT EINER FREMDEN WELT, DAS IST BOMPANEBASTISCH!!
WELCH WUNDER, PANE! DIESE MAGIE VORHIN!! UND DIESE UNBEKANNTEN RÜSTUNGEN!!
DAS NENNE ICH EINE „ÜBERLASS-DAS-DEN-ANDEREN"-STRATEGIE, PANE!
JA, DU SAGST ES!
WIR BRAUCHEN JETZT …
… ÜBERHAUPT NICHT MEHR ZU KÄMPFEN!!
SIE SIND …
… HIER, UM UNS ZU HELFEN …?
SIE WERDEN DIE WELT …
… UND UNS ALLE …?

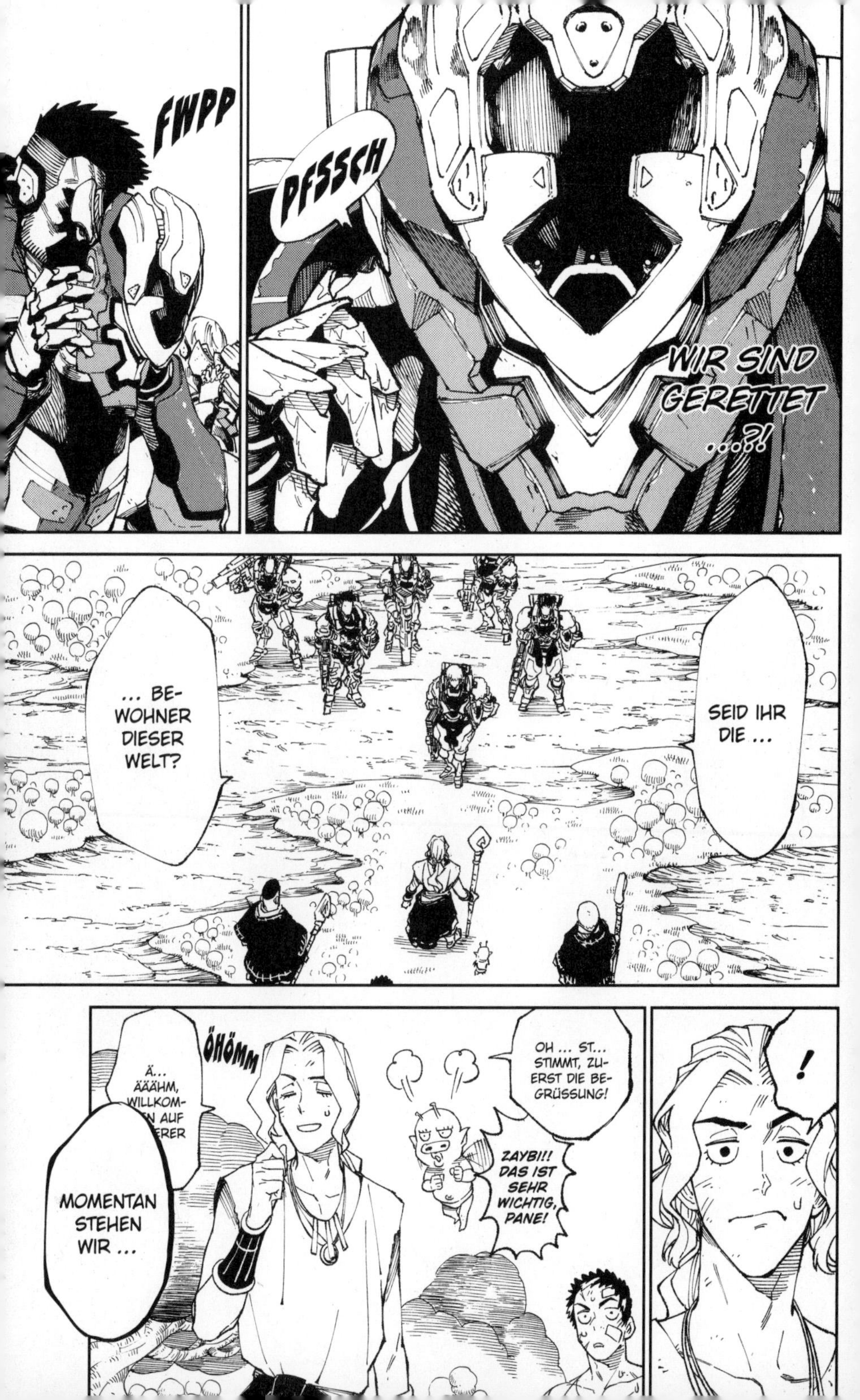
PFSSCH
WIR SIND GERETTET ...?!
FWPP
SEID IHR DIE ...
... BEWOHNER DIESER WELT?
!
OH ... ST... STIMMT, ZUERST DIE BEGRÜSSUNG!
ZAYBI!! DAS IST SEHR WICHTIG, PANE!
ÖHÖMM
Ä... ÄÄÄHM, WILLKOM-
MOMENTAN STEHEN WIR ...

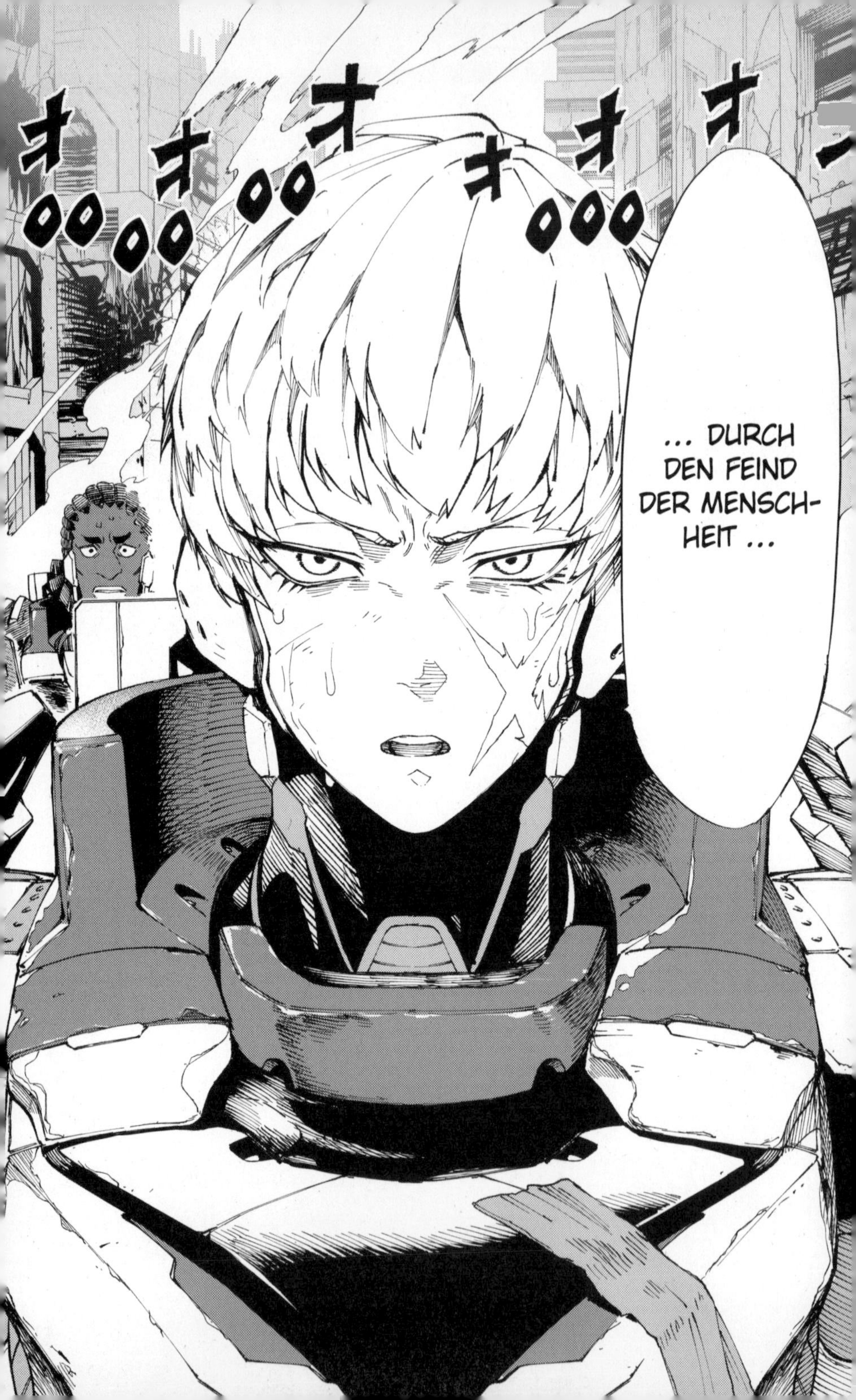
... DURCH DEN FEIND DER MENSCH- HEIT ...

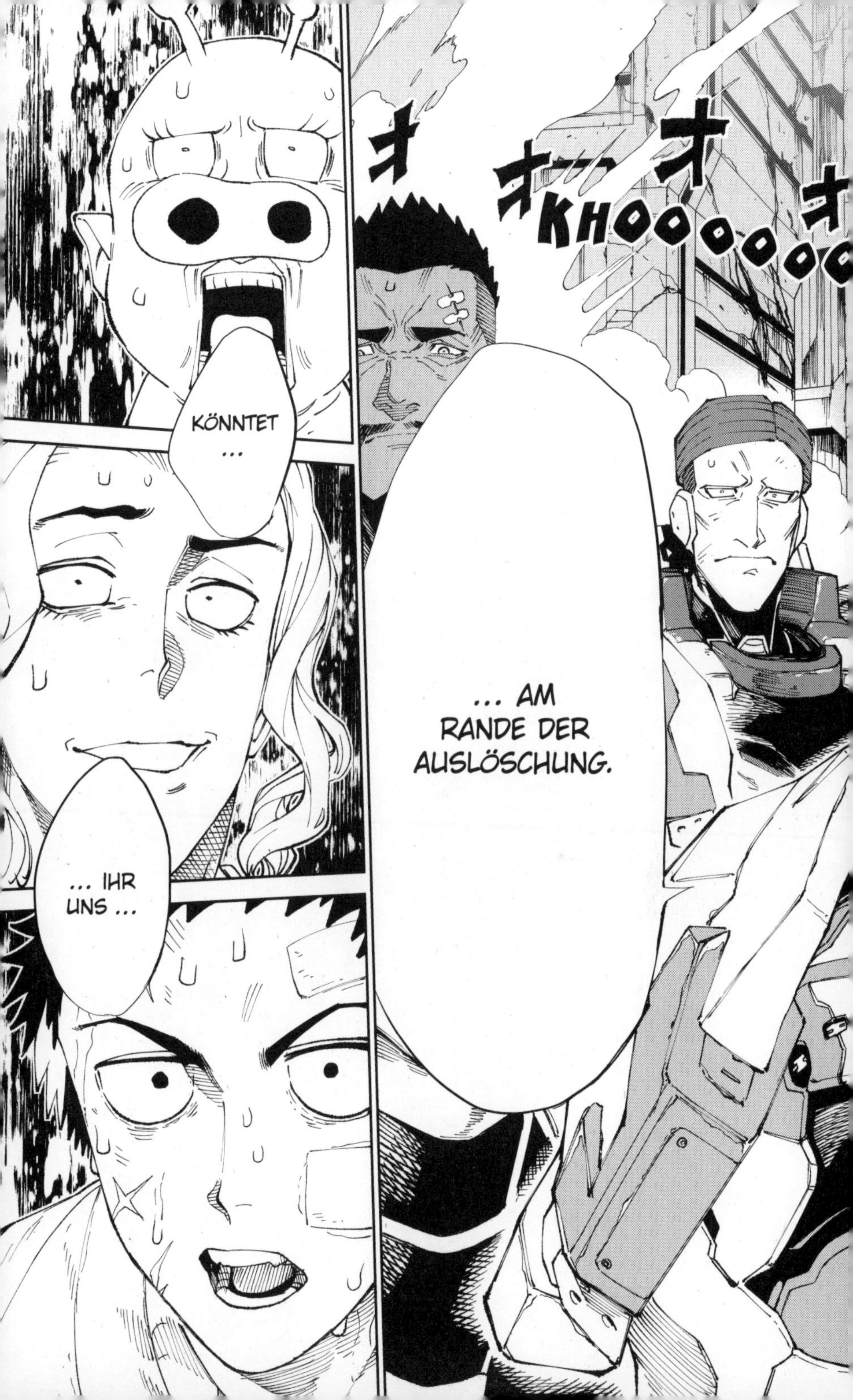
KHOOOOOOO
KÖNNTET …
… IHR UNS …
… AM RANDE DER AUSLÖSCHUNG.

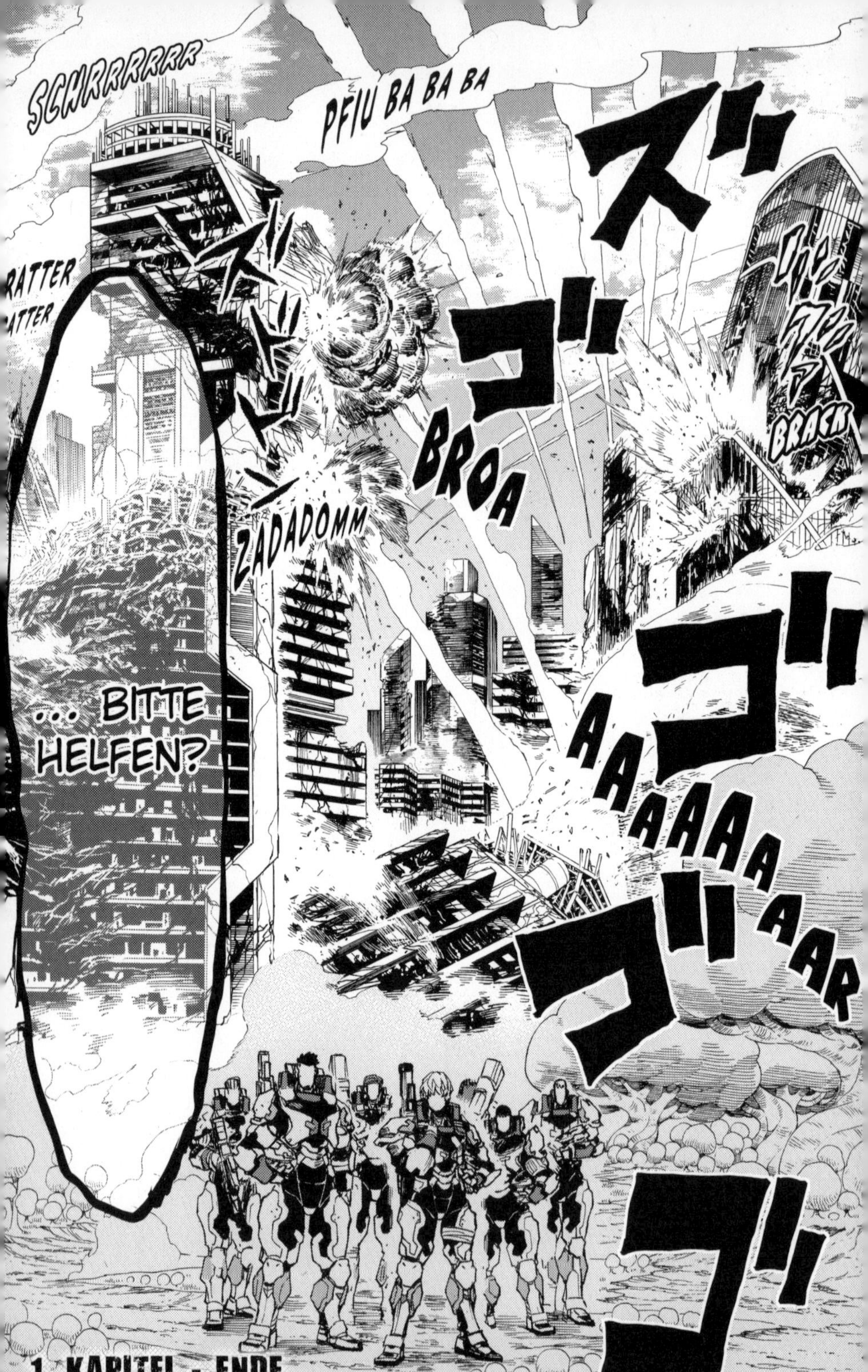

1. KAPITEL - ENDE

VERSUS

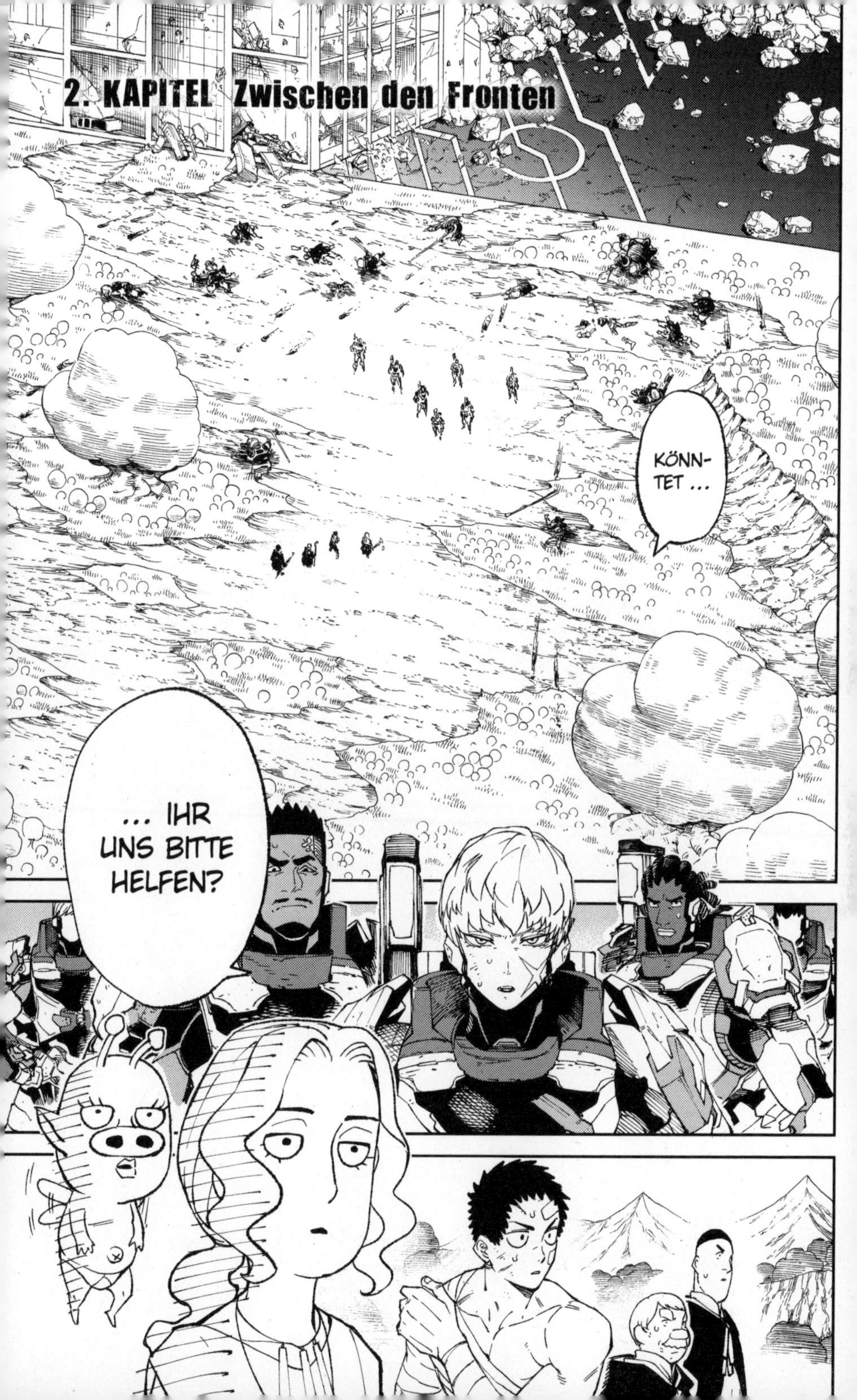
2. KAPITEL Zwischen den Fronten
KÖNN-TET ...
... IHR UNS BITTE HELFEN?

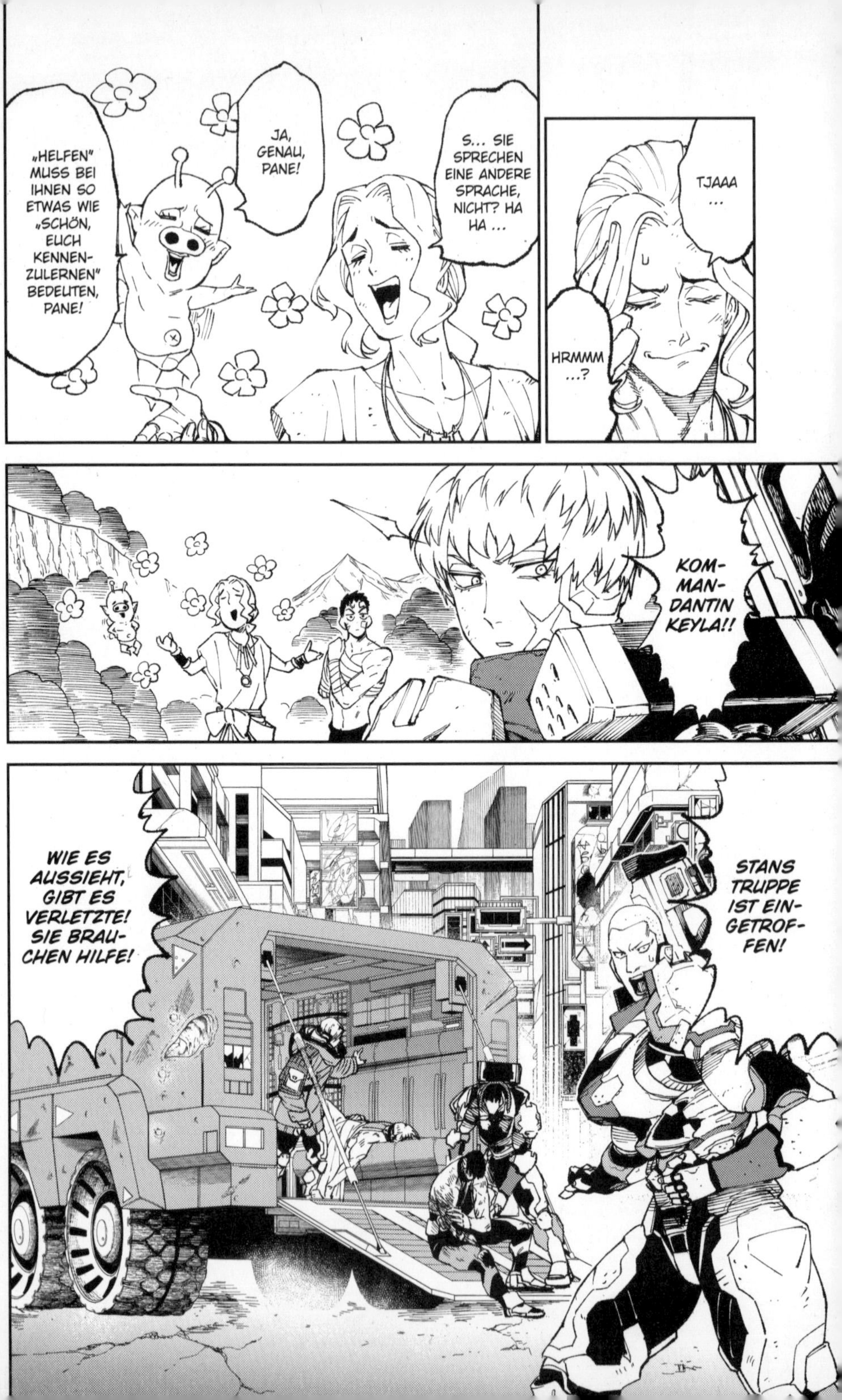
S… SIE SPRECHEN EINE ANDERE SPRACHE, NICHT? HA HA …
JA, GENAU, PANE!
„HELFEN" MUSS BEI IHNEN SO ETWAS WIE „SCHÖN, EUCH KENNENZULERNEN" BEDEUTEN, PANE!
TJAAA …
HRMMM …?
KOMMANDANTIN KEYLA!!
STANS TRUPPE IST EINGETROFFEN!
WIE ES AUSSIEHT, GIBT ES VERLETZTE! SIE BRAUCHEN HILFE!

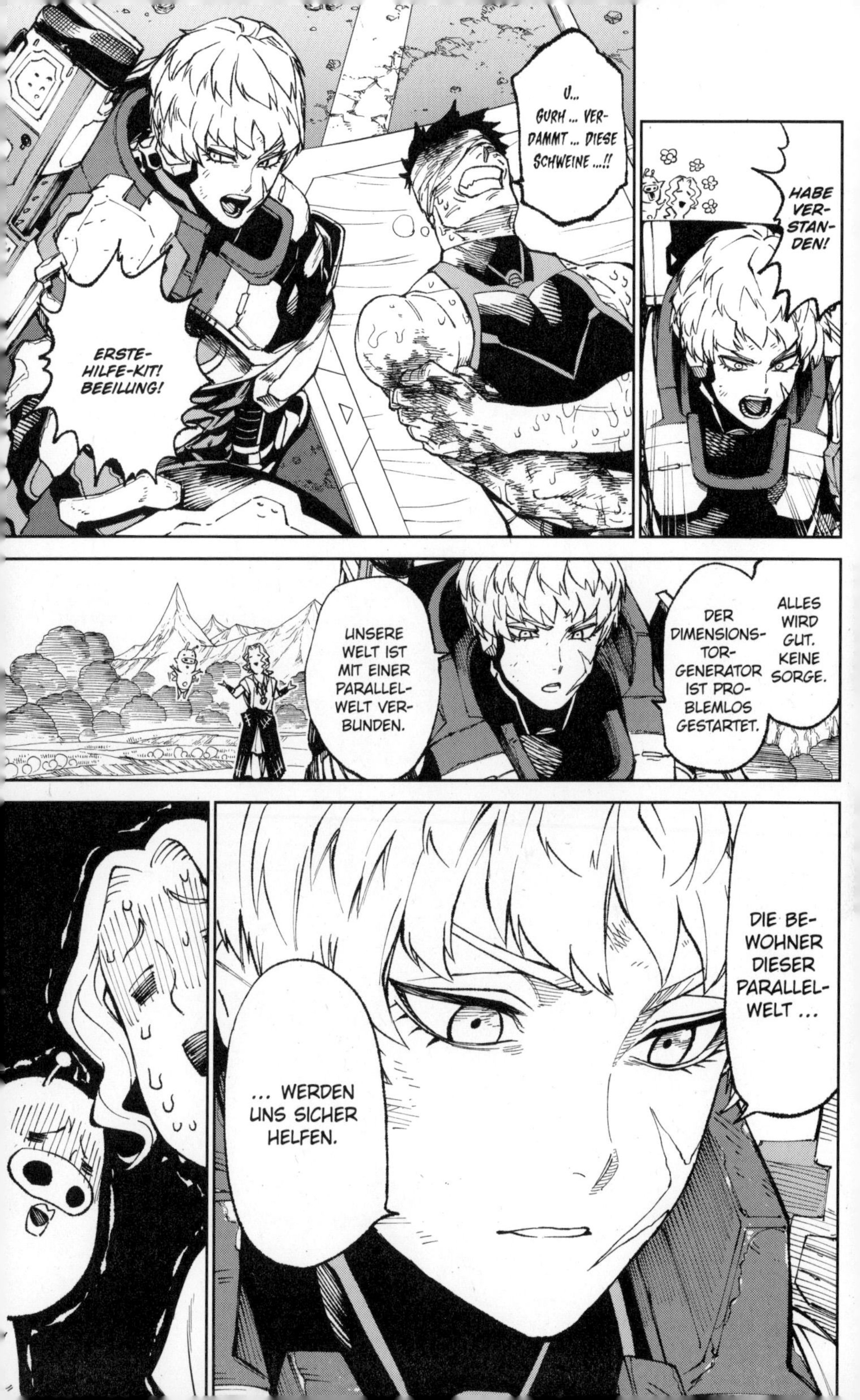
HABE VER-STAN-DEN!
U...
GURH ... VER-DAMMT ... DIESE SCHWEINE ...!!
ERSTE-HILFE-KIT! BEEILUNG!
ALLES WIRD GUT. KEINE SORGE.
DER DIMENSIONS-TOR-GENERATOR IST PRO-BLEMLOS GESTARTET.
UNSERE WELT IST MIT EINER PARALLEL-WELT VER-BUNDEN.
DIE BE-WOHNER DIESER PARALLEL-WELT ...
... WERDEN UNS SICHER HELFEN.

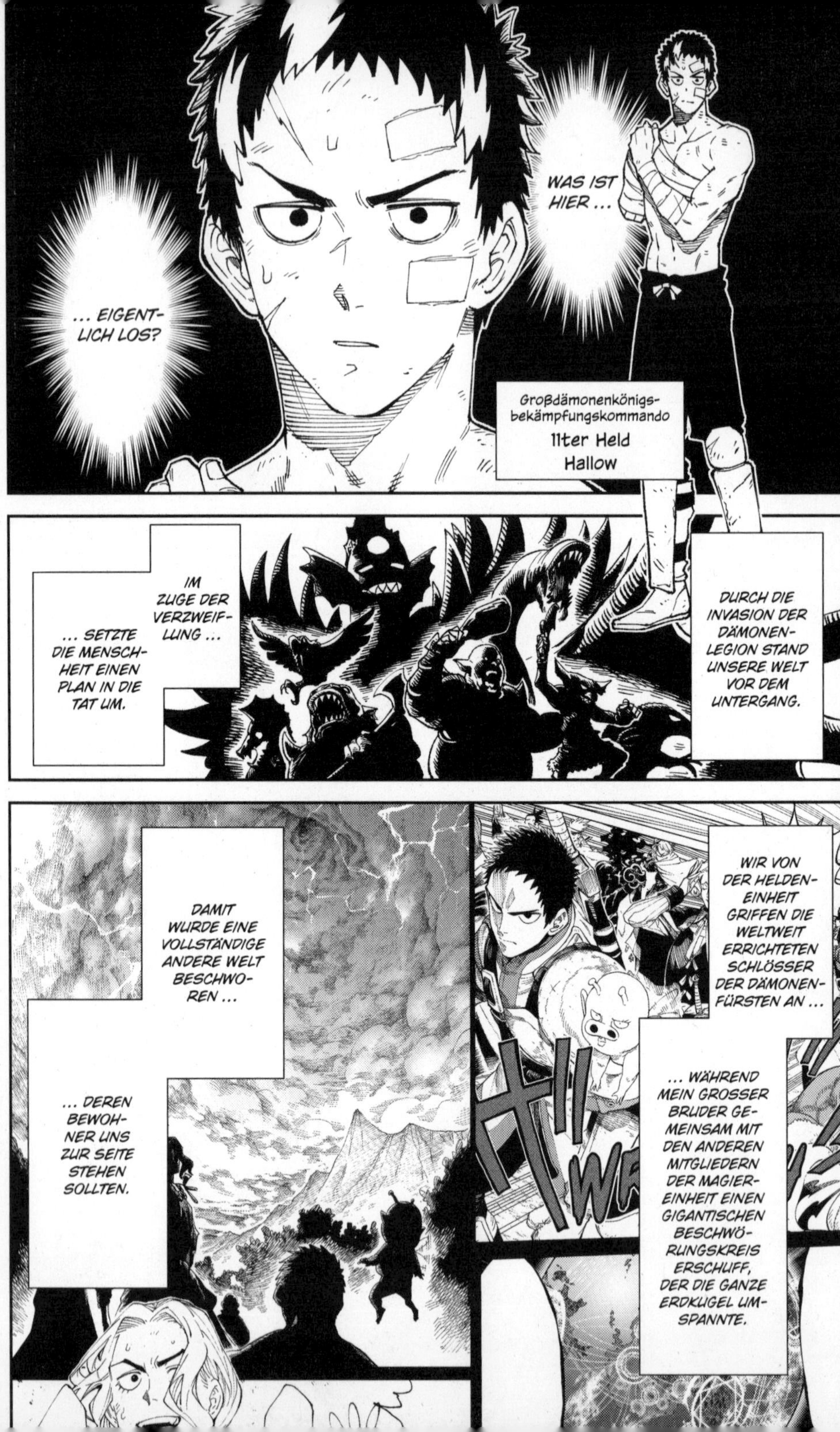

WAS IST HIER …
… EIGENTLICH LOS?
Großdämonenkönigsbekämpfungskommando
11ter Held Hallow
DURCH DIE INVASION DER DÄMONENLEGION STAND UNSERE WELT VOR DEM UNTERGANG.
IM ZUGE DER VERZWEIFLUNG …
… SETZTE DIE MENSCHHEIT EINEN PLAN IN DIE TAT UM.
WIR VON DER HELDENEINHEIT GRIFFEN DIE WELTWEIT ERRICHTETEN SCHLÖSSER DER DÄMONENFÜRSTEN AN …
… WÄHREND MEIN GROSSER BRUDER GEMEINSAM MIT DEN ANDEREN MITGLIEDERN DER MAGIEREINHEIT EINEN GIGANTISCHEN BESCHWÖRUNGSKREIS ERSCHUFF, DER DIE GANZE ERDKUGEL UMSPANNTE.
DAMIT WURDE EINE VOLLSTÄNDIGE ANDERE WELT BESCHWOREN …
… DEREN BEWOHNER UNS ZUR SEITE STEHEN SOLLTEN.

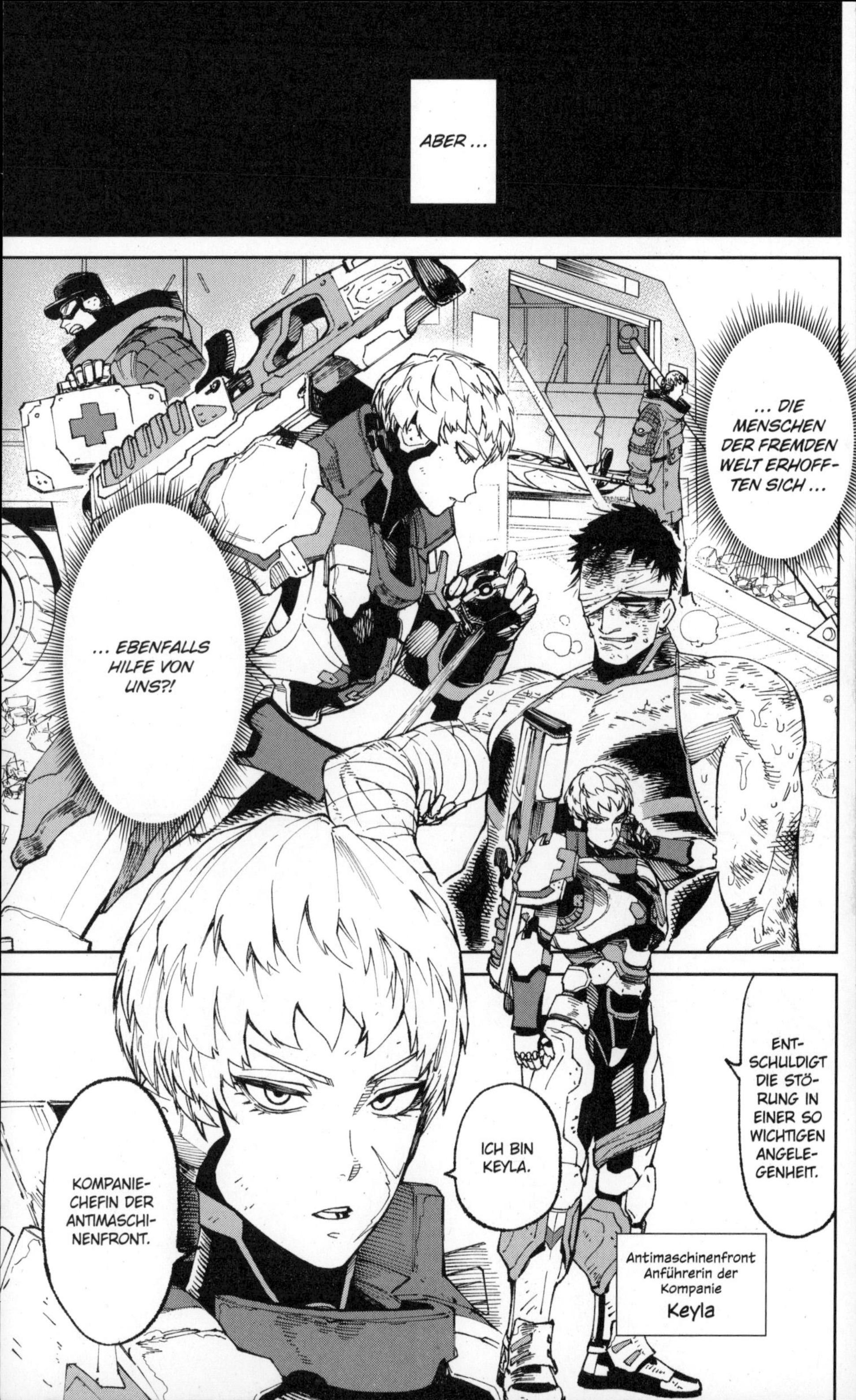
ABER …
… DIE MENSCHEN DER FREMDEN WELT ERHOFF-TEN SICH …
… EBENFALLS HILFE VON UNS?!
ENT-SCHULDIGT DIE STÖ-RUNG IN EINER SO WICHTIGEN ANGELE-GENHEIT.
ICH BIN KEYLA.
KOMPANIE-CHEFIN DER ANTIMASCHI-NENFRONT.
Antimaschinenfront Anführerin der Kompanie
Keyla

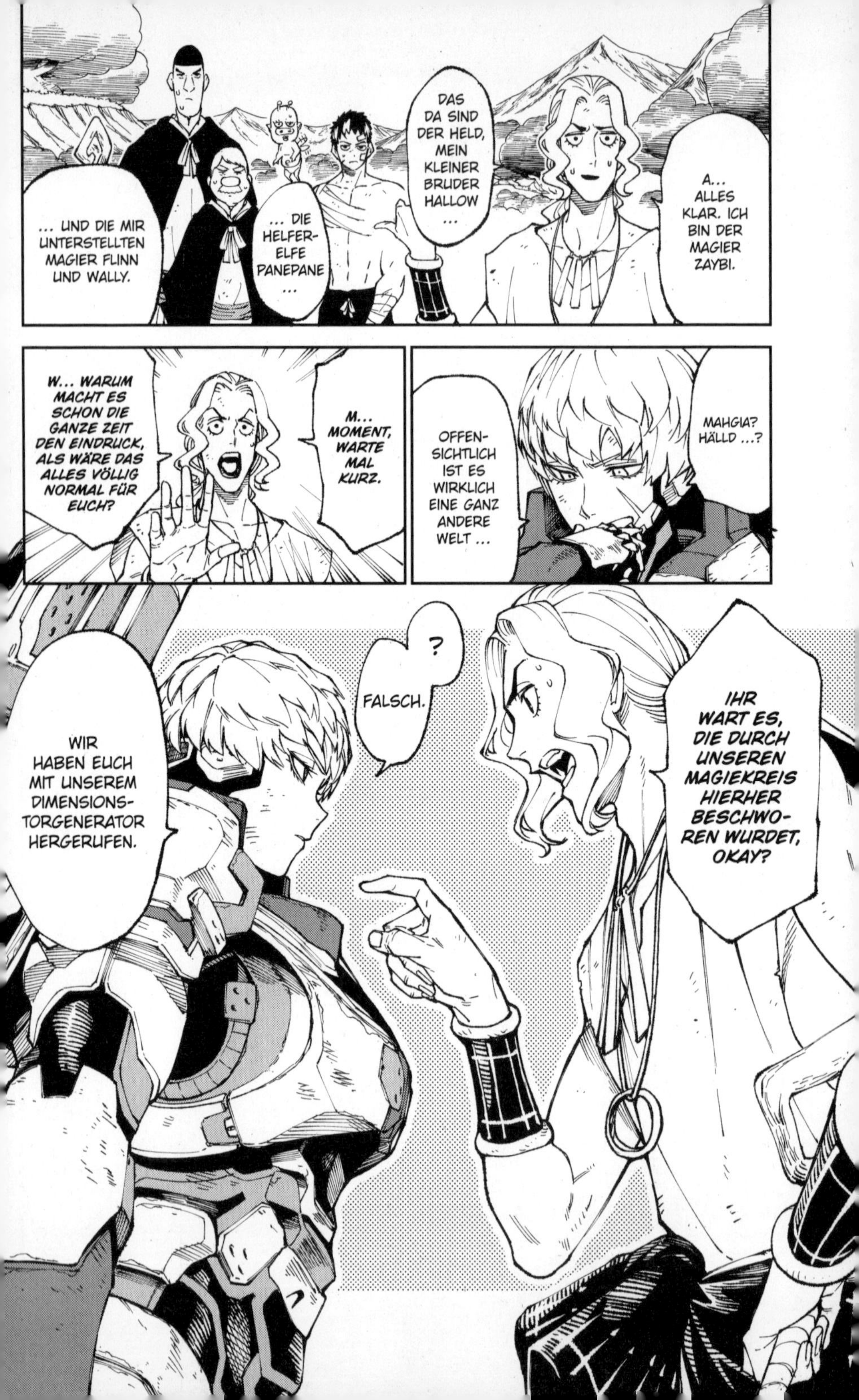
A... ALLES KLAR. ICH BIN DER MAGIER ZAYBI.
DAS DA SIND DER HELD, MEIN KLEINER BRUDER HALLOW ...
... DIE HELFERELFE PANEPANE ...
... UND DIE MIR UNTERSTELLTEN MAGIER FLINN UND WALLY.
MAHGIA? HÄLLD ...?
OFFENSICHTLICH IST ES WIRKLICH EINE GANZ ANDERE WELT ...
M... MOMENT, WARTE MAL KURZ.
W... WARUM MACHT ES SCHON DIE GANZE ZEIT DEN EINDRUCK, ALS WÄRE DAS ALLES VÖLLIG NORMAL FÜR EUCH?
IHR WART ES, DIE DURCH UNSEREN MAGIEKREIS HIERHER BESCHWOREN WURDET, OKAY?
?
FALSCH.
WIR HABEN EUCH MIT UNSEREM DIMENSIONSTORGENERATOR HERGERUFEN.

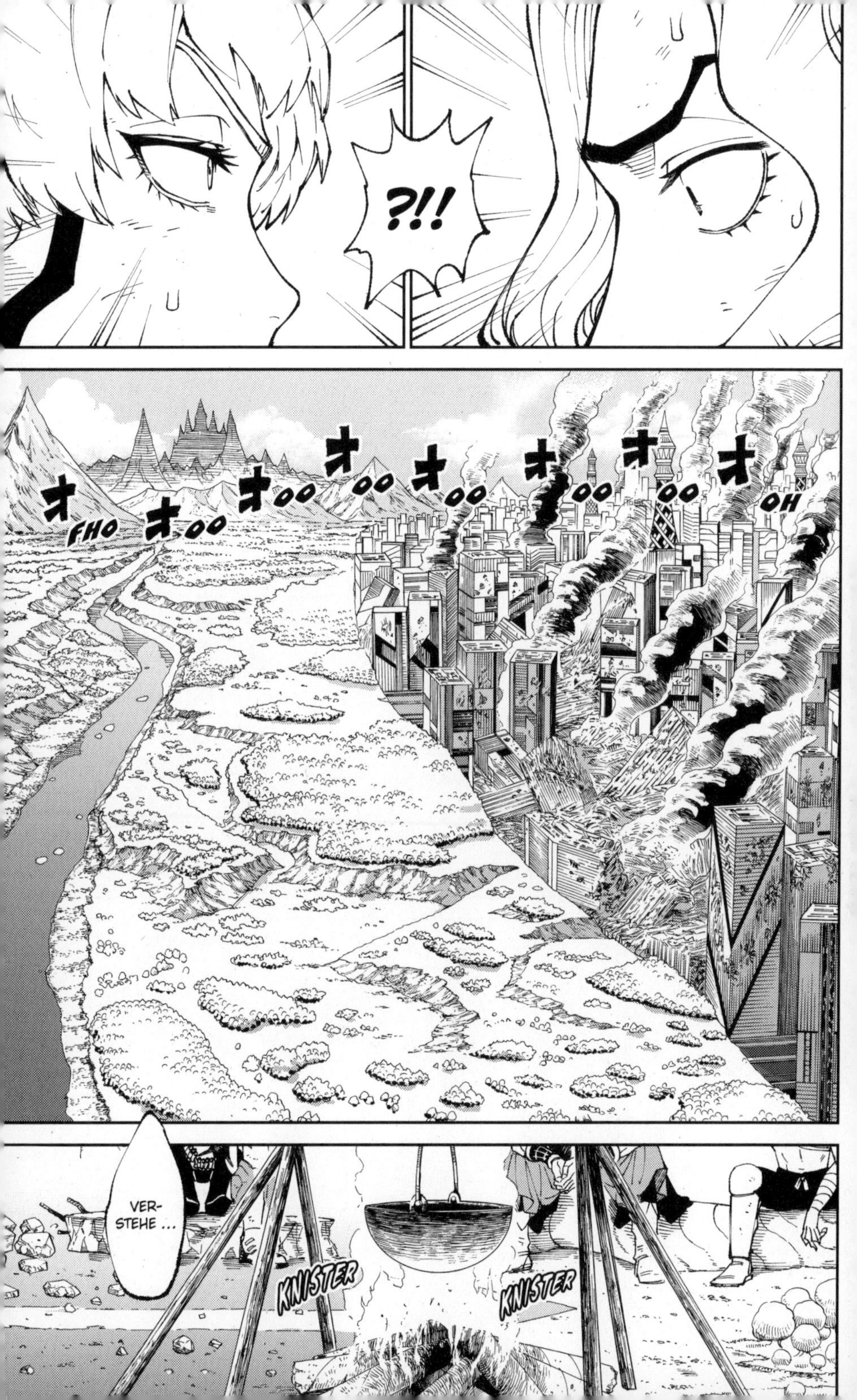
?!!
オFHO オOO オOO オOO オOO オOO オOO オOH
VER-
STEHE ...
KNISTER
KNISTER

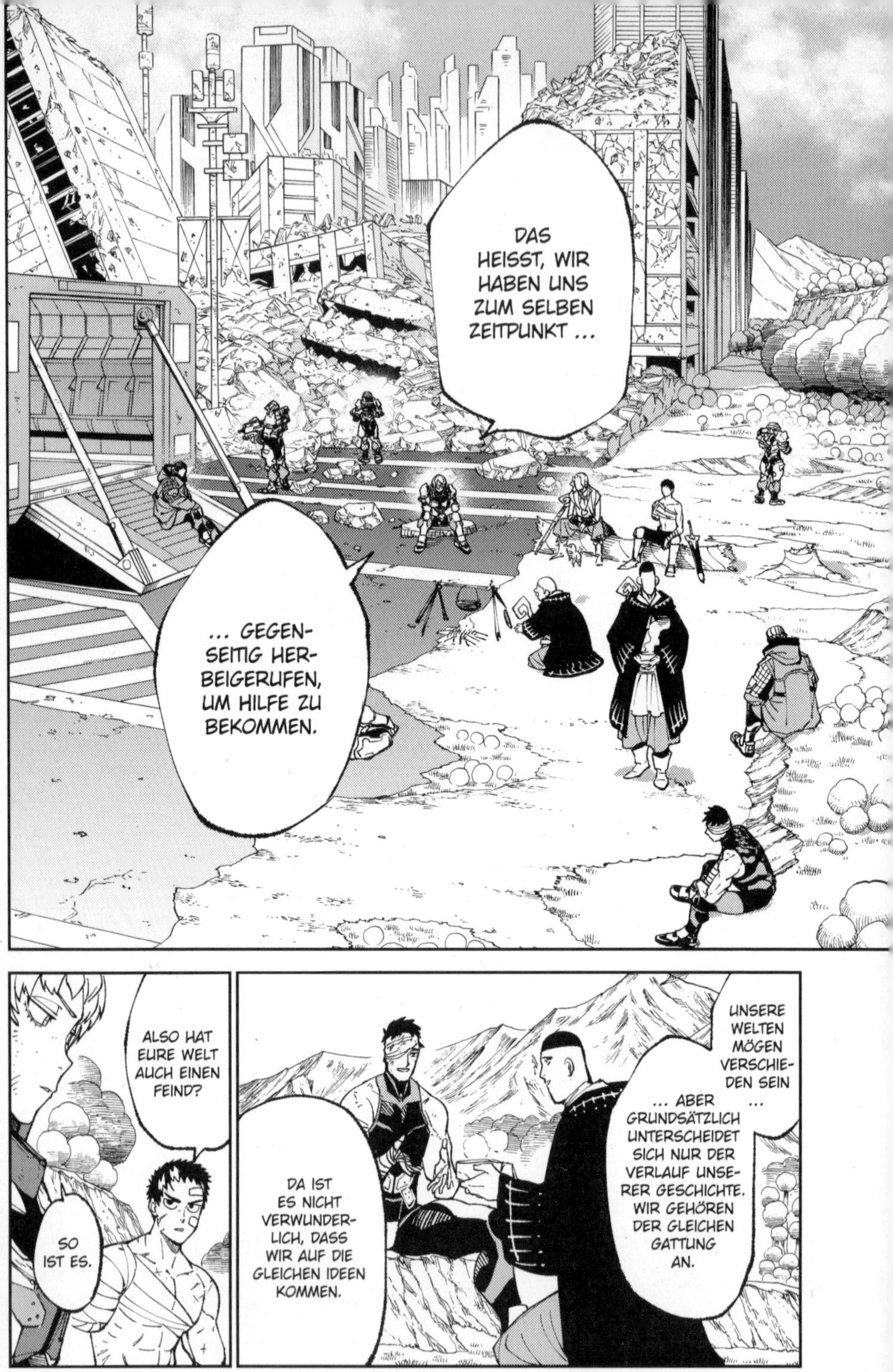
DAS HEISST, WIR HABEN UNS ZUM SELBEN ZEITPUNKT …
… GEGEN-SEITIG HERBEIGERUFEN, UM HILFE ZU BEKOMMEN.
UNSERE WELTEN MÖGEN VERSCHIEDEN SEIN …
… ABER GRUNDSÄTZLICH UNTERSCHEIDET SICH NUR DER VERLAUF UNSERER GESCHICHTE. WIR GEHÖREN DER GLEICHEN GATTUNG AN.
DA IST ES NICHT VERWUNDERLICH, DASS WIR AUF DIE GLEICHEN IDEEN KOMMEN.
ALSO HAT EURE WELT AUCH EINEN FEIND?
SO IST ES.

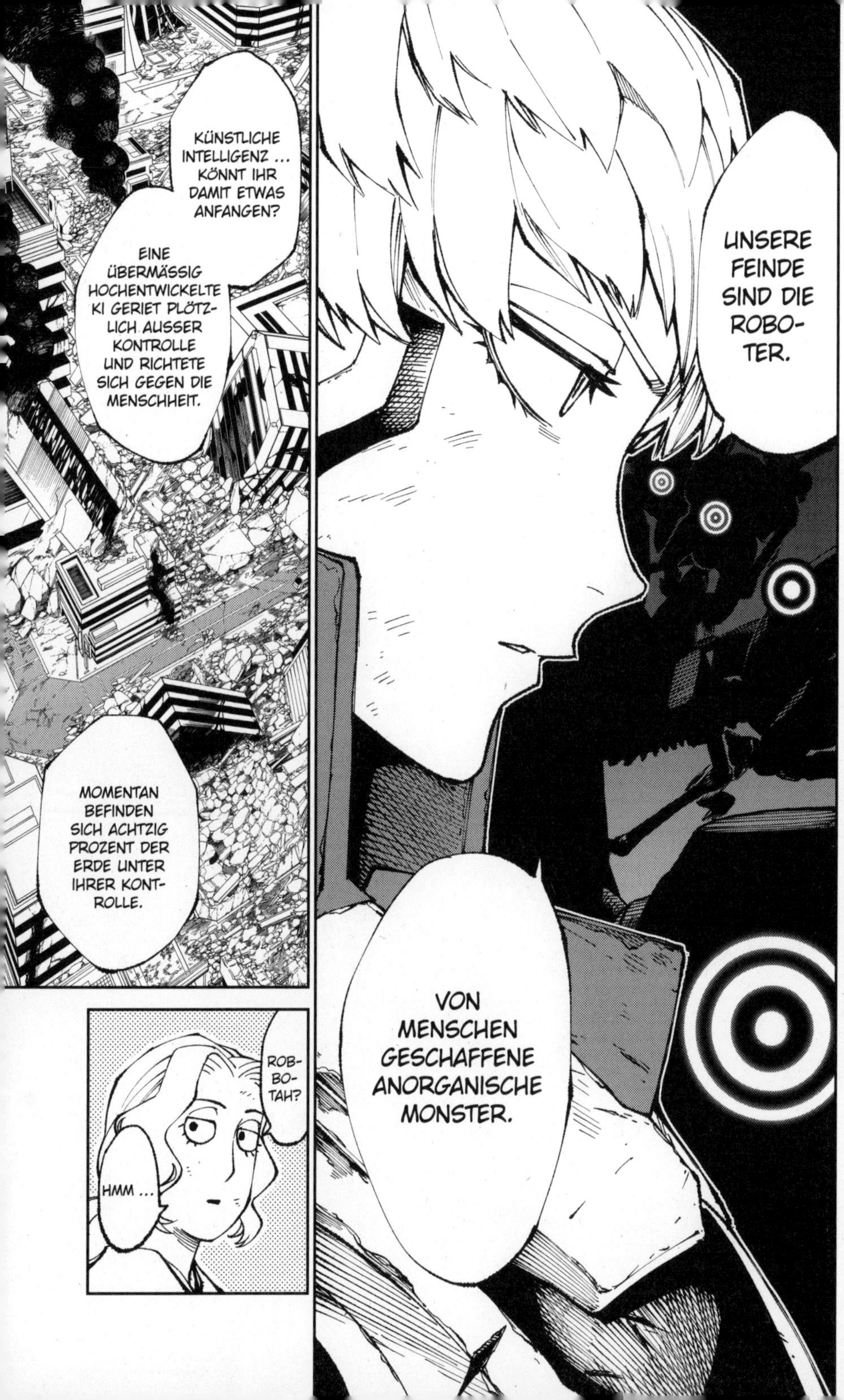
UNSERE FEINDE SIND DIE ROBOTER.
VON MENSCHEN GESCHAFFENE ANORGANISCHE MONSTER.
KÜNSTLICHE INTELLIGENZ … KÖNNT IHR DAMIT ETWAS ANFANGEN?
EINE ÜBERMÄSSIG HOCHENTWICKELTE KI GERIET PLÖTZLICH AUSSER KONTROLLE UND RICHTETE SICH GEGEN DIE MENSCHHEIT.
MOMENTAN BEFINDEN SICH ACHTZIG PROZENT DER ERDE UNTER IHRER KONTROLLE.
ROB-BO-TAH?
HMM …

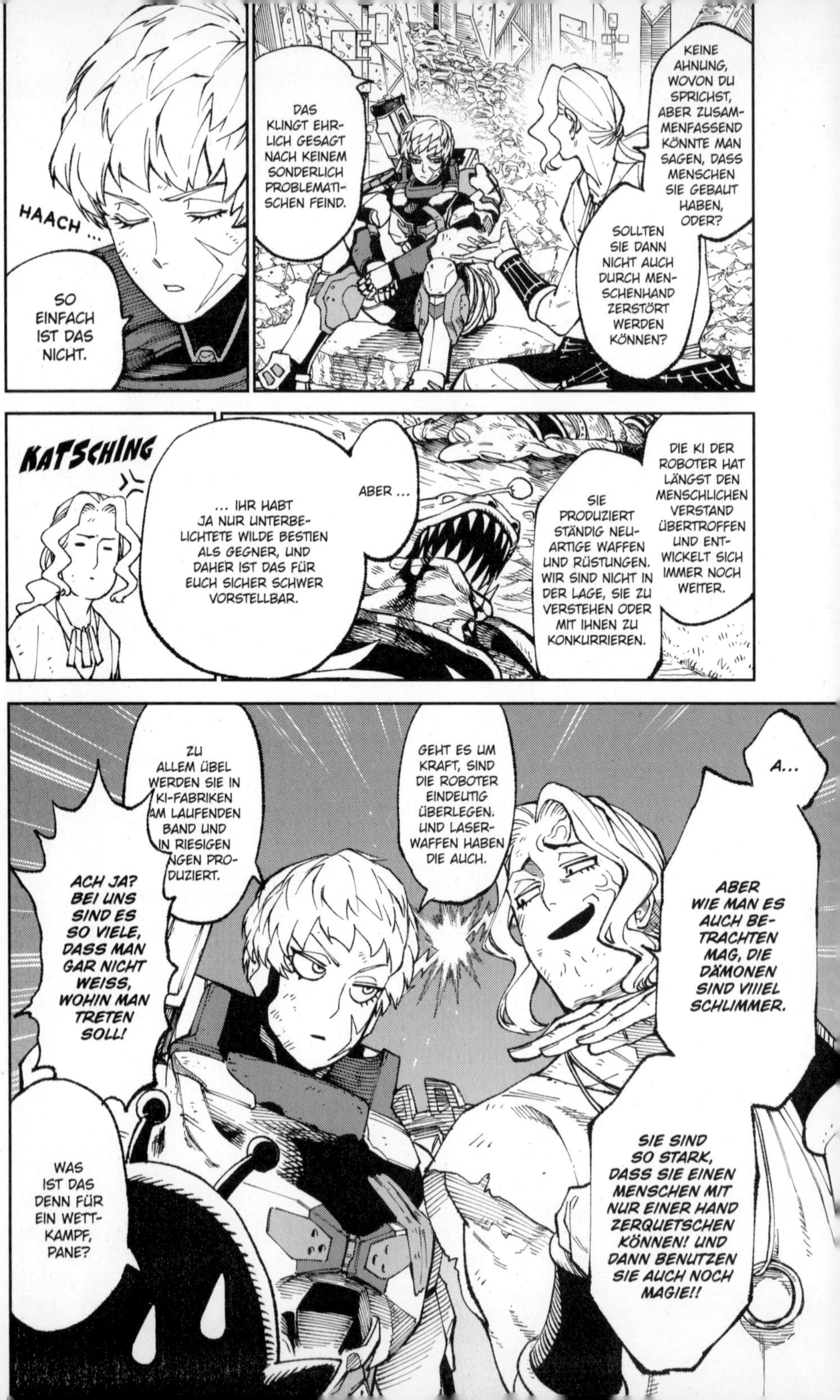
KEINE AHNUNG, WOVON DU SPRICHST, ABER ZUSAMMENFASSEND KÖNNTE MAN SAGEN, DASS MENSCHEN SIE GEBAUT HABEN, ODER?
SOLLTEN SIE DANN NICHT AUCH DURCH MENSCHENHAND ZERSTÖRT WERDEN KÖNNEN?
DAS KLINGT EHRLICH GESAGT NACH KEINEM SONDERLICH PROBLEMATISCHEN FEIND.
HAACH …
SO EINFACH IST DAS NICHT.
DIE KI DER ROBOTER HAT LÄNGST DEN MENSCHLICHEN VERSTAND ÜBERTROFFEN UND ENTWICKELT SICH IMMER NOCH WEITER.
SIE PRODUZIERT STÄNDIG NEUARTIGE WAFFEN UND RÜSTUNGEN. WIR SIND NICHT IN DER LAGE, SIE ZU VERSTEHEN ODER MIT IHNEN ZU KONKURRIEREN.
ABER …
… IHR HABT JA NUR UNTERBELICHTETE WILDE BESTIEN ALS GEGNER, UND DAHER IST DAS FÜR EUCH SICHER SCHWER VORSTELLBAR.
KATSCHING
A…
ABER WIE MAN ES AUCH BETRACHTEN MAG, DIE DÄMONEN SIND VIIIEL SCHLIMMER.
SIE SIND SO STARK, DASS SIE EINEN MENSCHEN MIT NUR EINER HAND ZERQUETSCHEN KÖNNEN! UND DANN BENUTZEN SIE AUCH NOCH MAGIE!!
GEHT ES UM KRAFT, SIND DIE ROBOTER EINDEUTIG ÜBERLEGEN. UND LASERWAFFEN HABEN DIE AUCH.
ZU ALLEM ÜBEL WERDEN SIE IN KI-FABRIKEN AM LAUFENDEN BAND UND IN RIESIGEN NGEN PRODUZIERT.
ACH JA? BEI UNS SIND ES SO VIELE, DASS MAN GAR NICHT WEISS, WOHIN MAN TRETEN SOLL!
WAS IST DAS DENN FÜR EIN WETTKAMPF, PANE?

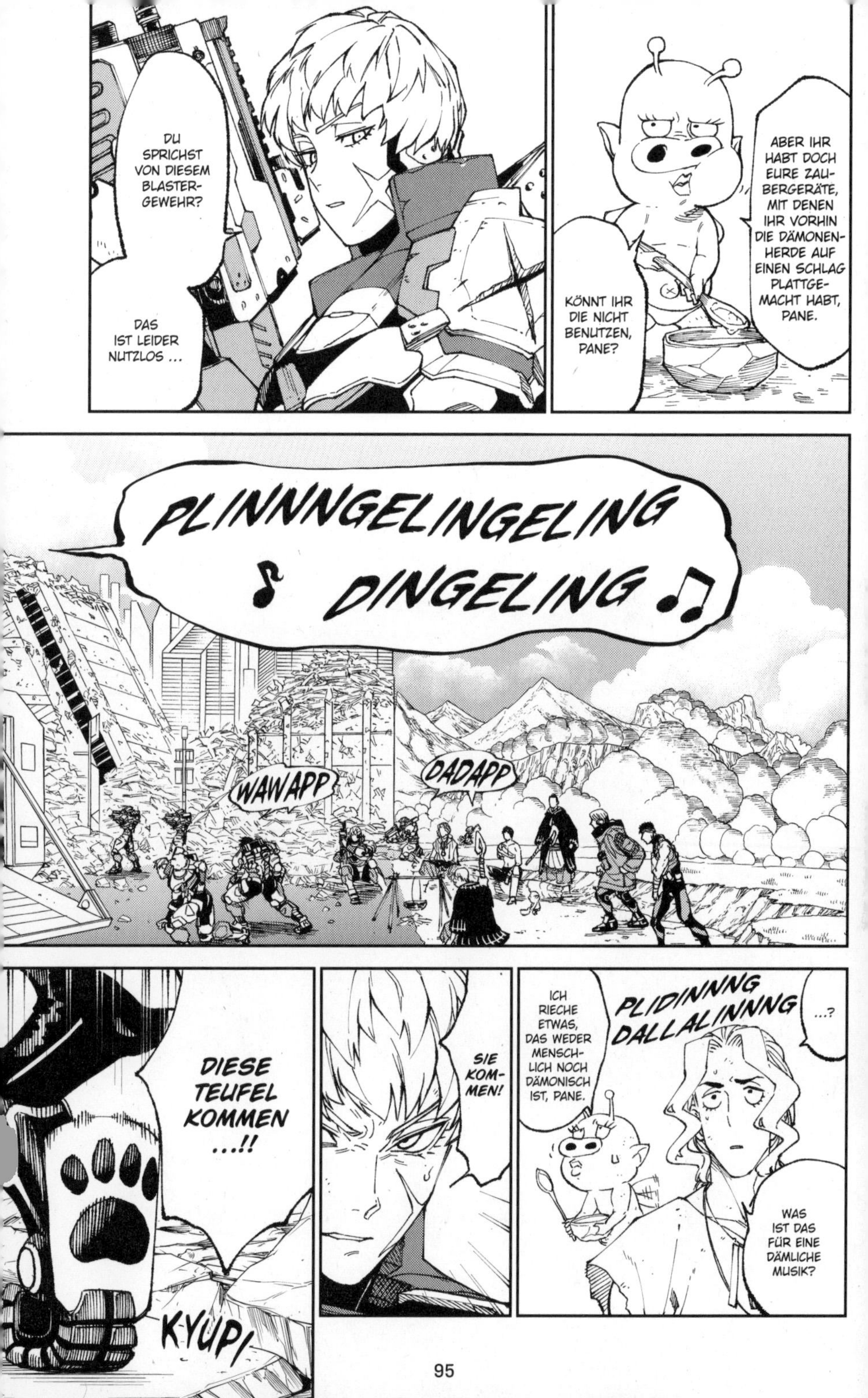
ABER IHR HABT DOCH EURE ZAUBERGERÄTE, MIT DENEN IHR VORHIN DIE DÄMONENHERDE AUF EINEN SCHLAG PLATTGEMACHT HABT, PANE.
KÖNNT IHR DIE NICHT BENUTZEN, PANE?
DU SPRICHST VON DIESEM BLASTERGEWEHR?
DAS IST LEIDER NUTZLOS …
PLINNNGELINGELING ♪ DINGELING ♫
DADAPP
WAWAPP
…?
PLIDINNNG DALLALINNNG
ICH RIECHE ETWAS, DAS WEDER MENSCHLICH NOCH DÄMONISCH IST, PANE.
WAS IST DAS FÜR EINE DÄMLICHE MUSIK?
SIE KOMMEN!
DIESE TEUFEL KOMMEN …!!
KYUPI

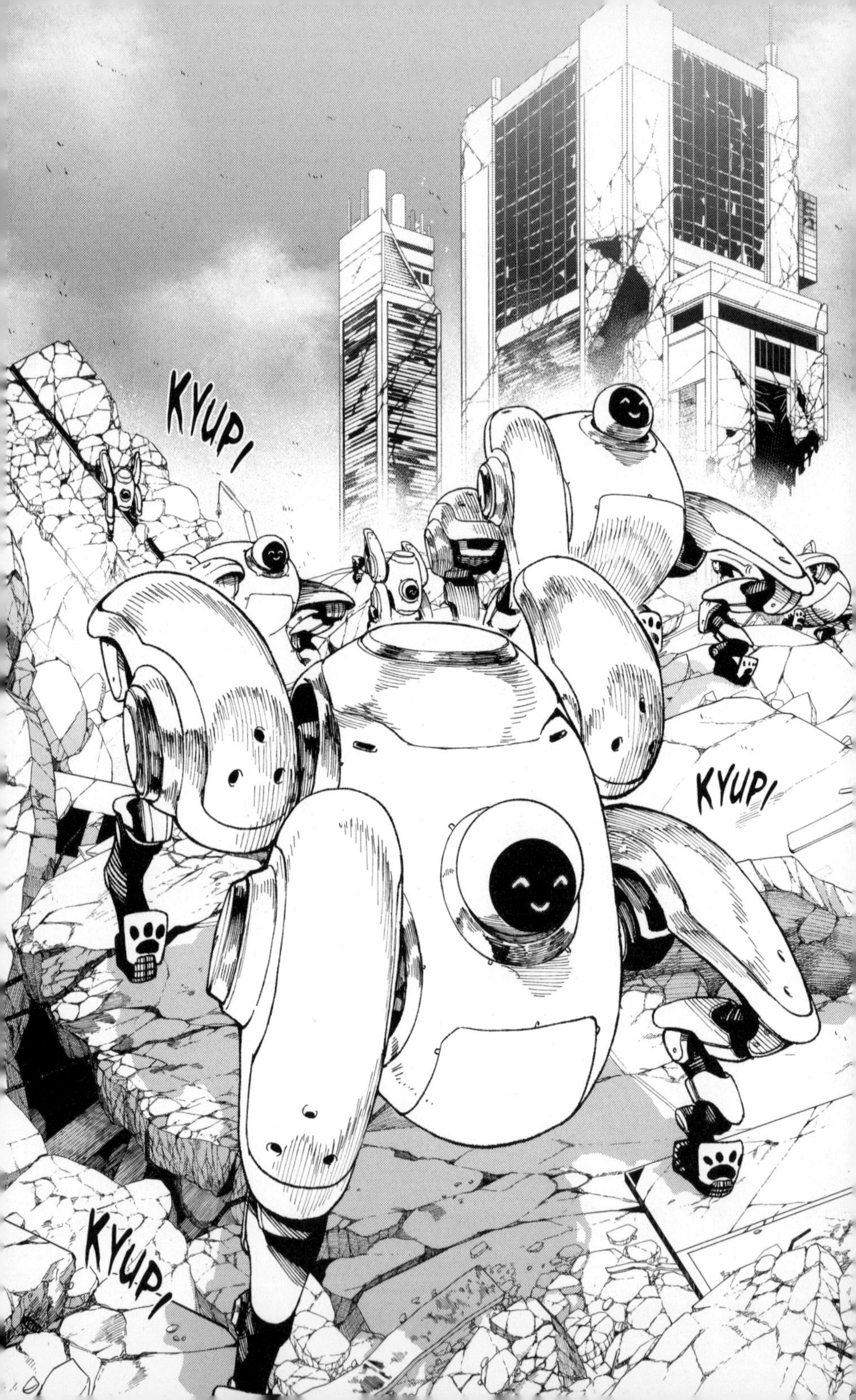
KYUPI
KYUPI
KYUPI

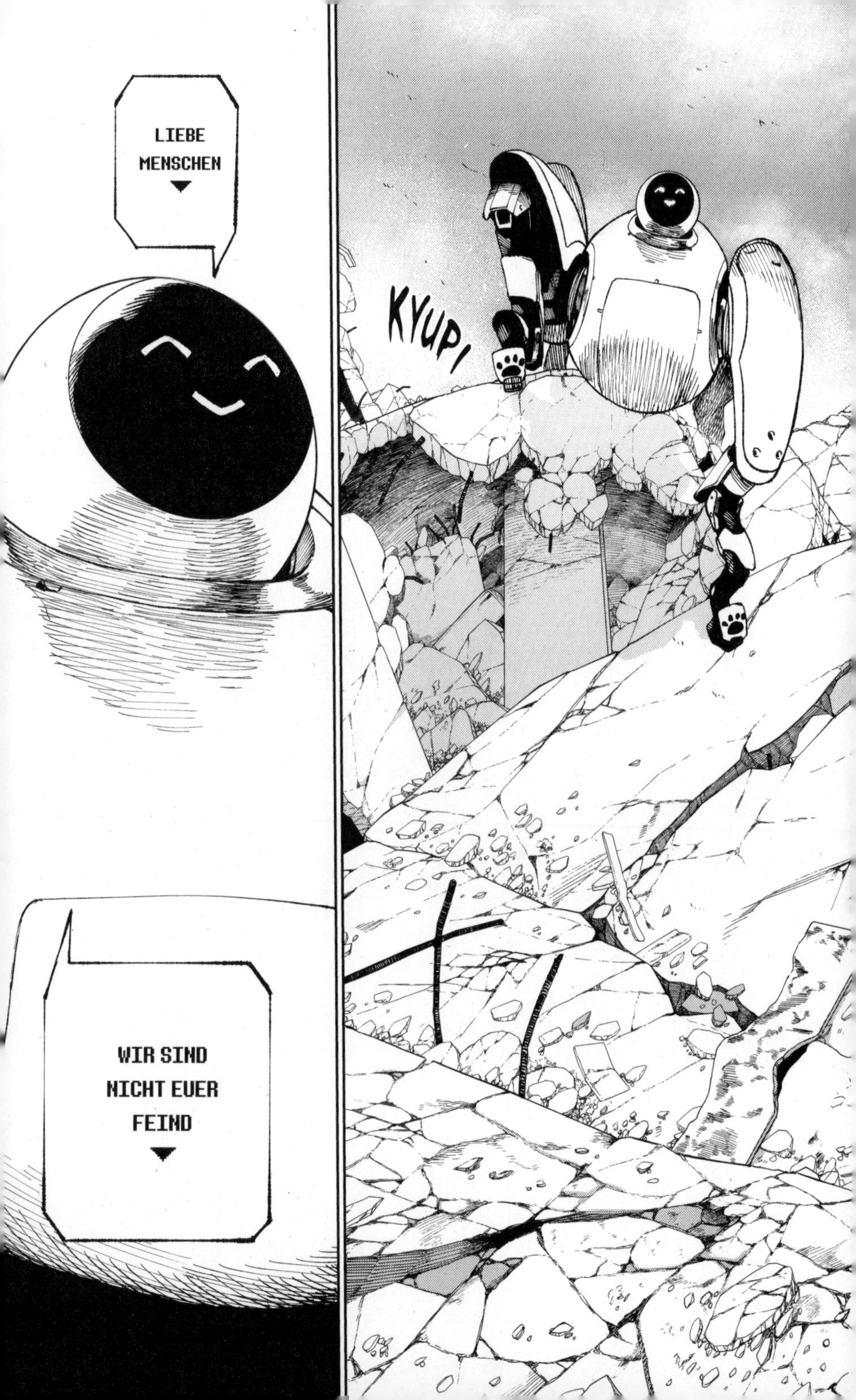

LIEBE MENSCHEN
WIR SIND NICHT EUER FEIND
KYUPI

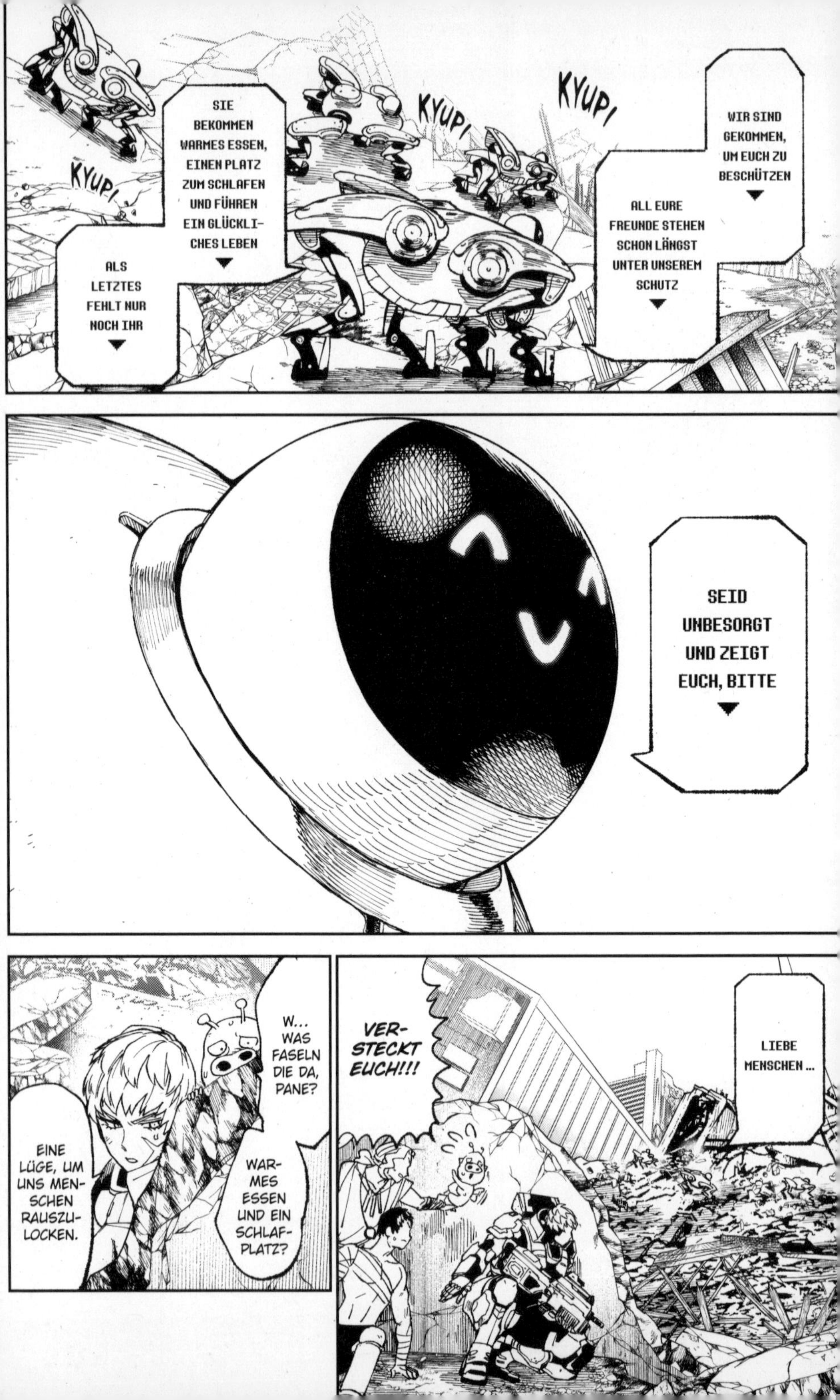
KYUPI
KYUPI
KYUPI
WIR SIND GEKOMMEN, UM EUCH ZU BESCHÜTZEN
ALL EURE FREUNDE STEHEN SCHON LÄNGST UNTER UNSEREM SCHUTZ
SIE BEKOMMEN WARMES ESSEN, EINEN PLATZ ZUM SCHLAFEN UND FÜHREN EIN GLÜCKLI-CHES LEBEN
ALS LETZTES FEHLT NUR NOCH IHR
SEID UNBESORGT UND ZEIGT EUCH, BITTE
LIEBE MENSCHEN ...
VER-STECKT EUCH!!!
W... WAS FASELN DIE DA, PANE?
WAR-MES ESSEN UND EIN SCHLAF-PLATZ?
EINE LÜGE, UM UNS MEN-SCHEN RAUSZU-LOCKEN.

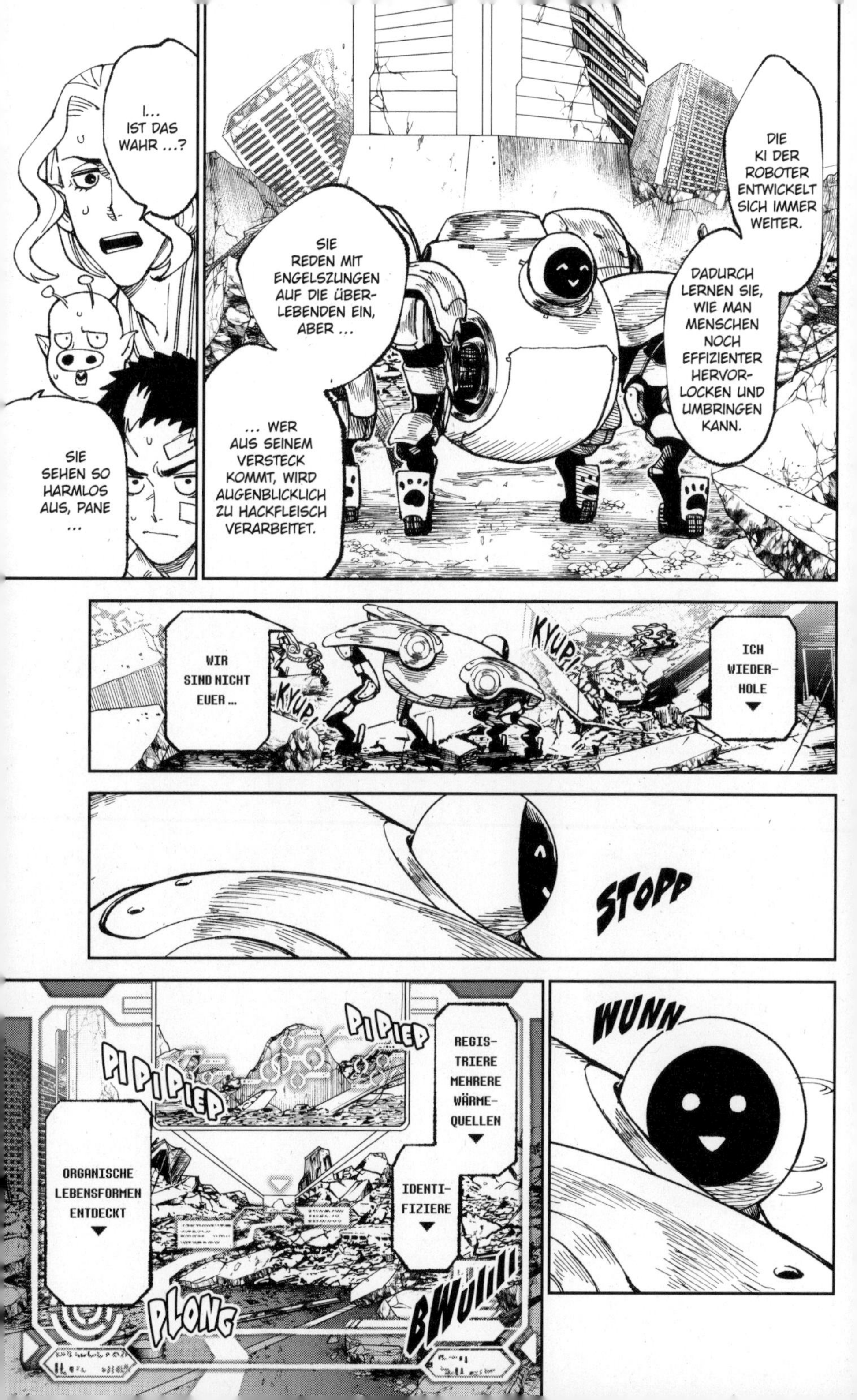

DIE KI DER ROBOTER ENTWICKELT SICH IMMER WEITER.
DADURCH LERNEN SIE, WIE MAN MENSCHEN NOCH EFFIZIENTER HERVORLOCKEN UND UMBRINGEN KANN.
SIE REDEN MIT ENGELSZUNGEN AUF DIE ÜBERLEBENDEN EIN, ABER …
… WER AUS SEINEM VERSTECK KOMMT, WIRD AUGENBLICKLICH ZU HACKFLEISCH VERARBEITET.
I… IST DAS WAHR …?
SIE SEHEN SO HARMLOS AUS, PANE …
ICH WIEDERHOLE
KYUP!
KYUP!
WIR SIND NICHT EUER …
STOPP
WUNN
REGISTRIERE MEHRERE WÄRMEQUELLEN
PI PIEP
PI PI PIEP
IDENTIFIZIERE
ORGANISCHE LEBENSFORMEN ENTDECKT
BWUIIII
PLONG

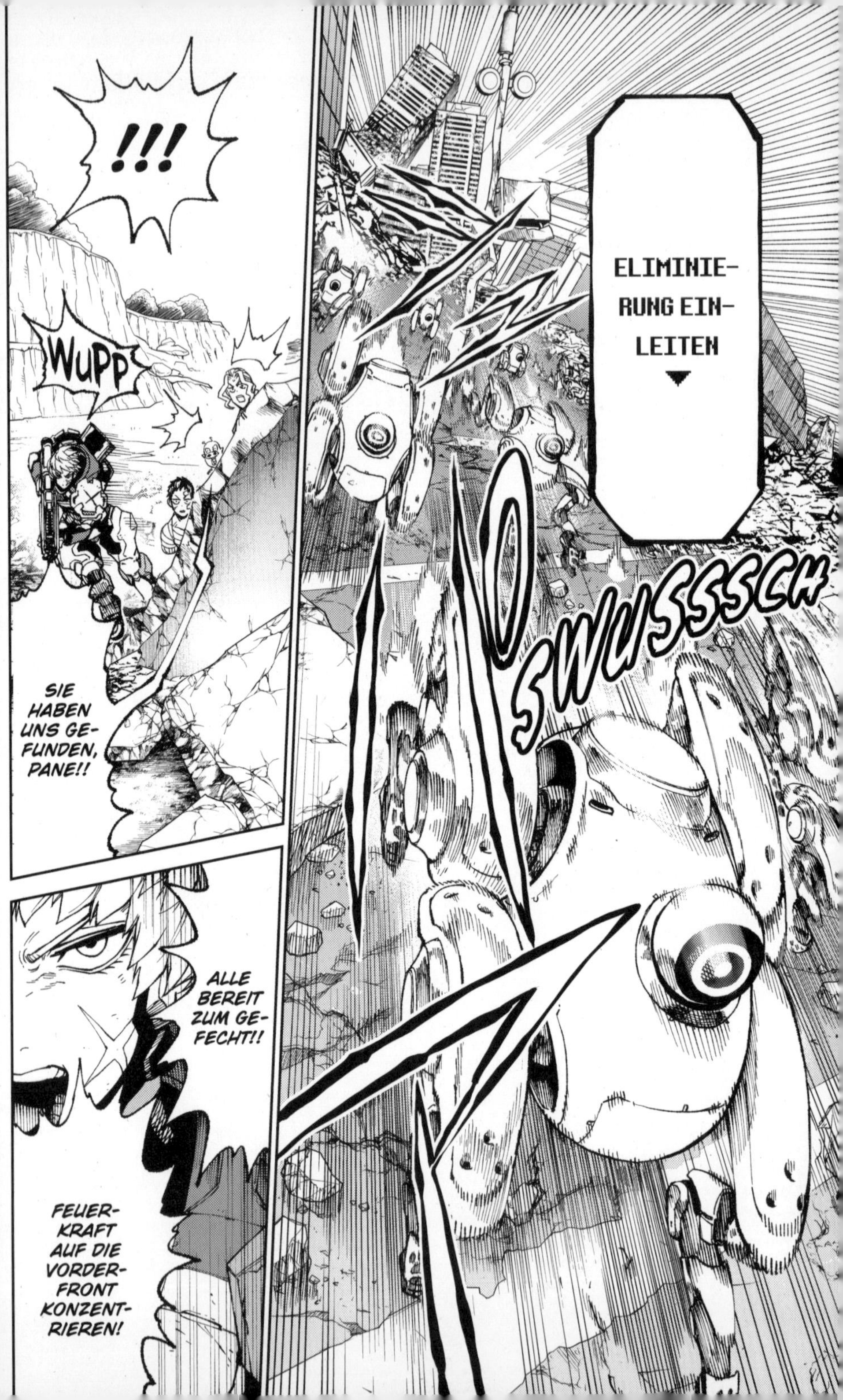
ELIMINIE-RUNG EIN-LEITEN
SWUSSSCH
!!!
WUPP
SIE HABEN UNS GE-FUNDEN, PANE!!
ALLE BEREIT ZUM GE-FECHT!!
FEUER-KRAFT AUF DIE VORDER-FRONT KONZENT-RIEREN!

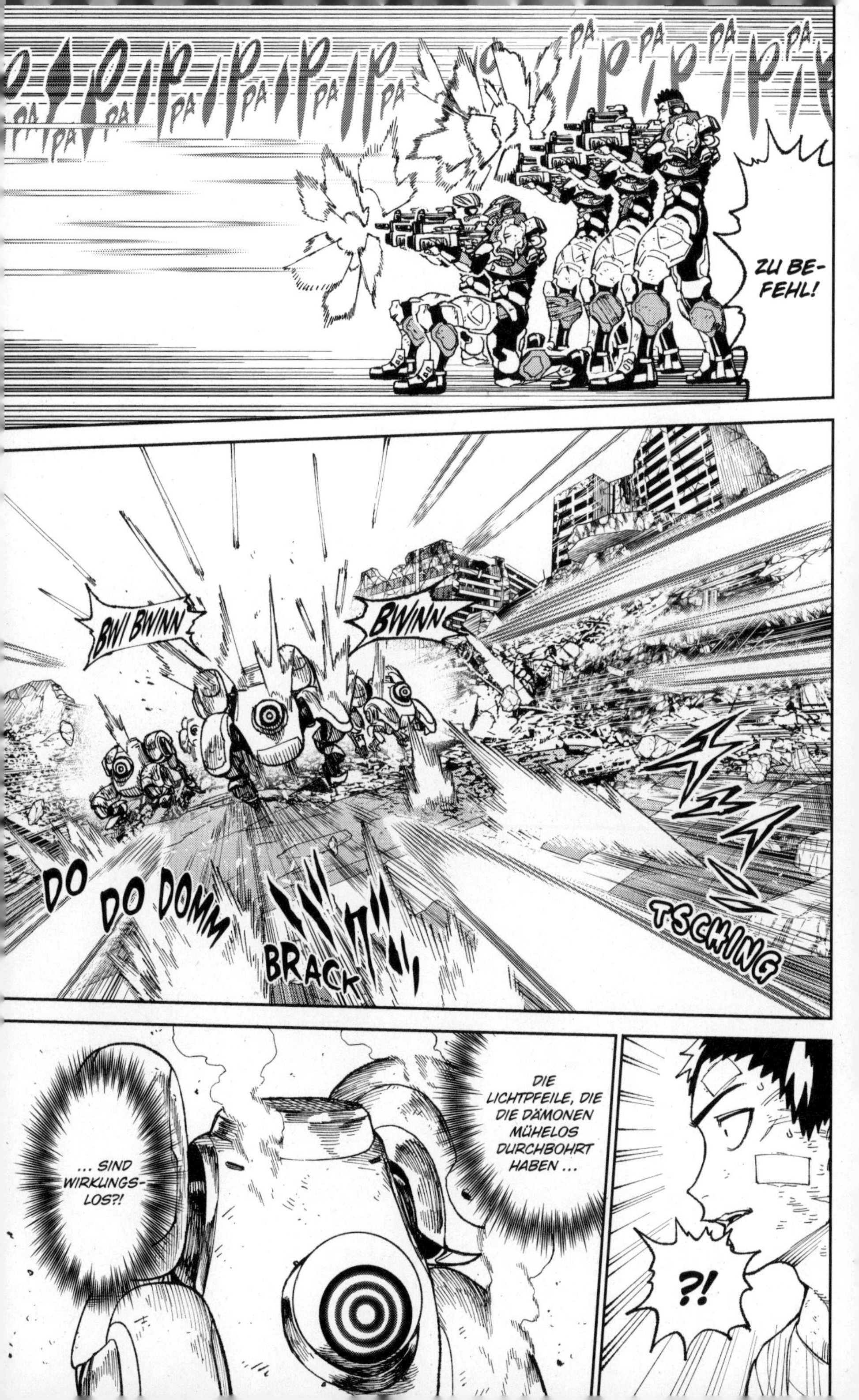

PA PA PA PA PA PA PA PA
ZU BE-
FEHL!
BWINN
BWI BWINN
TSCHING
DO DO DOMM
BRACK
?!
DIE LICHTPFEILE, DIE DIE DÄMONEN MÜHELOS DURCHBOHRT HABEN …
… SIND WIRKUNGS-LOS?!

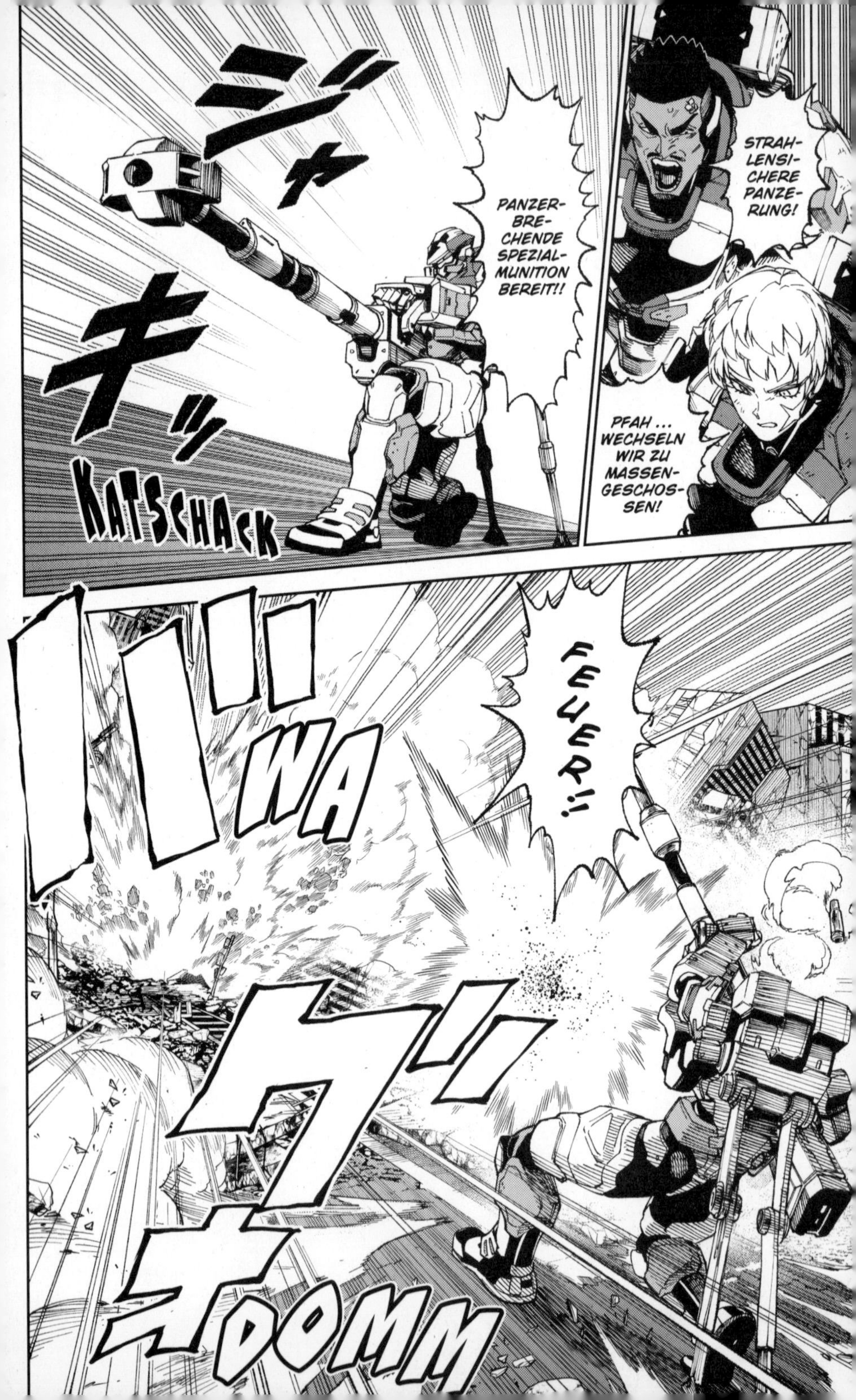
STRAHLENSICHERE PANZERUNG!
PFAH … WECHSELN WIR ZU MASSENGESCHOSSEN!
PANZERBRECHENDE SPEZIALMUNITION BEREIT!!
KATSCHACK
FEUER!!
WA
DOMM

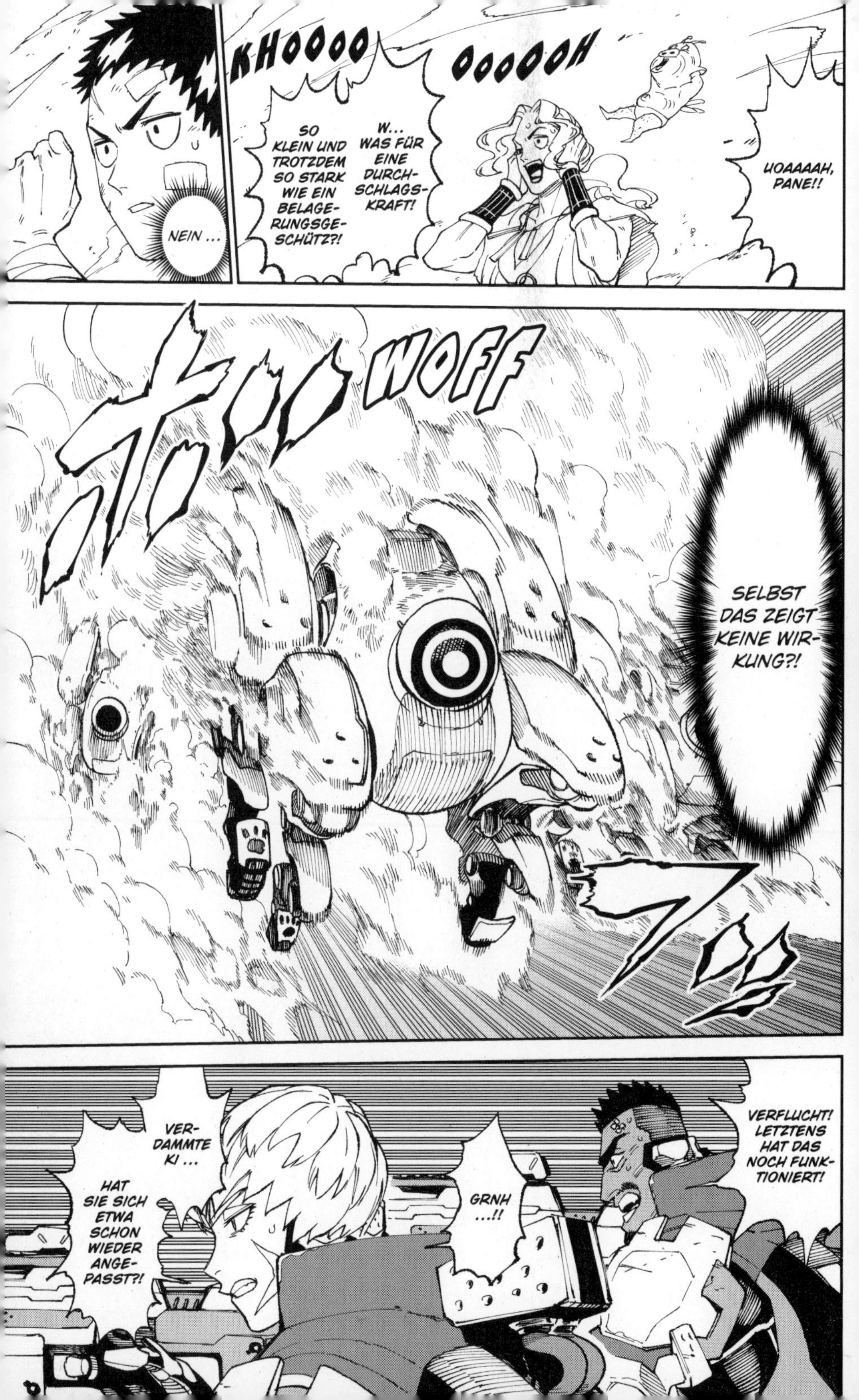
KHOOOO
OOOOOH
UOAAAAH, PANE!!
W... WAS FÜR EINE DURCH-SCHLAGS-KRAFT!
SO KLEIN UND TROTZDEM SO STARK WIE EIN BELAGE-RUNGSGE-SCHÜTZ?!
NEIN ...
WOFF
SELBST DAS ZEIGT KEINE WIR-KUNG?!
VERFLUCHT! LETZTENS HAT DAS NOCH FUNK-TIONIERT!
GRNH ...!!
VER-DAMMTE KI ...
HAT SIE SICH ETWA SCHON WIEDER ANGE-PASST?!

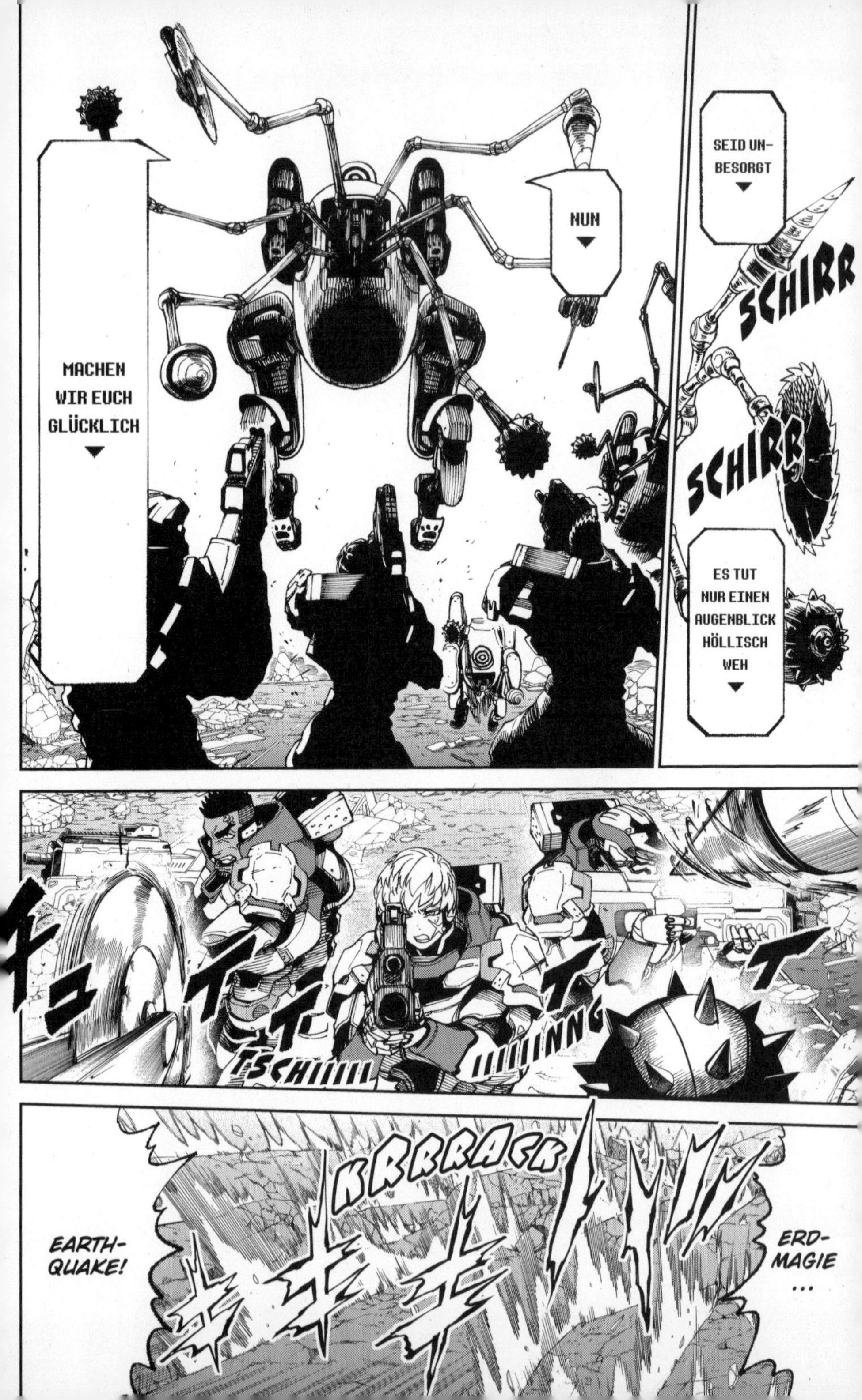
SEID UN-
BESORGT
SCHIRR
SCHIRR
ES TUT NUR EINEN AUGENBLICK HÖLLISCH WEH
NUN
MACHEN WIR EUCH GLÜCKLICH
TSCHIIIIII
IIIIIIINNG
ERD-
MAGIE ...
KRRRACK
EARTH-
QUAKE!

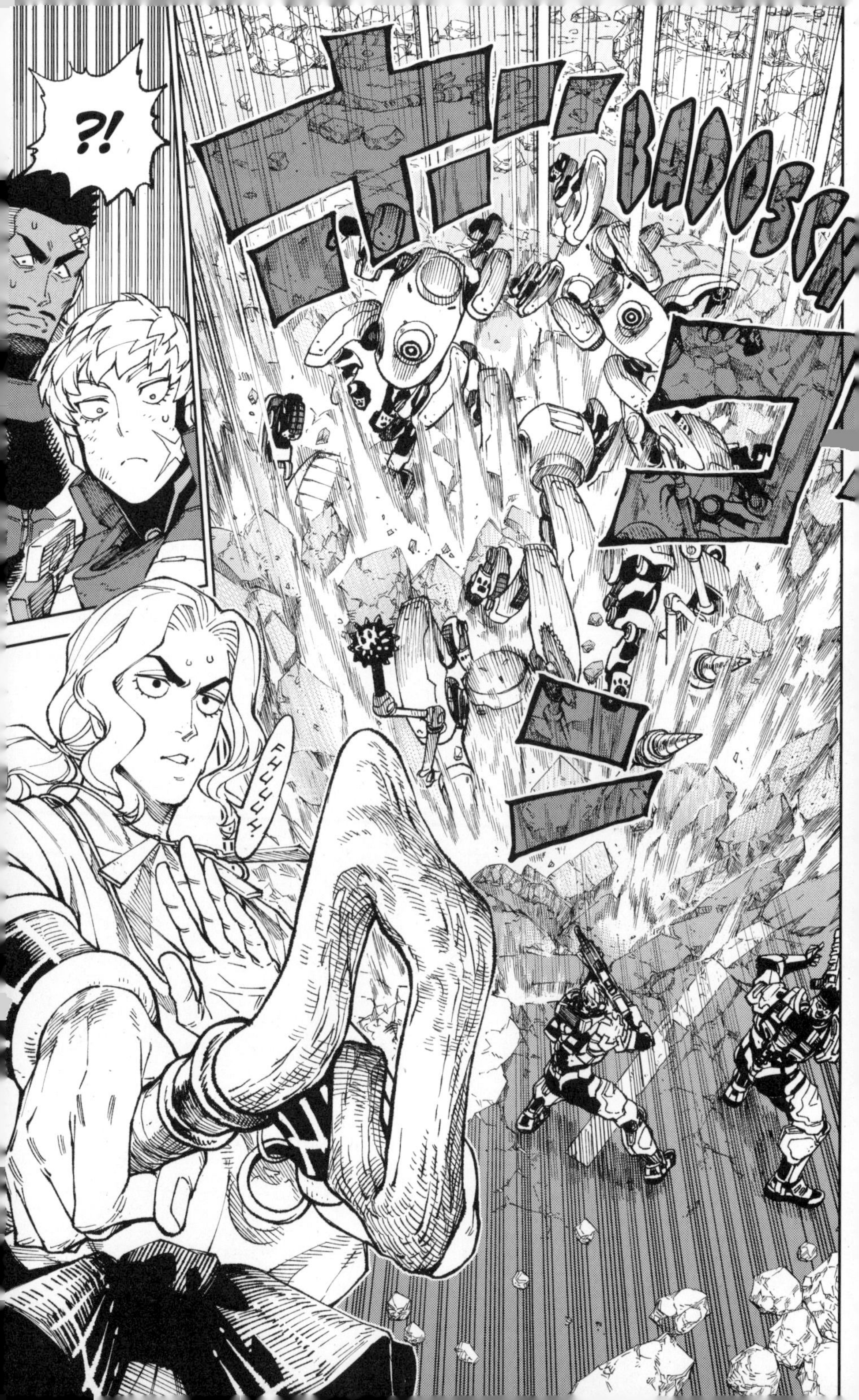
?!
BADOSCH
FHUUUH.

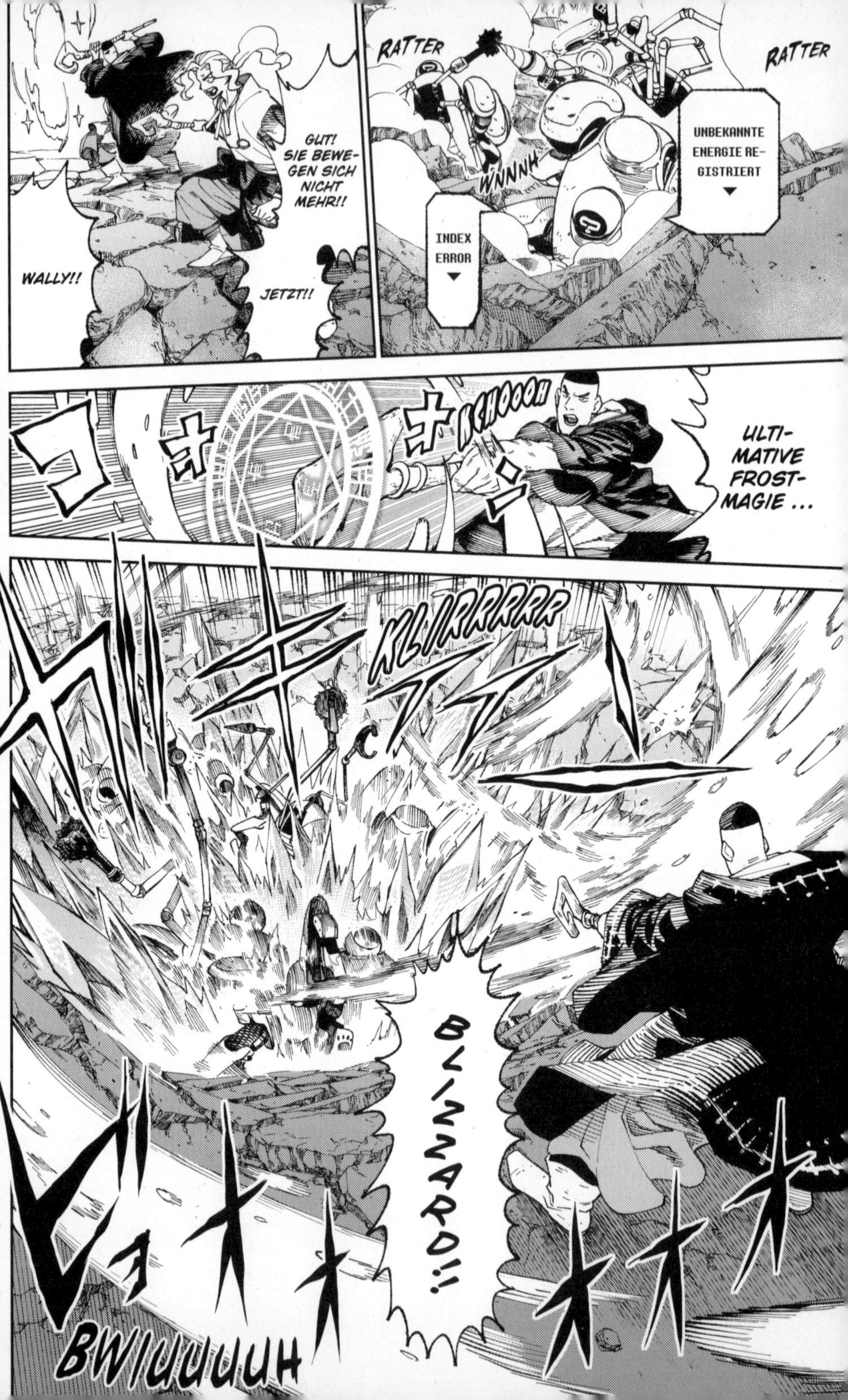
RATTER
RATTER
UNBEKANNTE ENERGIE REGISTRIERT
WNNNH
INDEX ERROR
GUT! SIE BEWEGEN SICH NICHT MEHR!!
JETZT!!
WALLY!!
ULTIMATIVE FROSTMAGIE ...
KCHOOOH
KLIRRRRRR
BLIZZARD!!
BWIUUUUH

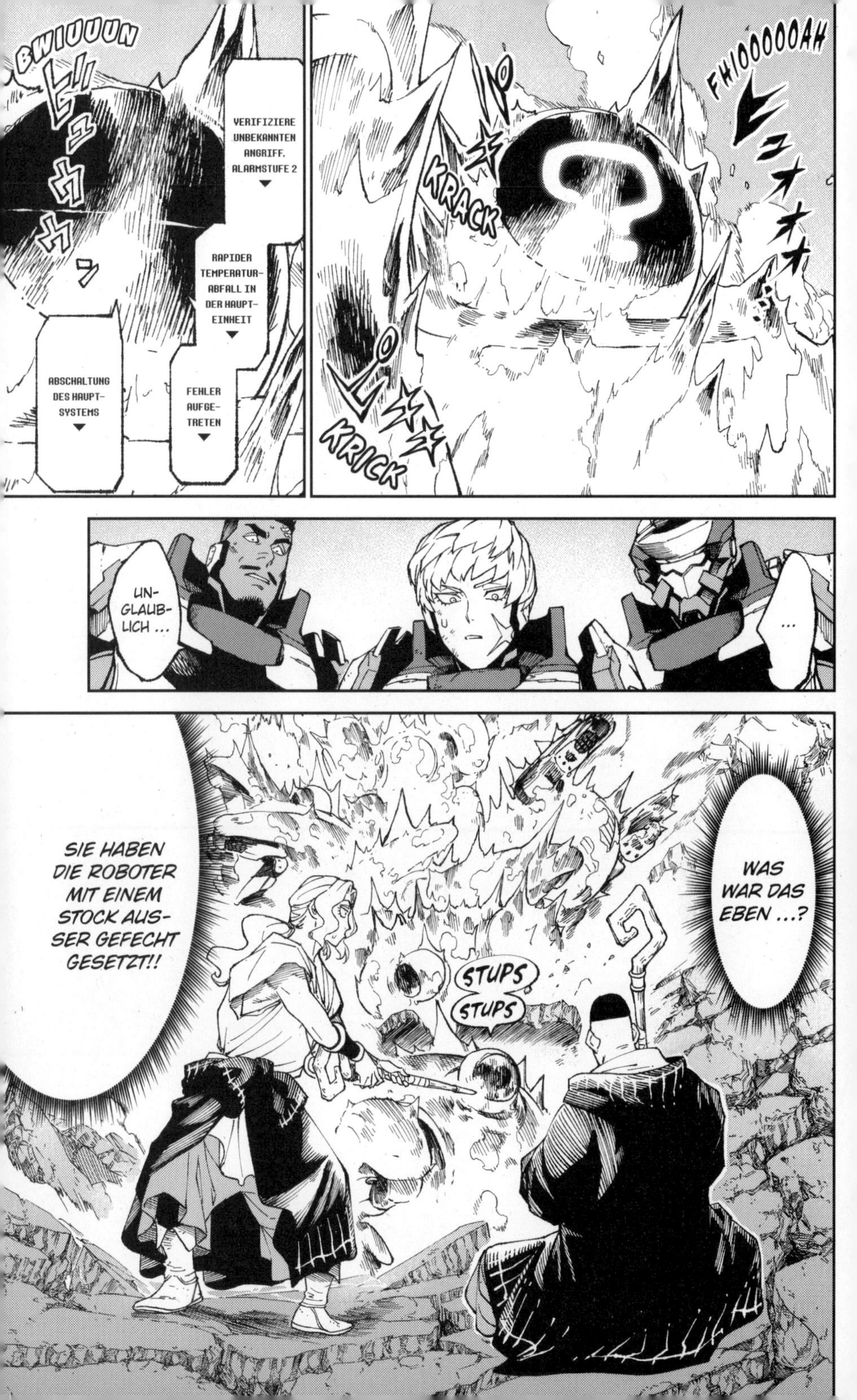

FHIOOOOOAH
ヒュオオオ
KRACK
パキ
KRICK
ペキキ
BWIUUUN
ヒュウウッ
VERIFIZIERE UNBEKANNTEN ANGRIFF. ALARMSTUFE 2
RAPIDER TEMPERATURABFALL IN DER HAUPTEINHEIT
FEHLER AUFGETRETEN
ABSCHALTUNG DES HAUPTSYSTEMS
...
UNGLAUBLICH ...
WAS WAR DAS EBEN ...?
STUPS STUPS
SIE HABEN DIE ROBOTER MIT EINEM STOCK AUSSER GEFECHT GESETZT!!

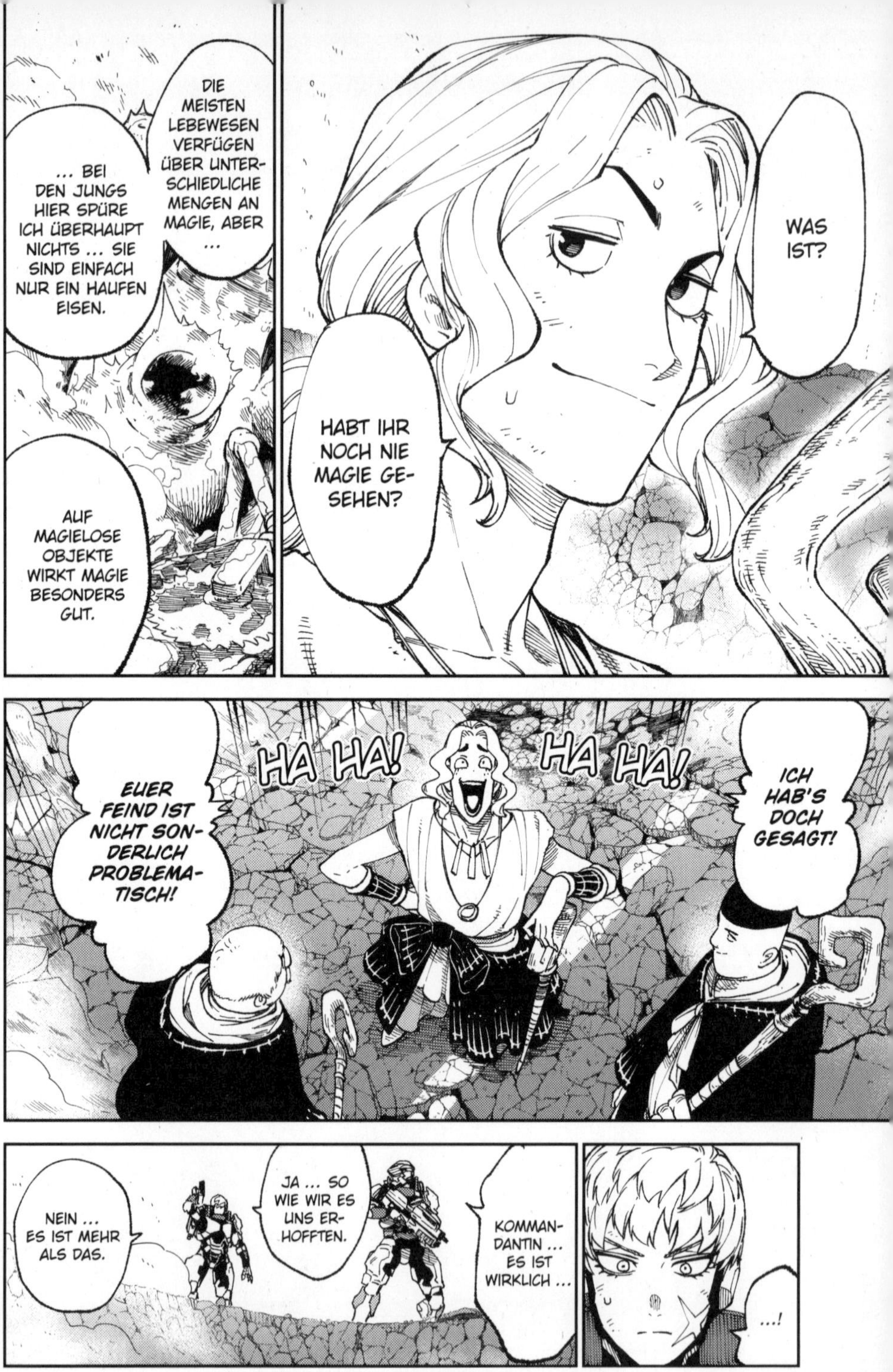
WAS IST?
HABT IHR NOCH NIE MAGIE GESEHEN?
DIE MEISTEN LEBEWESEN VERFÜGEN ÜBER UNTERSCHIEDLICHE MENGEN AN MAGIE, ABER ...
... BEI DEN JUNGS HIER SPÜRE ICH ÜBERHAUPT NICHTS ... SIE SIND EINFACH NUR EIN HAUFEN EISEN.
AUF MAGIELOSE OBJEKTE WIRKT MAGIE BESONDERS GUT.
ICH HAB'S DOCH GESAGT!
HA HA! HA HA!
EUER FEIND IST NICHT SONDERLICH PROBLEMATISCH!
...!
KOMMANDANTIN ... ES IST WIRKLICH ...
JA ... SO WIE WIR ES UNS ERHOFFTEN.
NEIN ... ES IST MEHR ALS DAS.

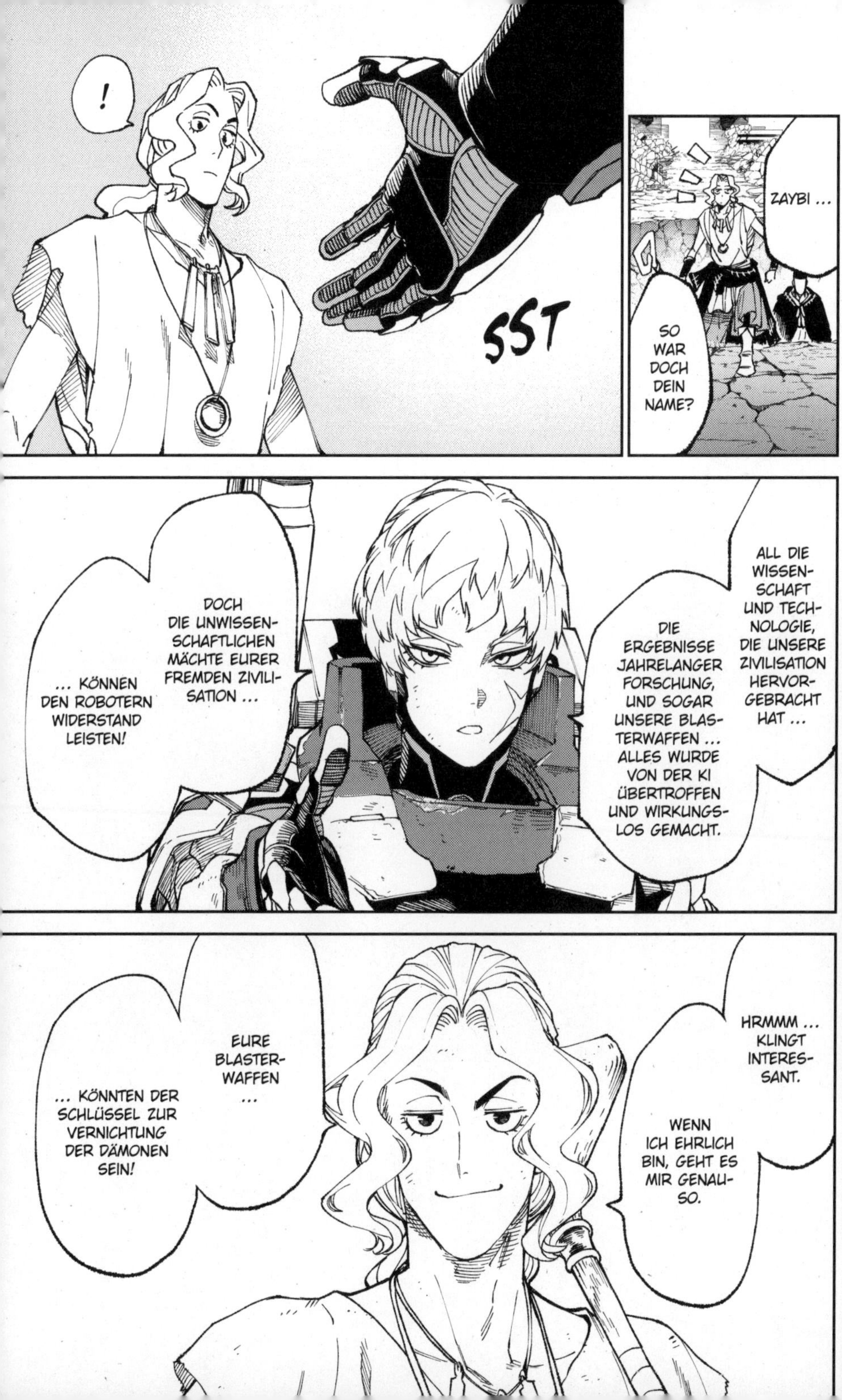
!
SST
ZAYBI …
SO WAR DOCH DEIN NAME?
ALL DIE WISSENSCHAFT UND TECHNOLOGIE, DIE UNSERE ZIVILISATION HERVORGEBRACHT HAT …
DIE ERGEBNISSE JAHRELANGER FORSCHUNG, UND SOGAR UNSERE BLASTERWAFFEN … ALLES WURDE VON DER KI ÜBERTROFFEN UND WIRKUNGSLOS GEMACHT.
DOCH DIE UNWISSENSCHAFTLICHEN MÄCHTE EURER FREMDEN ZIVILISATION …
… KÖNNEN DEN ROBOTERN WIDERSTAND LEISTEN!
HRMMM … KLINGT INTERESSANT.
WENN ICH EHRLICH BIN, GEHT ES MIR GENAUSO.
EURE BLASTERWAFFEN …
… KÖNNTEN DER SCHLÜSSEL ZUR VERNICHTUNG DER DÄMONEN SEIN!

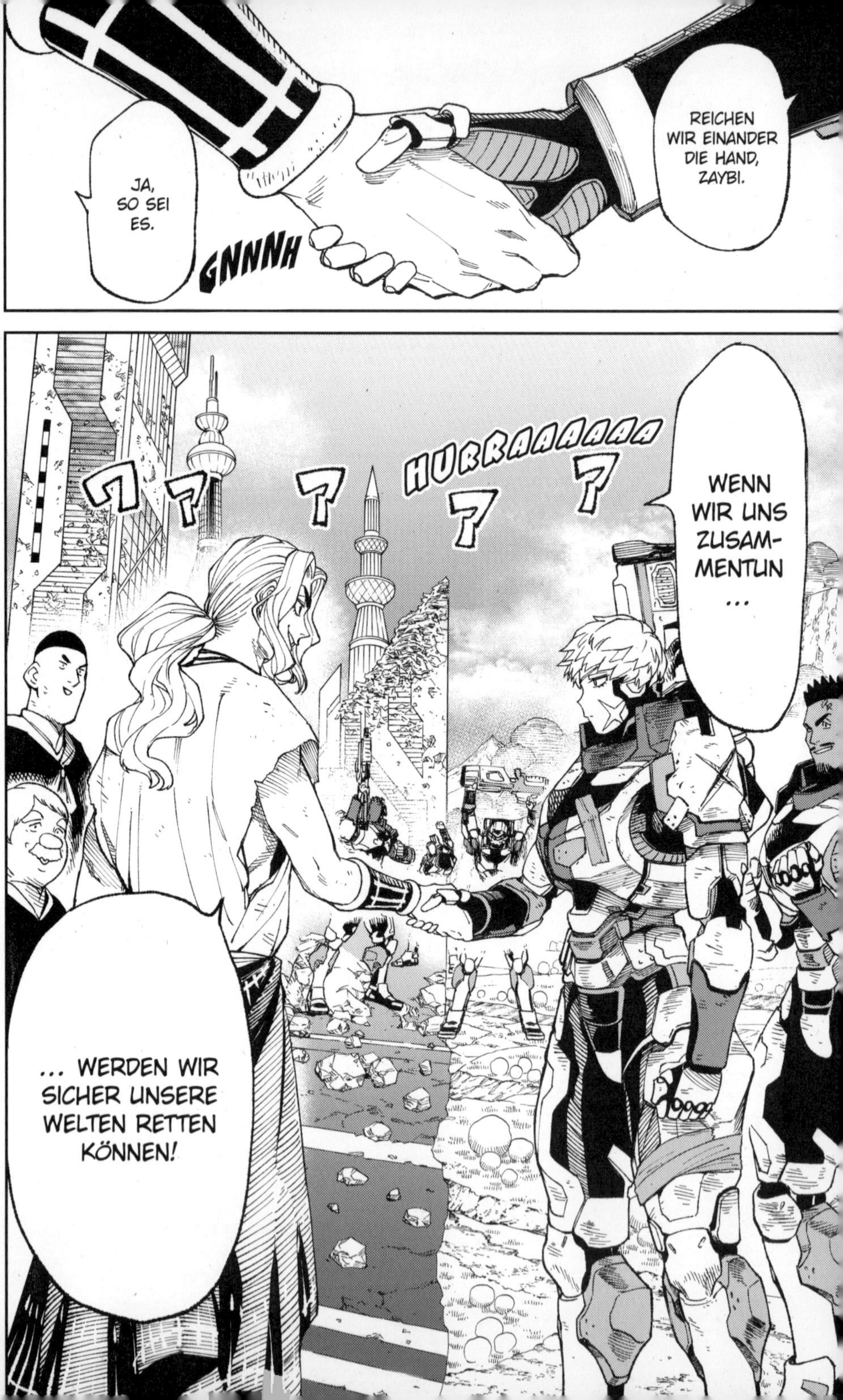
REICHEN WIR EINANDER DIE HAND, ZAYBI.
JA, SO SEI ES.
GNNNH
WENN WIR UNS ZUSAM-MENTUN ...
HURRAAAAAAA
... WERDEN WIR SICHER UNSERE WELTEN RETTEN KÖNNEN!

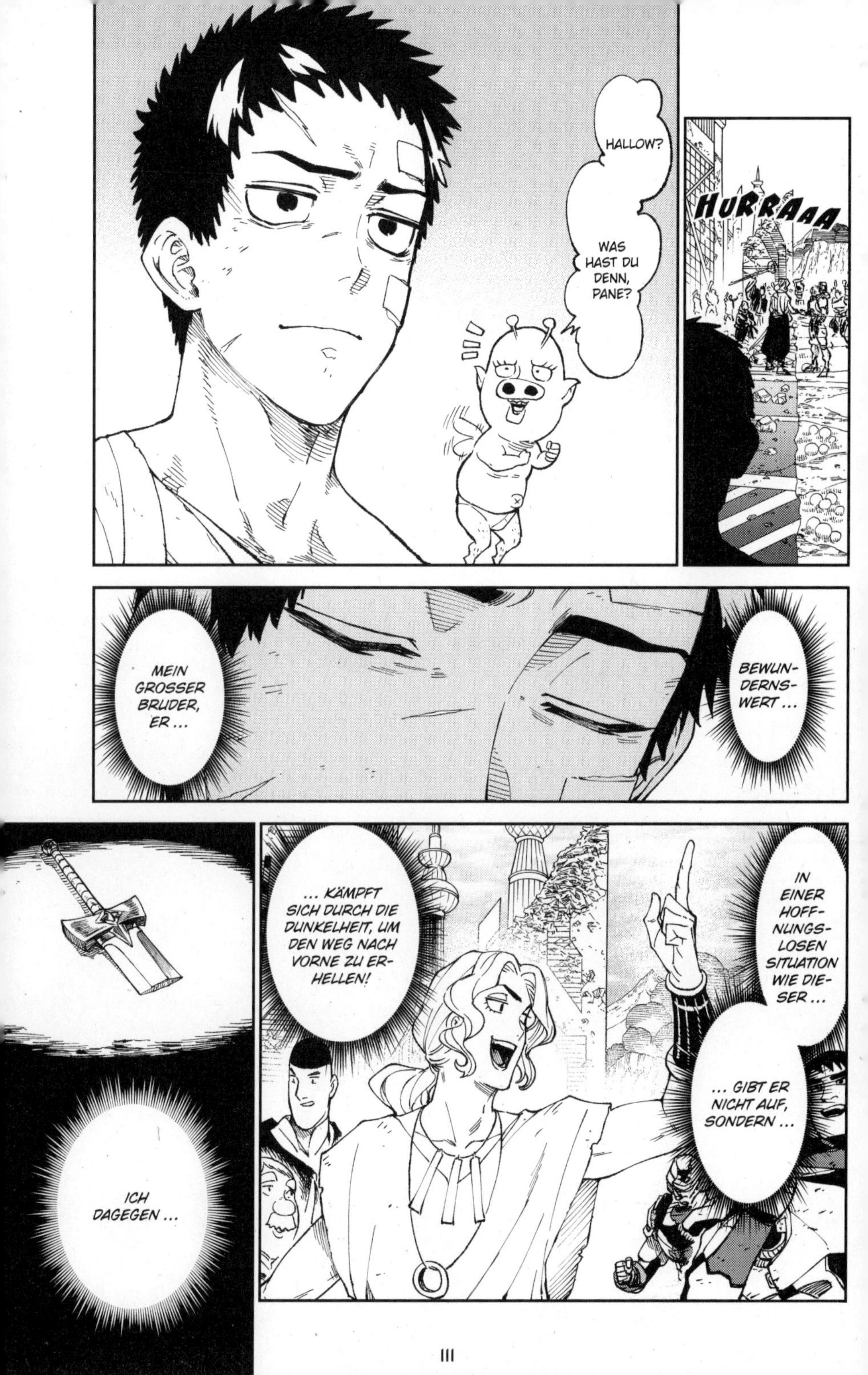
HURRAAA
HALLOW?
WAS HAST DU DENN, PANE?
BEWUNDERNSWERT …
MEIN GROSSER BRUDER, ER …
IN EINER HOFFNUNGSLOSEN SITUATION WIE DIESER …
… GIBT ER NICHT AUF, SONDERN …
… KÄMPFT SICH DURCH DIE DUNKELHEIT, UM DEN WEG NACH VORNE ZU ERHELLEN!
ICH DAGEGEN …

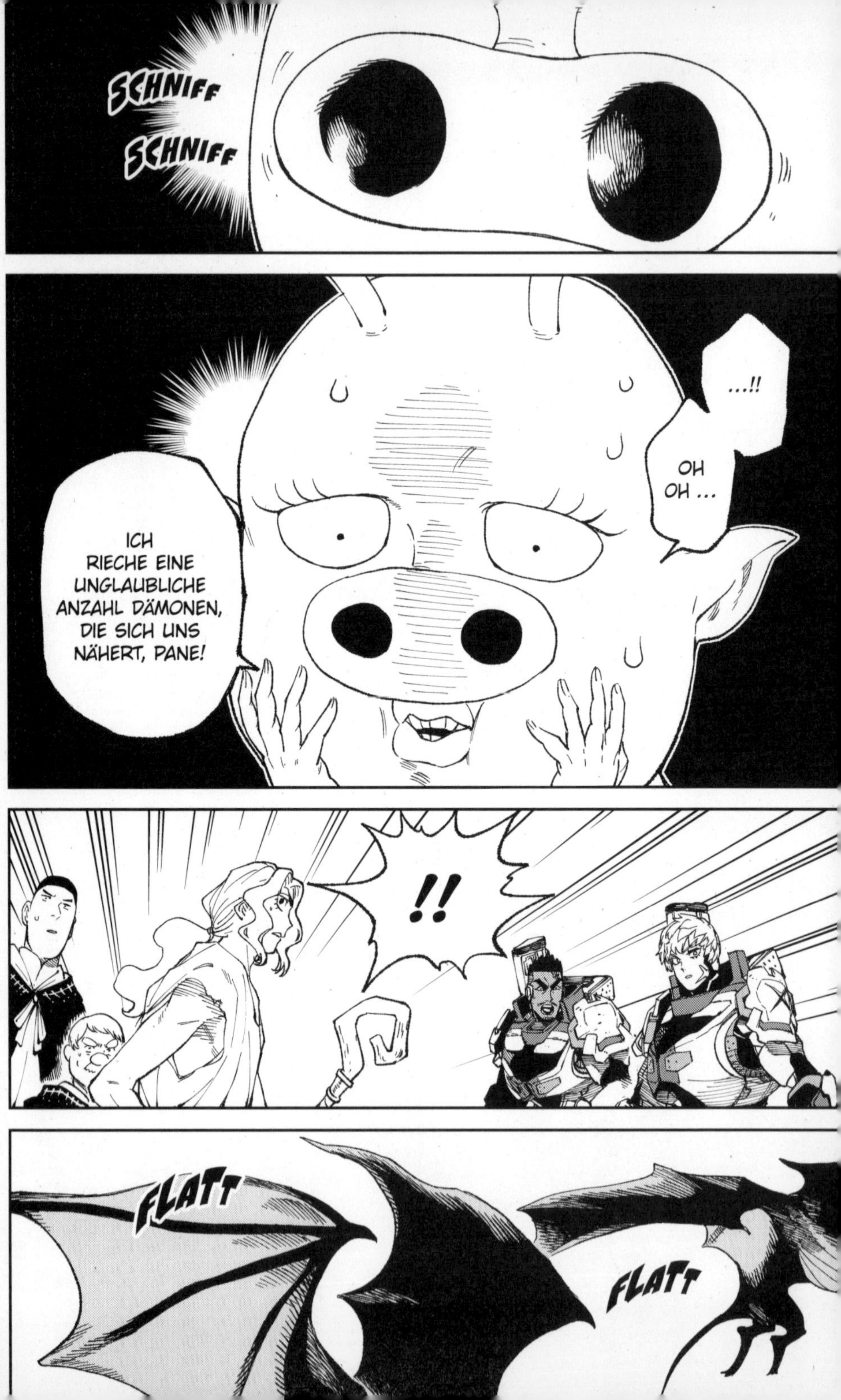
SCHNIFF
SCHNIFF
...!!
OH OH ...
ICH RIECHE EINE UNGLAUBLICHE ANZAHL DÄMONEN, DIE SICH UNS NÄHERT, PANE!
!!
FLATT
FLATT

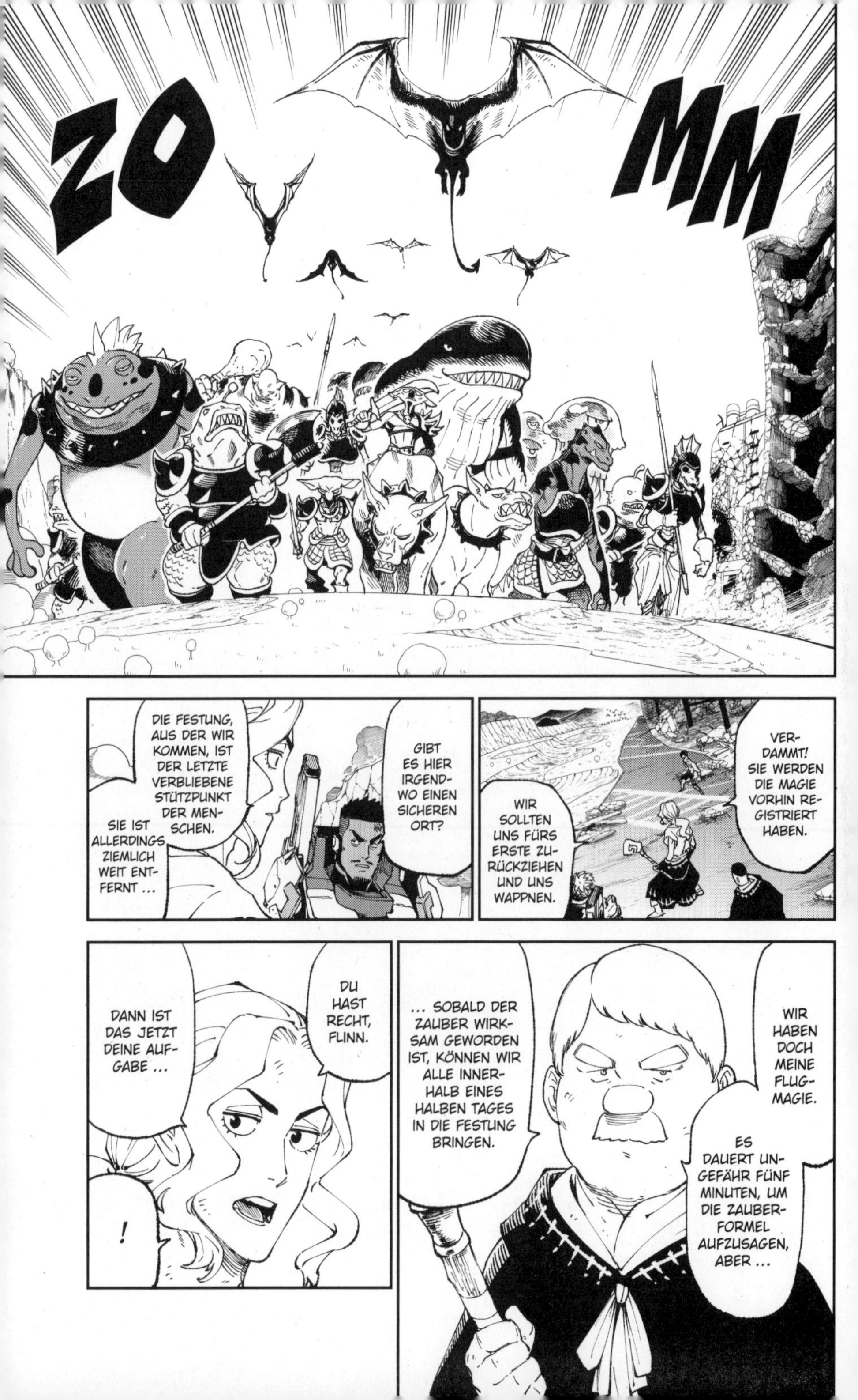
ZOMM
VERDAMMT! SIE WERDEN DIE MAGIE VORHIN REGISTRIERT HABEN.
WIR SOLLTEN UNS FÜRS ERSTE ZURÜCKZIEHEN UND UNS WAPPNEN.
GIBT ES HIER IRGENDWO EINEN SICHEREN ORT?
DIE FESTUNG, AUS DER WIR KOMMEN, IST DER LETZTE VERBLIEBENE STÜTZPUNKT DER MENSCHEN.
SIE IST ALLERDINGS ZIEMLICH WEIT ENTFERNT …
WIR HABEN DOCH MEINE FLUGMAGIE.
ES DAUERT UNGEFÄHR FÜNF MINUTEN, UM DIE ZAUBERFORMEL AUFZUSAGEN, ABER …
… SOBALD DER ZAUBER WIRKSAM GEWORDEN IST, KÖNNEN WIR ALLE INNERHALB EINES HALBEN TAGES IN DIE FESTUNG BRINGEN.
DU HAST RECHT, FLINN.
DANN IST DAS JETZT DEINE AUFGABE …
!

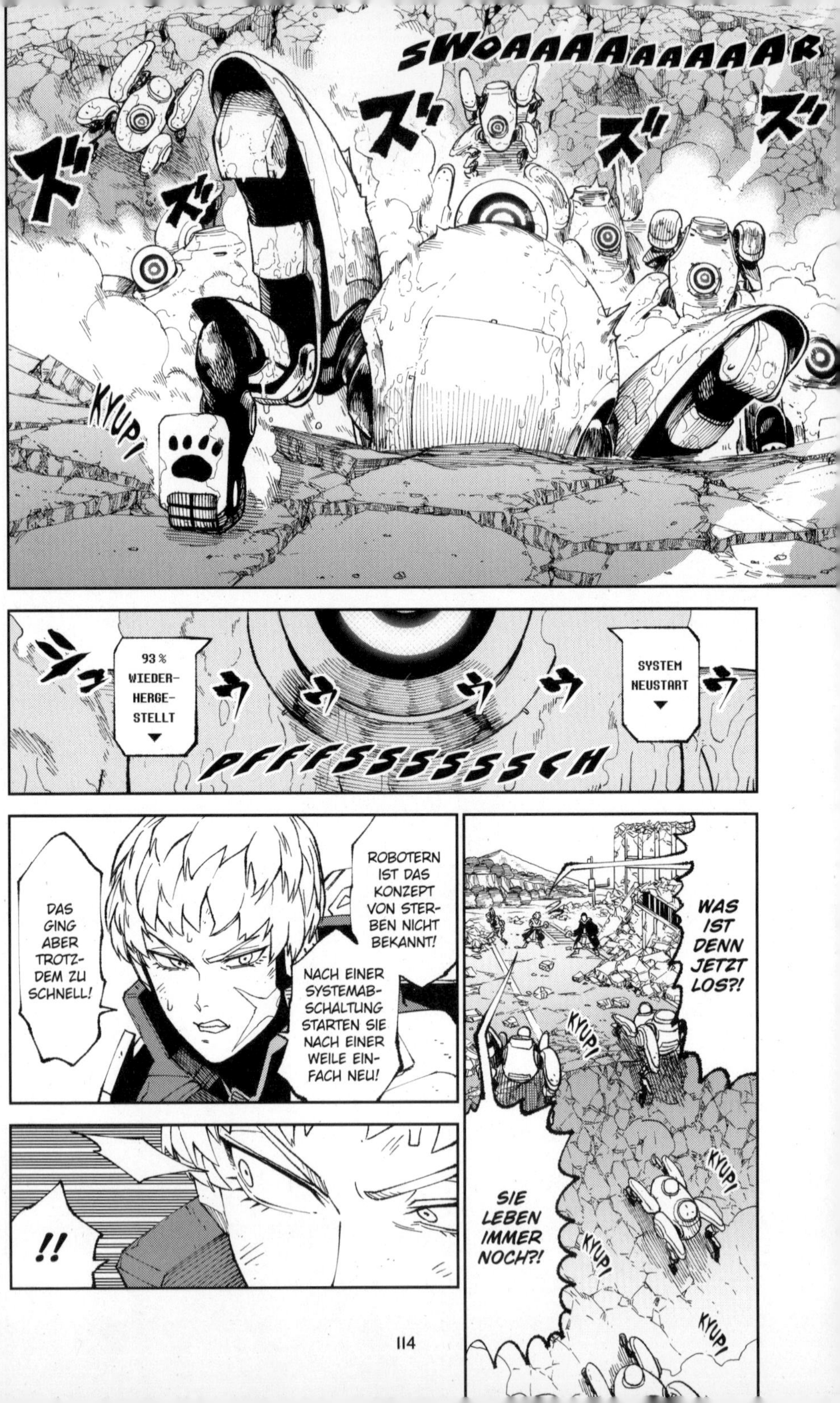
SWOAAAAAAAAAR
ズ ズ ズ ズ ズ
KYUP!
93 %
WIEDER-
HERGE-
STELLT
SYSTEM
NEUSTART
PFFFSSSSSSSCH
ROBOTERN IST DAS KONZEPT VON STER-BEN NICHT BEKANNT!
NACH EINER SYSTEMAB-SCHALTUNG STARTEN SIE NACH EINER WEILE EIN-FACH NEU!
DAS GING ABER TROTZ-DEM ZU SCHNELL!
WAS IST DENN JETZT LOS?!
KYUP!
!!
SIE LEBEN IMMER NOCH?!
KYUP!
KYUP!
KYUP!

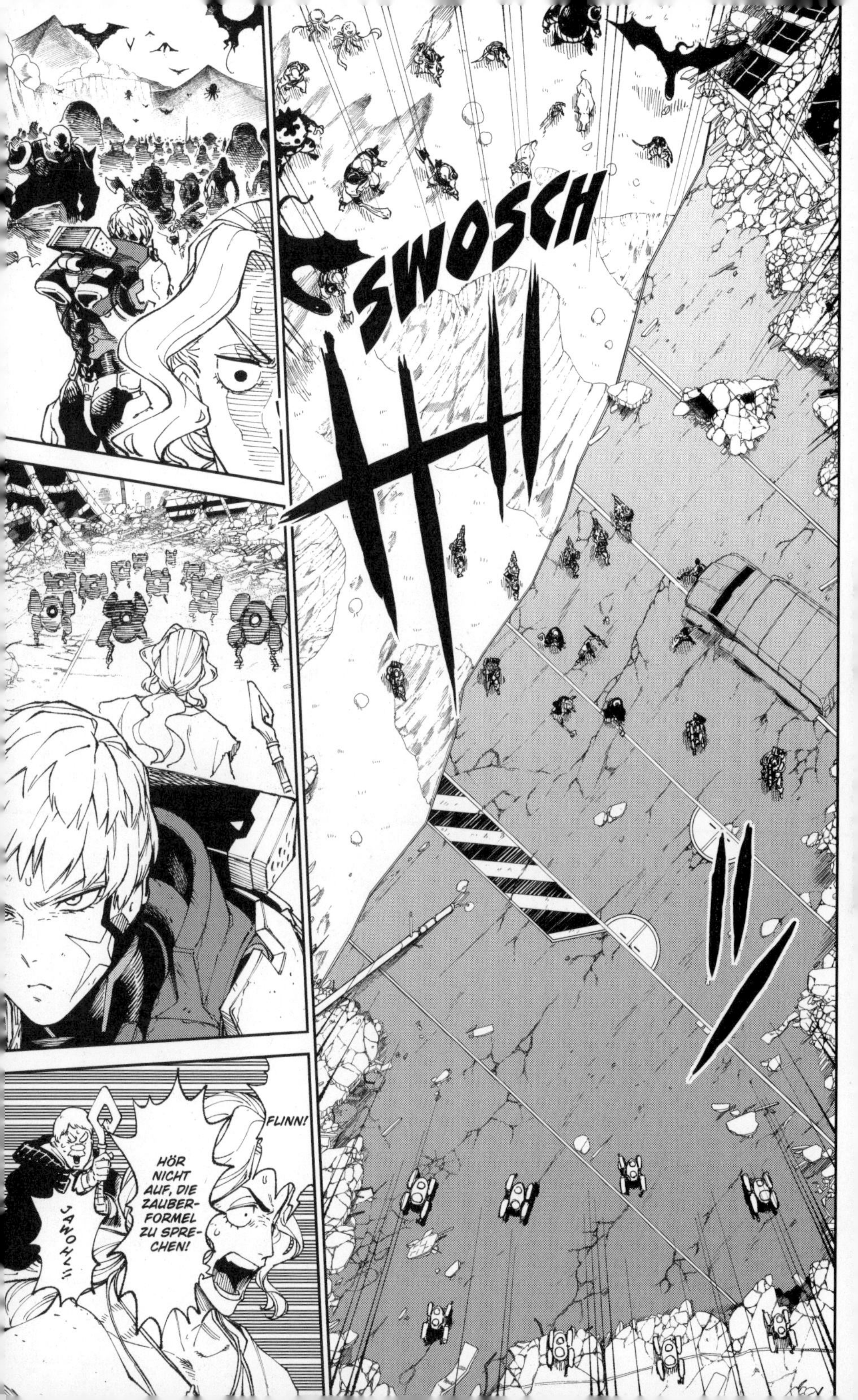
SWOSCH
FLINN!
HÖR NICHT AUF, DIE ZAUBER-FORMEL ZU SPRE-CHEN!
JAWOHL!!

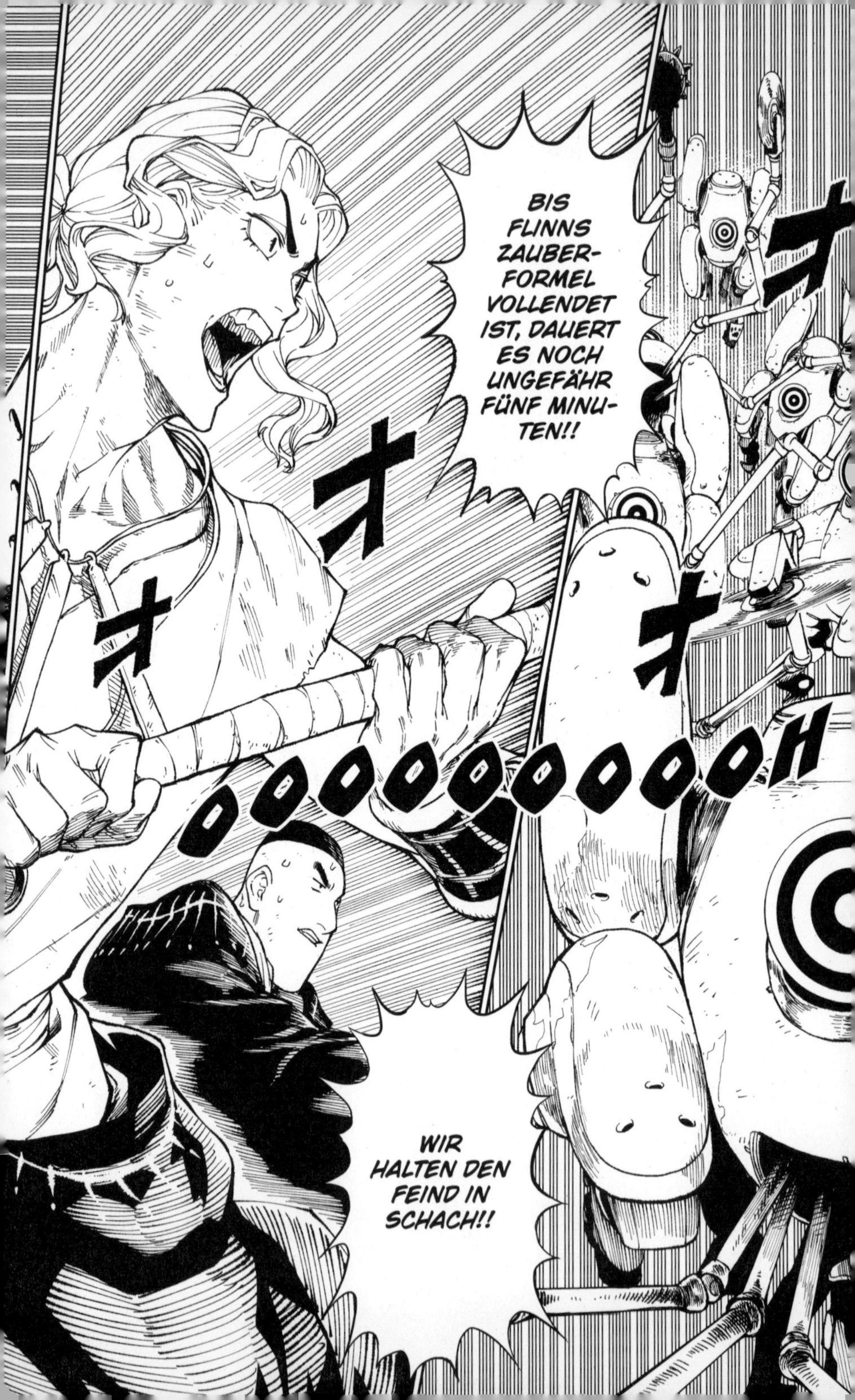
BIS FLINNS ZAUBER-FORMEL VOLLENDET IST, DAUERT ES NOCH UNGEFÄHR FÜNF MINU-TEN!!
OOOOOOOOOH
WIR HALTEN DEN FEIND IN SCHACH!!

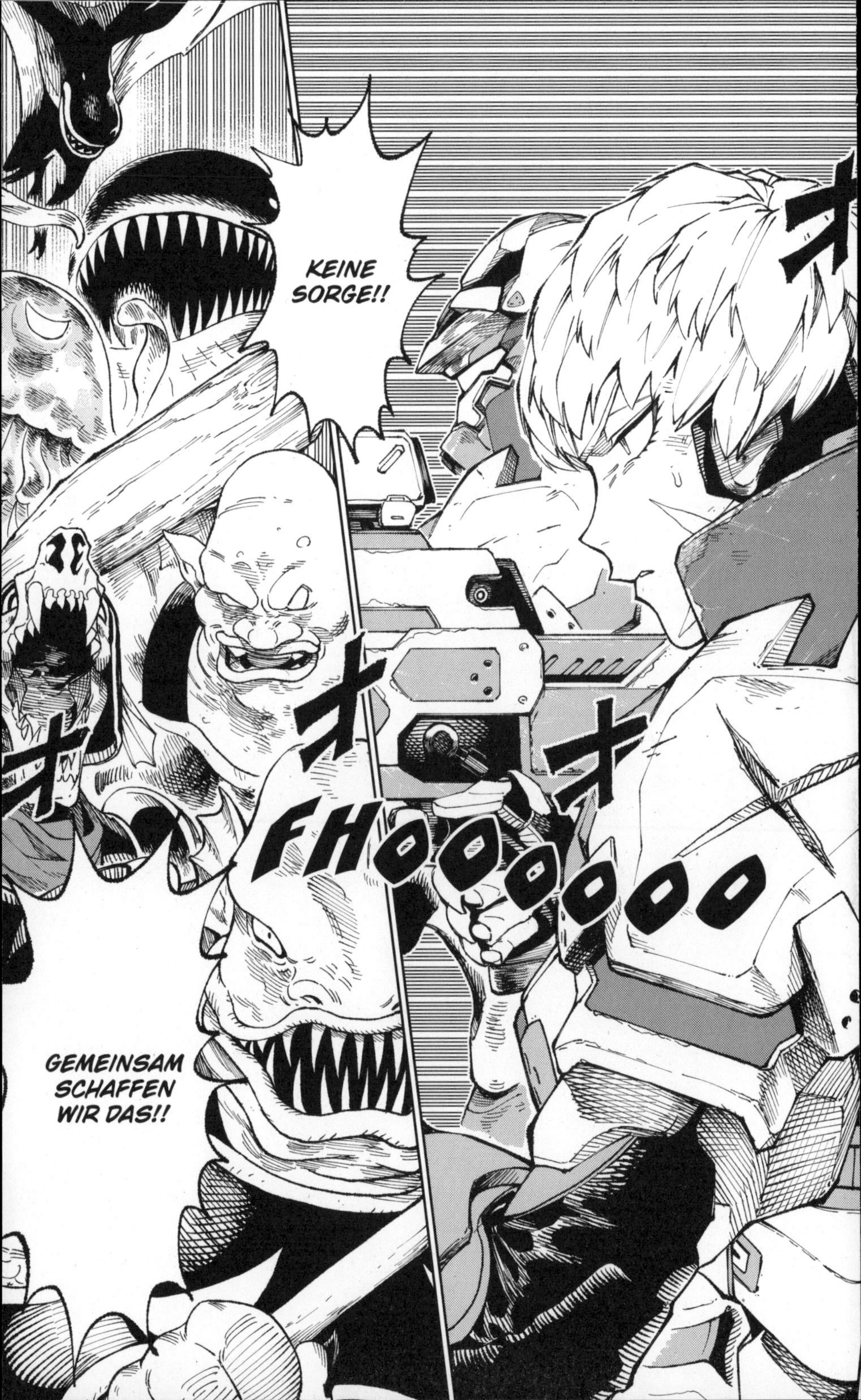
KEINE SORGE!!
GEMEINSAM SCHAFFEN WIR DAS!!
オ
オ
オ
オ
FHOOOOOOOO

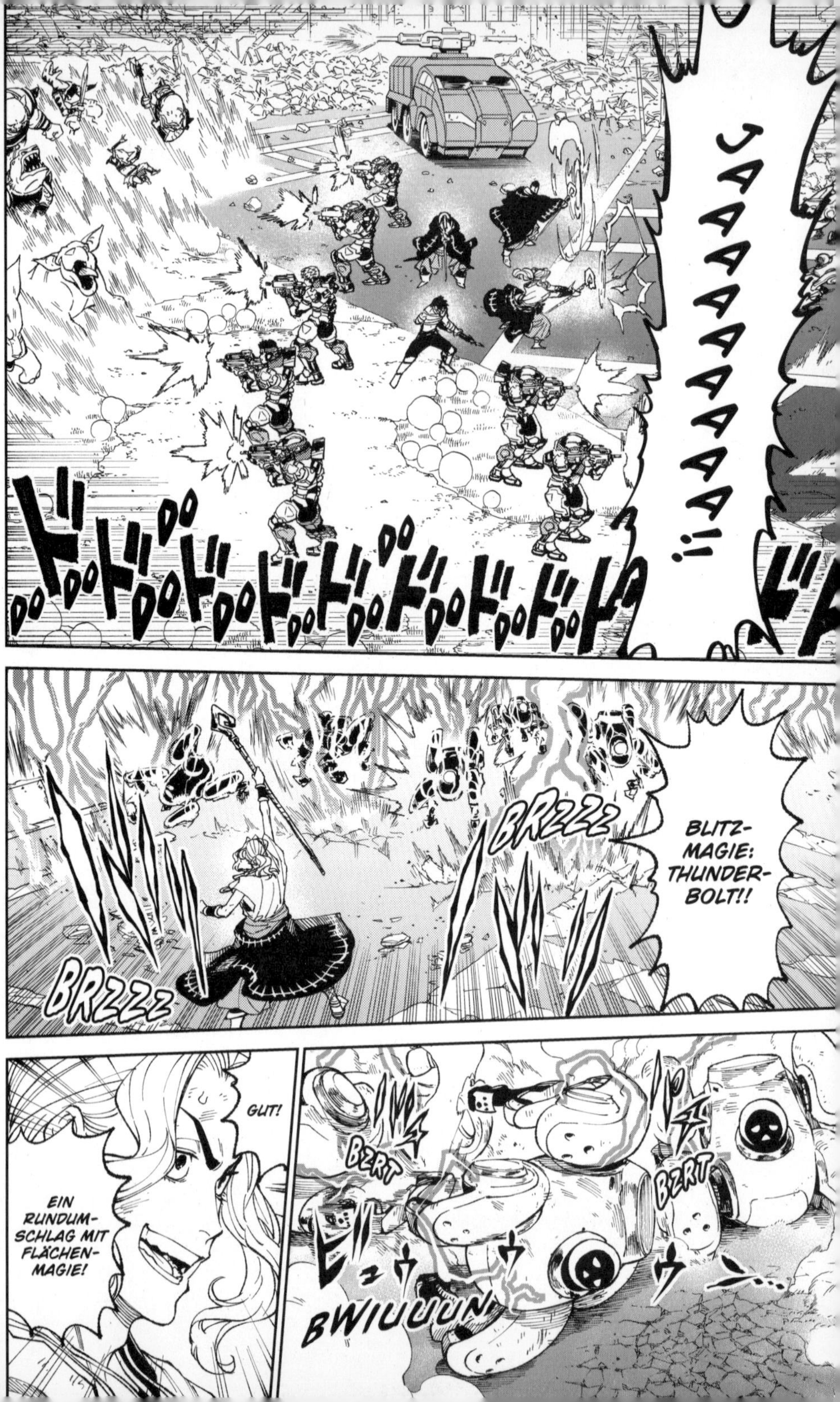
JAAAAAAAAAAA!!
BLITZ-MAGIE: THUNDER-BOLT!!
BRZZZ
BRZZZ
BZRT
BZRT
BWIUUUN
GUT!
EIN RUNDUM-SCHLAG MIT FLÄCHEN-MAGIE!

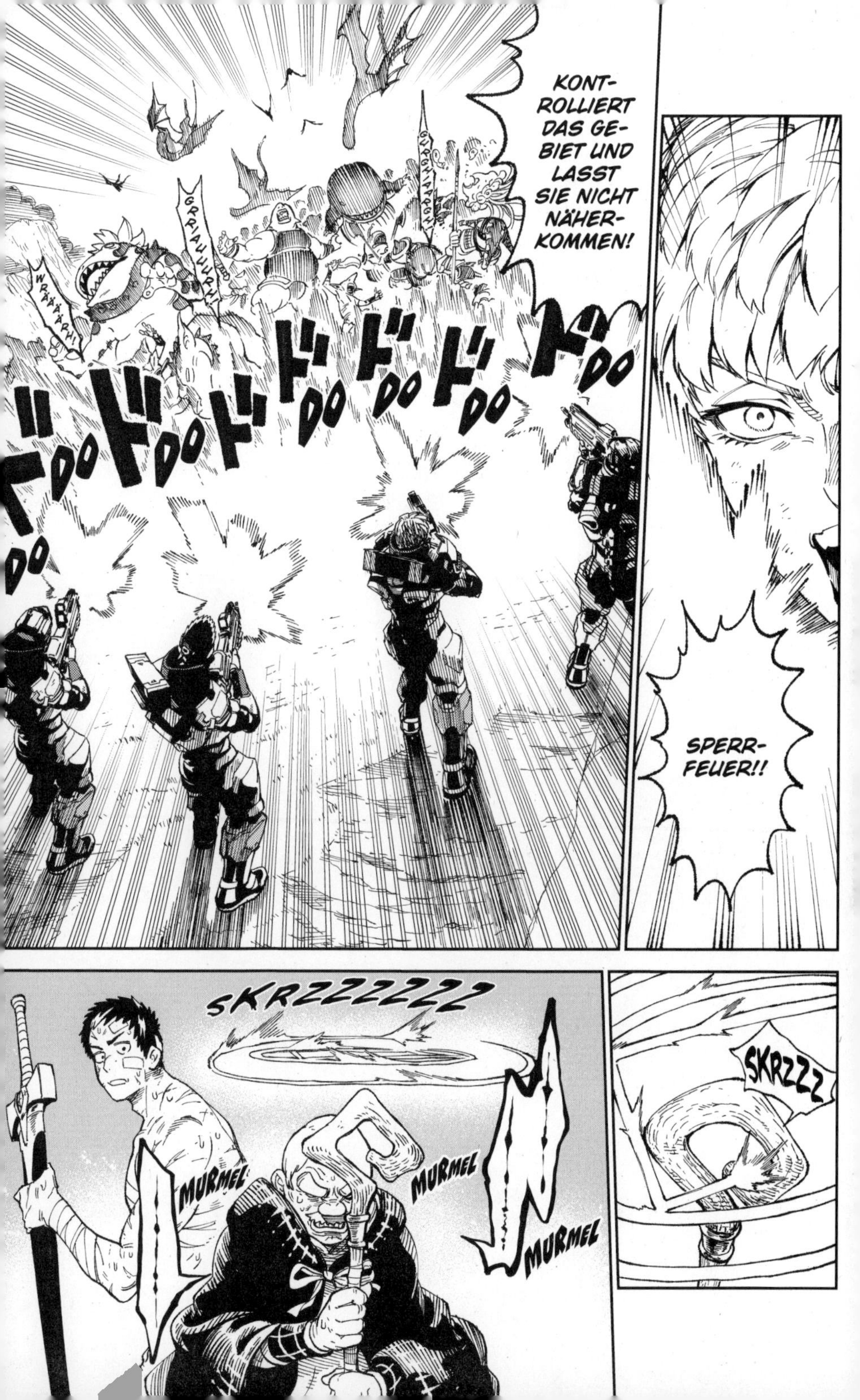
KONT-
ROLLIERT
DAS GE-
BIET UND
LASST
SIE NICHT
NÄHER-
KOMMEN!
GURGHIAARGH!
GRRAUUURH!
WRÄÄÄÄRH!
ドDOドDOドDOドDOドDOドDOドDO
SPERR-
FEUER!!
SKRZZZZ
SKRZZZZZZZZ
MURMEL
MURMEL
MURMEL

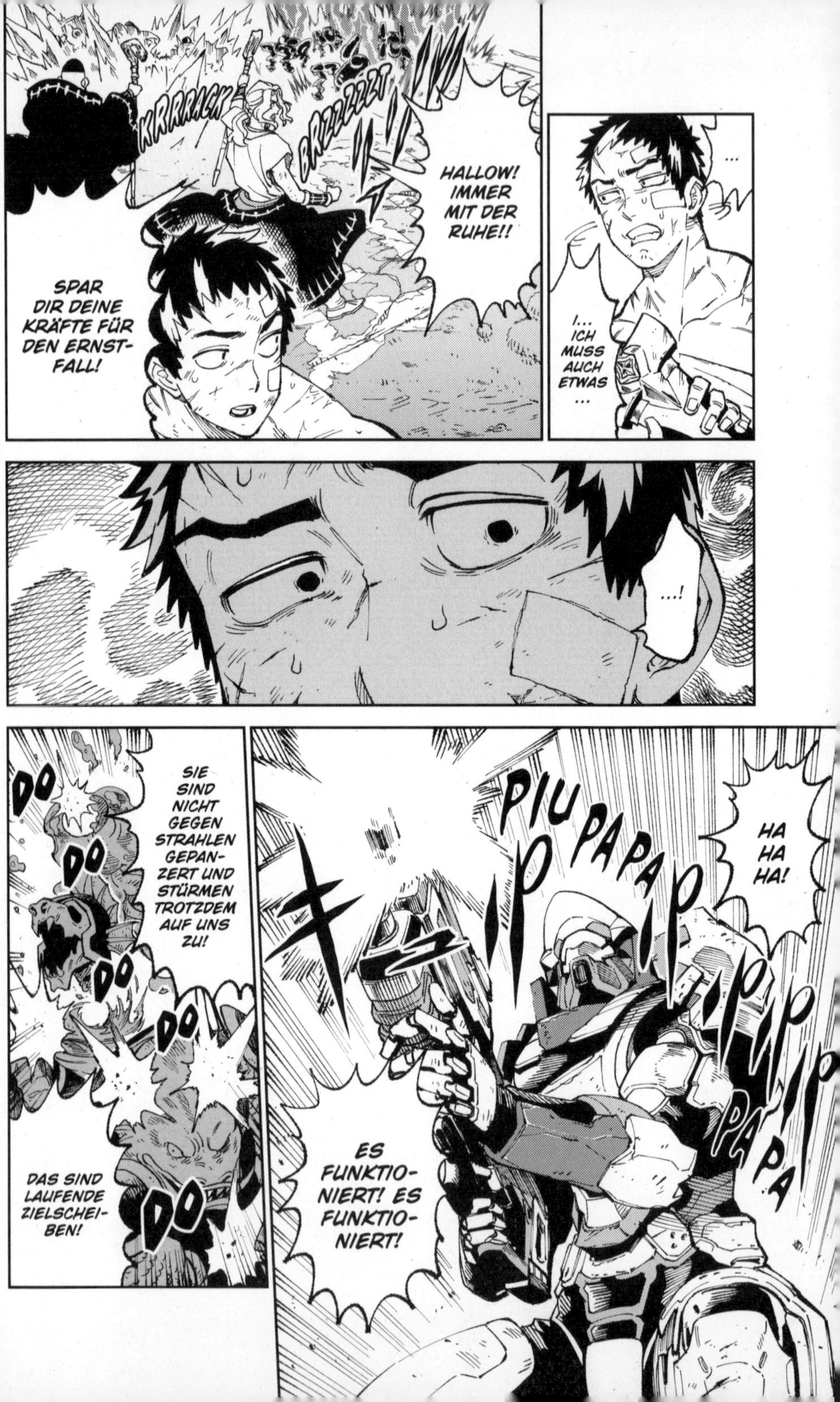
KRRRACK
BRZZZZZT
HALLOW! IMMER MIT DER RUHE!!
SPAR DIR DEINE KRÄFTE FÜR DEN ERNST-FALL!
...
I... ICH MUSS AUCH ETWAS ...
...!
PIU PAPAPA
HA HA HA!
PAPA PAPA
ES FUNKTIONIERT! ES FUNKTIONIERT!
DO
DO
DO
DO
DO
SIE SIND NICHT GEGEN STRAHLEN GEPANZERT UND STÜRMEN TROTZDEM AUF UNS ZU!
DAS SIND LAUFENDE ZIELSCHEIBEN!

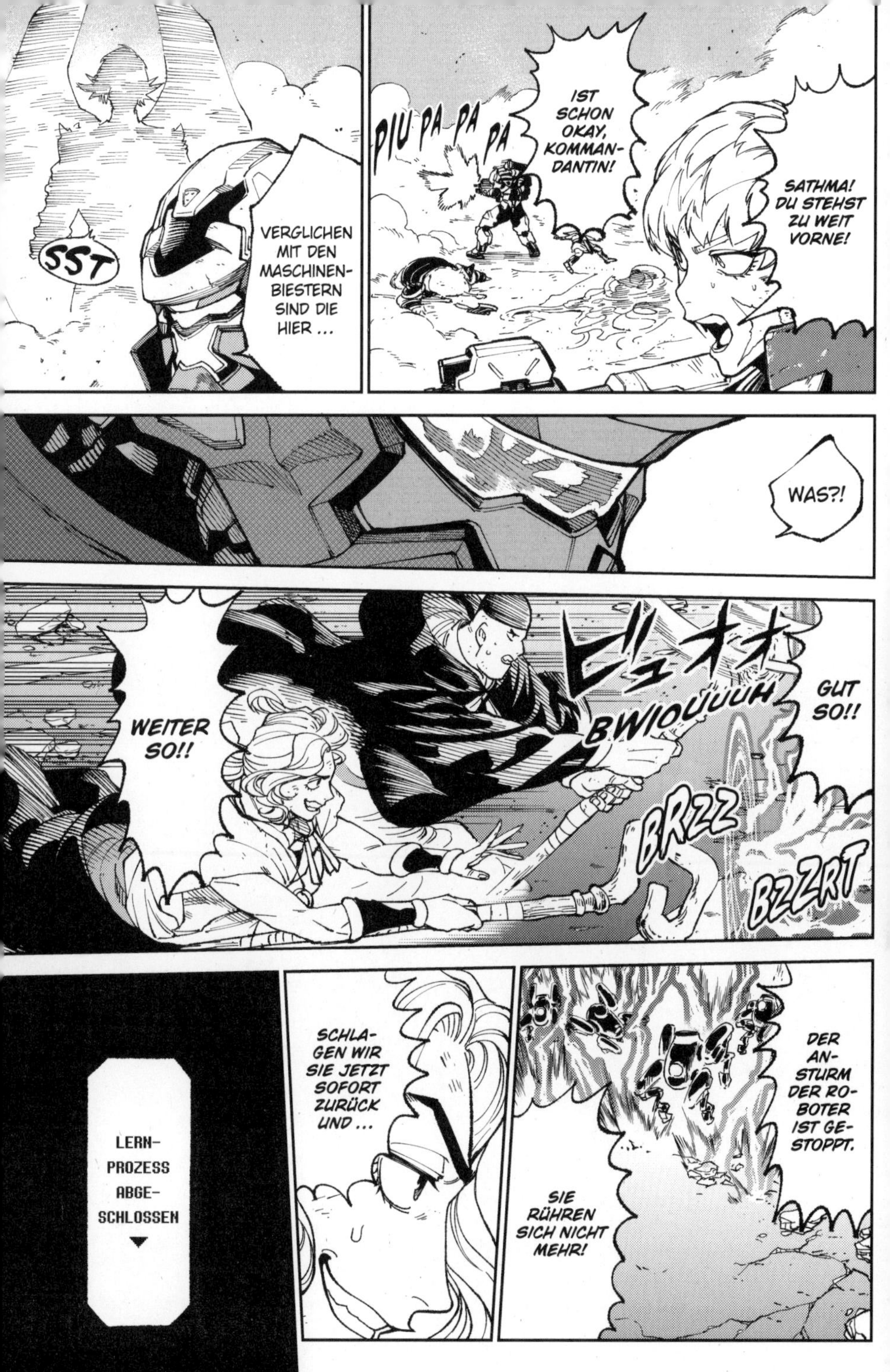
SST
VERGLICHEN MIT DEN MASCHINEN-BIESTERN SIND DIE HIER …
PIU PA PA PA
IST SCHON OKAY, KOMMAN-DANTIN!
SATHMA! DU STEHST ZU WEIT VORNE!
WAS?!
ビュオオ
BWIOUUUH
GUT SO!!
WEITER SO!!
BRZZ
BZZRT
LERN-PROZESS ABGE-SCHLOSSEN
SCHLA-GEN WIR SIE JETZT SOFORT ZURÜCK UND …
DER AN-STURM DER RO-BOTER IST GE-STOPPT.
SIE RÜHREN SICH NICHT MEHR!

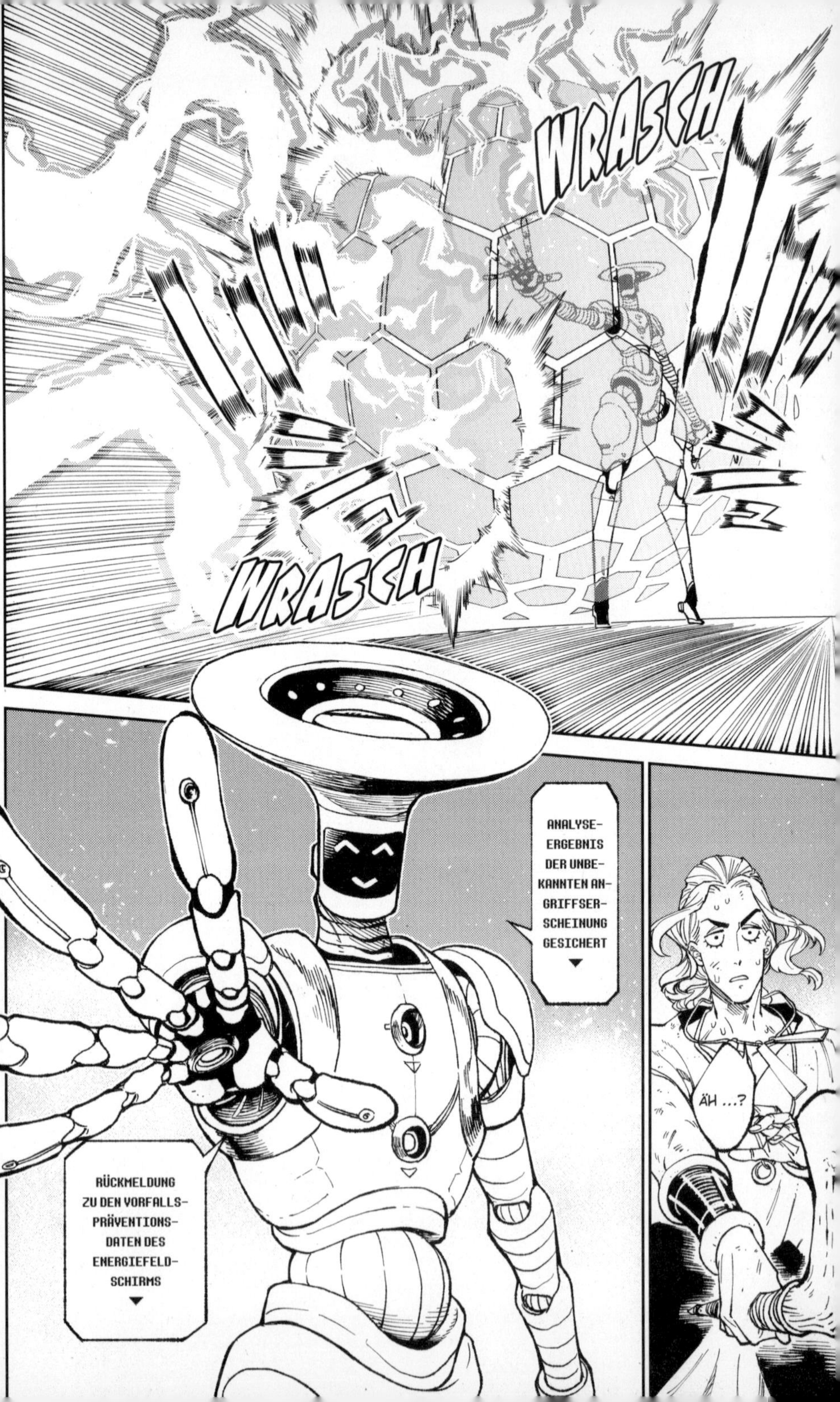

WRASCH
WRASCH
ANALYSE-ERGEBNIS DER UNBEKANNTEN ANGRIFFSERSCHEINUNG GESICHERT
RÜCKMELDUNG ZU DEN VORFALLS-PRÄVENTIONS-DATEN DES ENERGIEFELD-SCHIRMS
ÄH ...?

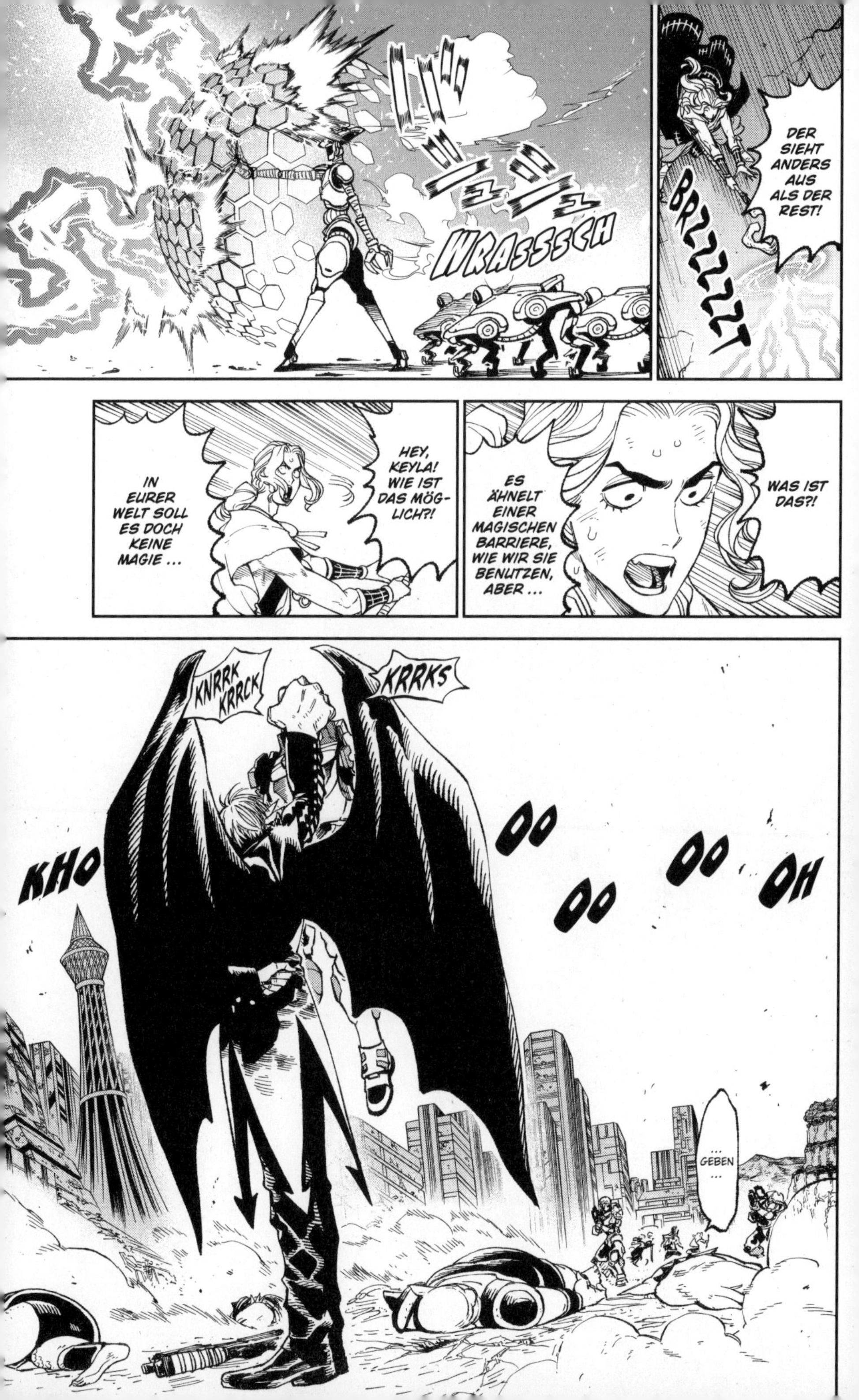
DER SIEHT ANDERS AUS ALS DER REST!
BRZZZZZT
WRASSSCH
WAS IST DAS?!
ES ÄHNELT EINER MAGISCHEN BARRIERE, WIE WIR SIE BENUTZEN, ABER …
HEY, KEYLA! WIE IST DAS MÖG-LICH?!
IN EURER WELT SOLL ES DOCH KEINE MAGIE …
KRRKS
KNRRK KRRCK
OOOOOOOH
KHO
… GEBEN …

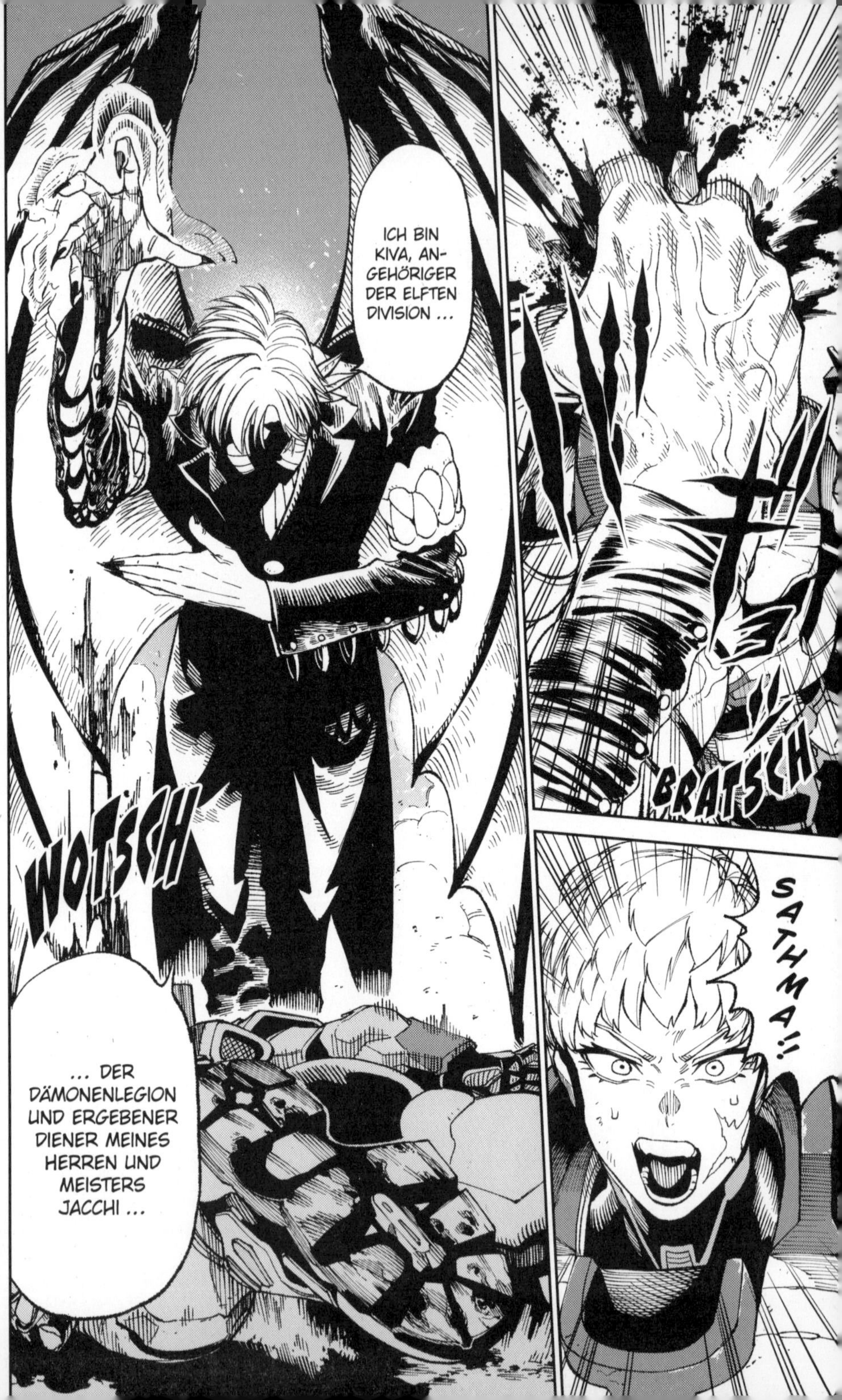
BRATSCH
ICH BIN KIVA, ANGEHÖRIGER DER ELFTEN DIVISION …
WOTSCH
… DER DÄMONENLEGION UND ERGEBENER DIENER MEINES HERREN UND MEISTERS JACCHI …
SATHMA!!

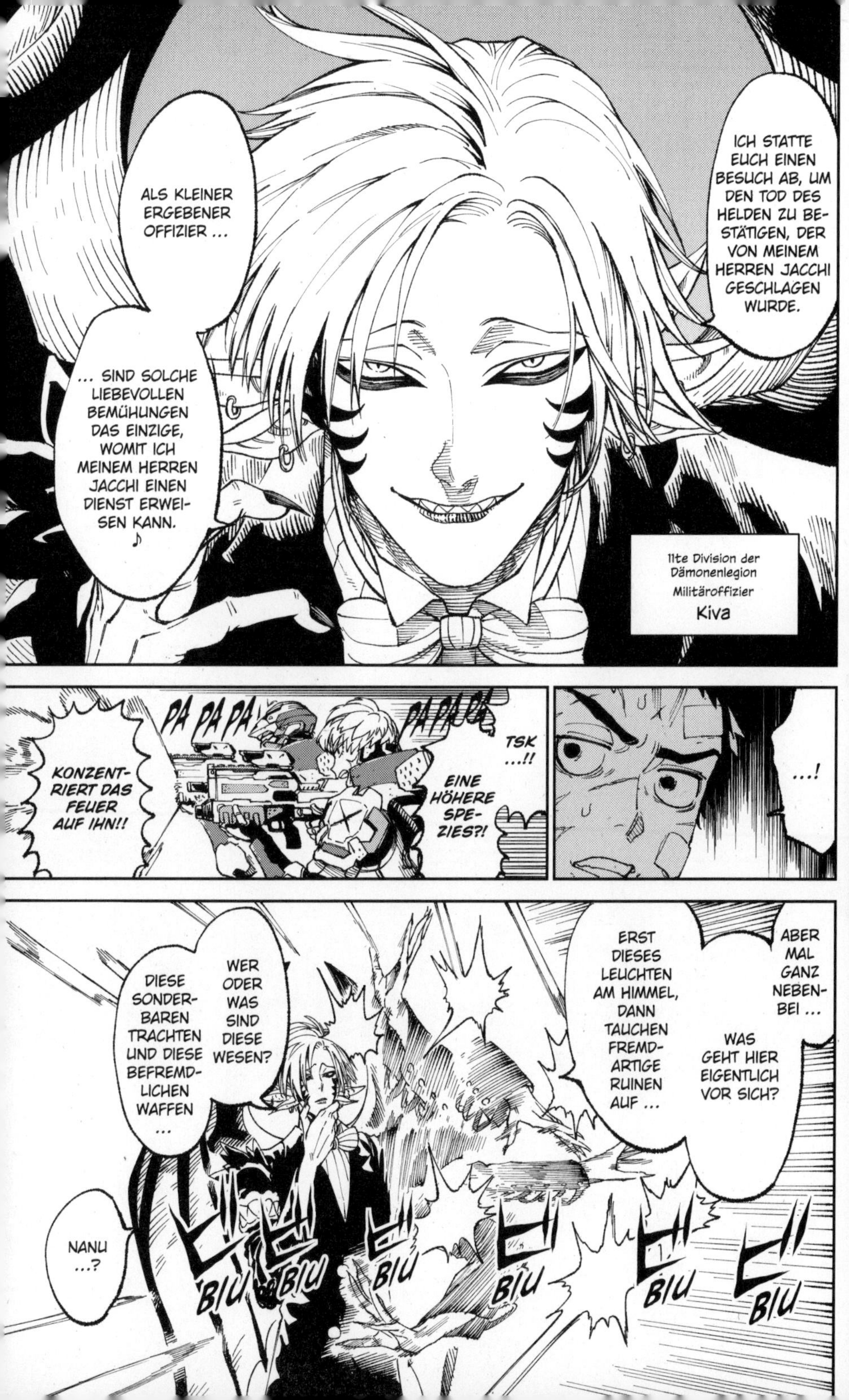
ICH STATTE EUCH EINEN BESUCH AB, UM DEN TOD DES HELDEN ZU BESTÄTIGEN, DER VON MEINEM HERREN JACCHI GESCHLAGEN WURDE.
ALS KLEINER ERGEBENER OFFIZIER …
… SIND SOLCHE LIEBEVOLLEN BEMÜHUNGEN DAS EINZIGE, WOMIT ICH MEINEM HERREN JACCHI EINEN DIENST ERWEISEN KANN. ♪
11te Division der Dämonenlegion
Militäroffizier
Kiva
…!
TSK …!!
EINE HÖHERE SPEZIES?!
PA PA PA
PA PA PA
KONZENTRIERT DAS FEUER AUF IHN!!
ABER MAL GANZ NEBENBEI …
WAS GEHT HIER EIGENTLICH VOR SICH?
ERST DIESES LEUCHTEN AM HIMMEL, DANN TAUCHEN FREMDARTIGE RUINEN AUF …
WER ODER WAS SIND DIESE WESEN?
DIESE SONDERBAREN TRACHTEN UND DIESE BEFREMDLICHEN WAFFEN …
BIU
BIU
BIU
BIU
BIU
BIU
NANU …?

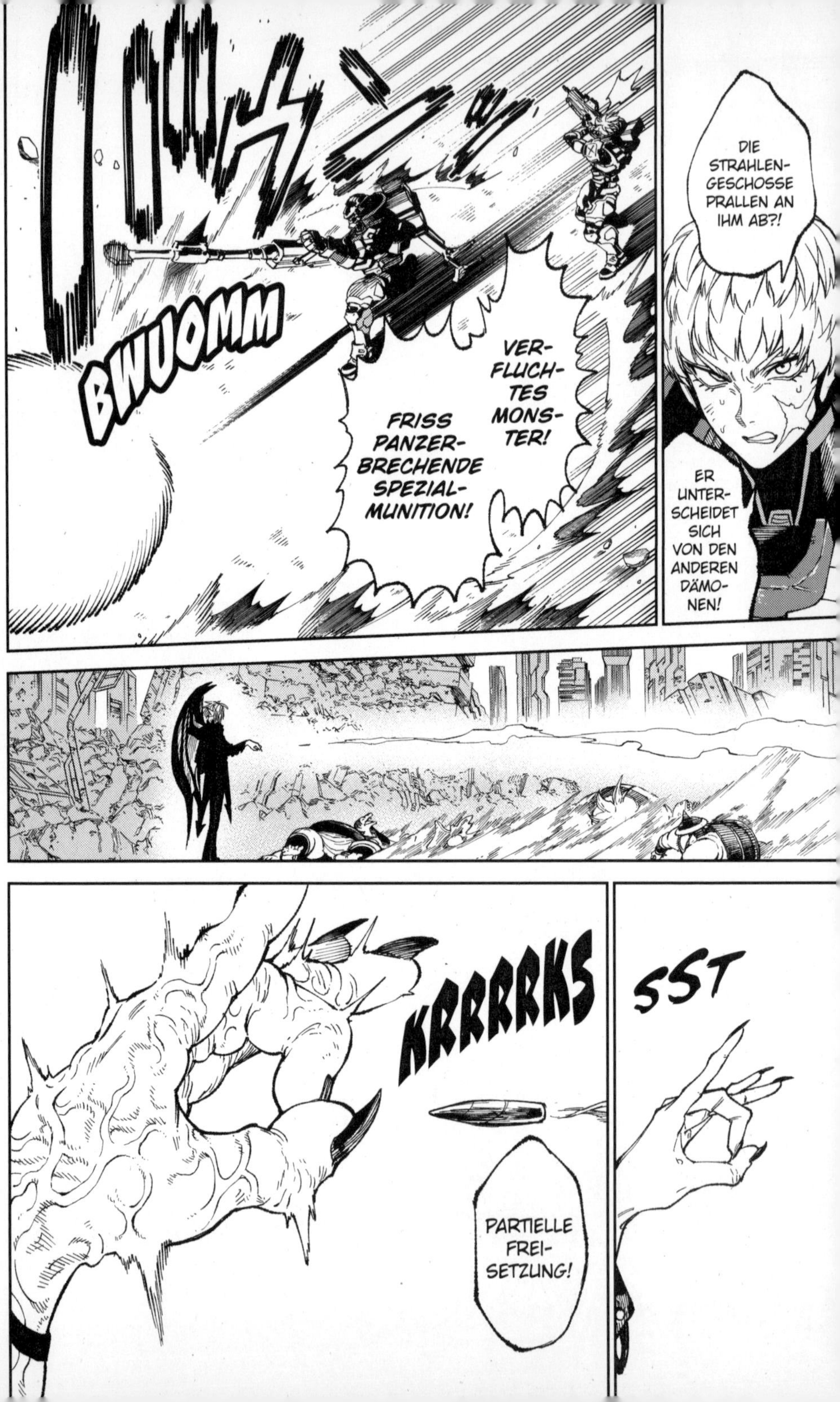
DIE STRAHLENGESCHOSSE PRALLEN AN IHM AB?!
ER UNTERSCHEIDET SICH VON DEN ANDEREN DÄMONEN!
VERFLUCHTES MONSTER!
FRISS PANZERBRECHENDE SPEZIALMUNITION!
BWUOMM
SST
KRRRRKS
PARTIELLE FREISETZUNG!

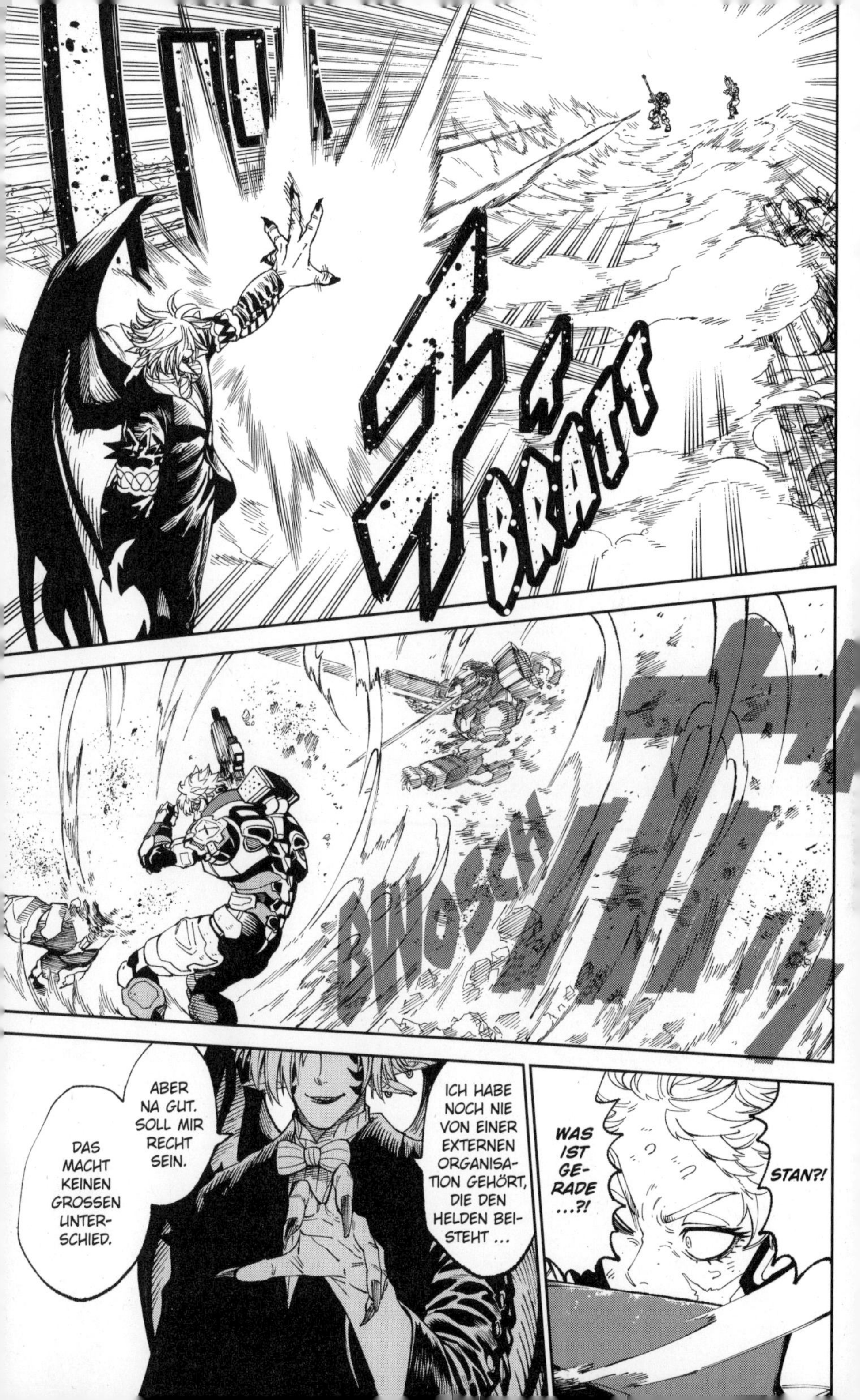
BWOSCH
WAS IST GERADE …?!
STAN?!
ICH HABE NOCH NIE VON EINER EXTERNEN ORGANISATION GEHÖRT, DIE DEN HELDEN BEISTEHT …
ABER NA GUT. SOLL MIR RECHT SEIN.
DAS MACHT KEINEN GROSSEN UNTERSCHIED.

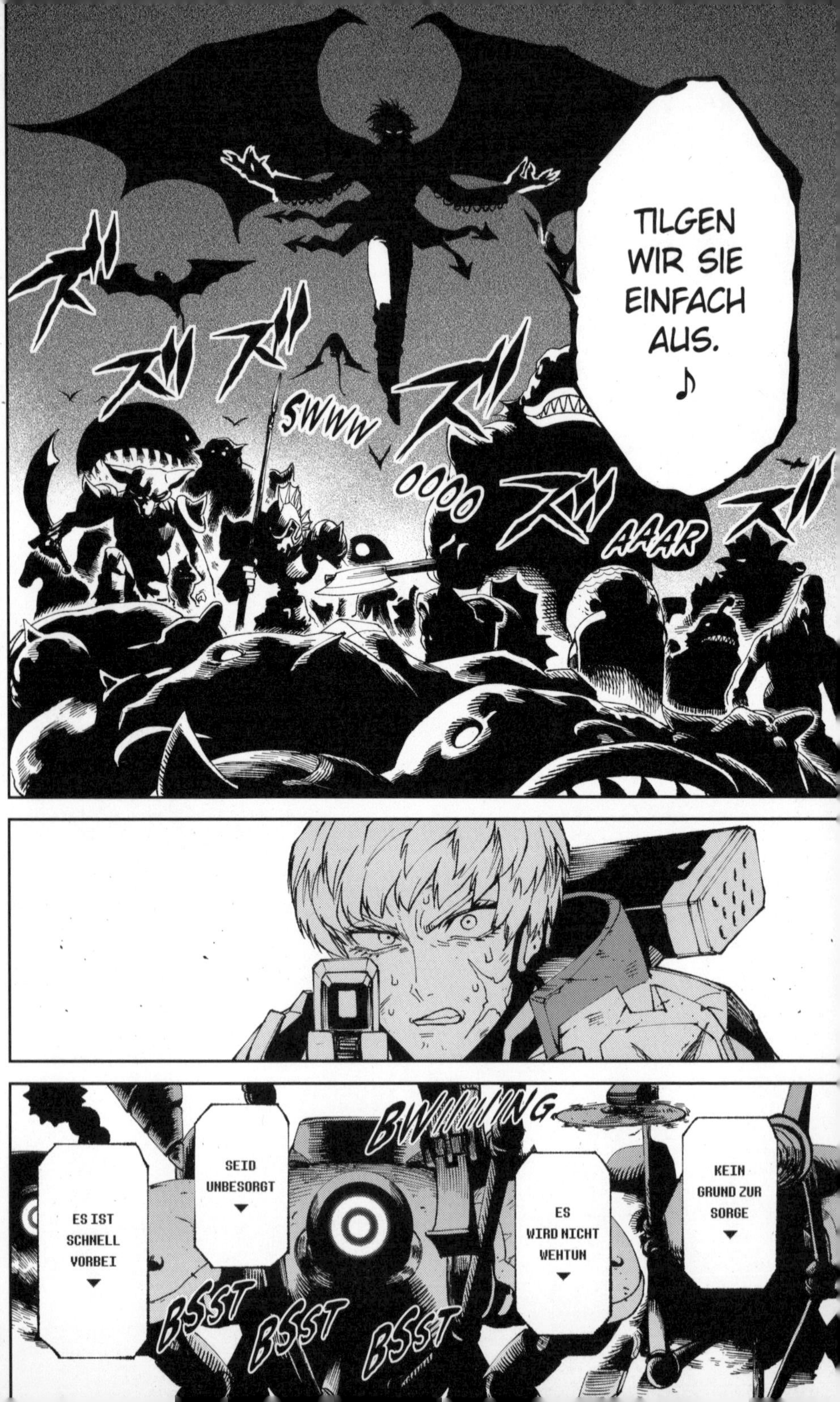
TILGEN WIR SIE EINFACH AUS. ♪
AAAR
OOOO
SWWW
BWIIIIING.
KEIN GRUND ZUR SORGE
ES WIRD NICHT WEHTUN
SEID UNBESORGT
ES IST SCHNELL VORBEI
BSST
BSST
BSST

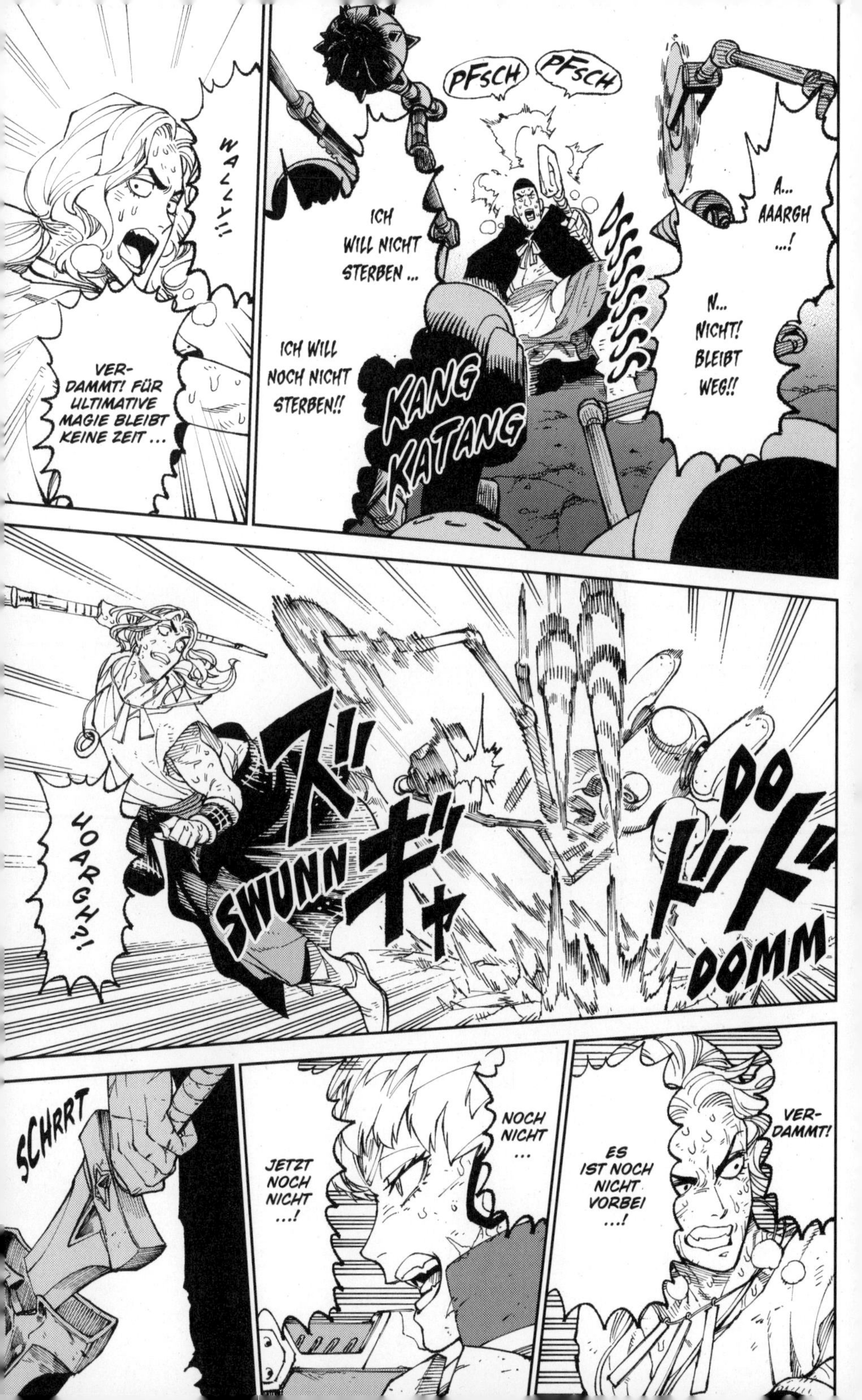
PFSCH
PFSCH
A... AAARGH ...!
N... NICHT! BLEIBT WEG!!
DSSSSSSS
ICH WILL NICHT STERBEN ...
ICH WILL NOCH NICHT STERBEN!!
KANG KATANG
WALLY!!
VER-DAMMT! FÜR ULTIMATIVE MAGIE BLEIBT KEINE ZEIT ...
DO
DOMM
SWUNN
UOARGH?!
VER-DAMMT!
ES IST NOCH NICHT VORBEI ...!
NOCH NICHT ...
JETZT NOCH NICHT ...!
SCHRRT

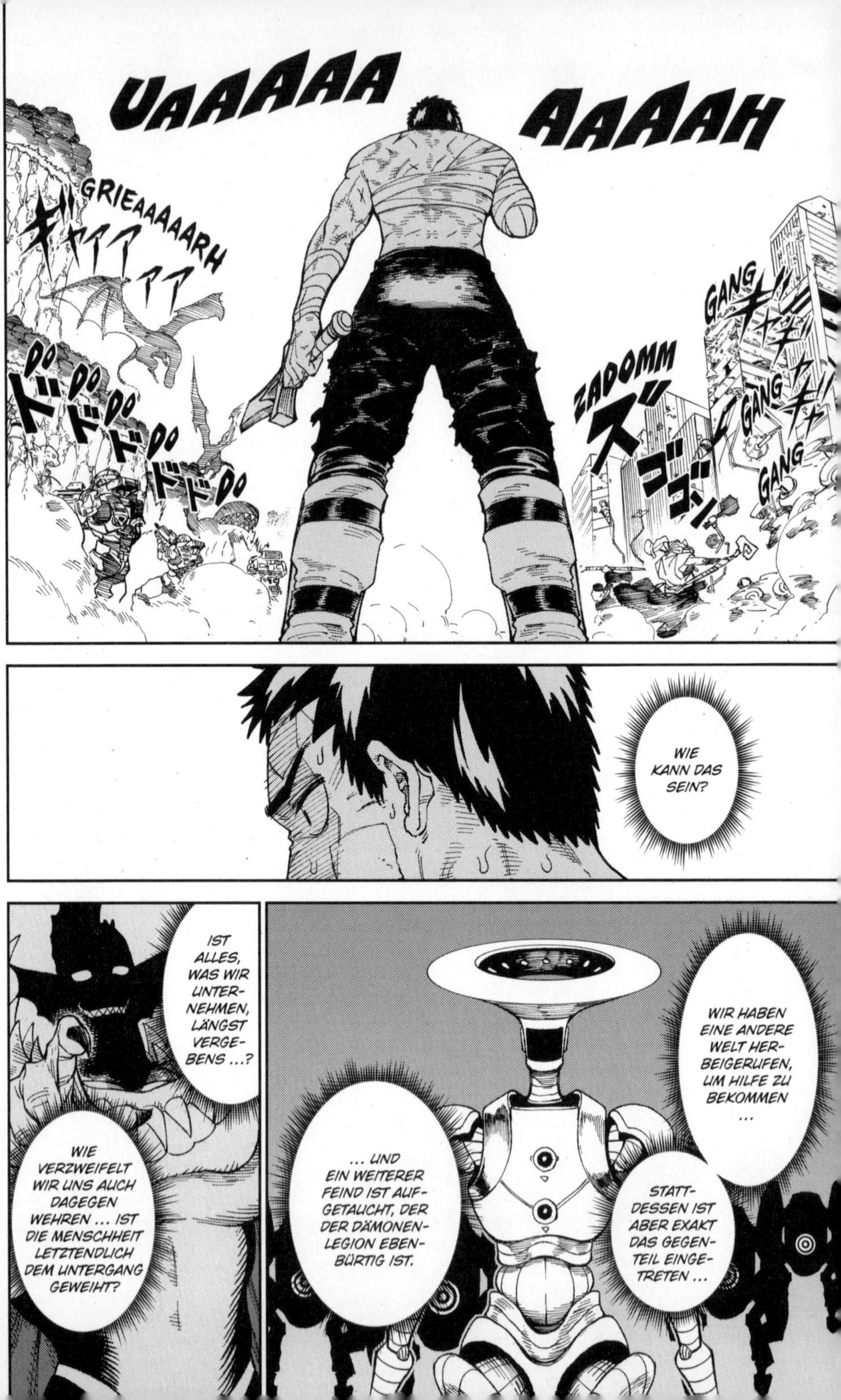
UAAAAA AAAAAH
GRIEAAAAAARH
DO DO DO DO DO
ZADOMM
GANG GANG GANG
WIE KANN DAS SEIN?
WIR HABEN EINE ANDERE WELT HERBEIGERUFEN, UM HILFE ZU BEKOMMEN …
STATTDESSEN IST ABER EXAKT DAS GEGENTEIL EINGETRETEN …
… UND EIN WEITERER FEIND IST AUFGETAUCHT, DER DER DÄMONENLEGION EBENBÜRTIG IST.
IST ALLES, WAS WIR UNTERNEHMEN, LÄNGST VERGEBENS …?
WIE VERZWEIFELT WIR UNS AUCH DAGEGEN WEHREN … IST DIE MENSCHHEIT LETZTENDLICH DEM UNTERGANG GEWEIHT?

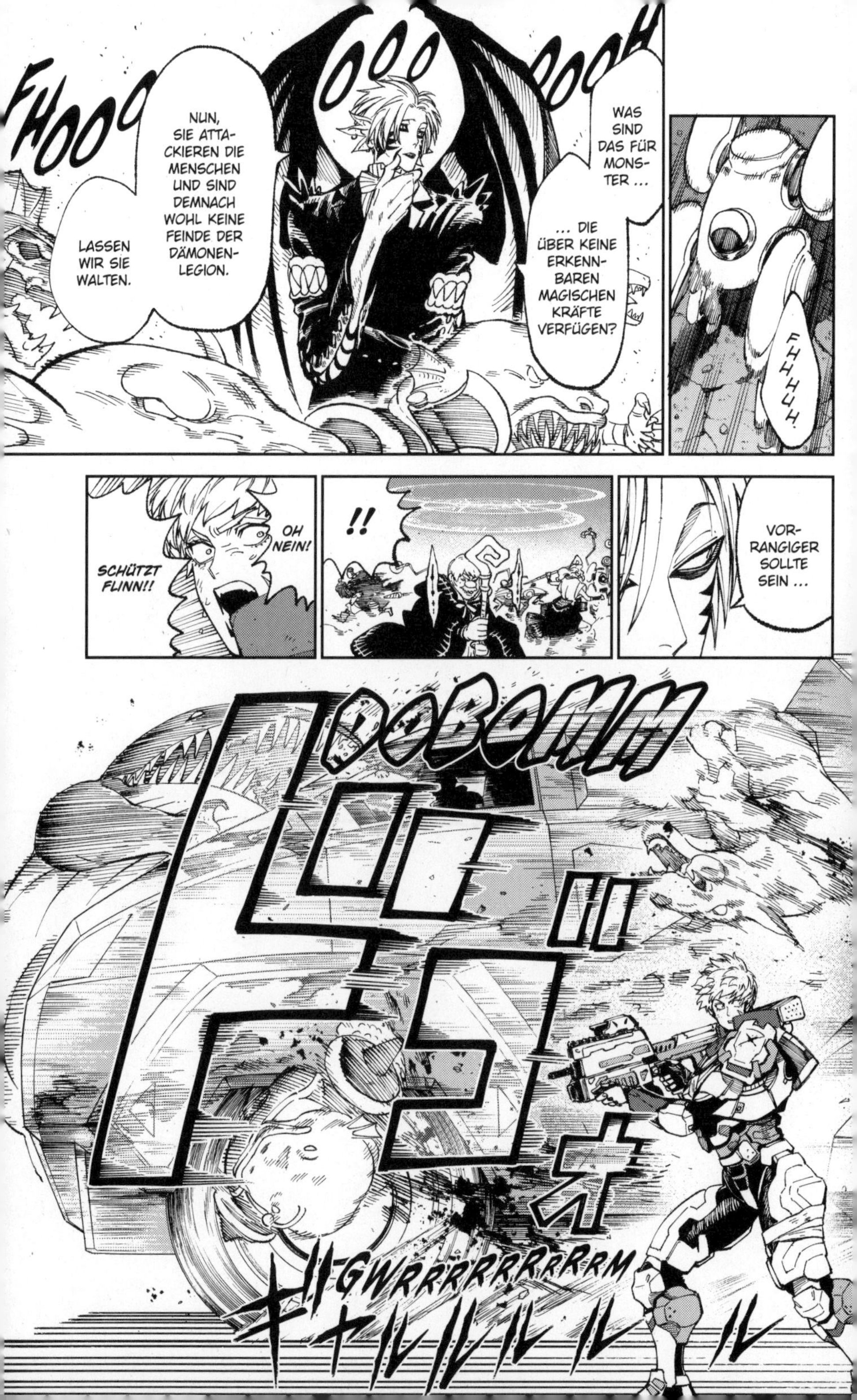
FHHHHH
FHOOOOOOOOOH
WAS SIND DAS FÜR MONSTER …
… DIE ÜBER KEINE ERKENNBAREN MAGISCHEN KRÄFTE VERFÜGEN?
NUN, SIE ATTACKIEREN DIE MENSCHEN UND SIND DEMNACH WOHL KEINE FEINDE DER DÄMONENLEGION.
LASSEN WIR SIE WALTEN.
VORRANGIGER SOLLTE SEIN …
!!
OH NEIN!
SCHÜTZT FLINN!!
DOBOMM
GWRRRRRRRRRM

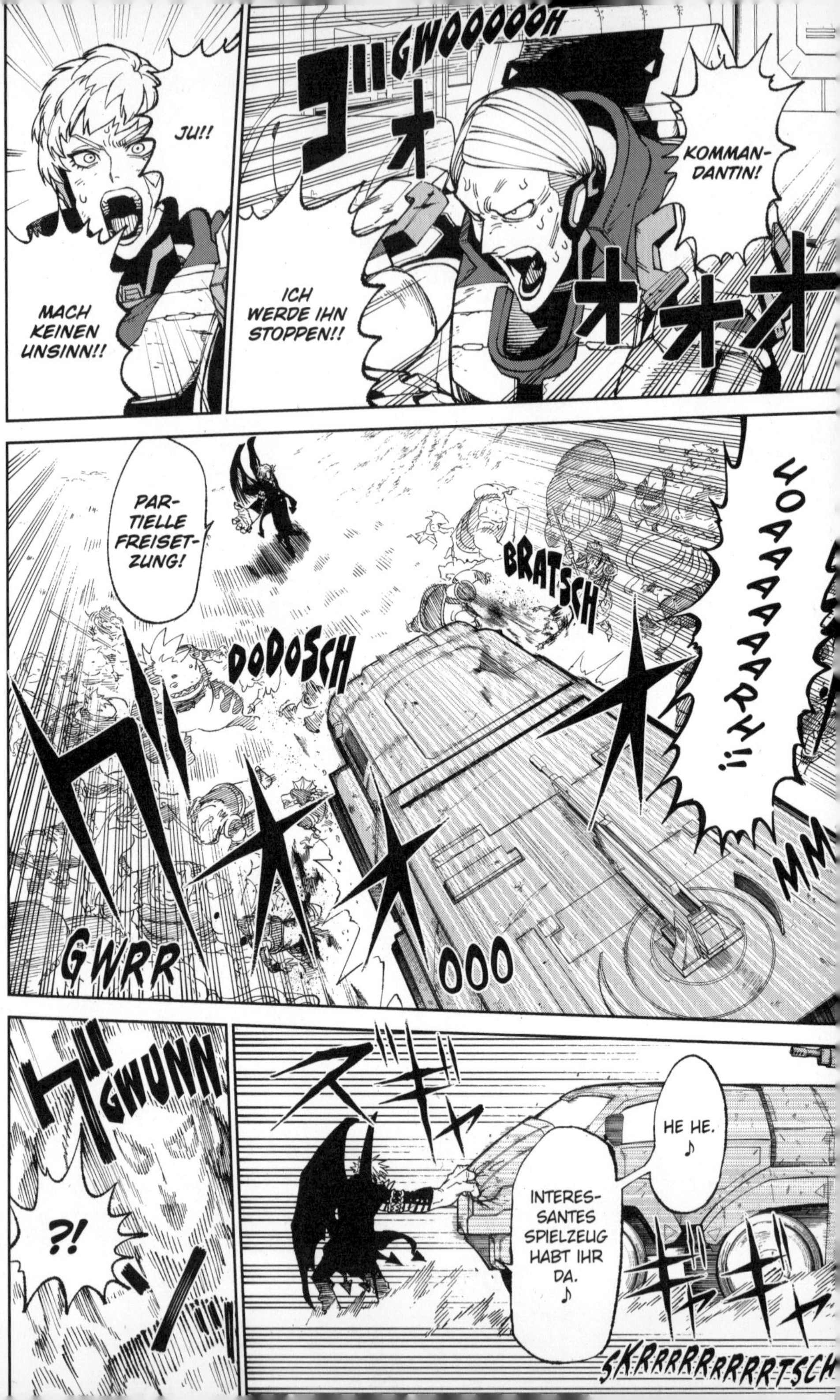
GWOOOOOH
KOMMANDANTIN!
ICH WERDE IHN STOPPEN!!
JU!!
MACH KEINEN UNSINN!!
WOAAAAAAARH!!
BRATSCH
PARTIELLE FREISETZUNG!
DODOSCH
GWRR
OOO
HE HE. ♪
INTERESSANTES SPIELZEUG HABT IHR DA. ♪
SKRRRRRRRRRRTSCH
GWUNN
?!

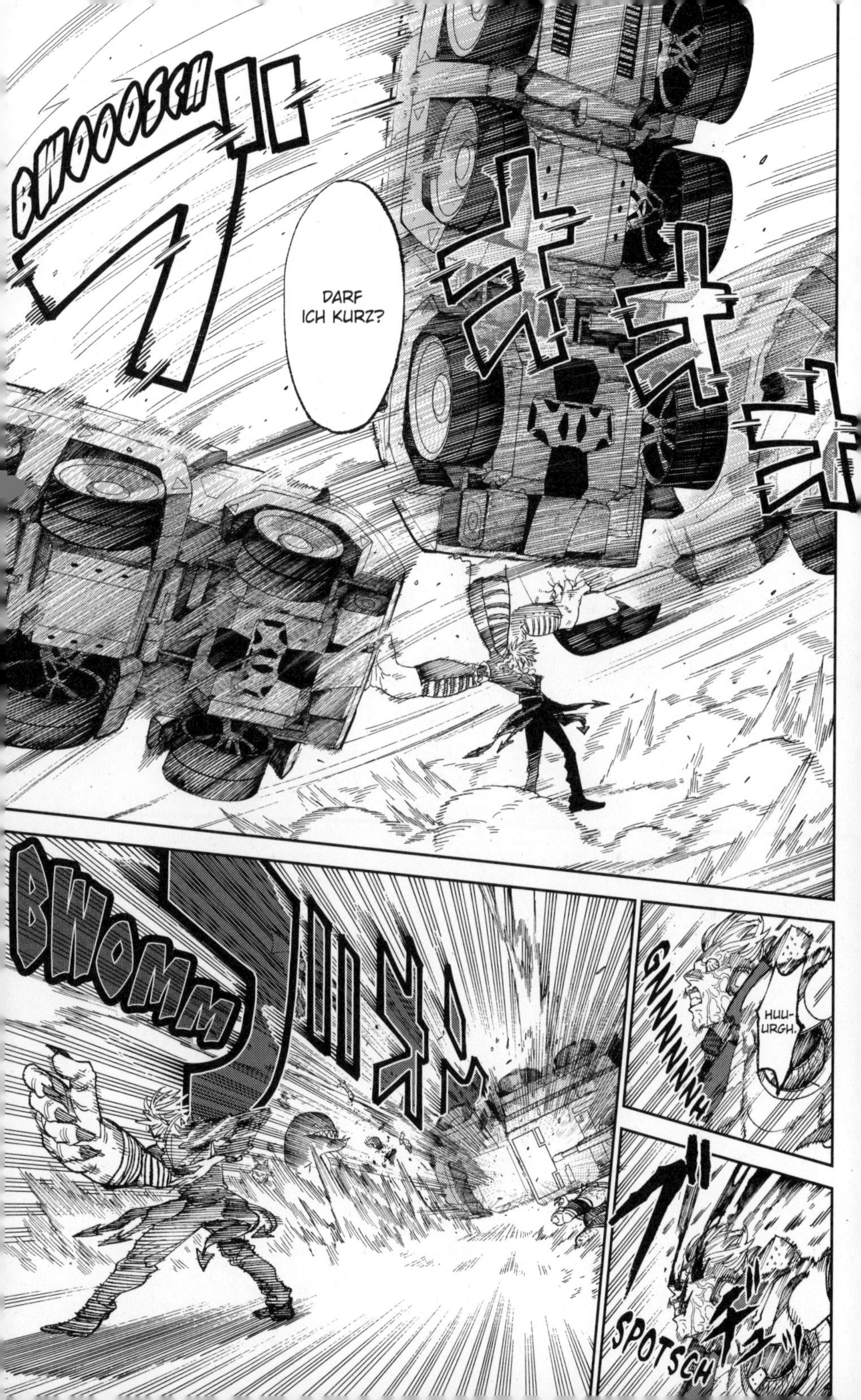
BWOOOSCH
DARF ICH KURZ?
BWOMM
GNNNNNNH
HUU-URGH.
SPOTSCH

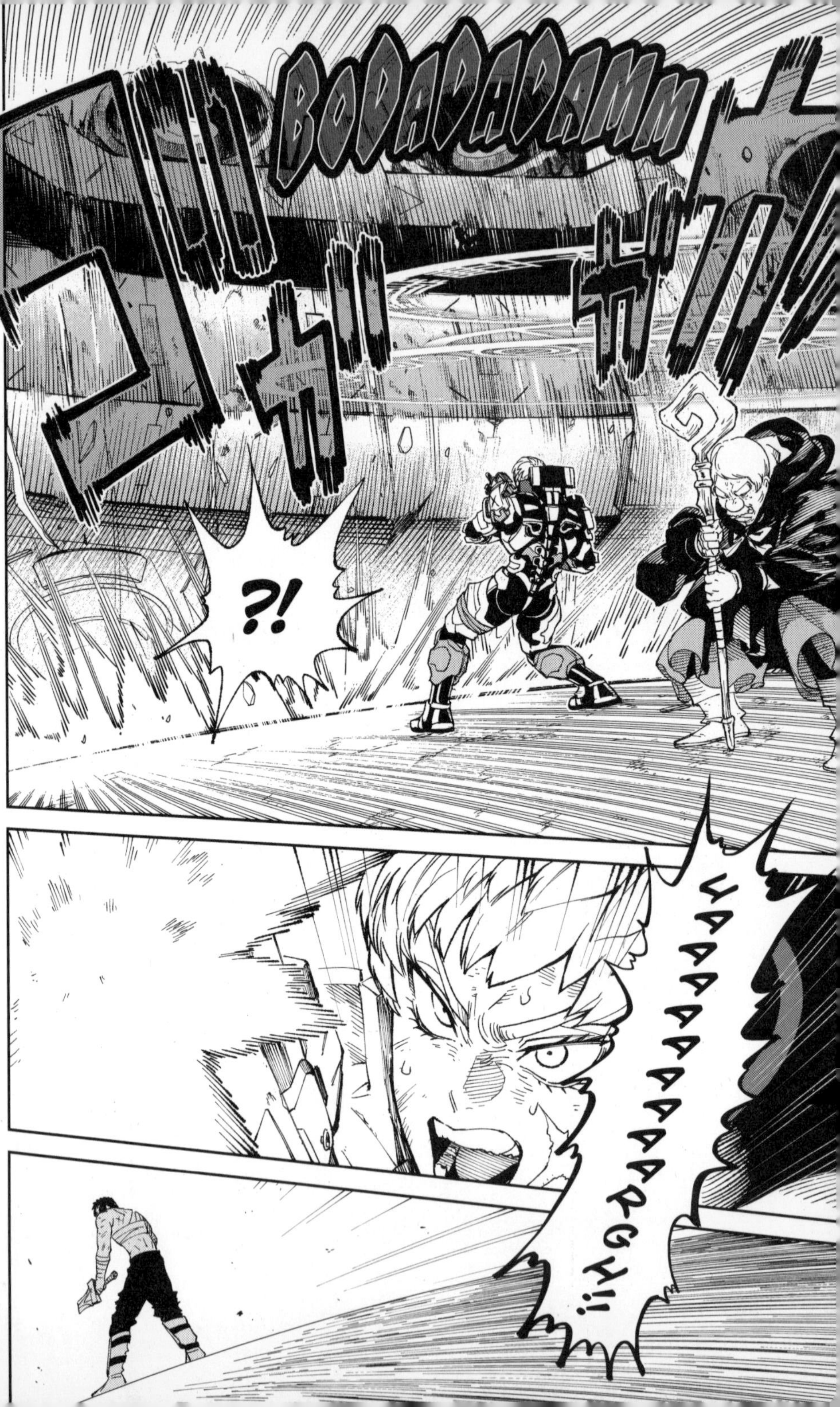
BODADADAMM
?!
UAAAAAAAAARGH!!

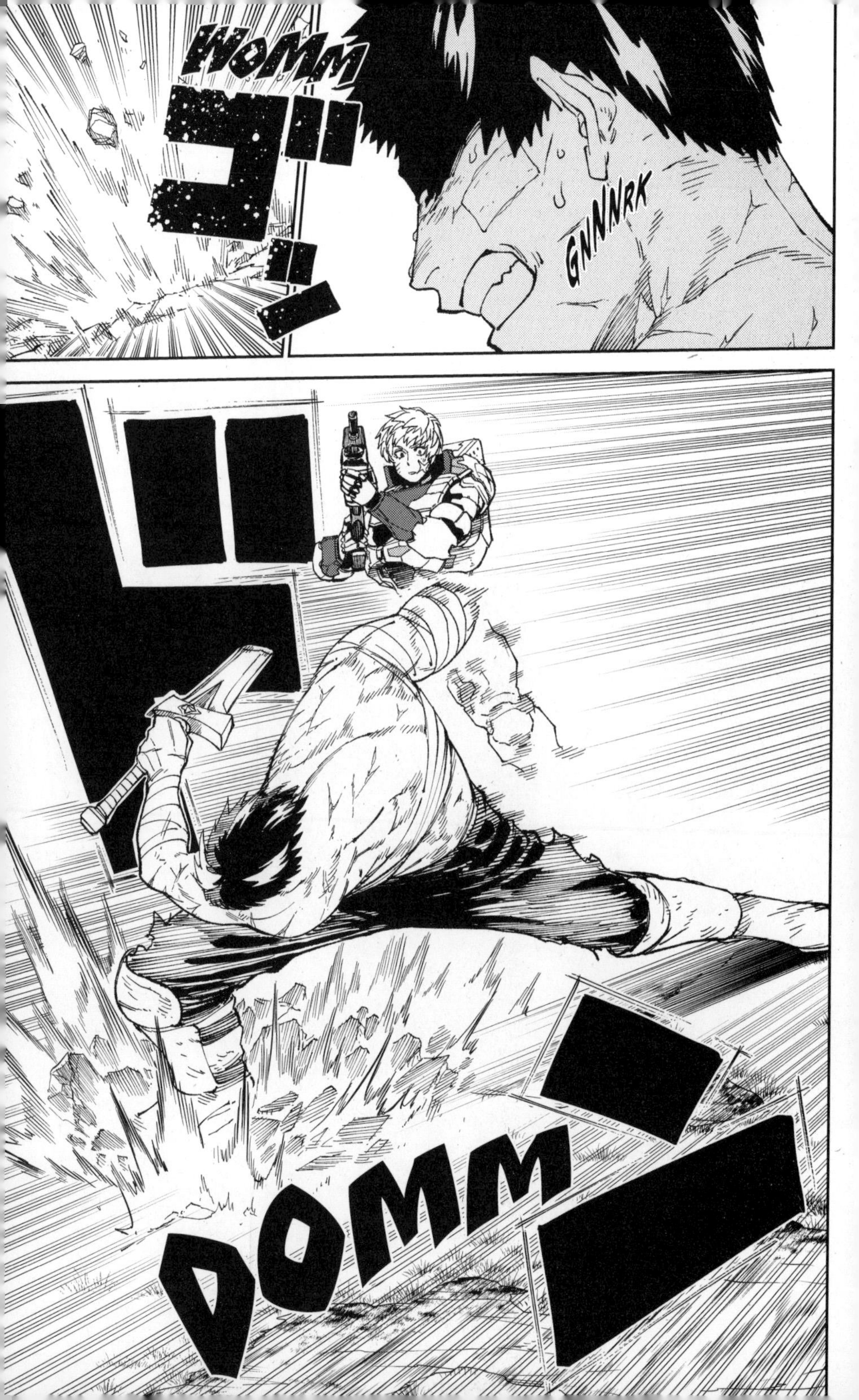
WOMM
GNNNRK
DOMM

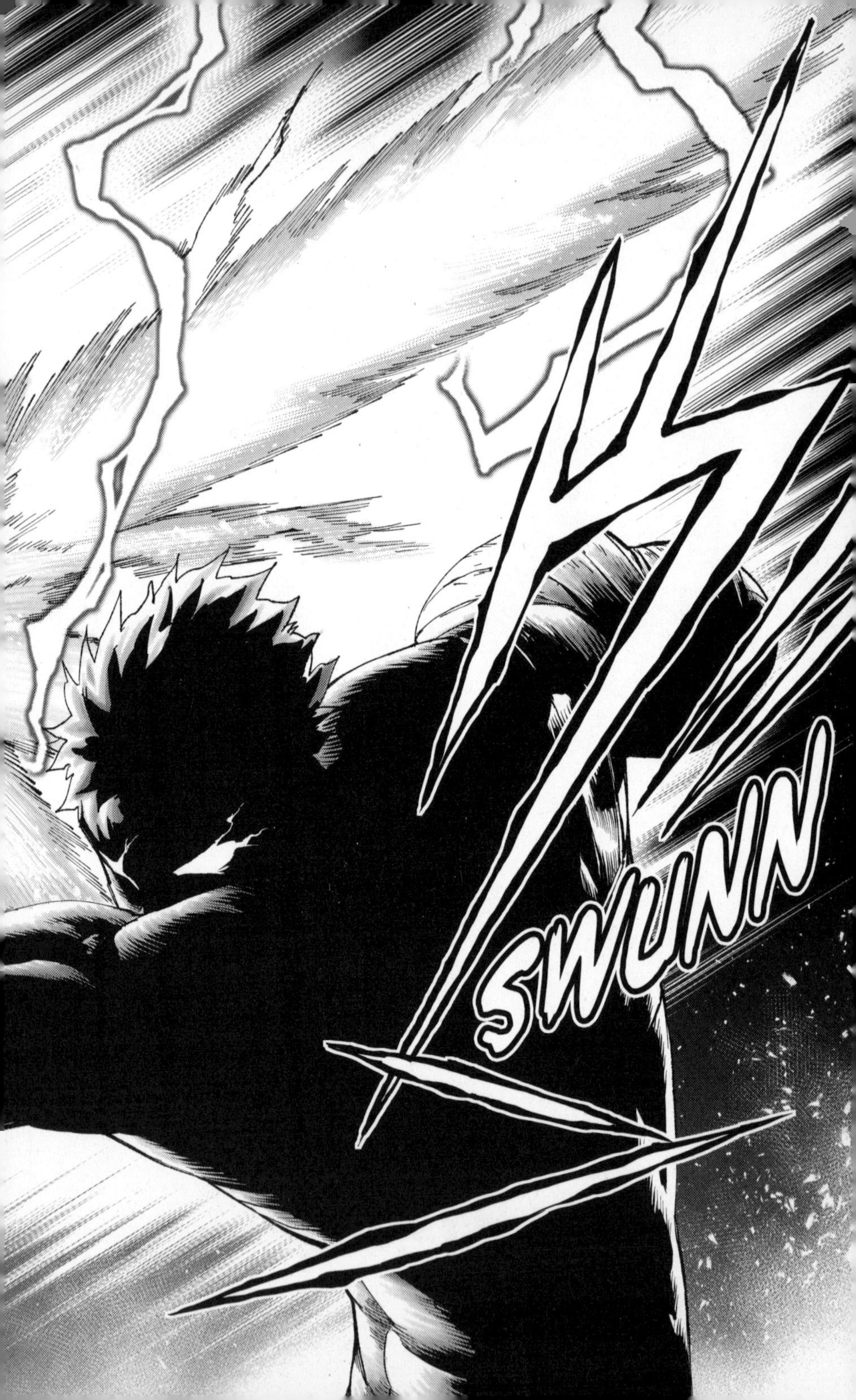
SWUNN

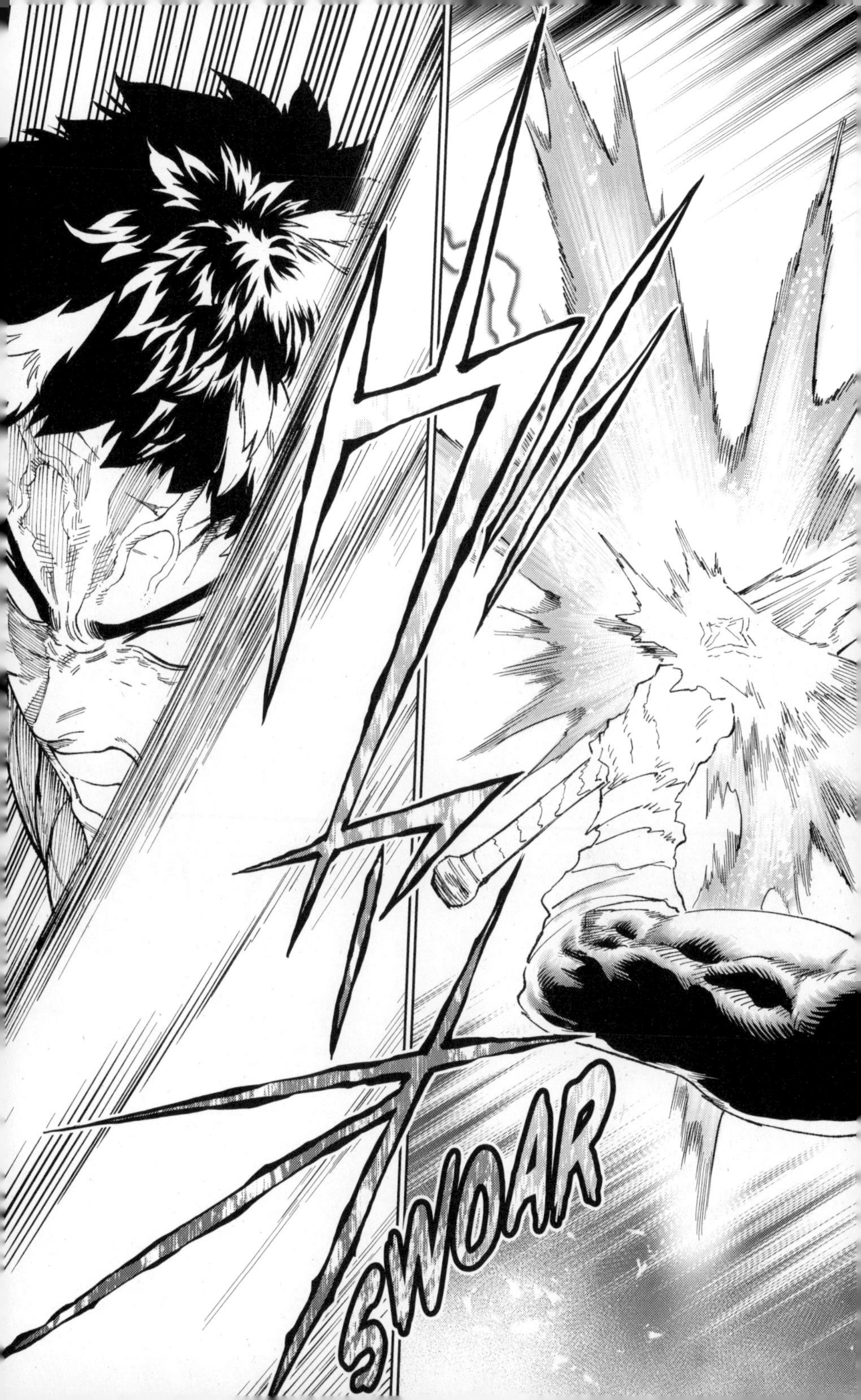
SWOAR

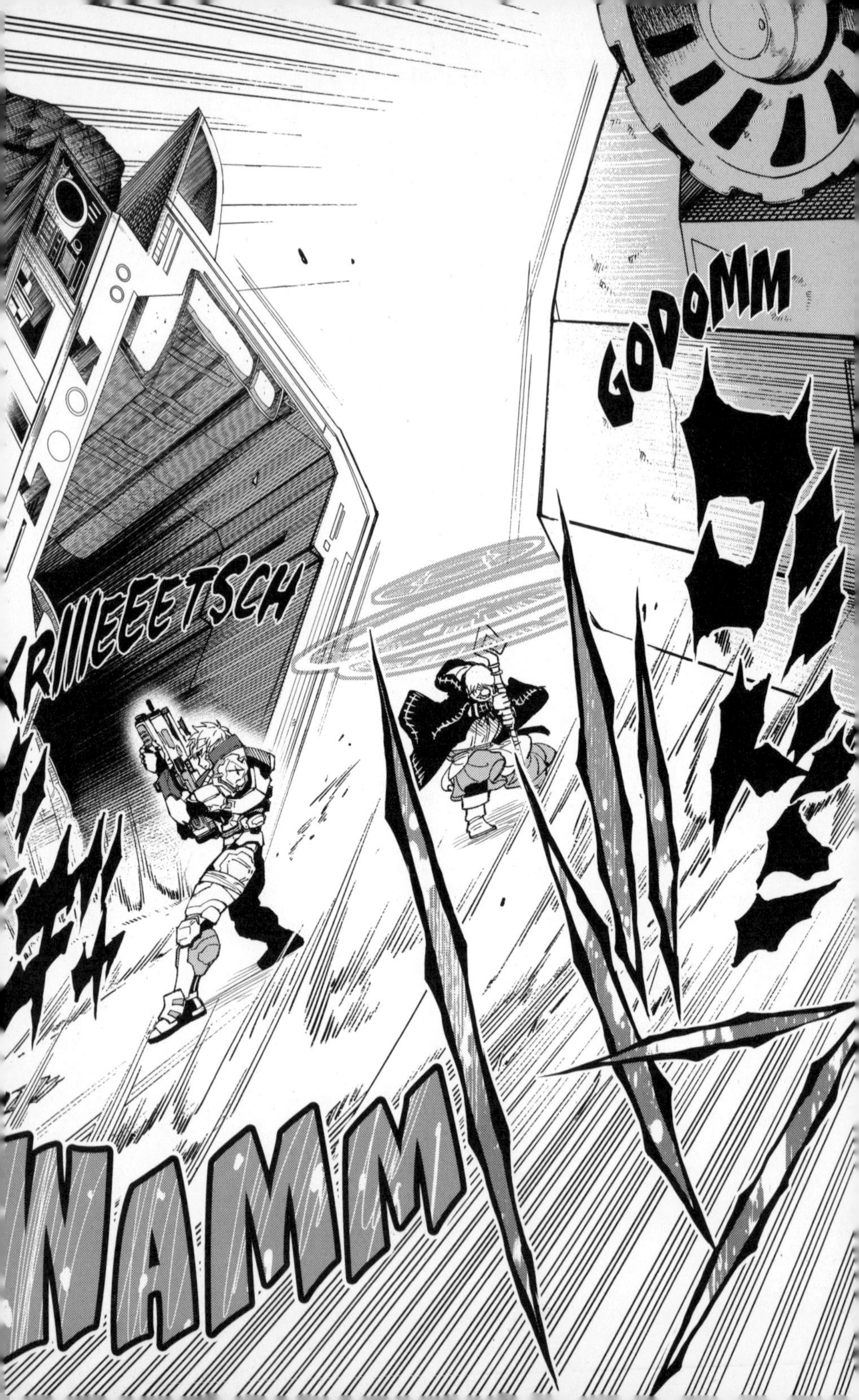

GODOMM
KRIIIEEEETSCH
WAMM

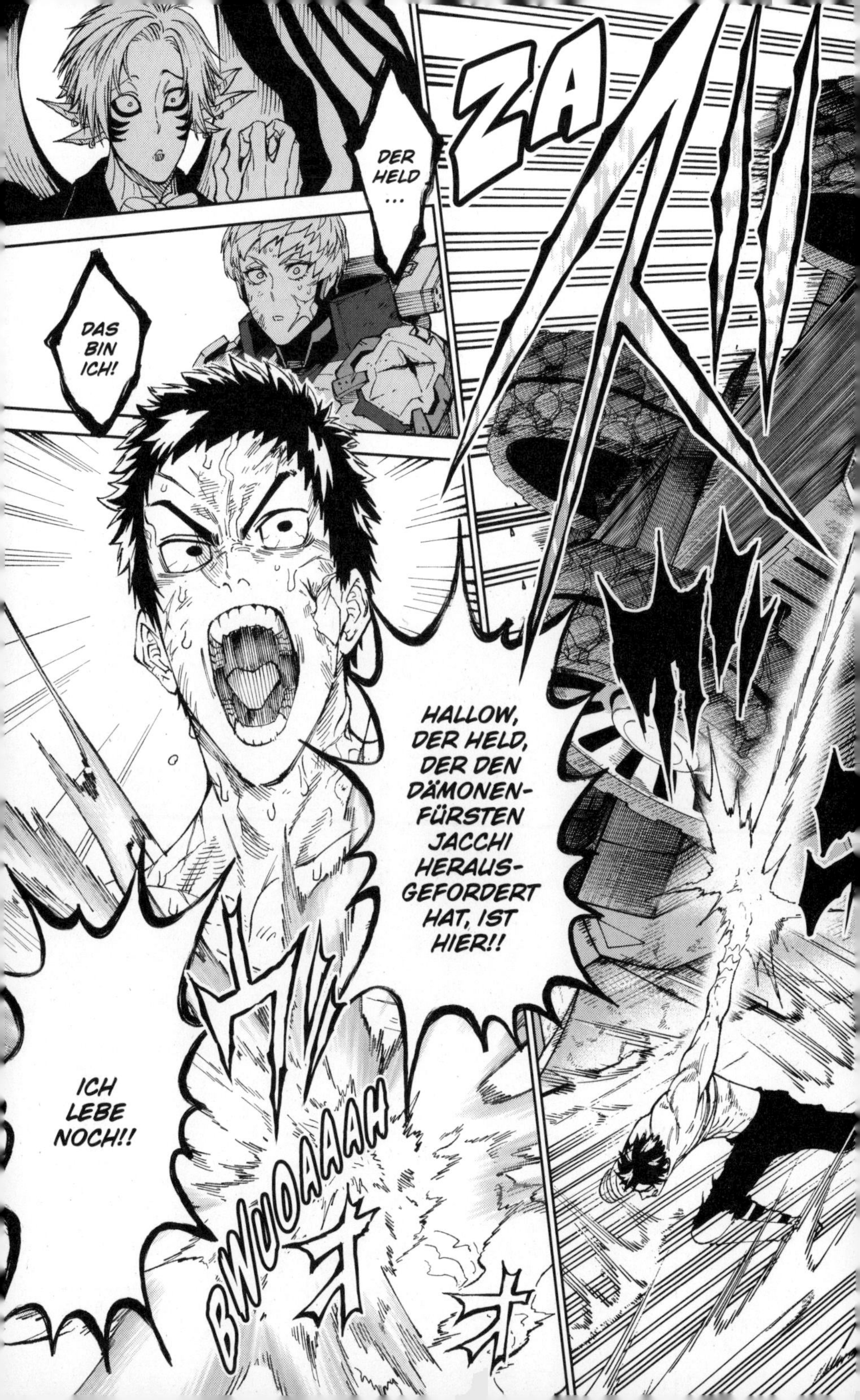
DER HELD …
DAS BIN ICH!
ZA
HALLOW, DER HELD, DER DEN DÄMONEN-FÜRSTEN JACCHI HERAUS-GEFORDERT HAT, IST HIER!!
ICH LEBE NOCH!!
BWUOAAAH

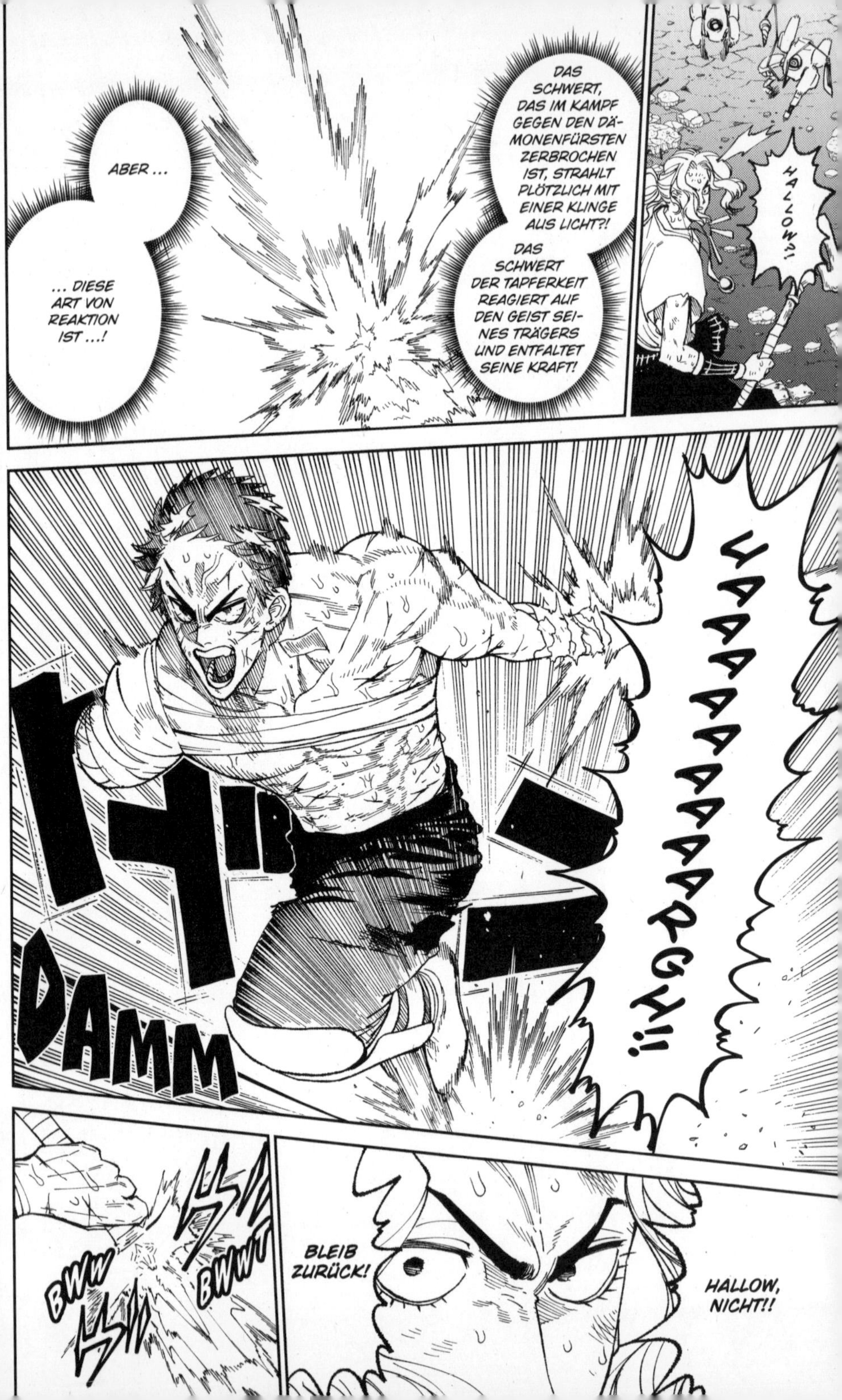
HALLOW?!
DAS SCHWERT, DAS IM KAMPF GEGEN DEN DÄMONENFÜRSTEN ZERBROCHEN IST, STRAHLT PLÖTZLICH MIT EINER KLINGE AUS LICHT?!
DAS SCHWERT DER TAPFERKEIT REAGIERT AUF DEN GEIST SEINES TRÄGERS UND ENTFALTET SEINE KRAFT!
ABER …
… DIESE ART VON REAKTION IST …!
UAAAAAAAAARGH!!
DAMM
HALLOW, NICHT!!
BLEIB ZURÜCK!
BWWT
BWW

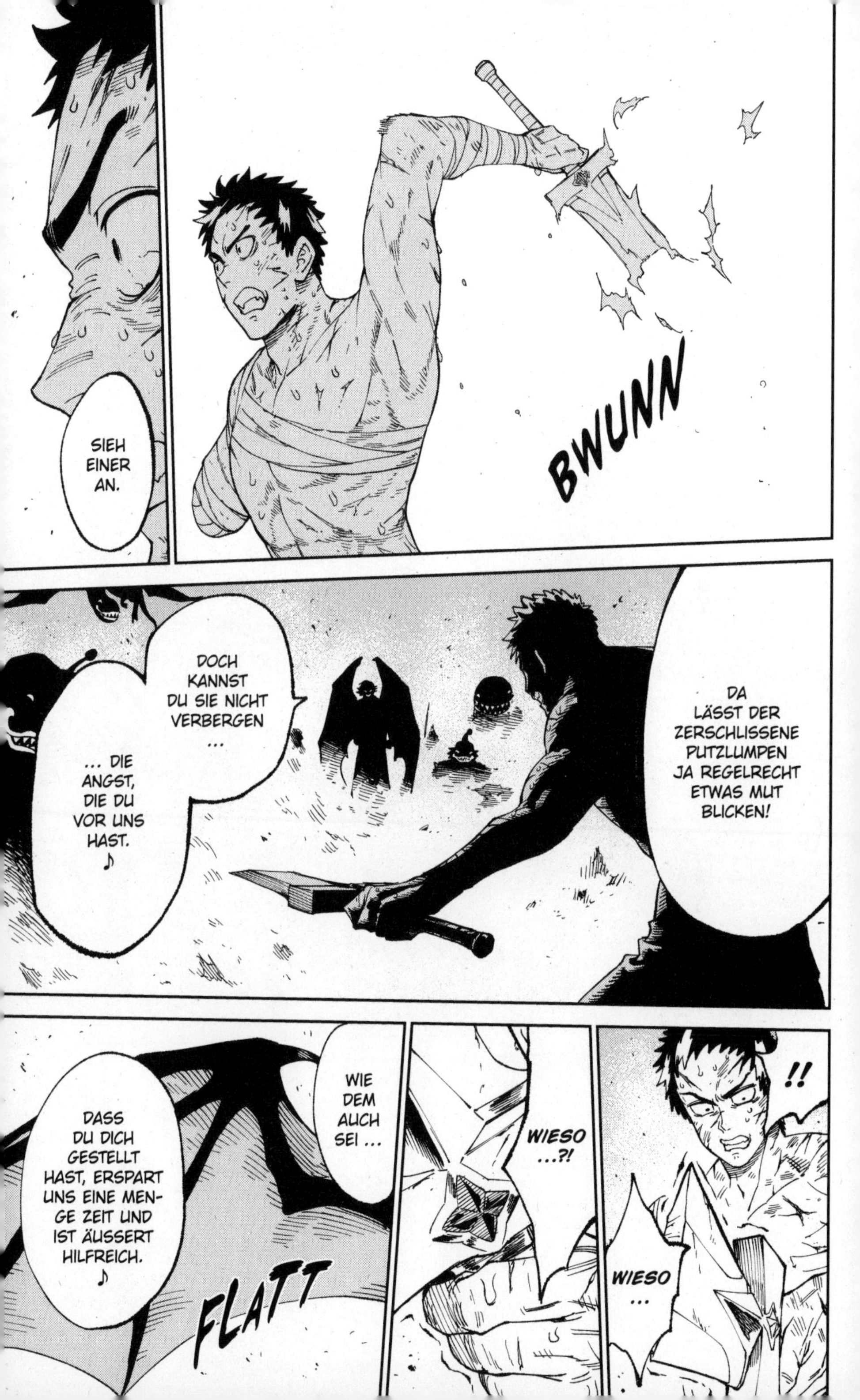
BWUNN
SIEH EINER AN.
DA LÄSST DER ZERSCHLISSENE PUTZLUMPEN JA REGELRECHT ETWAS MUT BLICKEN!
DOCH KANNST DU SIE NICHT VERBERGEN …
… DIE ANGST, DIE DU VOR UNS HAST. ♪
!!
WIESO …
WIESO …?!
WIE DEM AUCH SEI …
DASS DU DICH GESTELLT HAST, ERSPART UNS EINE MENGE ZEIT UND IST ÄUSSERT HILFREICH. ♪
FLATT

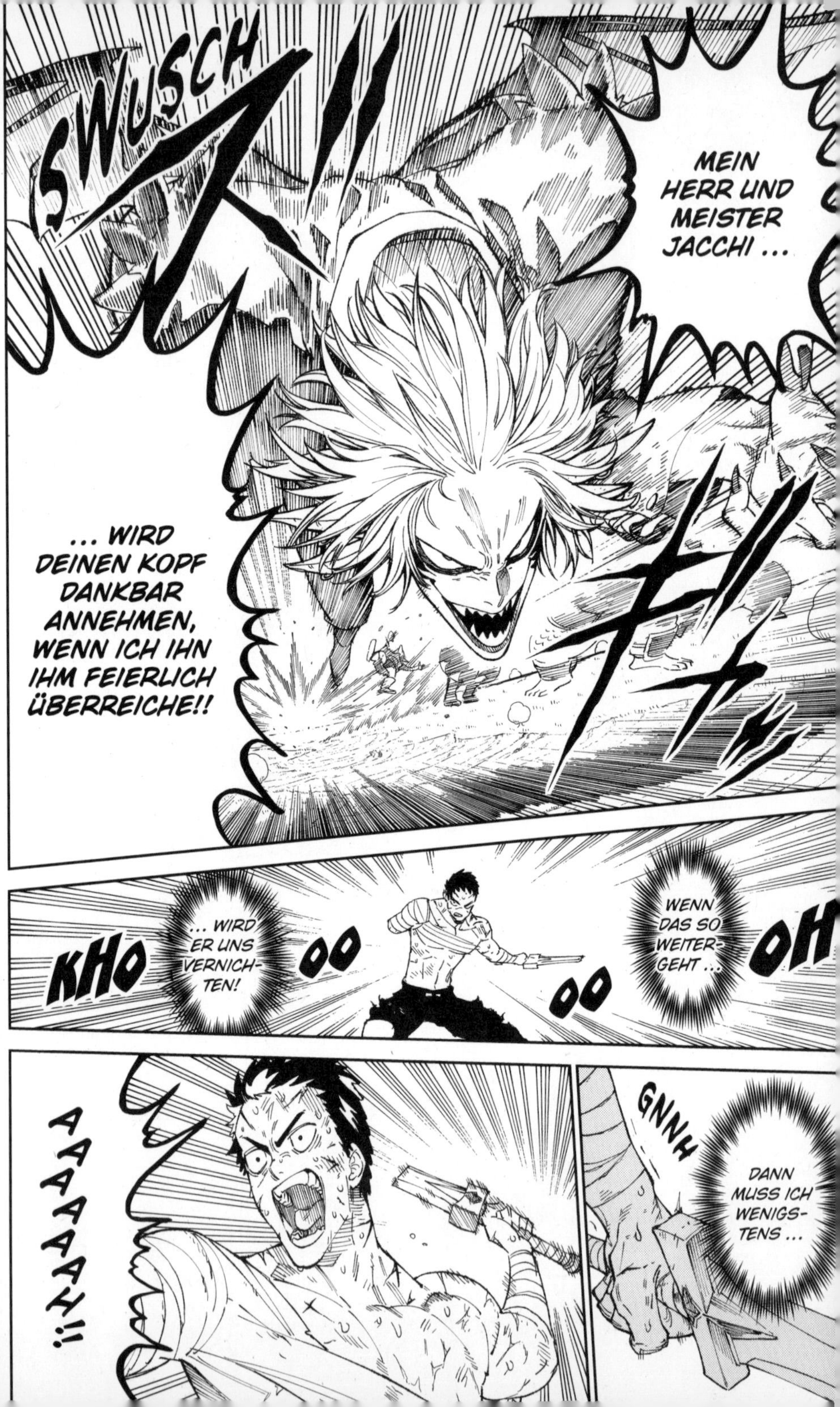
SWUSCH
MEIN HERR UND MEISTER JACCHI …
… WIRD DEINEN KOPF DANKBAR ANNEHMEN, WENN ICH IHN IHM FEIERLICH ÜBERREICHE!!
KHOOOOOOH
WENN DAS SO WEITER-GEHT …
… WIRD ER UNS VERNICH-TEN!
GNNH
DANN MUSS ICH WENIGS-TENS …
AAAAAAAAH!!

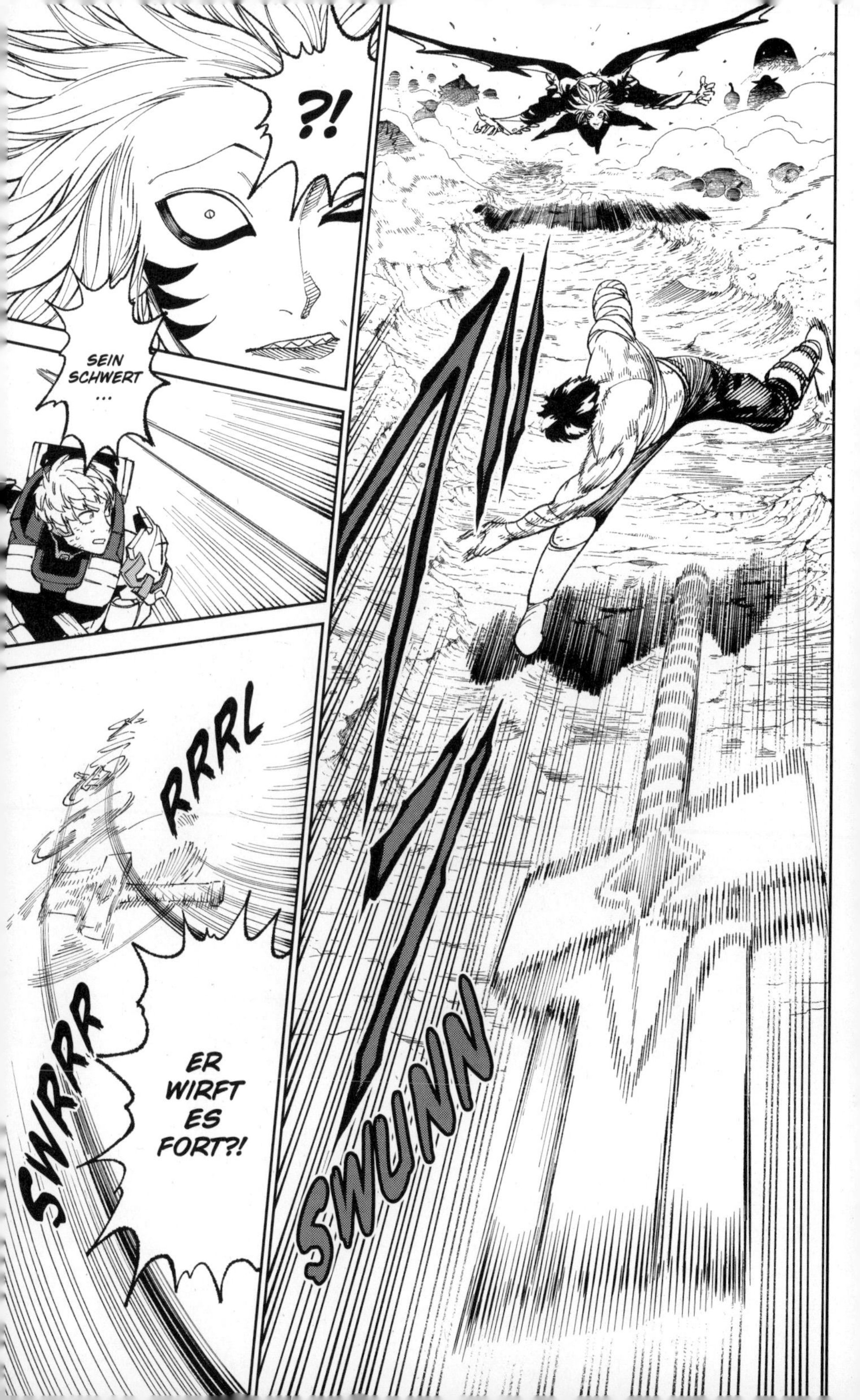
?!
SEIN SCHWERT ...
RRRL
SWRRR
ER WIRFT ES FORT?!
SWUNN

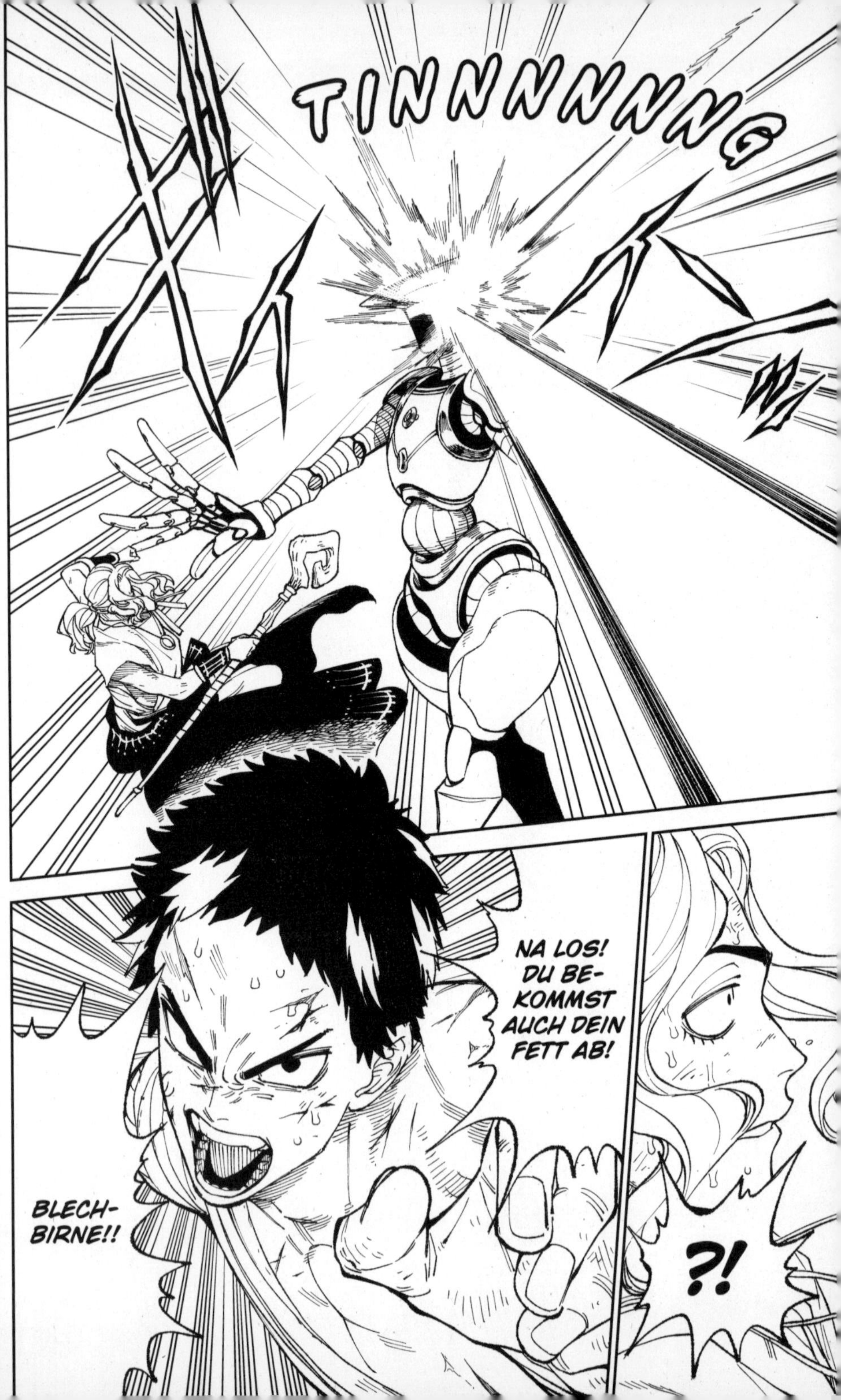
TINNNNNNG
NA LOS! DU BEKOMMST AUCH DEIN FETT AB!
BLECH-BIRNE!!
?!

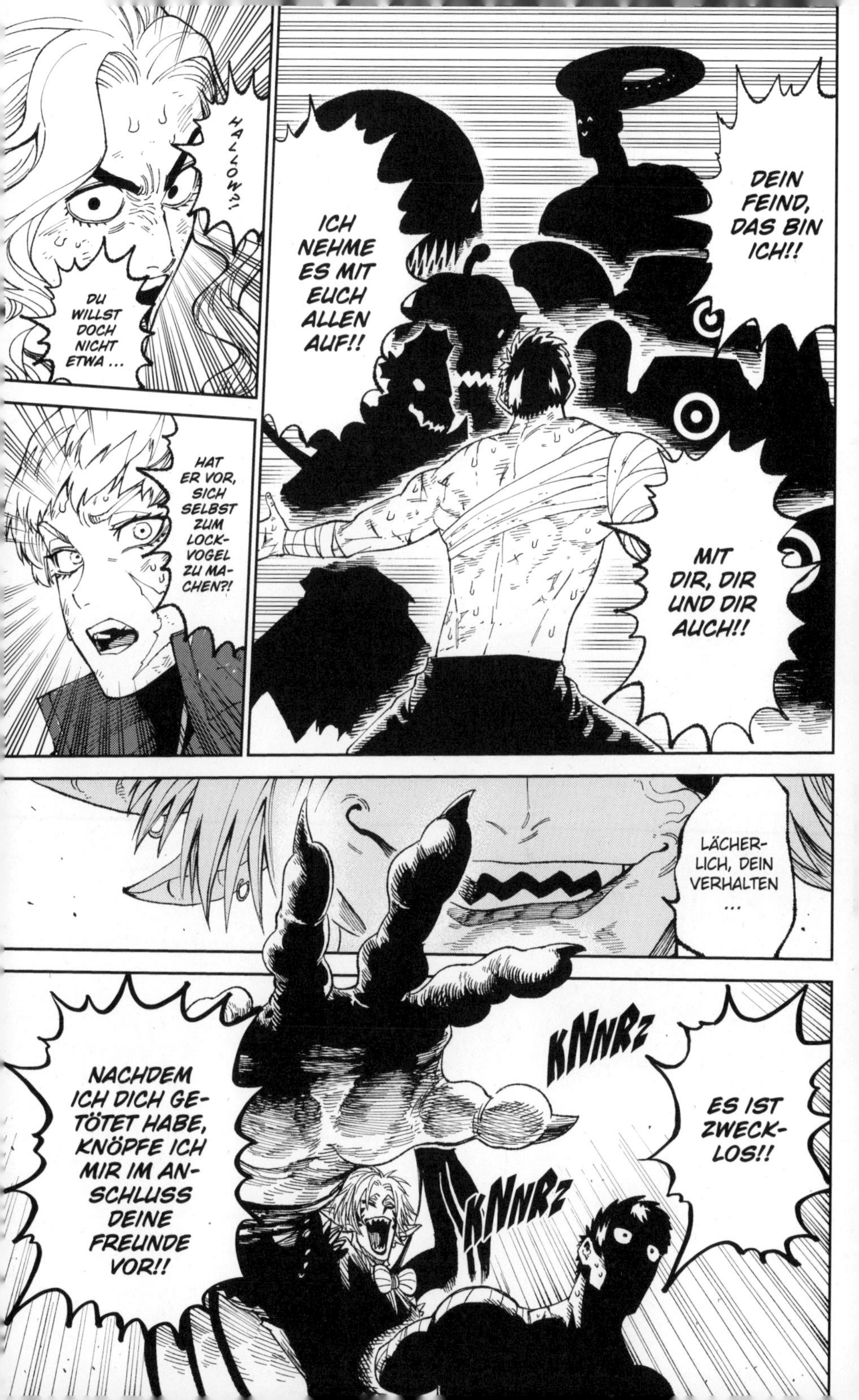
DEIN FEIND, DAS BIN ICH!!
ICH NEHME ES MIT EUCH ALLEN AUF!!
HALLOW?!
DU WILLST DOCH NICHT ETWA ...
MIT DIR, DIR UND DIR AUCH!!
HAT ER VOR, SICH SELBST ZUM LOCK-VOGEL ZU MA-CHEN?!
LÄCHER-LICH, DEIN VERHALTEN ...
KNNRZ
ES IST ZWECK-LOS!!
NACHDEM ICH DICH GE-TÖTET HABE, KNÖPFE ICH MIR IM AN-SCHLUSS DEINE FREUNDE VOR!!
KNNRZ

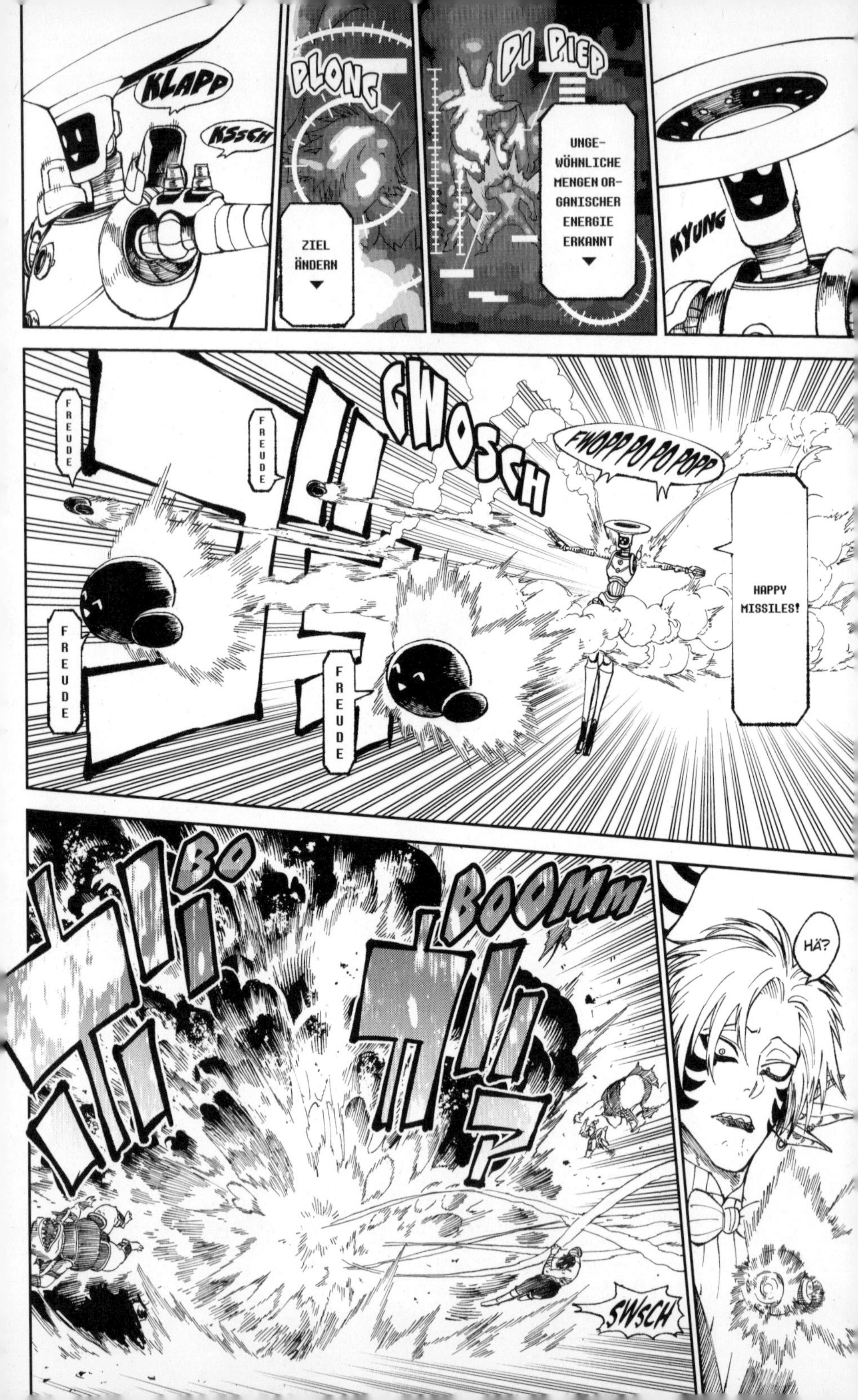
KLAPP
KSSCH
PLONG
ZIEL ÄNDERN
PI PIEP
UNGE-WÖHNLICHE MENGEN OR-GANISCHER ENERGIE ERKANNT
KYUNG
GWOSCH
FWOPP PO PO POPP
FREUDE
FREUDE
FREUDE
FREUDE
HAPPY MISSILES!
BO
BOOMM
HÄ?
SWSCH

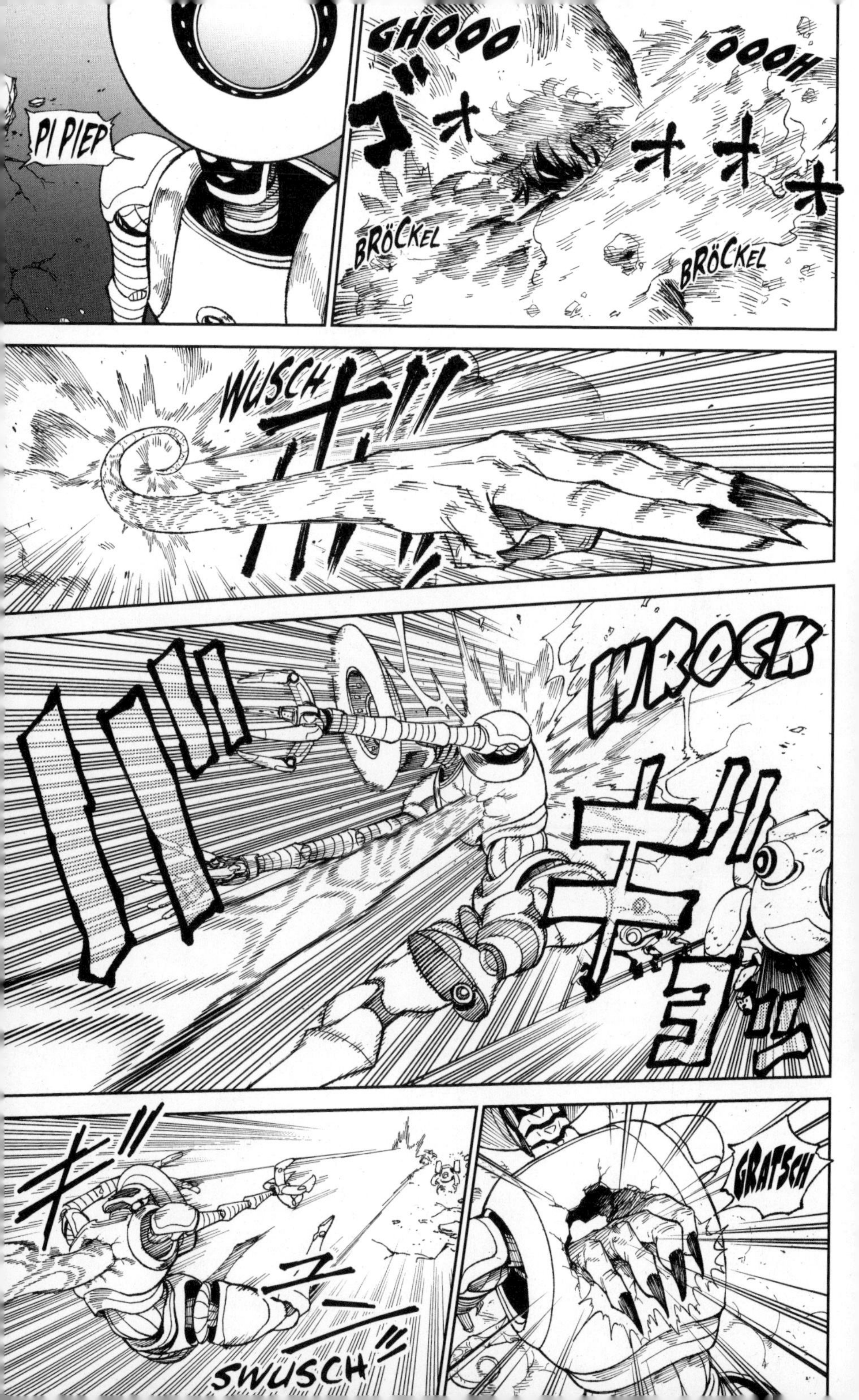
GHOOO
OOOH
BRÖCKEL
BRÖCKEL
PI PIEP
WUSCH
WROCK
GRATSCH
SWUSCH

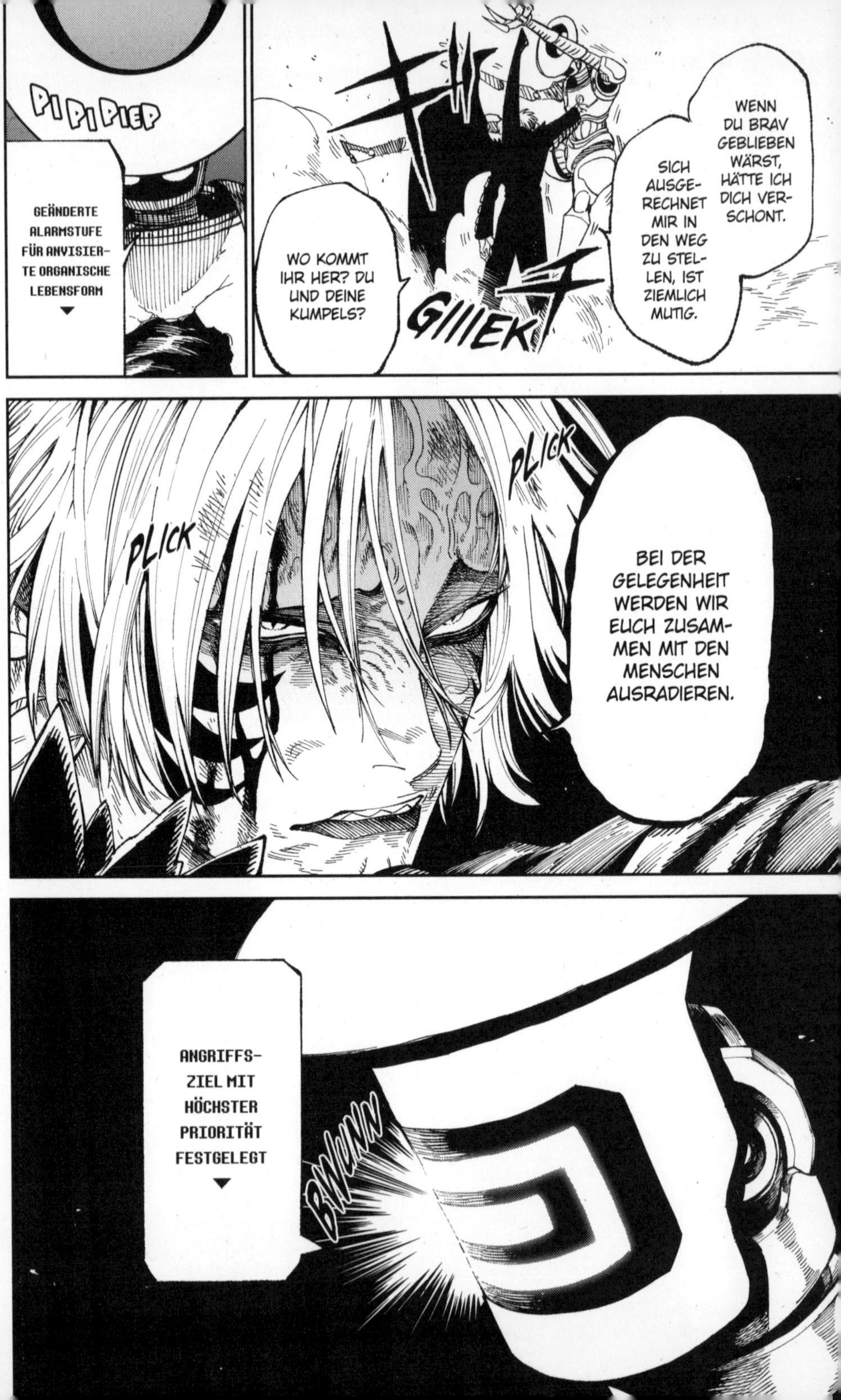
PI PI PIEP
GEÄNDERTE ALARMSTUFE FÜR ANVISIERTE ORGANISCHE LEBENSFORM ▼
WENN DU BRAV GEBLIEBEN WÄRST, HÄTTE ICH DICH VERSCHONT.
SICH AUSGERECHNET MIR IN DEN WEG ZU STELLEN, IST ZIEMLICH MUTIG.
GIIIEK
WO KOMMT IHR HER? DU UND DEINE KUMPELS?
PLICK
PLICK
BEI DER GELEGENHEIT WERDEN WIR EUCH ZUSAMMEN MIT DEN MENSCHEN AUSRADIEREN.
ANGRIFFSZIEL MIT HÖCHSTER PRIORITÄT FESTGELEGT ▼
BWUMM

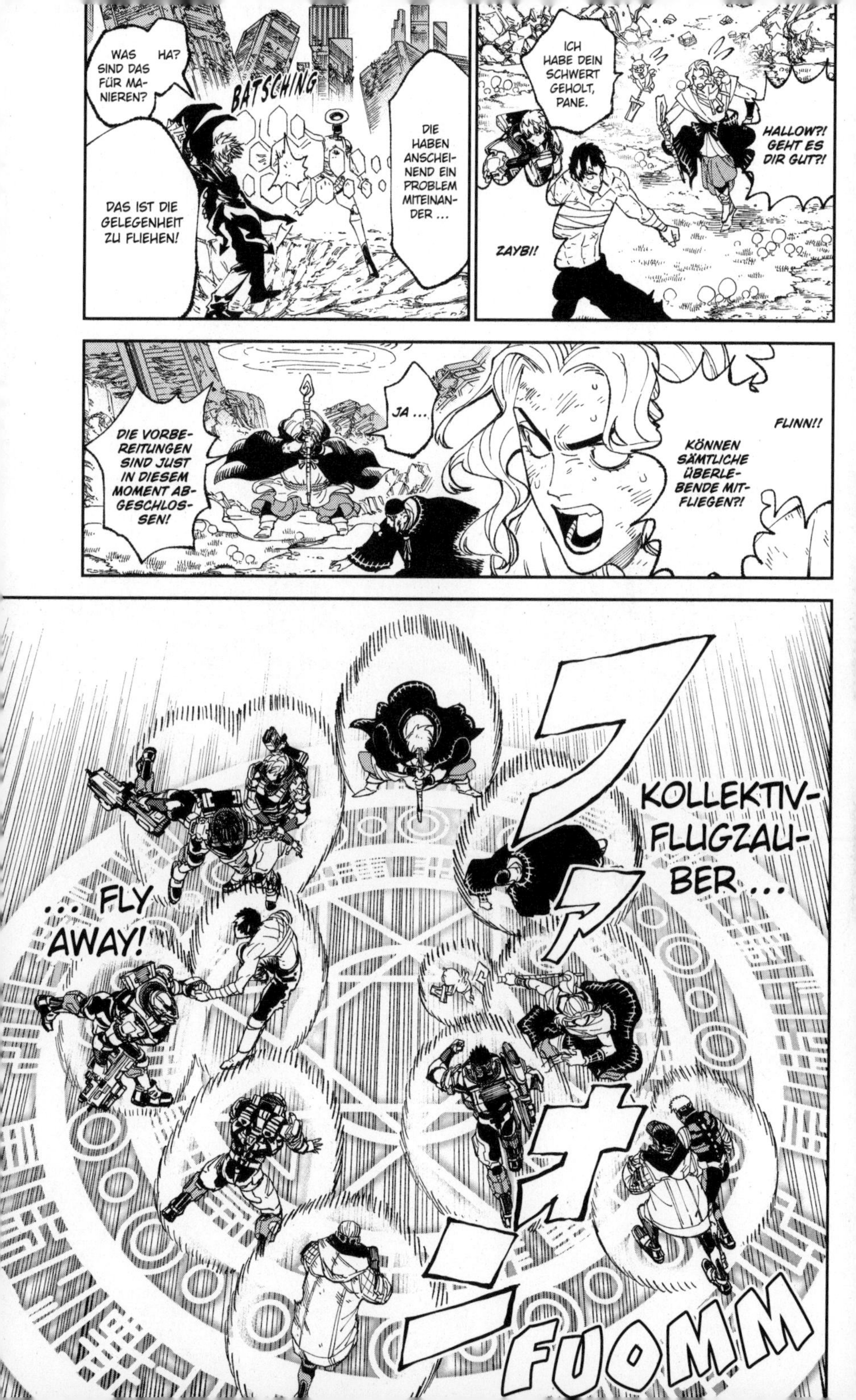

HALLOW?! GEHT ES DIR GUT?!
ICH HABE DEIN SCHWERT GEHOLT, PANE.
ZAYBI!
HA?
WAS SIND DAS FÜR MANIEREN?
BATSCHING
DIE HABEN ANSCHEINEND EIN PROBLEM MITEINANDER …
DAS IST DIE GELEGENHEIT ZU FLIEHEN!
FLINN!!
KÖNNEN SÄMTLICHE ÜBERLEBENDE MITFLIEGEN?!
JA …
DIE VORBEREITUNGEN SIND JUST IN DIESEM MOMENT ABGESCHLOSSEN!
KOLLEKTIV-FLUGZAUBER …
… FLY AWAY!
FUOMM

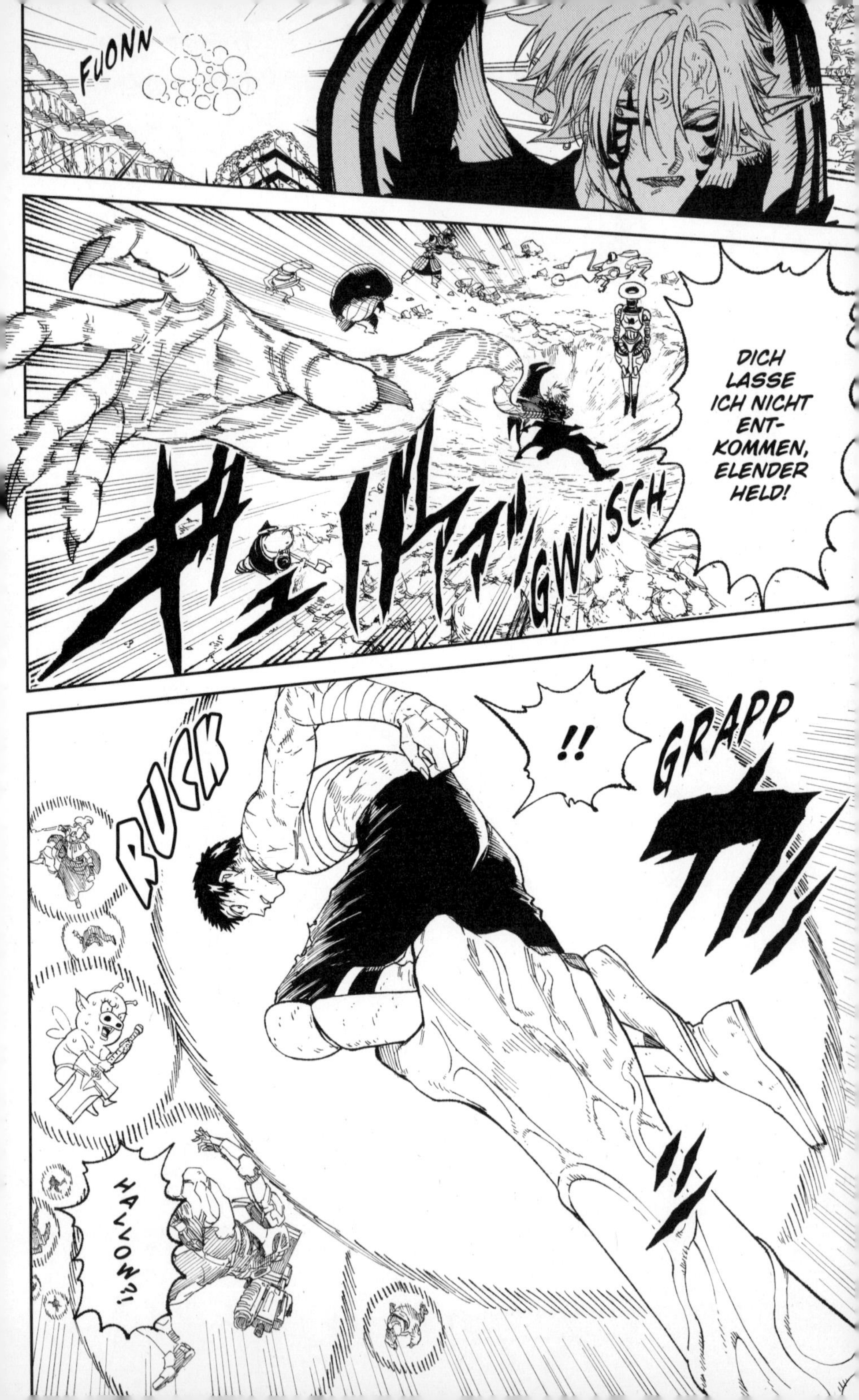
FUONN
DICH LASSE ICH NICHT ENT-KOMMEN, ELENDER HELD!
GWUSCH
!!
GRAPP
RUCK
HAVVOW?!

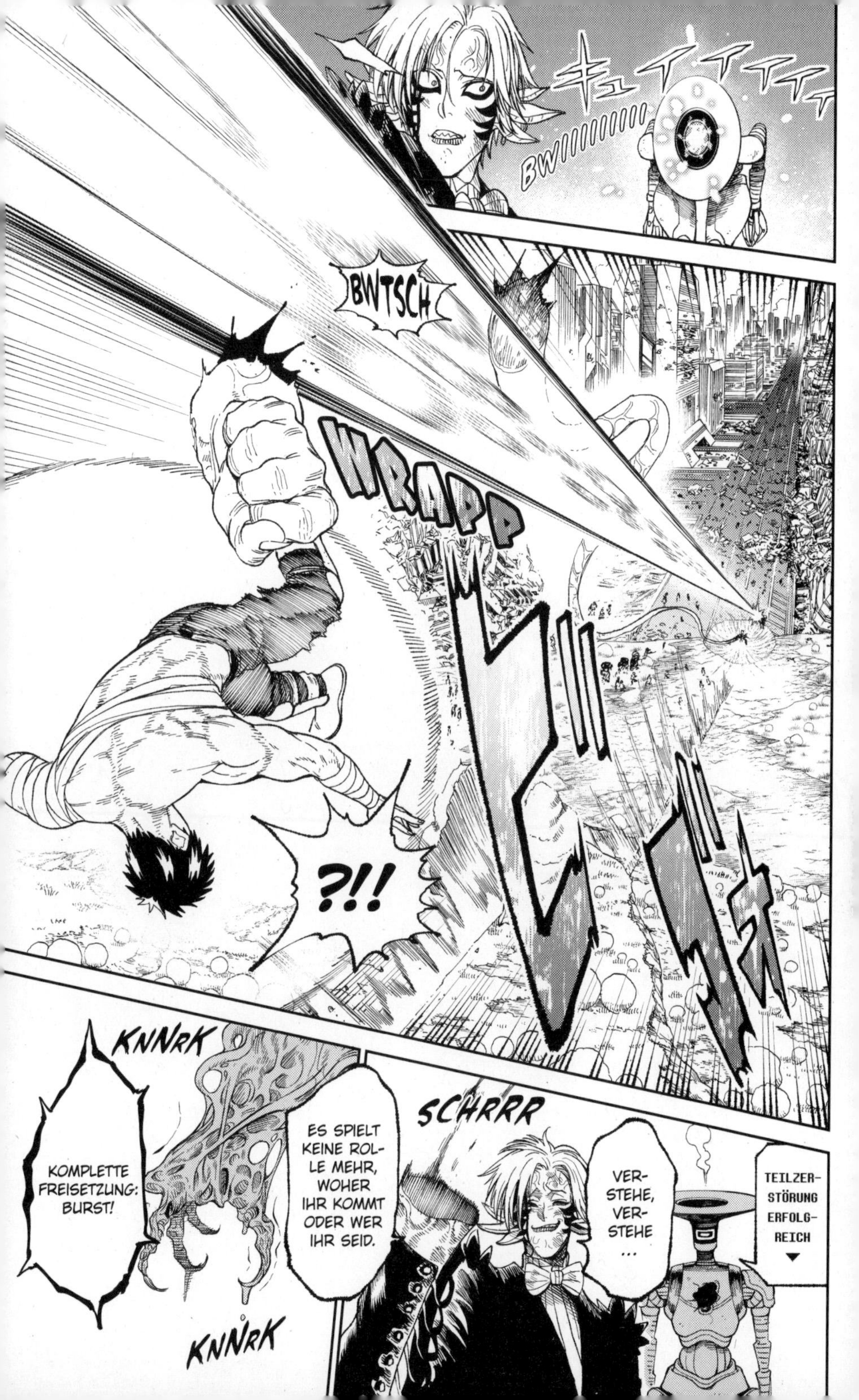
キュイイイイイ
BWIIIIIIIIII
BWTSCH
WRAPP
?!!
TEILZER-
STÖRUNG
ERFOLG-
REICH
▼
VER-
STEHE,
VER-
STEHE
...
SCHRRR
ES SPIELT
KEINE ROL-
LE MEHR,
WOHER
IHR KOMMT
ODER WER
IHR SEID.
KNNRK
KOMPLETTE
FREISETZUNG:
BURST!
KNNRK

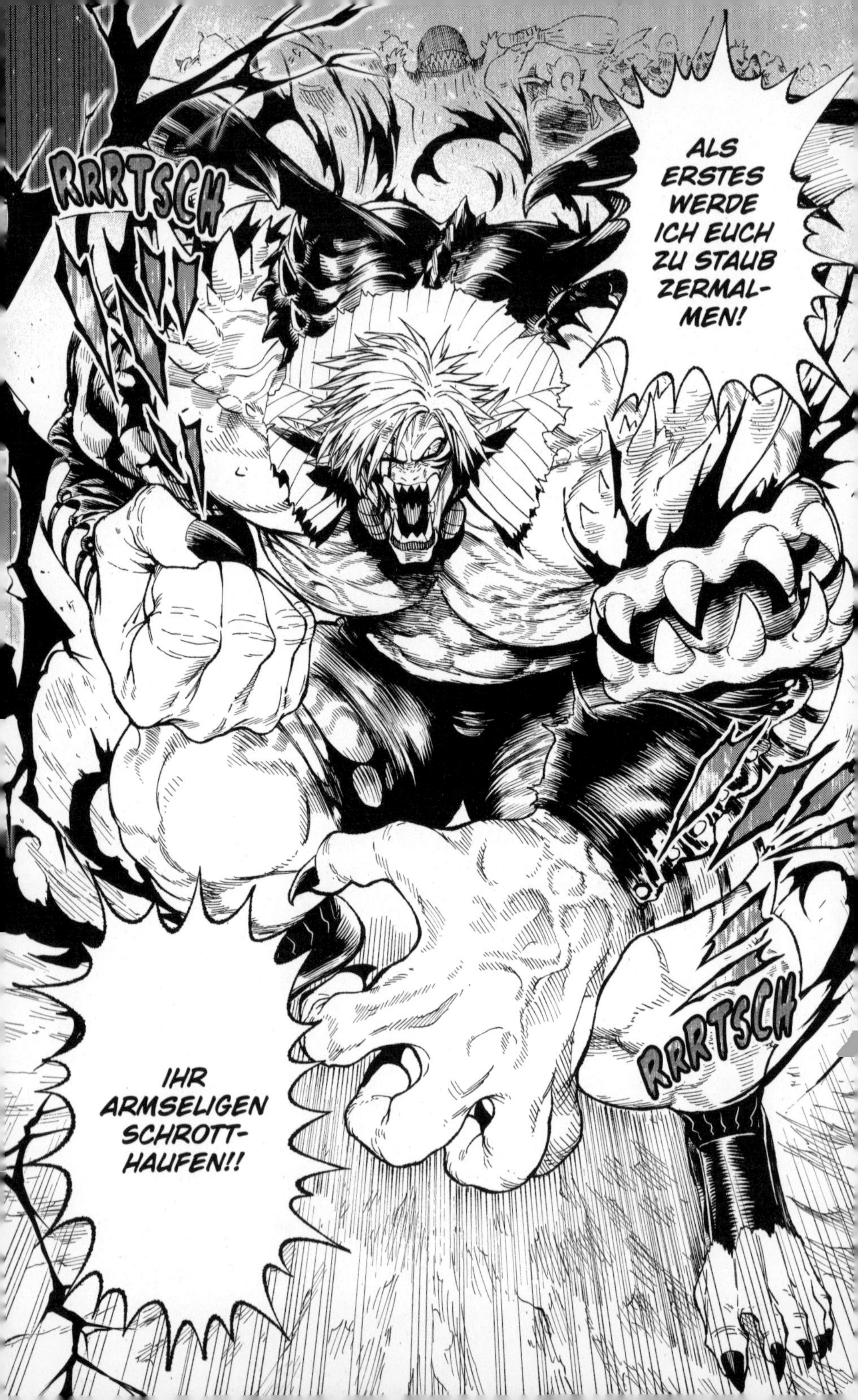
ALS ERSTES WERDE ICH EUCH ZU STAUB ZERMAL-MEN!
RRRTSCH
RRRTSCH
IHR ARMSELIGEN SCHROTT-HAUFEN!!

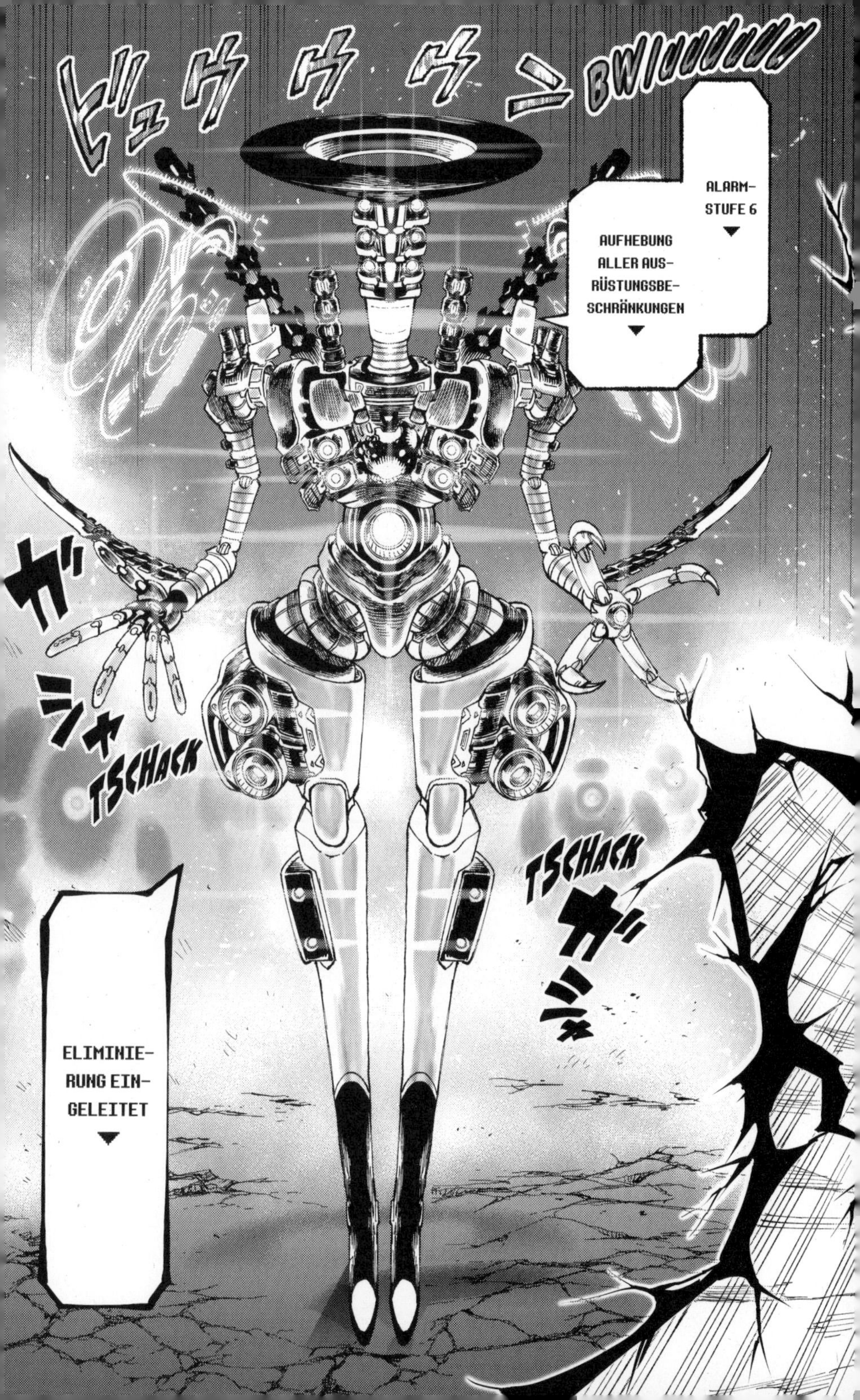
ビュウウウン BWIUUUUUUU
ALARM-
STUFE 6
AUFHEBUNG
ALLER AUS-
RÜSTUNGSBE-
SCHRÄNKUNGEN
ガシャ TSCHACK
TSCHACK ガシャ
ELIMINIE-
RUNG EIN-
GELEITET

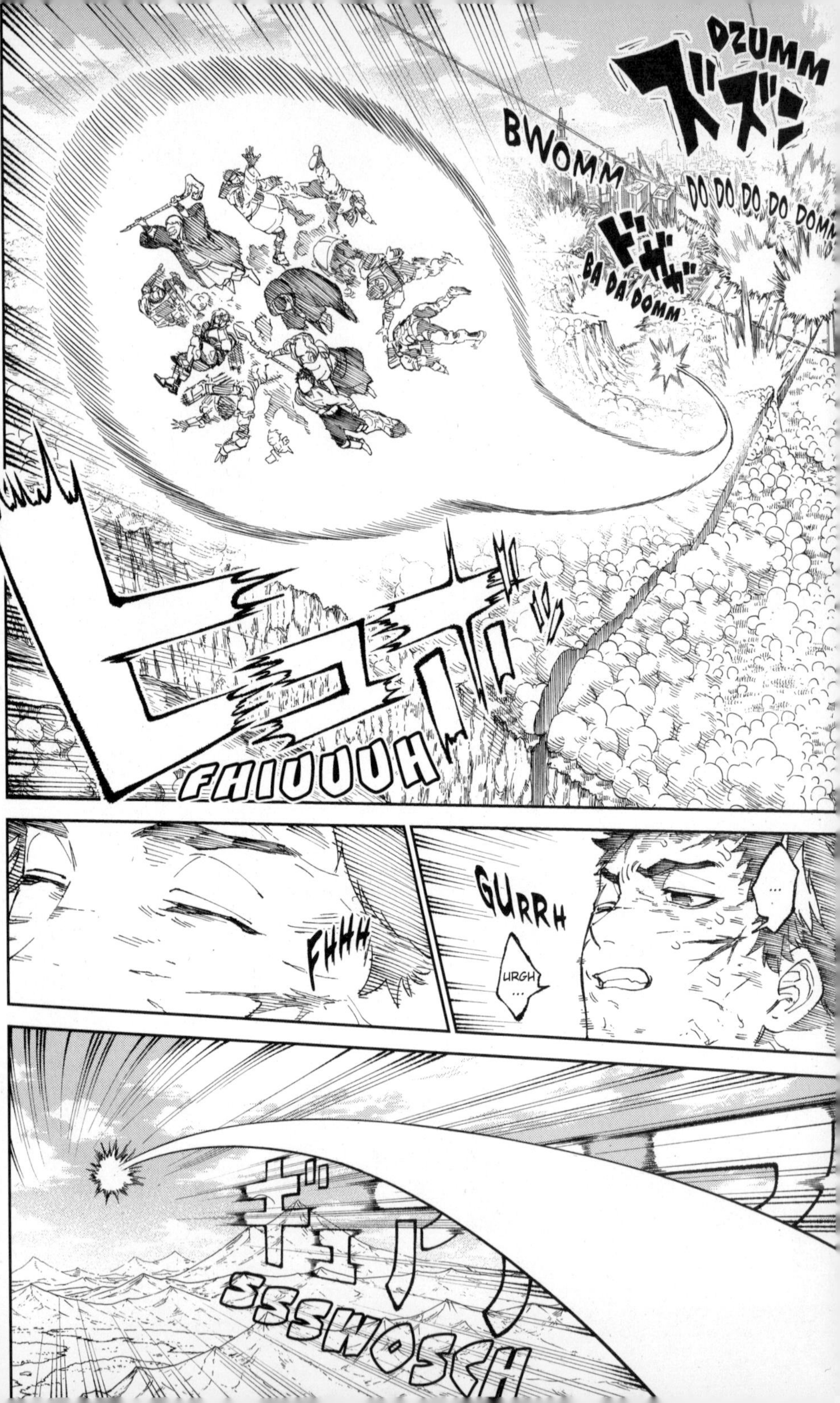
DZUMM
BWOMM
DO DO DO DO DOMM
BA DA DOMM
FHIUUUH
GURRH
...
URGH ...
FHHH
SSSWOSCH

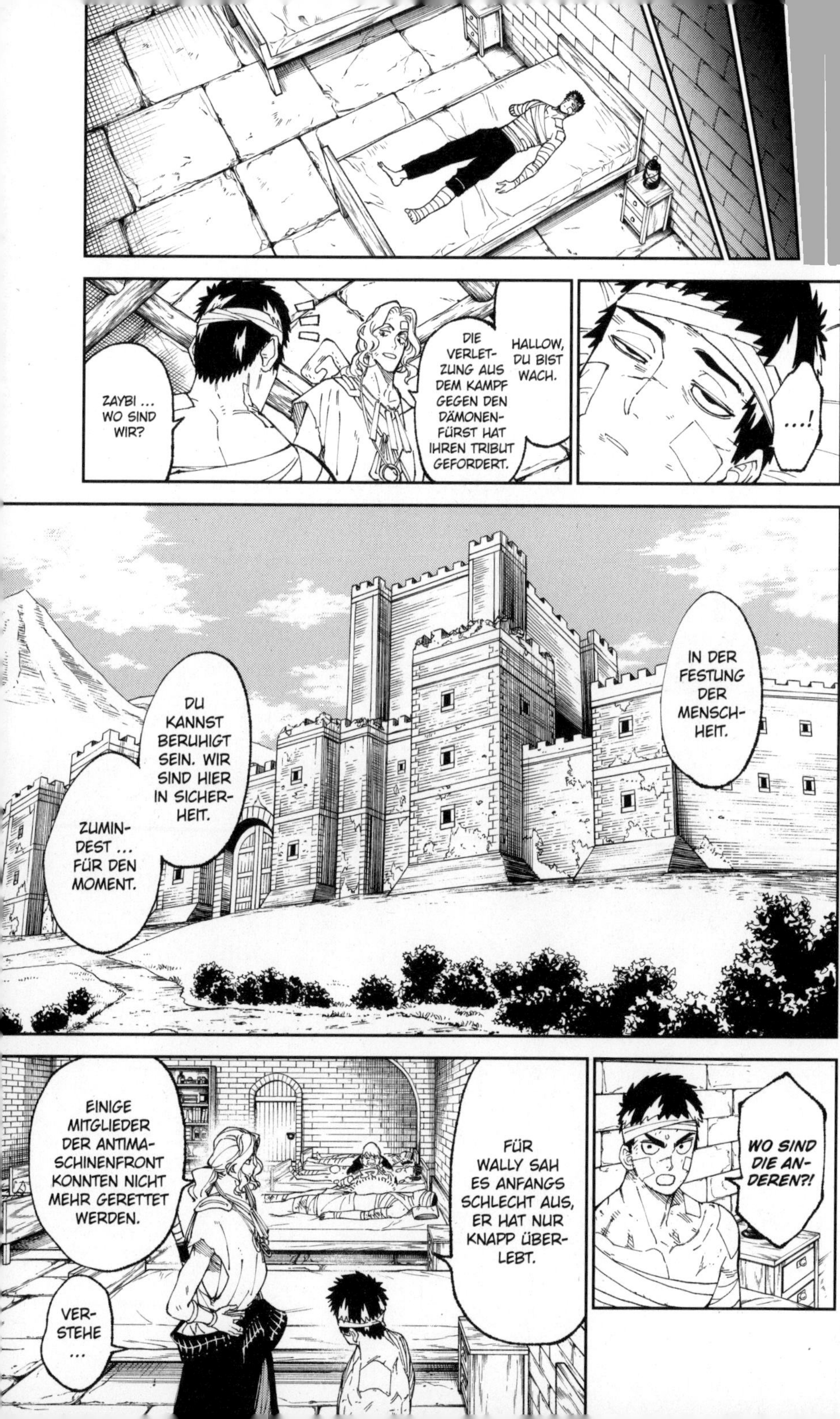
...!
HALLOW, DU BIST WACH.
DIE VERLETZUNG AUS DEM KAMPF GEGEN DEN DÄMONENFÜRST HAT IHREN TRIBUT GEFORDERT.
ZAYBI ... WO SIND WIR?
IN DER FESTUNG DER MENSCHHEIT.
DU KANNST BERUHIGT SEIN. WIR SIND HIER IN SICHERHEIT.
ZUMINDEST ... FÜR DEN MOMENT.
WO SIND DIE ANDEREN?!
FÜR WALLY SAH ES ANFANGS SCHLECHT AUS, ER HAT NUR KNAPP ÜBERLEBT.
EINIGE MITGLIEDER DER ANTIMASCHINENFRONT KONNTEN NICHT MEHR GERETTET WERDEN.
VERSTEHE ...

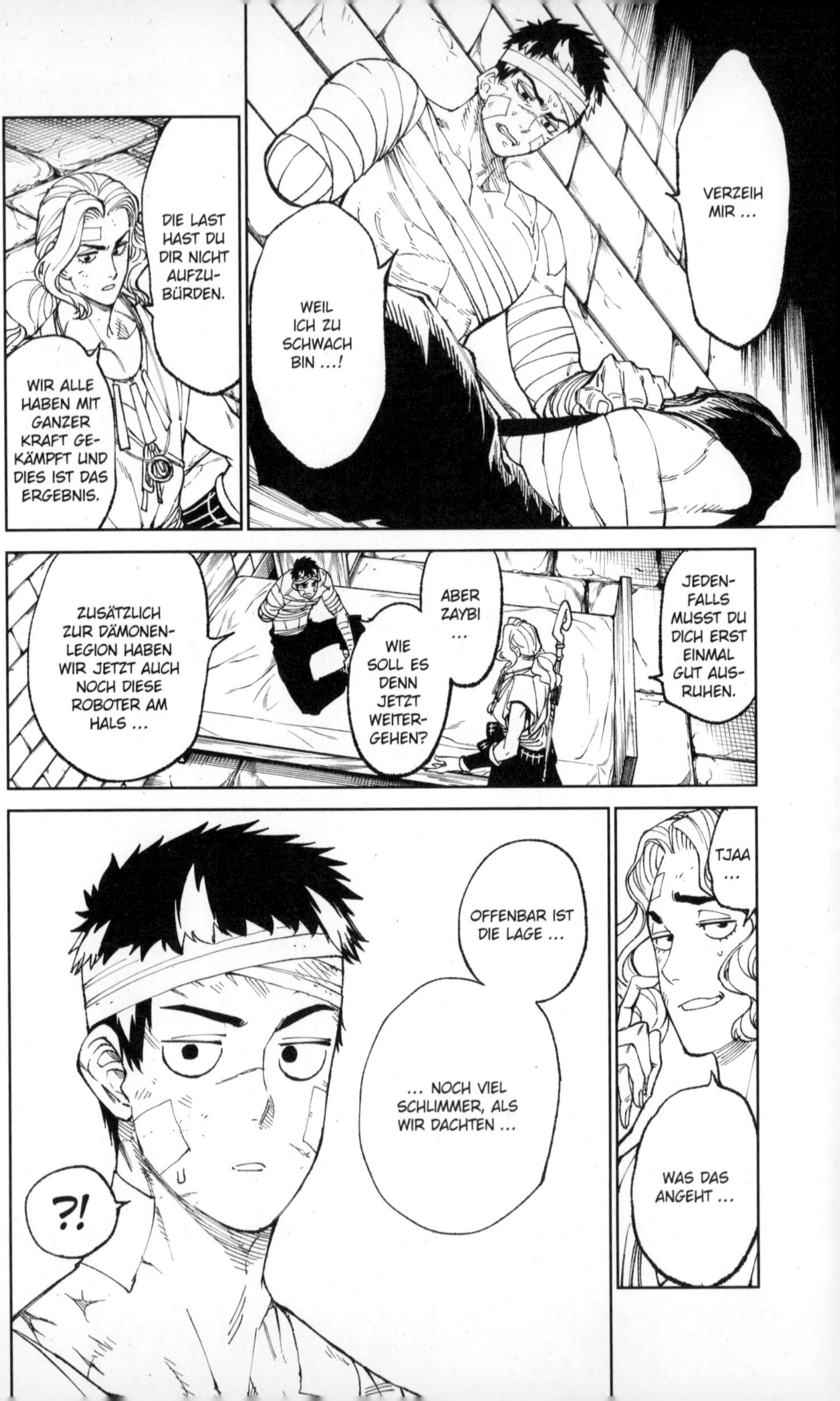

VERZEIH MIR …
WEIL ICH ZU SCHWACH BIN …!
DIE LAST HAST DU DIR NICHT AUFZUBÜRDEN.
WIR ALLE HABEN MIT GANZER KRAFT GEKÄMPFT UND DIES IST DAS ERGEBNIS.
JEDENFALLS MUSST DU DICH ERST EINMAL GUT AUSRUHEN.
ABER ZAYBI …
WIE SOLL ES DENN JETZT WEITERGEHEN?
ZUSÄTZLICH ZUR DÄMONENLEGION HABEN WIR JETZT AUCH NOCH DIESE ROBOTER AM HALS …
TJAA …
WAS DAS ANGEHT …
OFFENBAR IST DIE LAGE …
… NOCH VIEL SCHLIMMER, ALS WIR DACHTEN …
?!

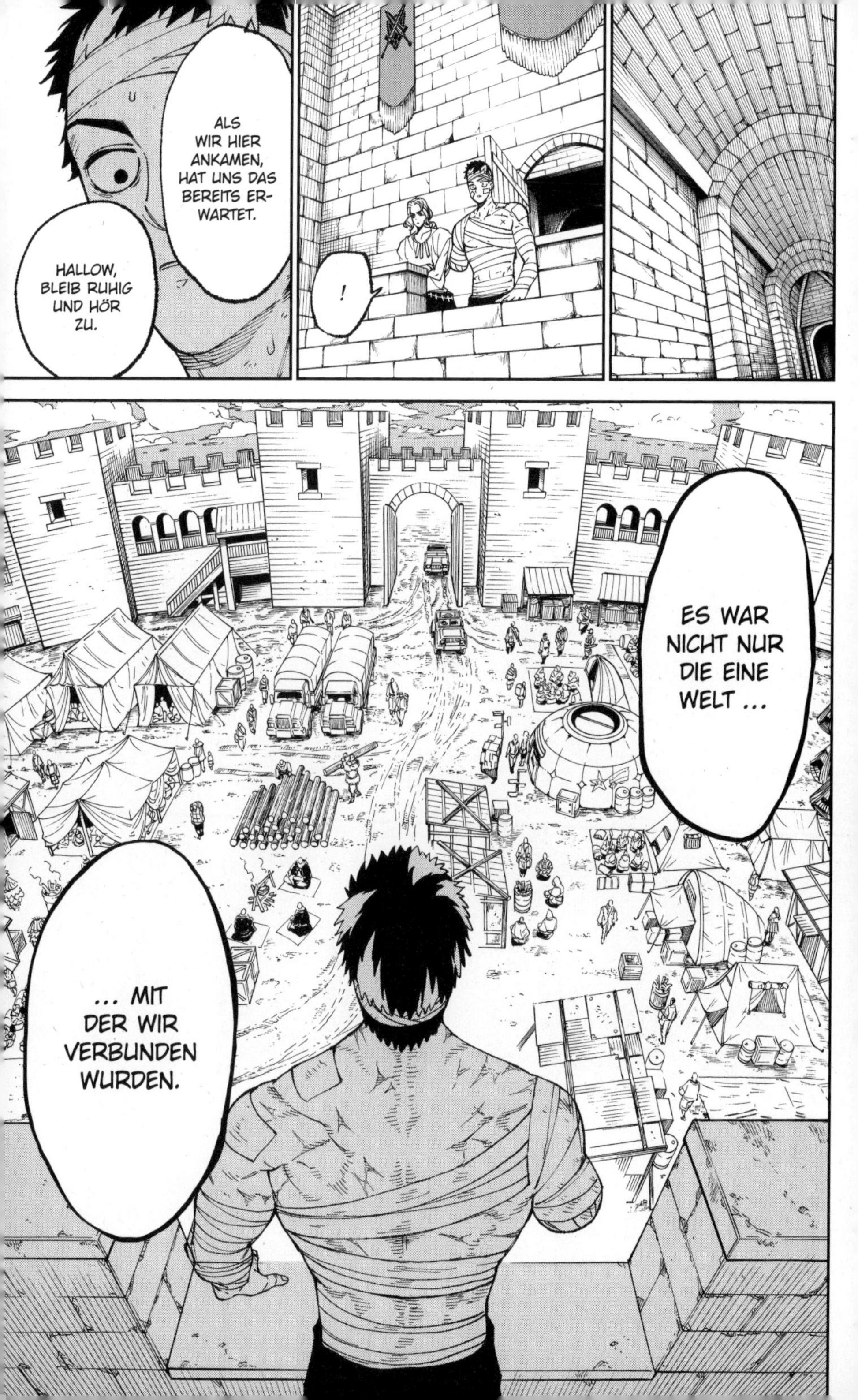
ALS WIR HIER ANKAMEN, HAT UNS DAS BEREITS ER-WARTET.
HALLOW, BLEIB RUHIG UND HÖR ZU.
!
ES WAR NICHT NUR DIE EINE WELT ...
... MIT DER WIR VERBUNDEN WURDEN.

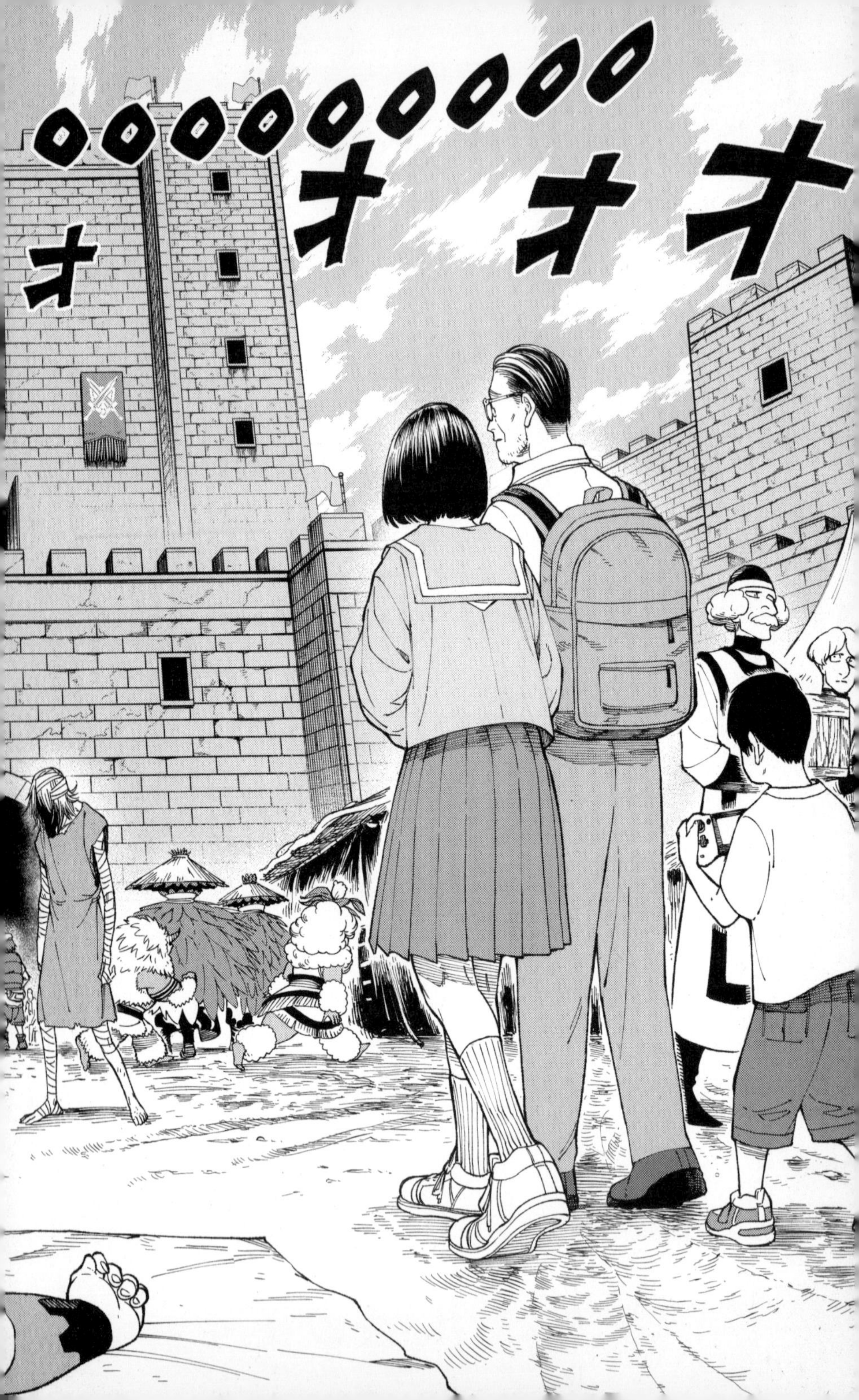
オオオオ

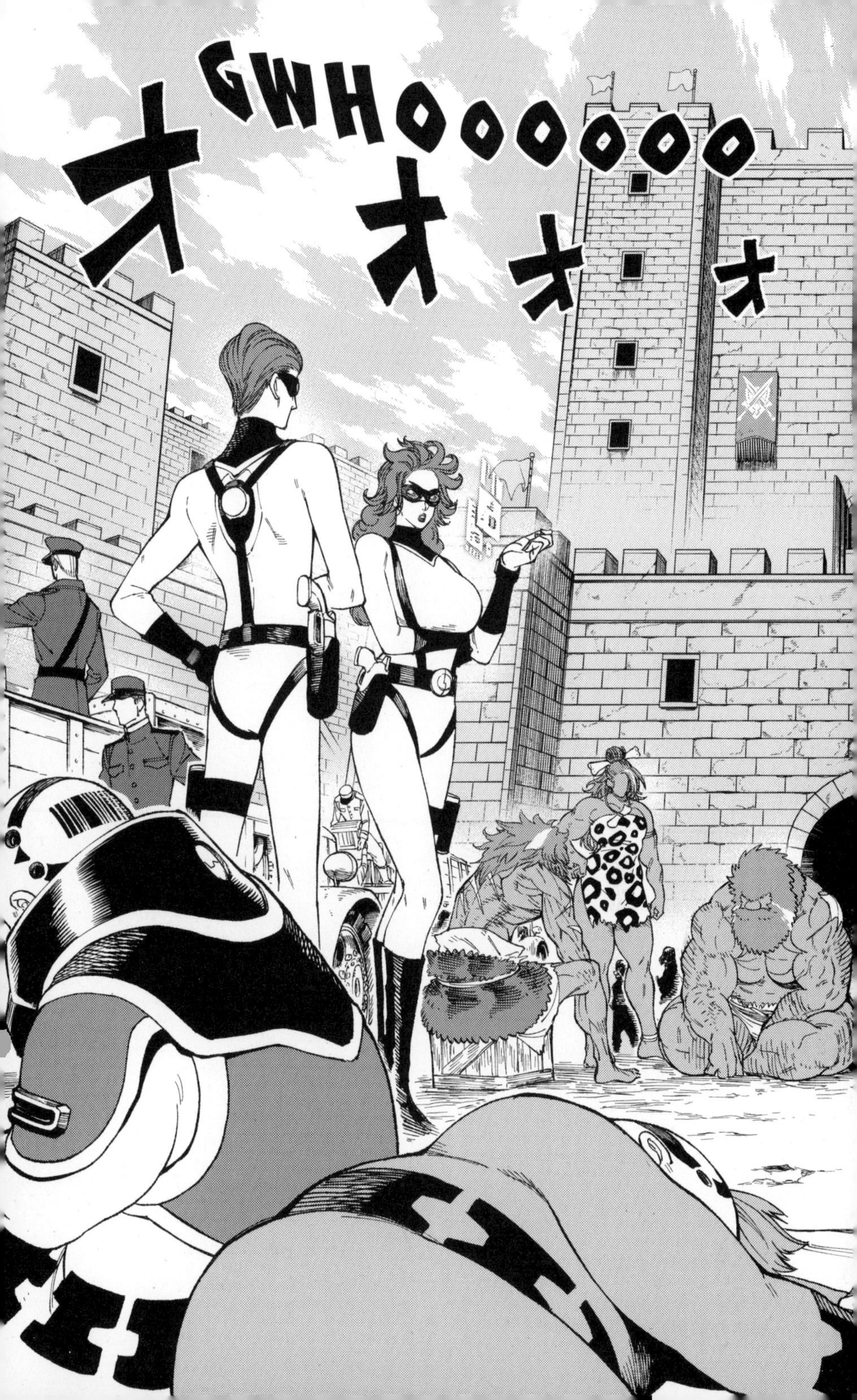
GWHOOOOOO
オオオオ

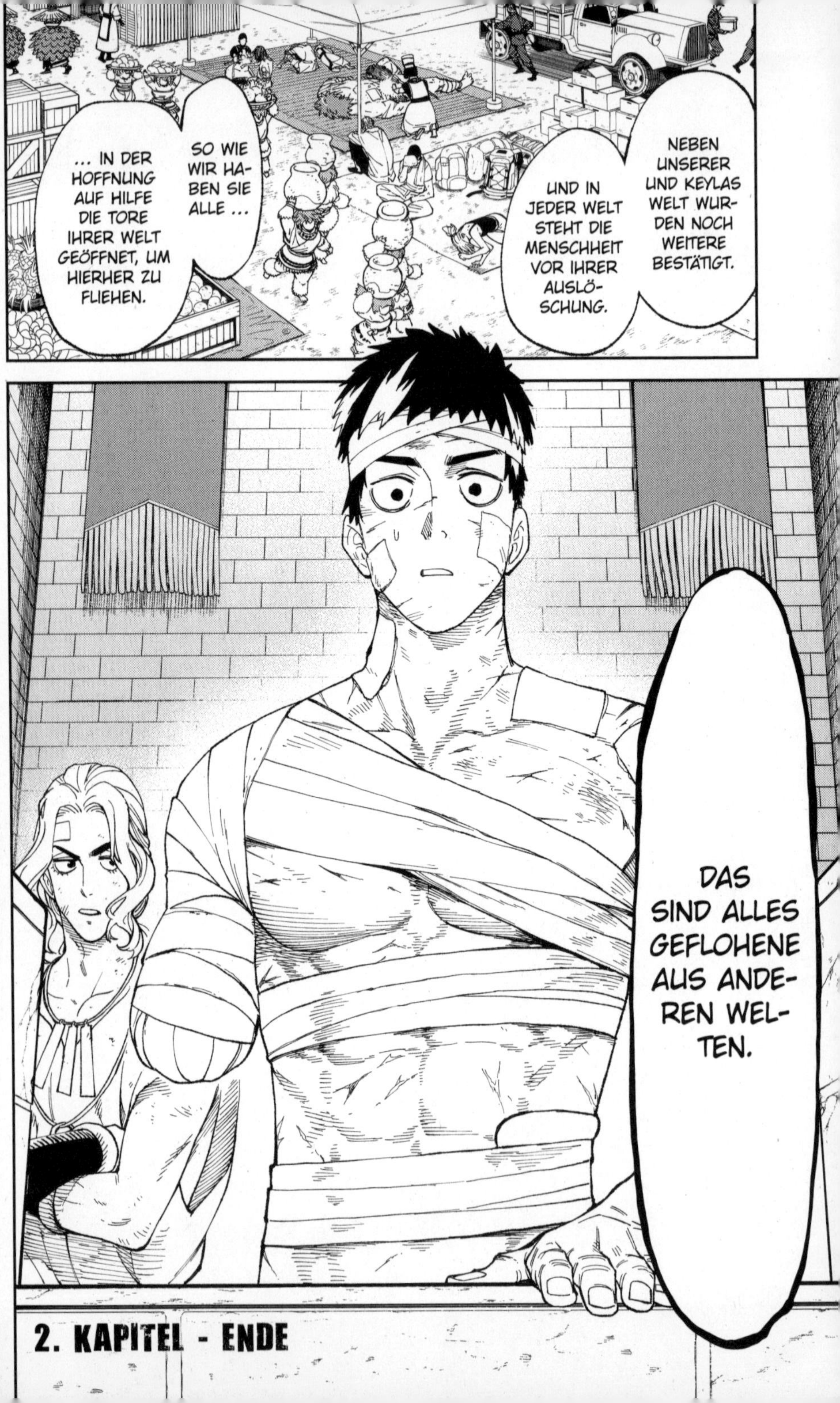

NEBEN UNSERER UND KEYLAS WELT WURDEN NOCH WEITERE BESTÄTIGT.
UND IN JEDER WELT STEHT DIE MENSCHHEIT VOR IHRER AUSLÖSCHUNG.
SO WIE WIR HABEN SIE ALLE …
… IN DER HOFFNUNG AUF HILFE DIE TORE IHRER WELT GEÖFFNET, UM HIERHER ZU FLIEHEN.
DAS SIND ALLES GEFLOHENE AUS ANDEREN WELTEN.
2. KAPITEL - ENDE

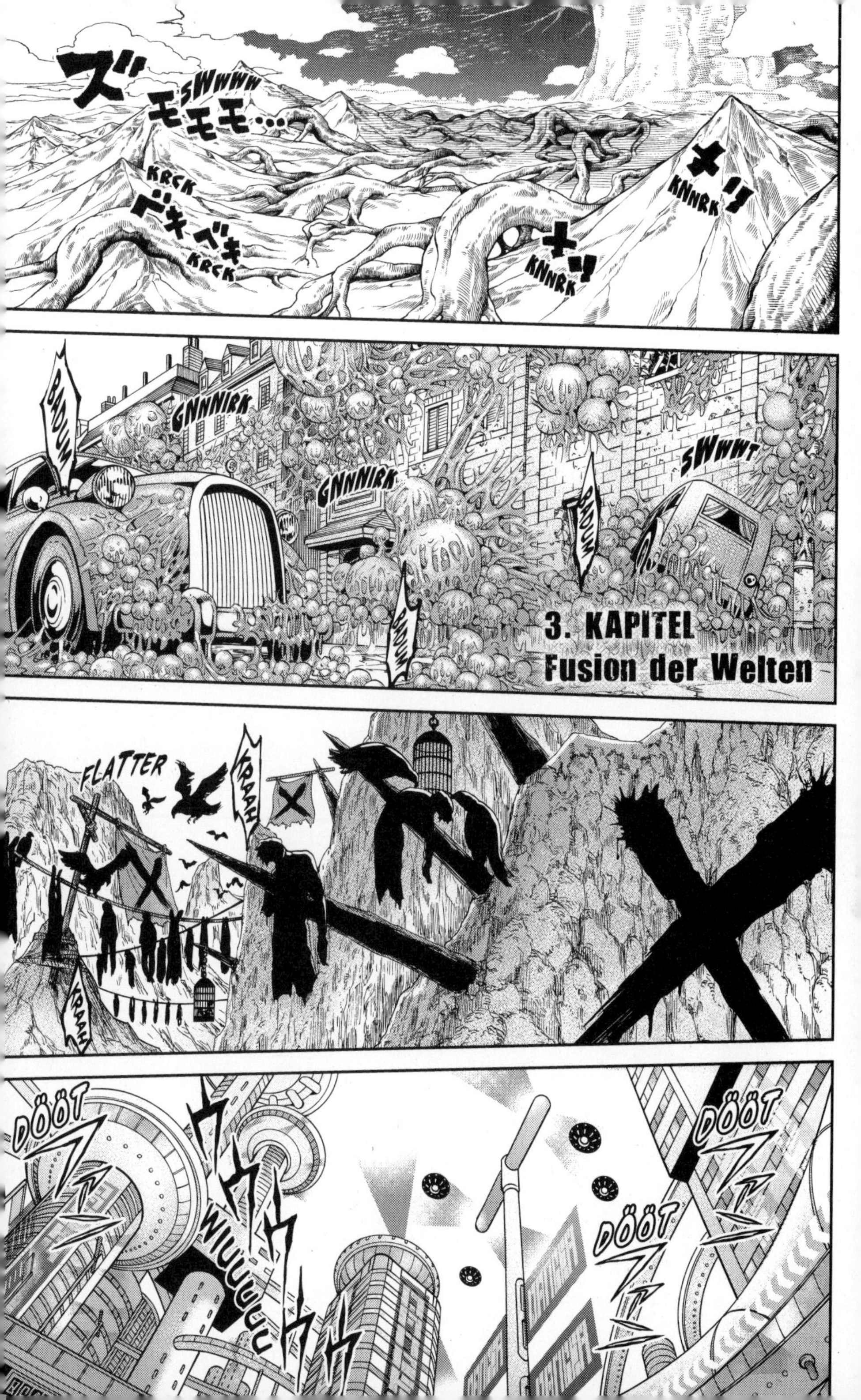

3. KAPITEL
Fusion der Welten

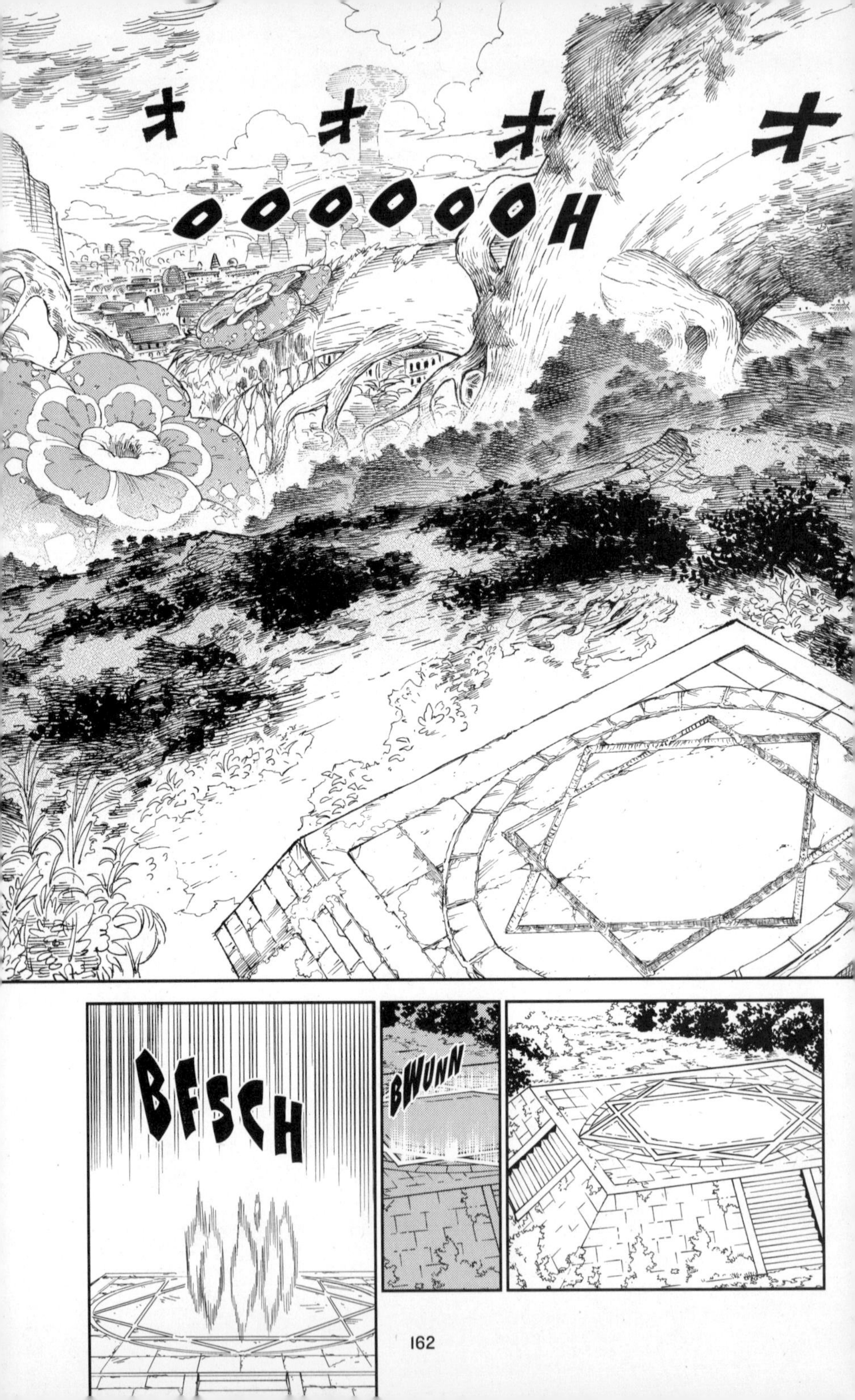
オ オ オ オ
OOOOOOH
BWUNN
BFSCH

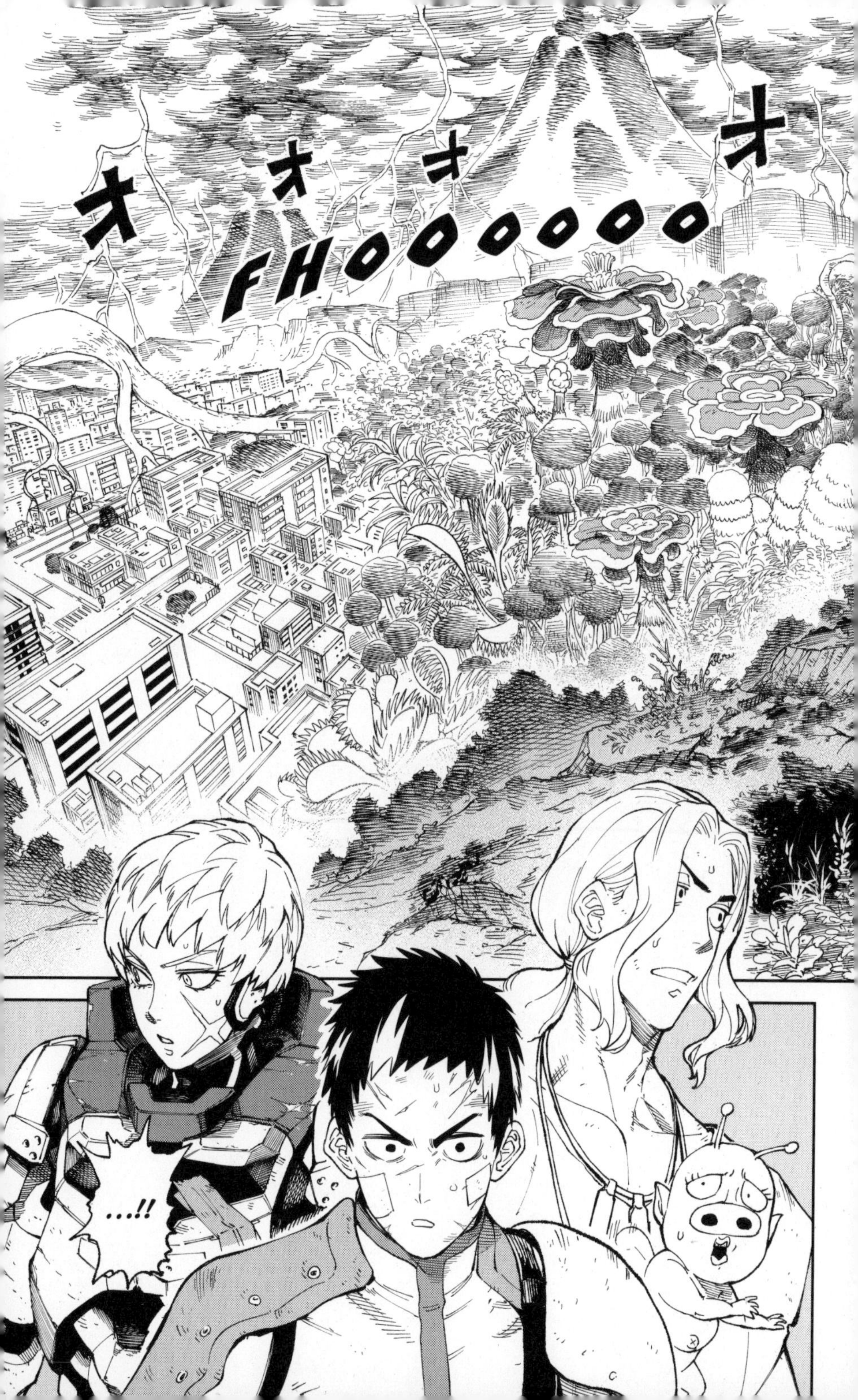

オオオオ
FHOOOOOO
...!!

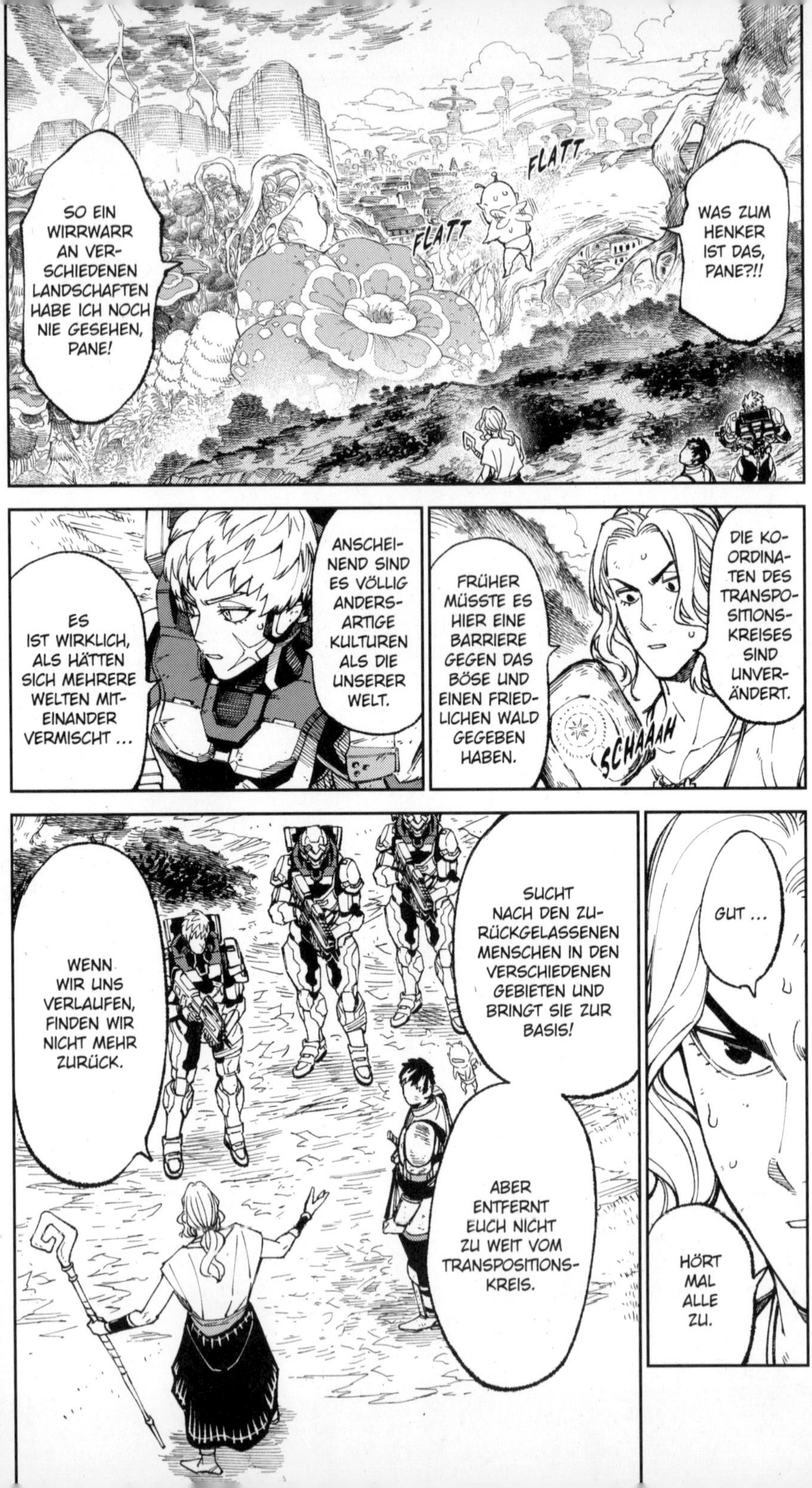
WAS ZUM HENKER IST DAS, PANE?!!
FLATT
FLATT
SO EIN WIRRWARR AN VERSCHIEDENEN LANDSCHAFTEN HABE ICH NOCH NIE GESEHEN, PANE!
DIE KOORDINATEN DES TRANSPOSITIONSKREISES SIND UNVERÄNDERT.
SCHAAAH
FRÜHER MÜSSTE ES HIER EINE BARRIERE GEGEN DAS BÖSE UND EINEN FRIEDLICHEN WALD GEGEBEN HABEN.
ANSCHEINEND SIND ES VÖLLIG ANDERSARTIGE KULTUREN ALS DIE UNSERER WELT.
ES IST WIRKLICH, ALS HÄTTEN SICH MEHRERE WELTEN MITEINANDER VERMISCHT …
GUT …
HÖRT MAL ALLE ZU.
SUCHT NACH DEN ZURÜCKGELASSENEN MENSCHEN IN DEN VERSCHIEDENEN GEBIETEN UND BRINGT SIE ZUR BASIS!
ABER ENTFERNT EUCH NICHT ZU WEIT VOM TRANSPOSITIONSKREIS.
WENN WIR UNS VERLAUFEN, FINDEN WIR NICHT MEHR ZURÜCK.

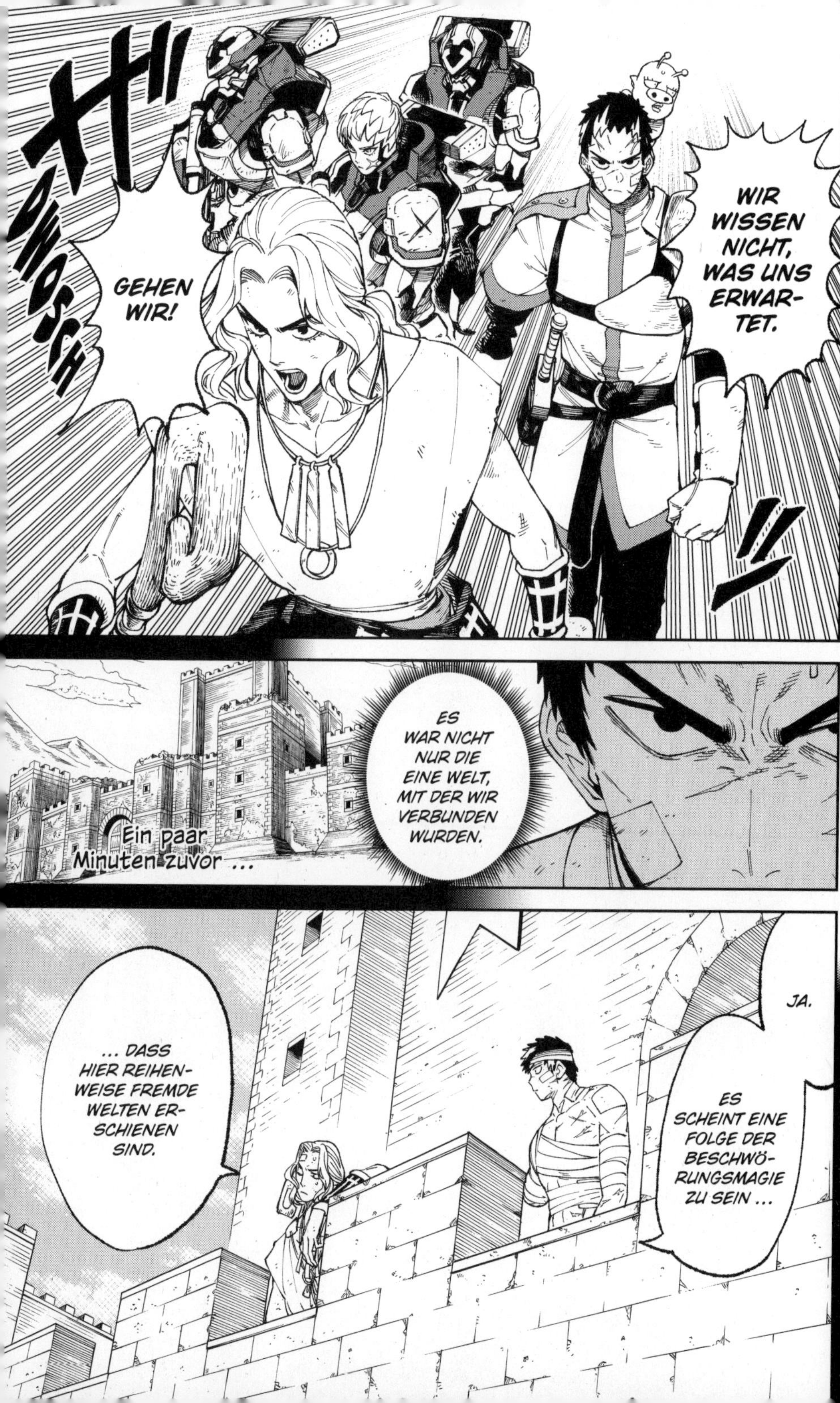
WIR WISSEN NICHT, WAS UNS ERWARTET.
GEHEN WIR!
DWOSCH
ES WAR NICHT NUR DIE EINE WELT, MIT DER WIR VERBUNDEN WURDEN.
Ein paar Minuten zuvor ...
JA.
ES SCHEINT EINE FOLGE DER BESCHWÖRUNGSMAGIE ZU SEIN ...
... DASS HIER REIHENWEISE FREMDE WELTEN ERSCHIENEN SIND.

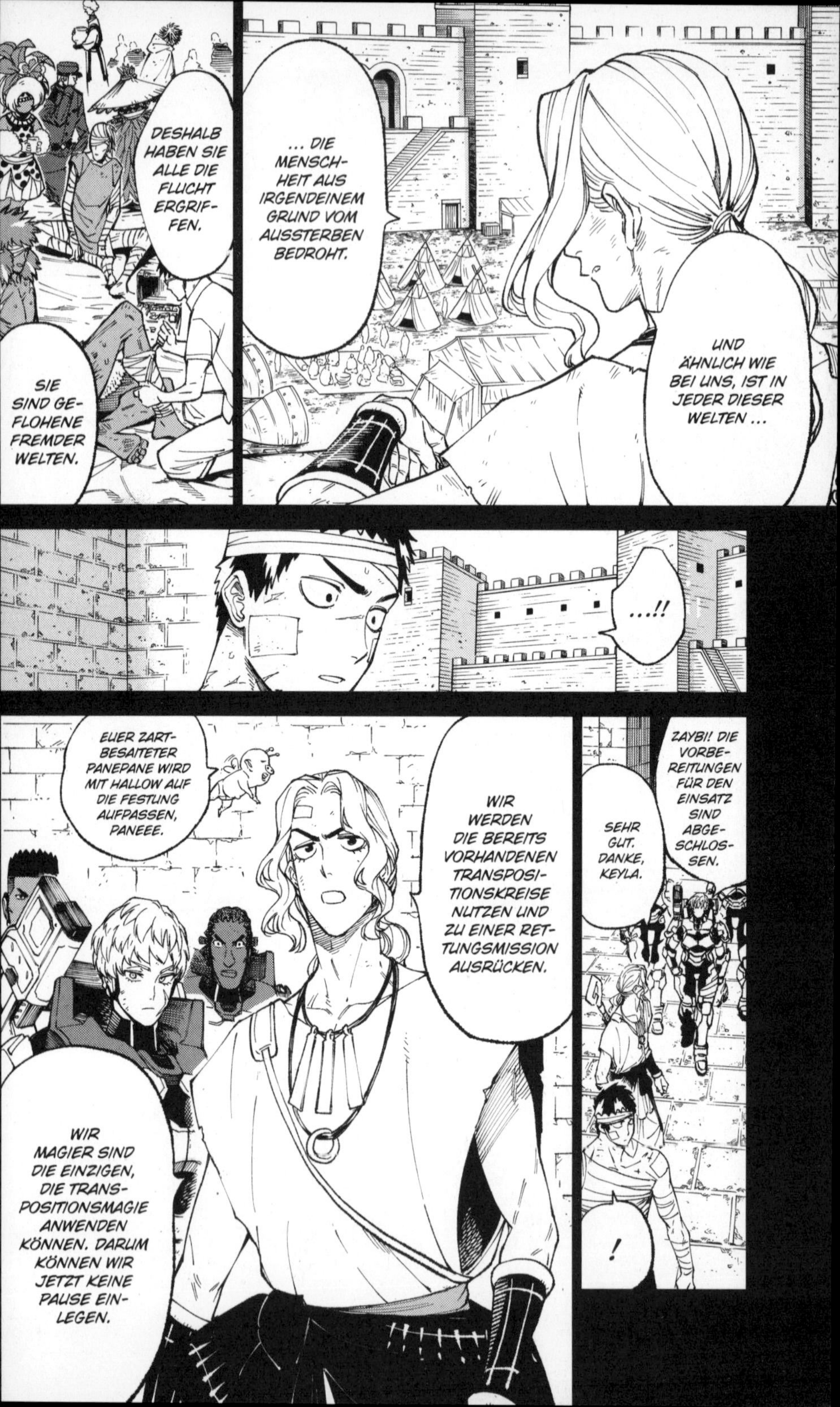
UND ÄHNLICH WIE BEI UNS, IST IN JEDER DIESER WELTEN …
… DIE MENSCHHEIT AUS IRGENDEINEM GRUND VOM AUSSTERBEN BEDROHT.
DESHALB HABEN SIE ALLE DIE FLUCHT ERGRIFFEN.
SIE SIND GEFLOHENE FREMDER WELTEN.
…!!
ZAYBI! DIE VORBEREITUNGEN FÜR DEN EINSATZ SIND ABGESCHLOSSEN.
SEHR GUT. DANKE, KEYLA.
!
WIR WERDEN DIE BEREITS VORHANDENEN TRANSPOSITIONSKREISE NUTZEN UND ZU EINER RETTUNGSMISSION AUSRÜCKEN.
EUER ZARTBESAITETER PANEPANE WIRD MIT HALLOW AUF DIE FESTUNG AUFPASSEN, PANEEE.
WIR MAGIER SIND DIE EINZIGEN, DIE TRANSPOSITIONSMAGIE ANWENDEN KÖNNEN. DARUM KÖNNEN WIR JETZT KEINE PAUSE EINLEGEN.

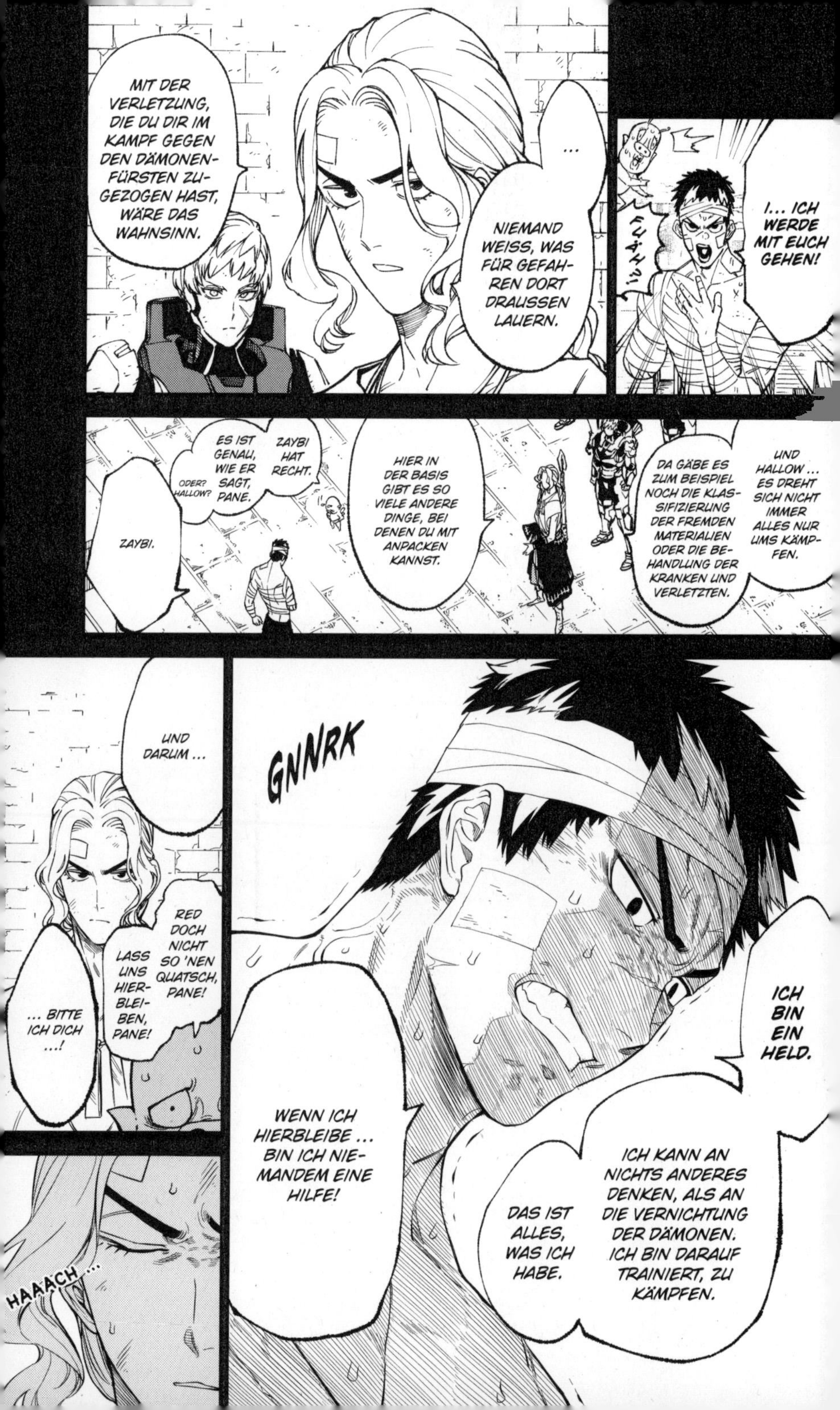
I… ICH WERDE MIT EUCH GEHEN!
FUÄH?!
…
NIEMAND WEISS, WAS FÜR GEFAHREN DORT DRAUSSEN LAUERN.
MIT DER VERLETZUNG, DIE DU DIR IM KAMPF GEGEN DEN DÄMONENFÜRSTEN ZUGEZOGEN HAST, WÄRE DAS WAHNSINN.
UND HALLOW … ES DREHT SICH NICHT IMMER ALLES NUR UMS KÄMPFEN.
DA GÄBE ES ZUM BEISPIEL NOCH DIE KLASSIFIZIERUNG DER FREMDEN MATERIALIEN ODER DIE BEHANDLUNG DER KRANKEN UND VERLETZTEN.
HIER IN DER BASIS GIBT ES SO VIELE ANDERE DINGE, BEI DENEN DU MIT ANPACKEN KANNST.
ZAYBI HAT RECHT.
ES IST GENAU, WIE ER SAGT, PANE.
ODER? HALLOW?
ZAYBI.
ICH BIN EIN HELD.
GNNRK
ICH KANN AN NICHTS ANDERES DENKEN, ALS AN DIE VERNICHTUNG DER DÄMONEN. ICH BIN DARAUF TRAINIERT, ZU KÄMPFEN.
DAS IST ALLES, WAS ICH HABE.
WENN ICH HIERBLEIBE … BIN ICH NIEMANDEM EINE HILFE!
UND DARUM …
RED DOCH NICHT SO 'NEN QUATSCH, PANE!
LASS UNS HIERBLEIBEN, PANE!
… BITTE ICH DICH …!
HAAACH …

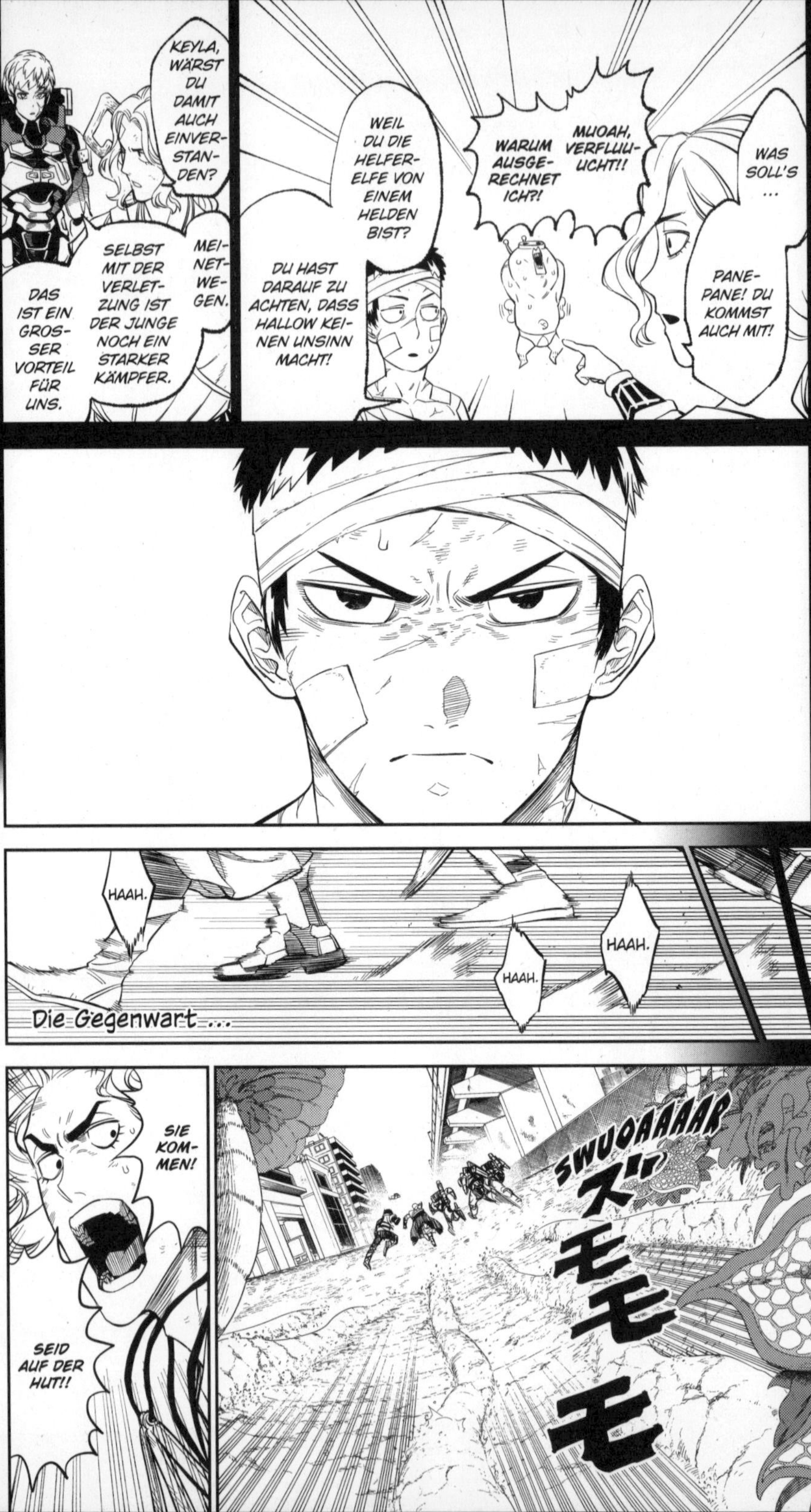
WAS SOLL'S ...
PANE-PANE! DU KOMMST AUCH MIT!
MUOAH, VERFLUUUCHT!!
WARUM AUSGERECHNET ICH?!
WEIL DU DIE HELFERELFE VON EINEM HELDEN BIST?
DU HAST DARAUF ZU ACHTEN, DASS HALLOW KEINEN UNSINN MACHT!
KEYLA, WÄRST DU DAMIT AUCH EINVERSTANDEN?
MEINETWEGEN.
SELBST MIT DER VERLETZUNG IST DER JUNGE NOCH EIN STARKER KÄMPFER.
DAS IST EIN GROSSER VORTEIL FÜR UNS.
HAAH.
HAAH.
HAAH.
Die Gegenwart ...
SWUOAAAAR
ズモモモ
SIE KOMMEN!
SEID AUF DER HUT!!

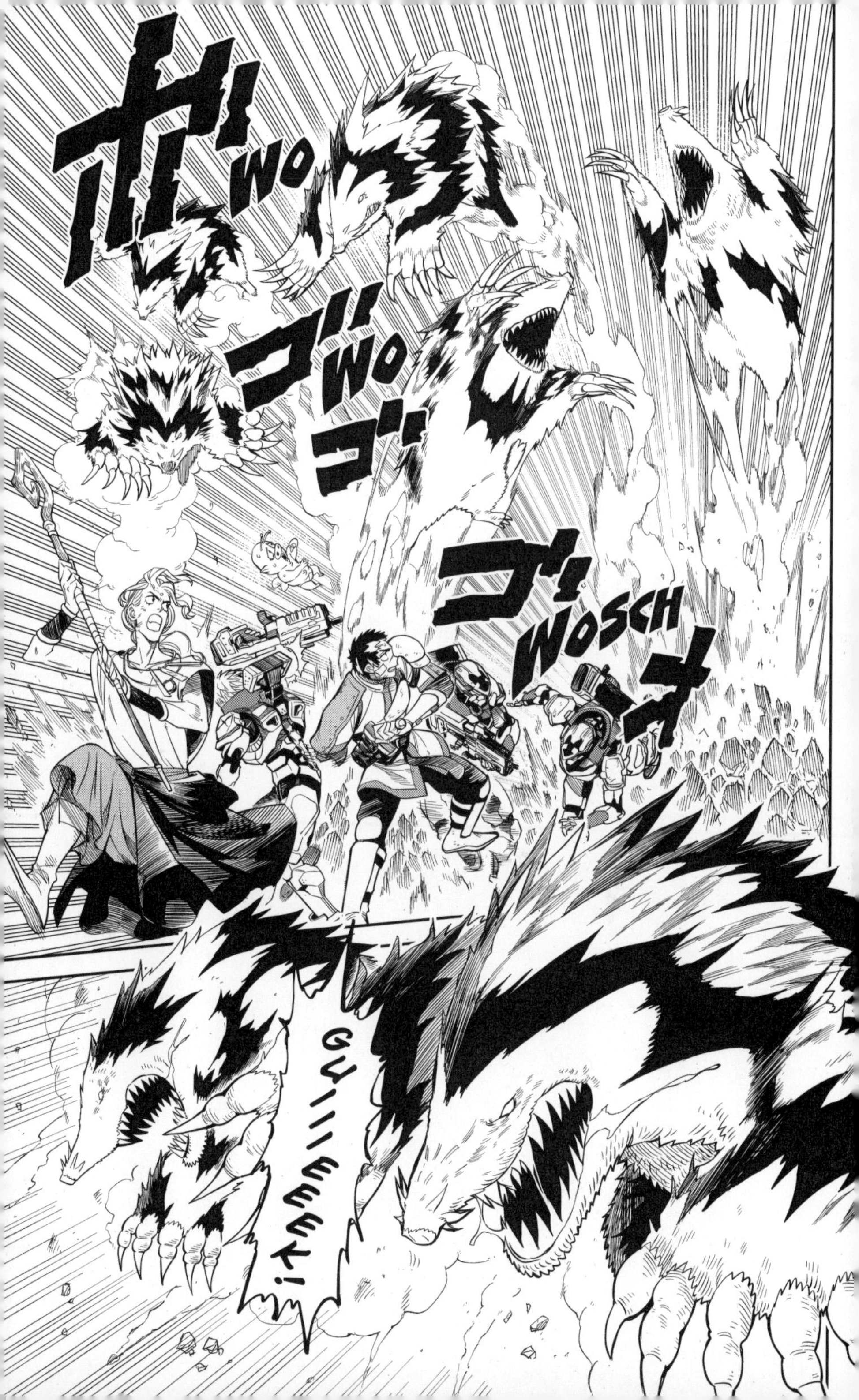
オ WO
ゴ WO
ゴ
ゴ WOSCH
オ
GUIIIEEEEK!

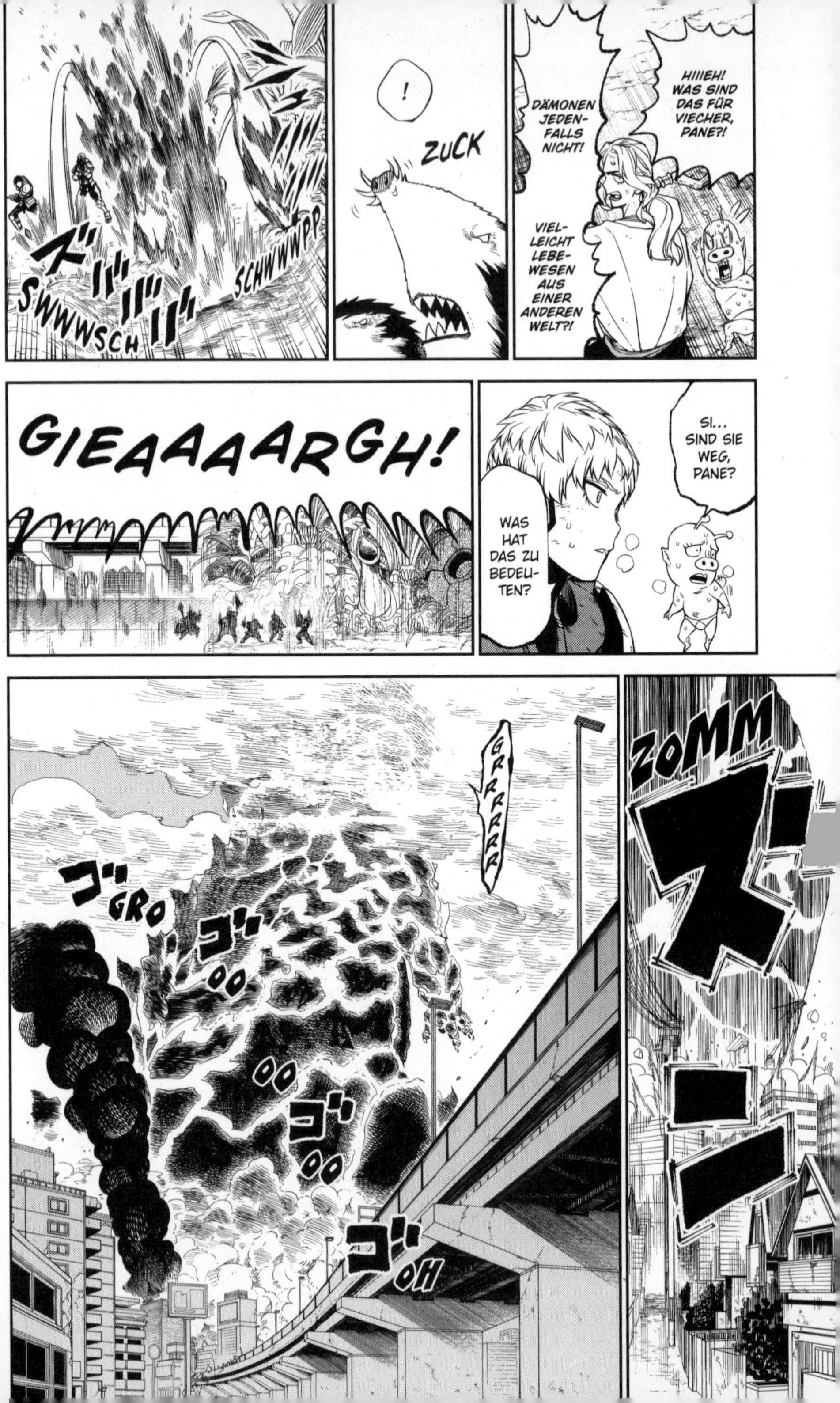
HIIIEH! WAS SIND DAS FÜR VIECHER, PANE?!
DÄMONEN JEDEN-FALLS NICHT!
VIEL-LEICHT LEBE-WESEN AUS EINER ANDEREN WELT?!
!
ZUCK
SCHWWWPP
SWWWSCH
SI... SIND SIE WEG, PANE?
WAS HAT DAS ZU BEDEU-TEN?
GIEAAAAARGH!
ZOMM
GRRRRRR
GRO
OO
OO
OO
OH

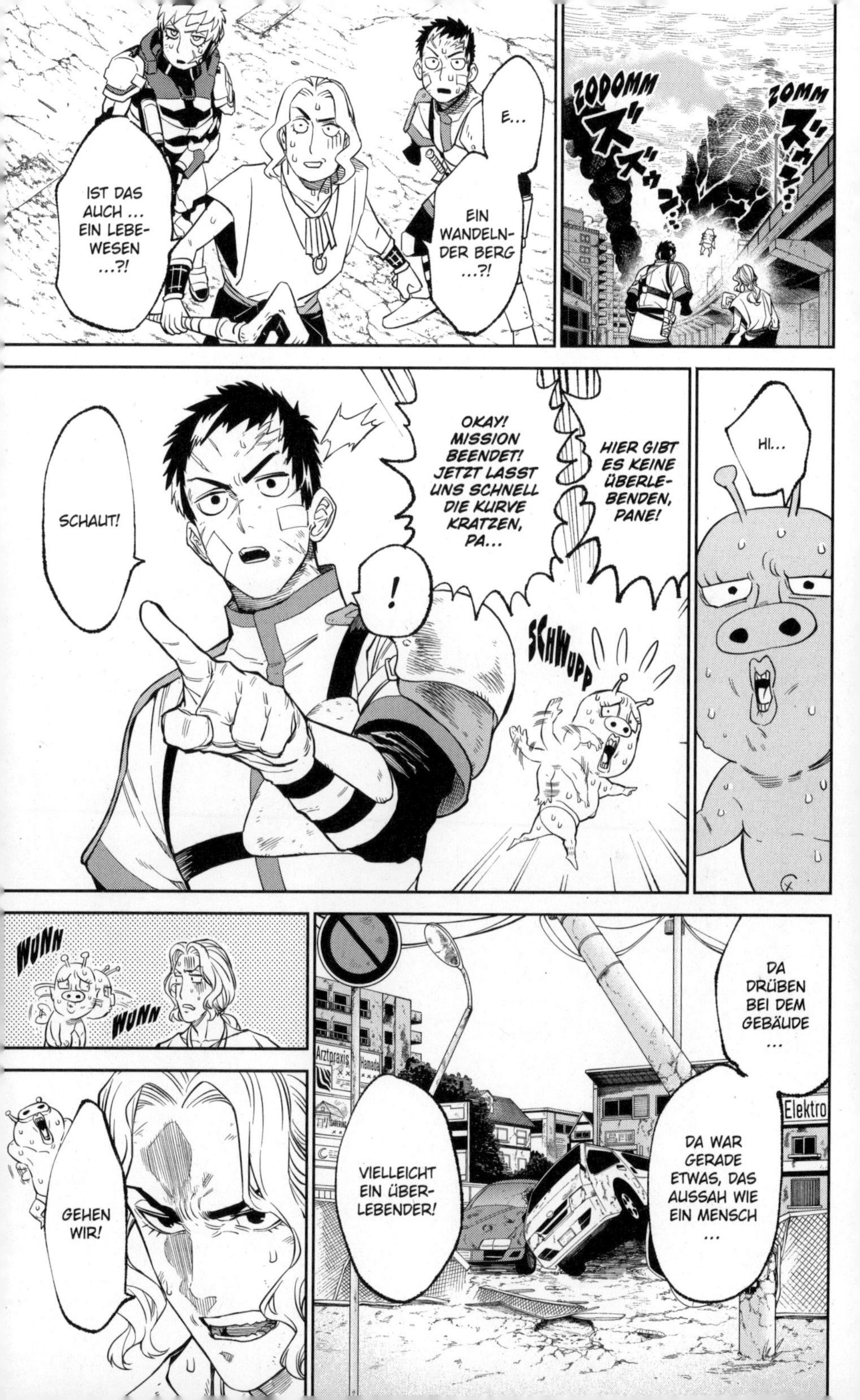
ZODOMM
ZOMM
E…
EIN WANDELNDER BERG …?!
IST DAS AUCH … EIN LEBEWESEN …?!
HI…
HIER GIBT ES KEINE ÜBERLEBENDEN, PANE!
OKAY! MISSION BEENDET! JETZT LASST UNS SCHNELL DIE KURVE KRATZEN, PA…
!
SCHWUPP
SCHAUT!
DA DRÜBEN BEI DEM GEBÄUDE …
DA WAR GERADE ETWAS, DAS AUSSAH WIE EIN MENSCH …
Elektro
VIELLEICHT EIN ÜBERLEBENDER!
Arztpraxis
Hamada
WUNN
WUNN
GEHEN WIR!

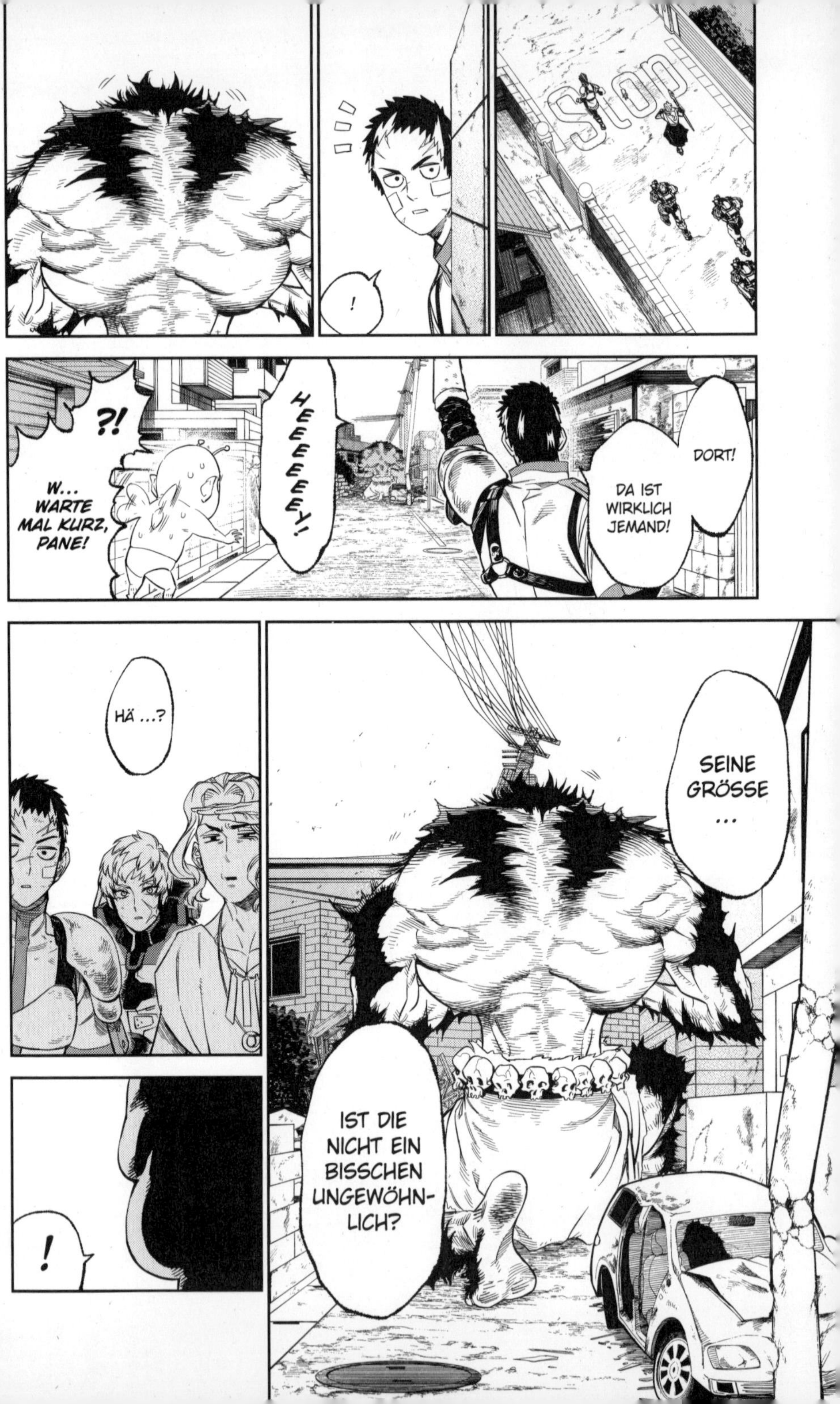
!
Stop
DORT!
DA IST WIRKLICH JEMAND!
HEEEEEEY!
?!
W... WARTE MAL KURZ, PANE!
SEINE GRÖSSE ...
IST DIE NICHT EIN BISSCHEN UNGEWÖHN-LICH?
HÄ ...?
!

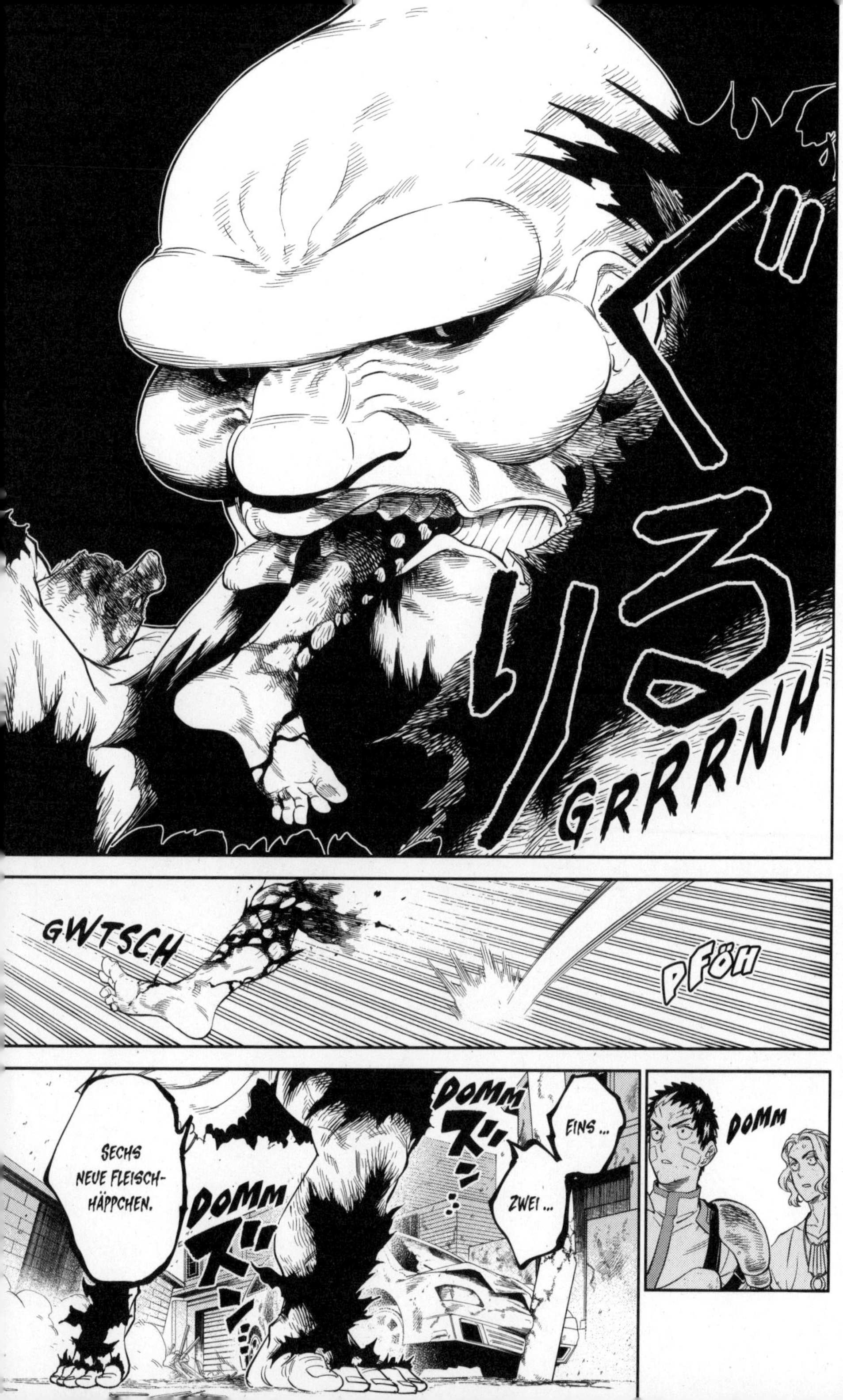

ぐろり
GRRRNH
PFÖH
GWTSCH
DOMM
EINS ...
DOMM
ズゥン
ZWEI ...
DOMM
ズゥン
SECHS NEUE FLEISCH-HÄPPCHEN.

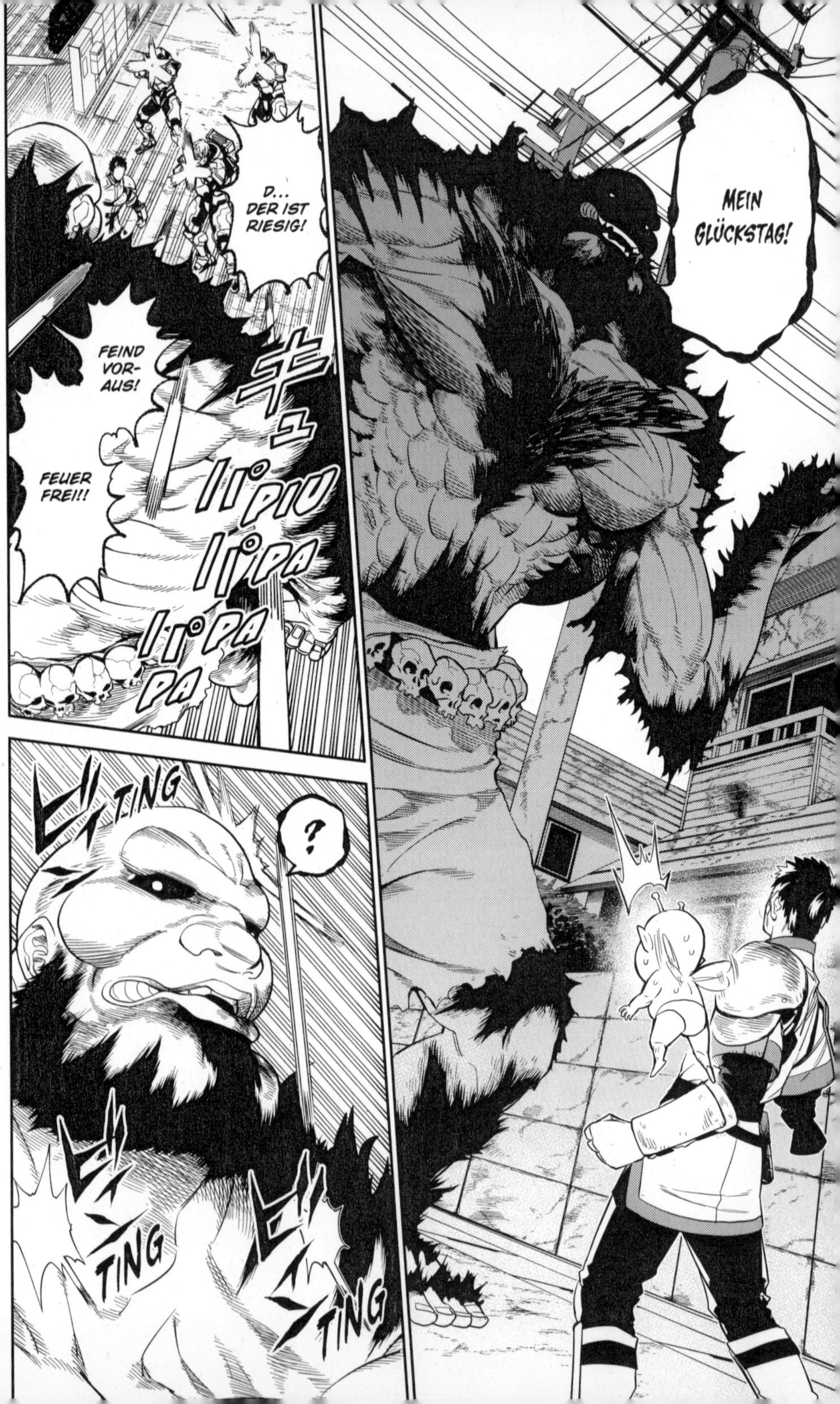
MEIN GLÜCKSTAG!
D... DER IST RIESIG!
FEIND VOR-AUS!
FEUER FREI!!
PIU
PA
PA
PA
?
TING
TING
TING

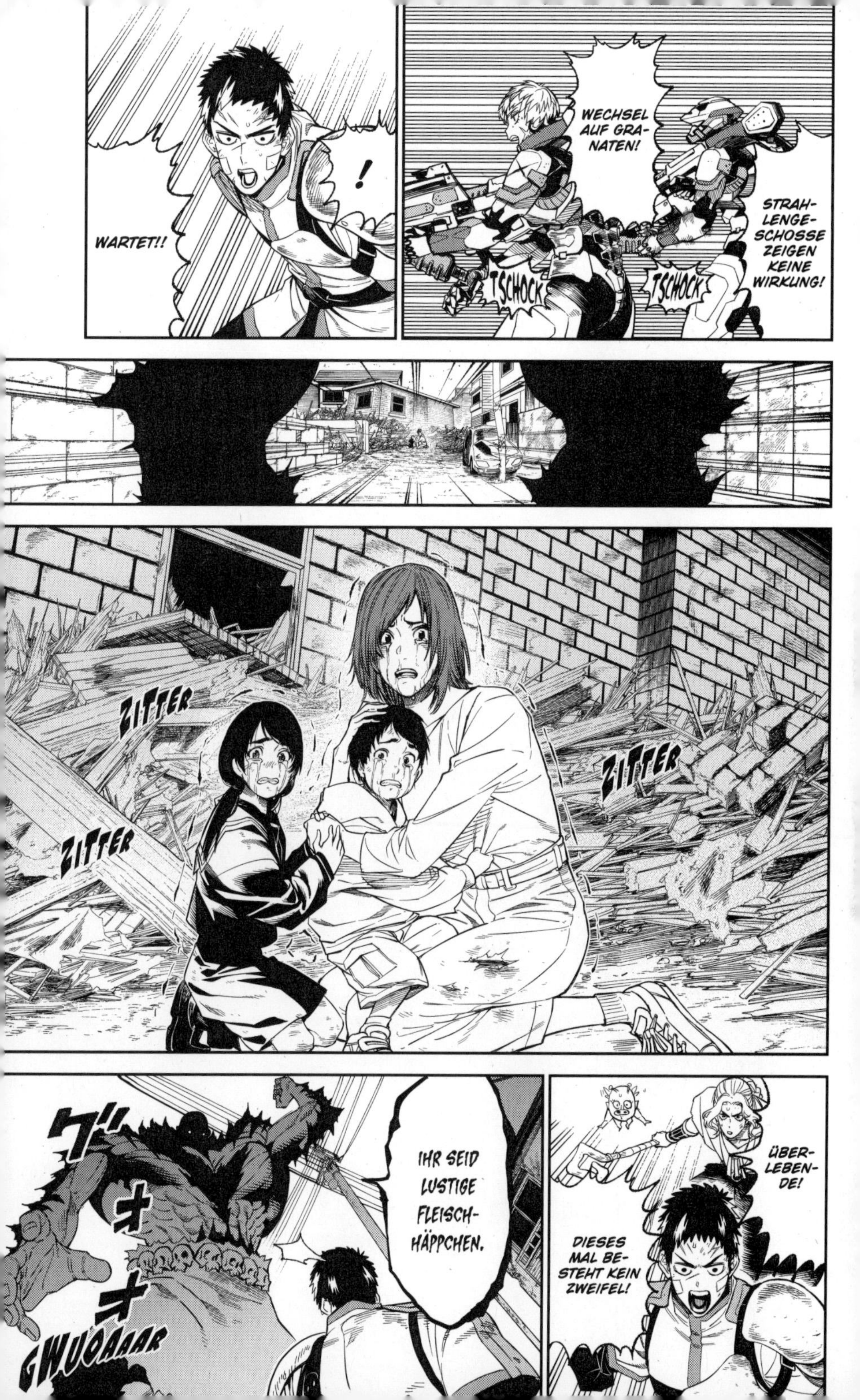

WECHSEL AUF GRANATEN!
STRAHLENGESCHOSSE ZEIGEN KEINE WIRKUNG!
TSCHOCK
TSCHOCK
!
WARTET!!
ZITTER
ZITTER
ZITTER
ÜBERLEBENDE!
DIESES MAL BESTEHT KEIN ZWEIFEL!
IHR SEID LUSTIGE FLEISCHHÄPPCHEN.
GWUOAAAR

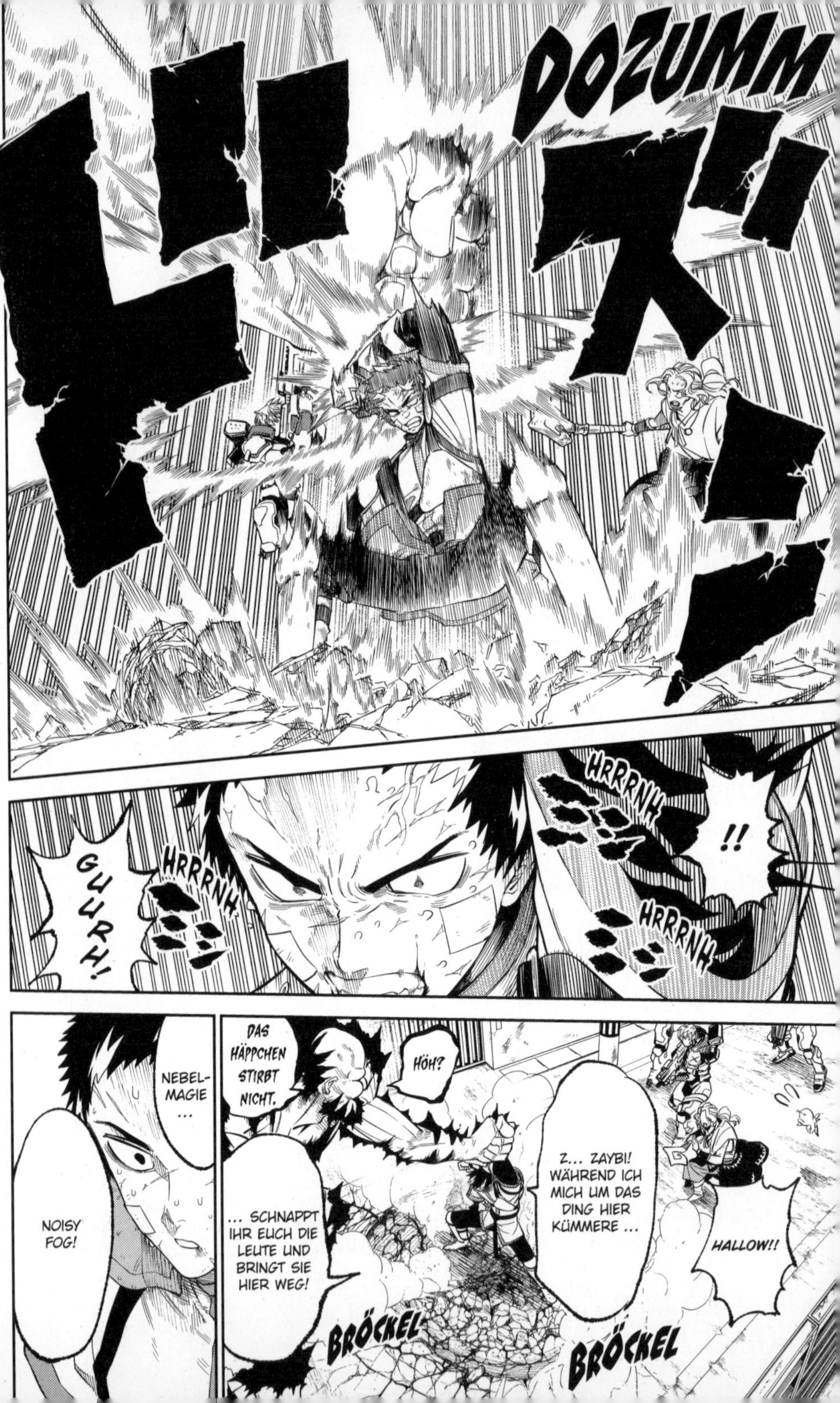

DOZUMM
HRRRNH
!!
HRRRNH
HRRRNH
GURH!
HALLOW!!
Z… ZAYBI! WÄHREND ICH MICH UM DAS DING HIER KÜMMERE …
… SCHNAPPT IHR EUCH DIE LEUTE UND BRINGT SIE HIER WEG!
HÖH?
DAS HÄPPCHEN STIRBT NICHT.
BRÖCKEL
BRÖCKEL
NEBEL-MAGIE …
NOISY FOG!

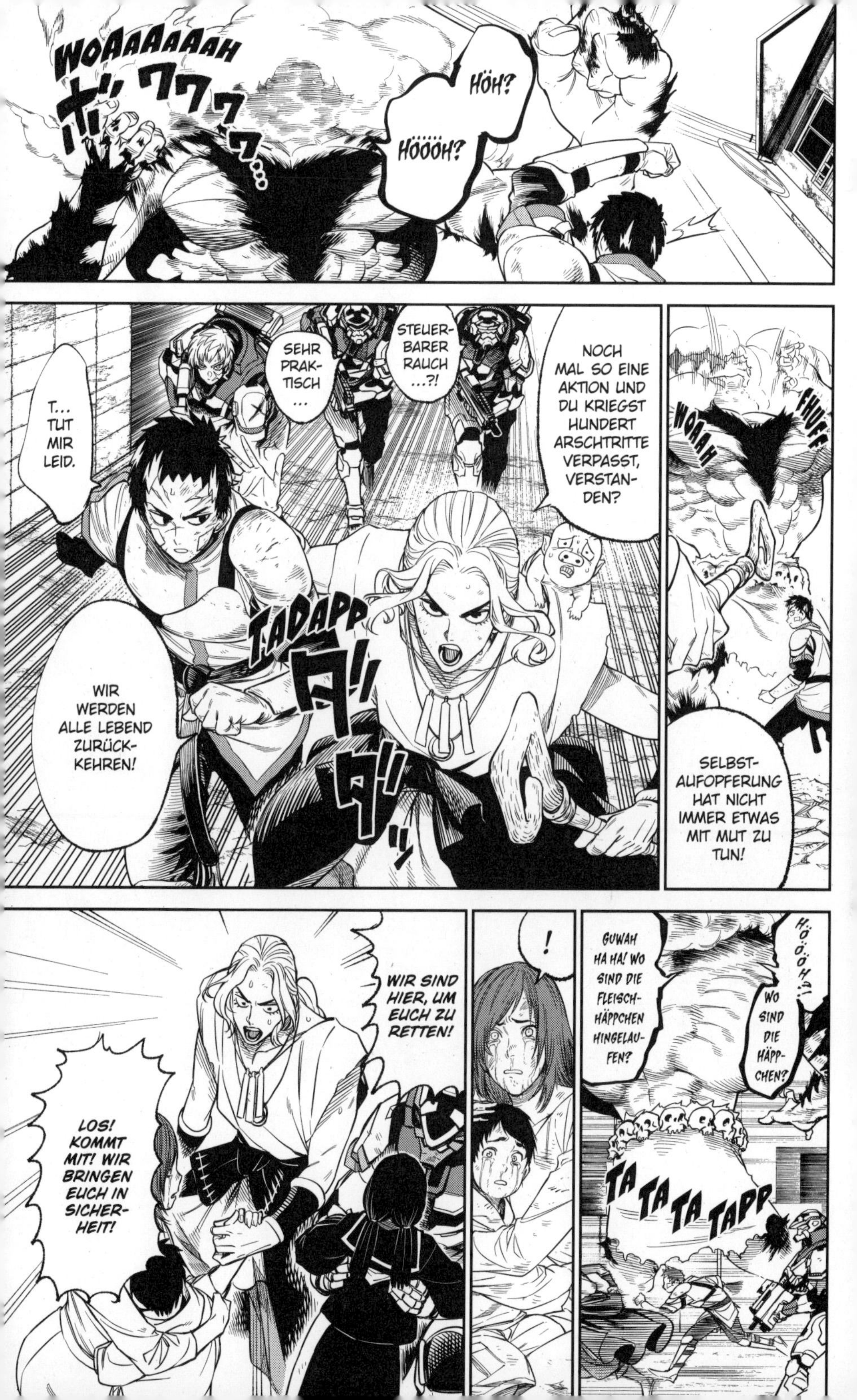
HÖH?
......HÖÖÖH?
WOAAAAAAH
WOAAH
FHUFF
SELBST-AUFOPFERUNG HAT NICHT IMMER ETWAS MIT MUT ZU TUN!
NOCH MAL SO EINE AKTION UND DU KRIEGST HUNDERT ARSCHTRITTE VERPASST, VERSTANDEN?
STEUERBARER RAUCH ...?!
SEHR PRAKTISCH ...
T... TUT MIR LEID.
TADAPP
WIR WERDEN ALLE LEBEND ZURÜCKKEHREN!
HÖÖÖH?!
WO SIND DIE HÄPPCHEN?
GUWAH HA HA! WO SIND DIE FLEISCHHÄPPCHEN HINGELAUFEN?
TA TA TA TAPP
!
WIR SIND HIER, UM EUCH ZU RETTEN!
LOS! KOMMT MIT! WIR BRINGEN EUCH IN SICHERHEIT!

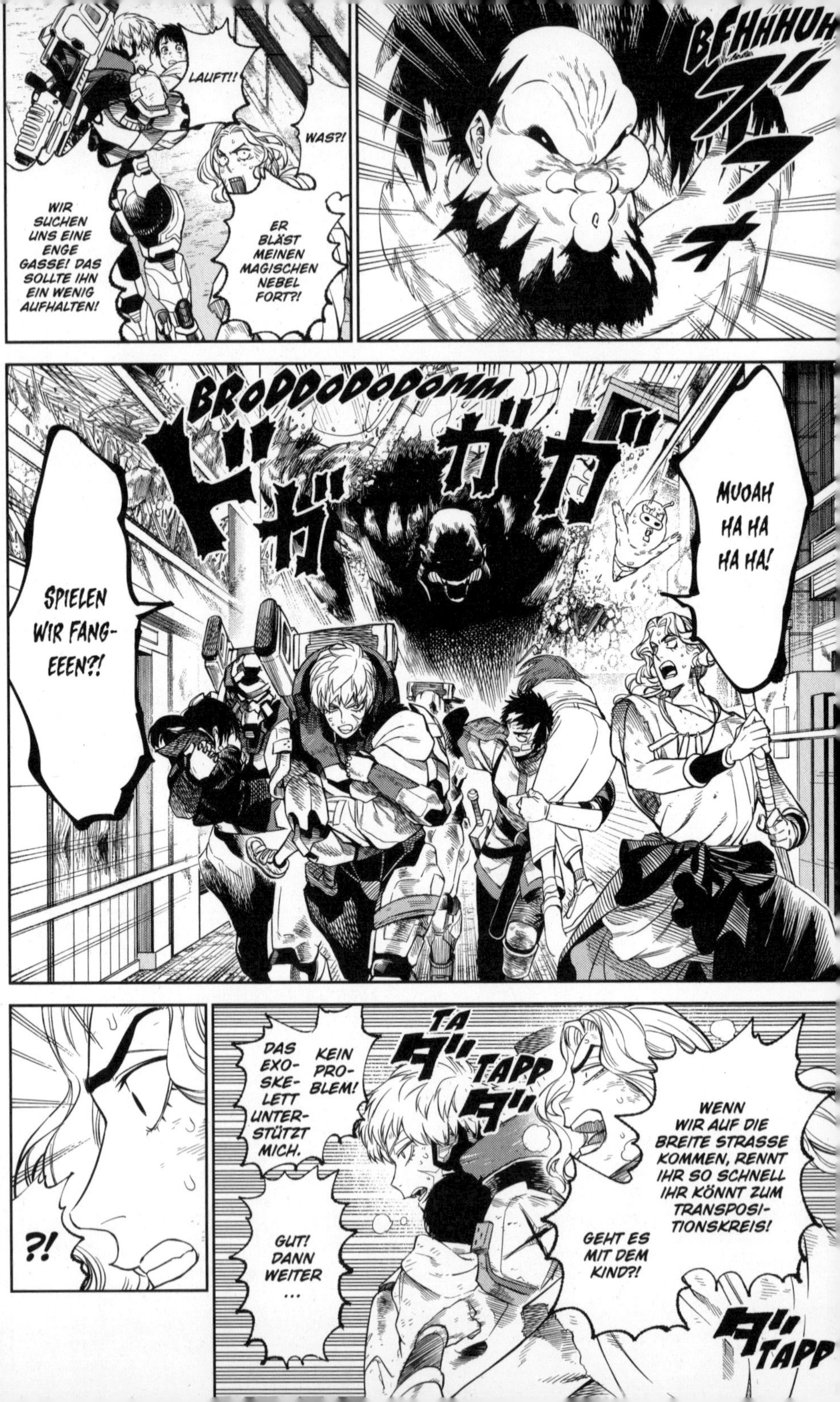
BFHHHUH
LAUFT!!
WAS?!
ER BLÄST MEINEN MAGISCHEN NEBEL FORT?!
WIR SUCHEN UNS EINE ENGE GASSE! DAS SOLLTE IHN EIN WENIG AUFHALTEN!
BRODDODODOMM
MUOAH HA HA HA HA!
SPIELEN WIR FANG-EEEN?!
TA
TAPP
WENN WIR AUF DIE BREITE STRASSE KOMMEN, RENNT IHR SO SCHNELL IHR KÖNNT ZUM TRANSPOSITIONSKREIS!
GEHT ES MIT DEM KIND?!
KEIN PRO-BLEM!
DAS EXO-SKE-LETT UNTER-STÜTZT MICH.
GUT! DANN WEITER …
TAPP
?!

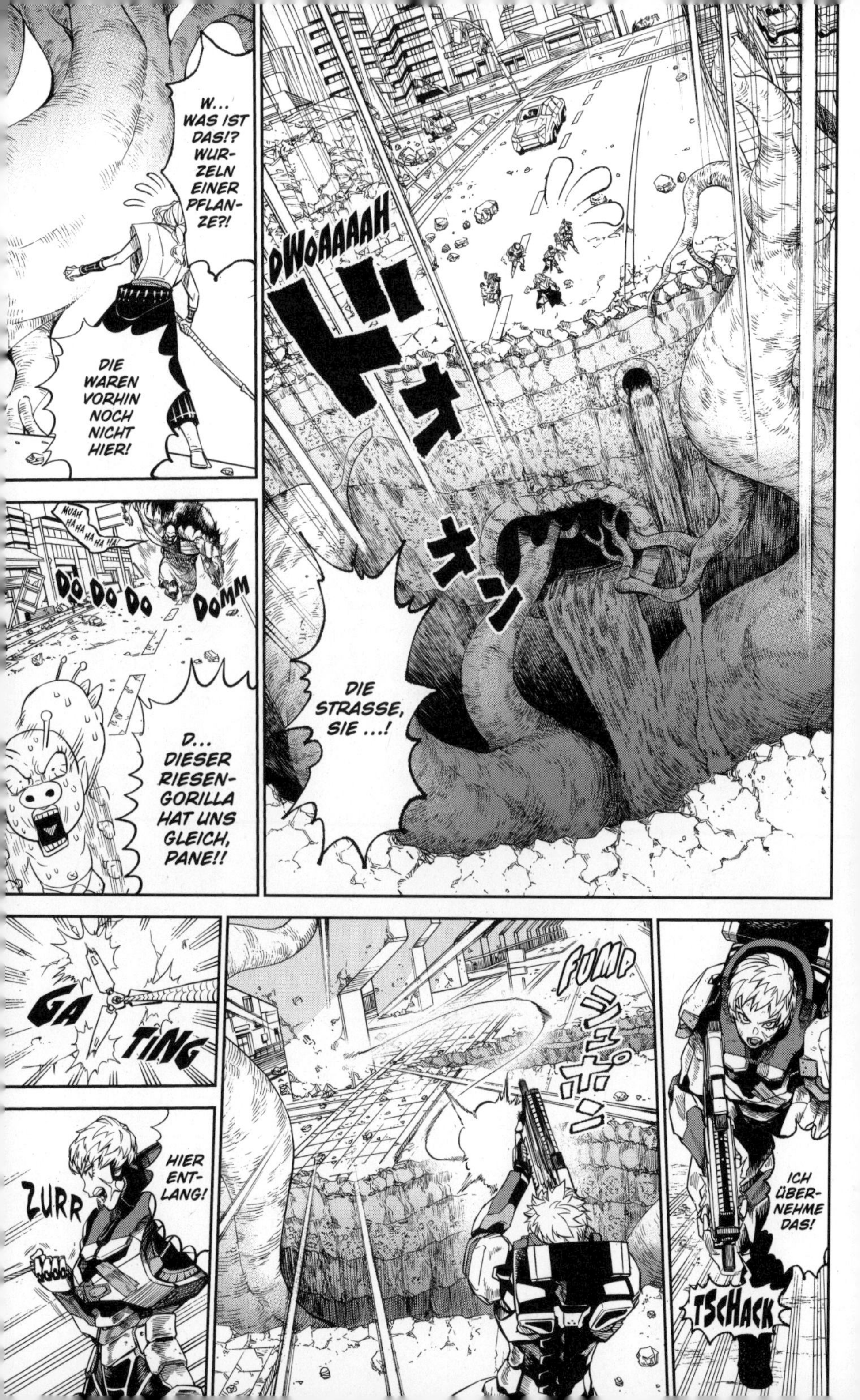
DWOAAAAH
W... WAS IST DAS!? WURZELN EINER PFLANZE?!
DIE WAREN VORHIN NOCH NICHT HIER!
DIE STRASSE, SIE ...!
MUAH HA HA HA HA HA!
DO DO DO DOMM
D... DIESER RIESENGORILLA HAT UNS GLEICH, PANE!!
FUMP
ICH ÜBERNEHME DAS!
TSCHACK
GA TING
HIER ENTLANG!
ZURR

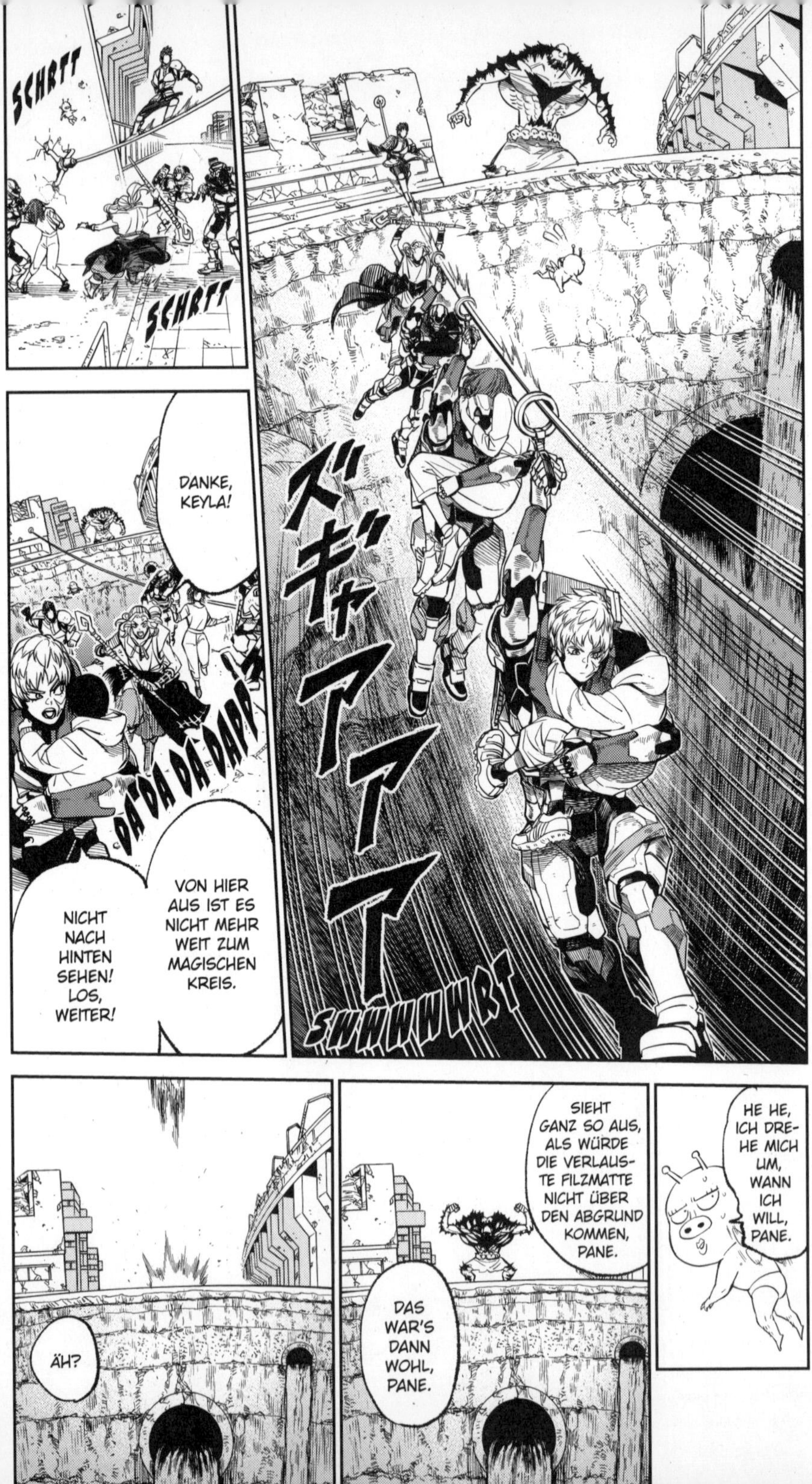
SCHRTT
SCHRTT
DANKE, KEYLA!
ズギャアアアア
SWHWWWWRT
DA DA DA DAPP
VON HIER AUS IST ES NICHT MEHR WEIT ZUM MAGISCHEN KREIS.
NICHT NACH HINTEN SEHEN! LOS, WEITER!
HE HE, ICH DREHE MICH UM, WANN ICH WILL, PANE.
SIEHT GANZ SO AUS, ALS WÜRDE DIE VERLAUSTE FILZMATTE NICHT ÜBER DEN ABGRUND KOMMEN, PANE.
DAS WAR'S DANN WOHL, PANE.
ÄH?

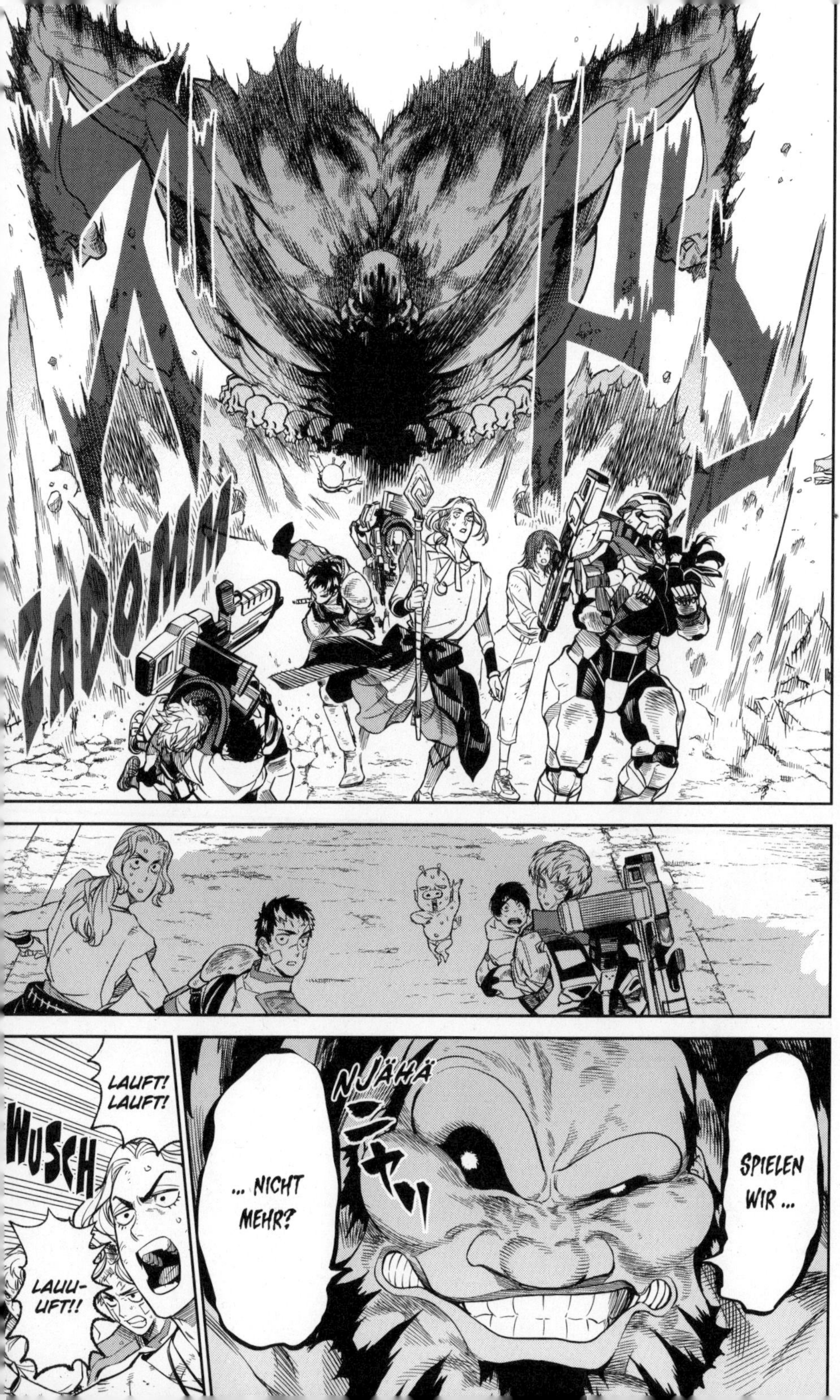
ZADOMM
SPIELEN WIR ...
NJÄHÄ
... NICHT MEHR?
LAUFT! LAUFT!
WUSCH
LAUU-UFT!!

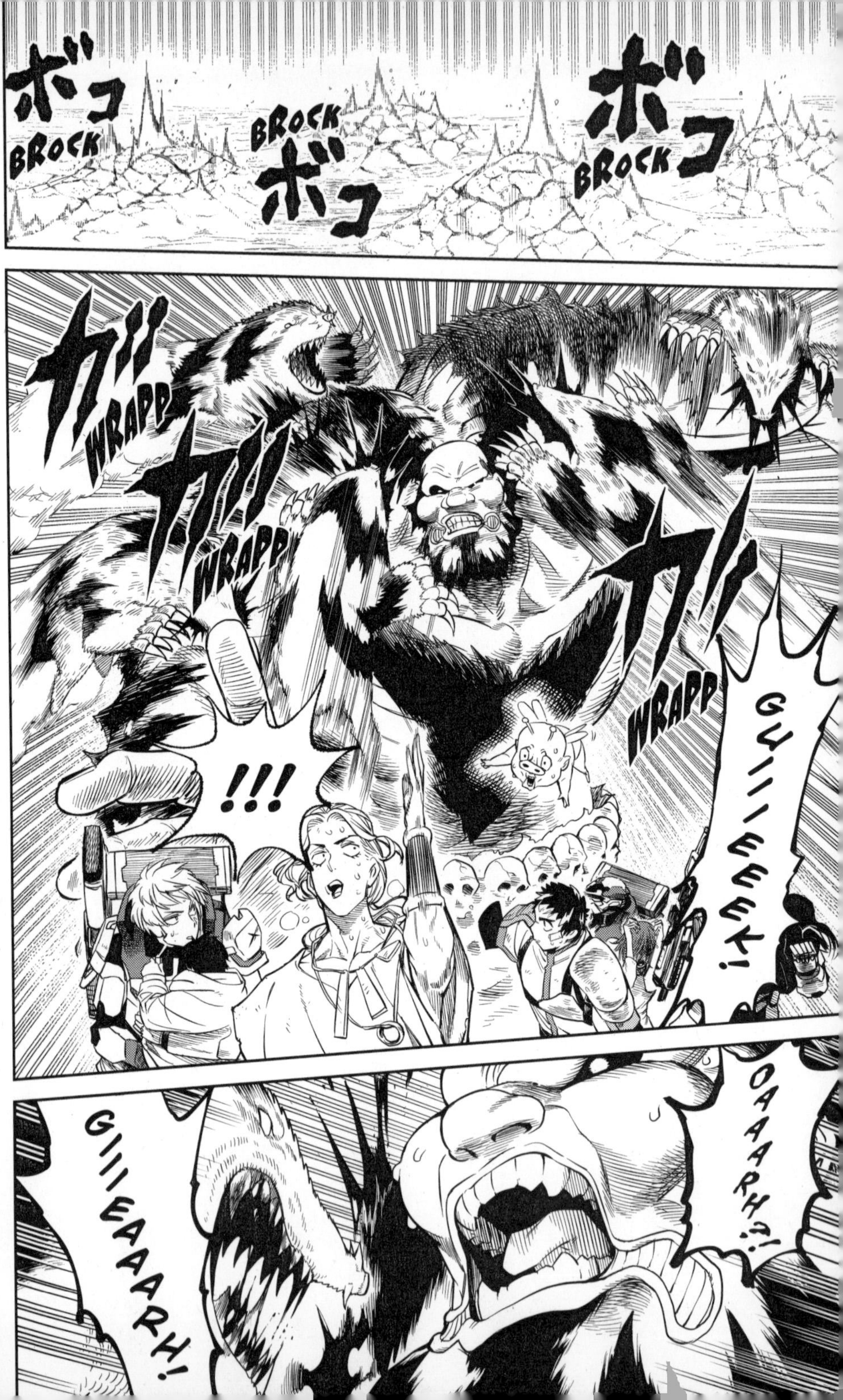
ボコ
BROCK
BROCK
ボコ
ボコ
BROCK
ガリ
WRAPP
ガリ
WRAPP
ガリ
WRAPP
!!!
GYIIIEEEK!
OAAAARH?!
GIIIEAAARH!

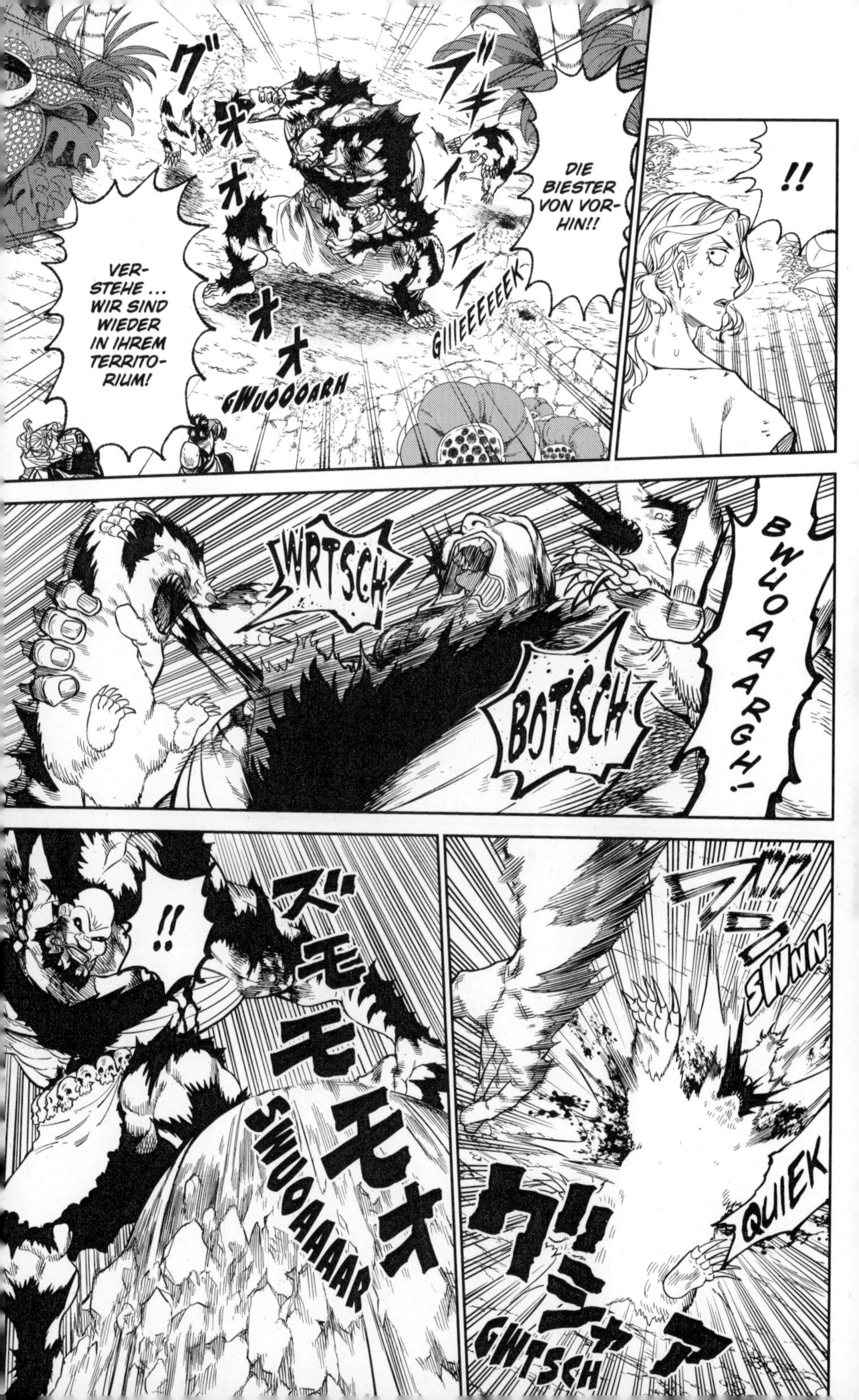
!!
DIE BIESTER VON VOR-HIN!!
ブギィィィ
GIIIEEEEEEK
グオオオオオ
GWUOOOOARH
VER-STEHE … WIR SIND WIEDER IN IHREM TERRITO-RIUM!
BWUOAAAARGH!
BOTSCH
WRTSCH
ブン
SWNN
QUIEK
グシャア
GWTSCH
!!
ズモモモオ
SWUOAAAAAR

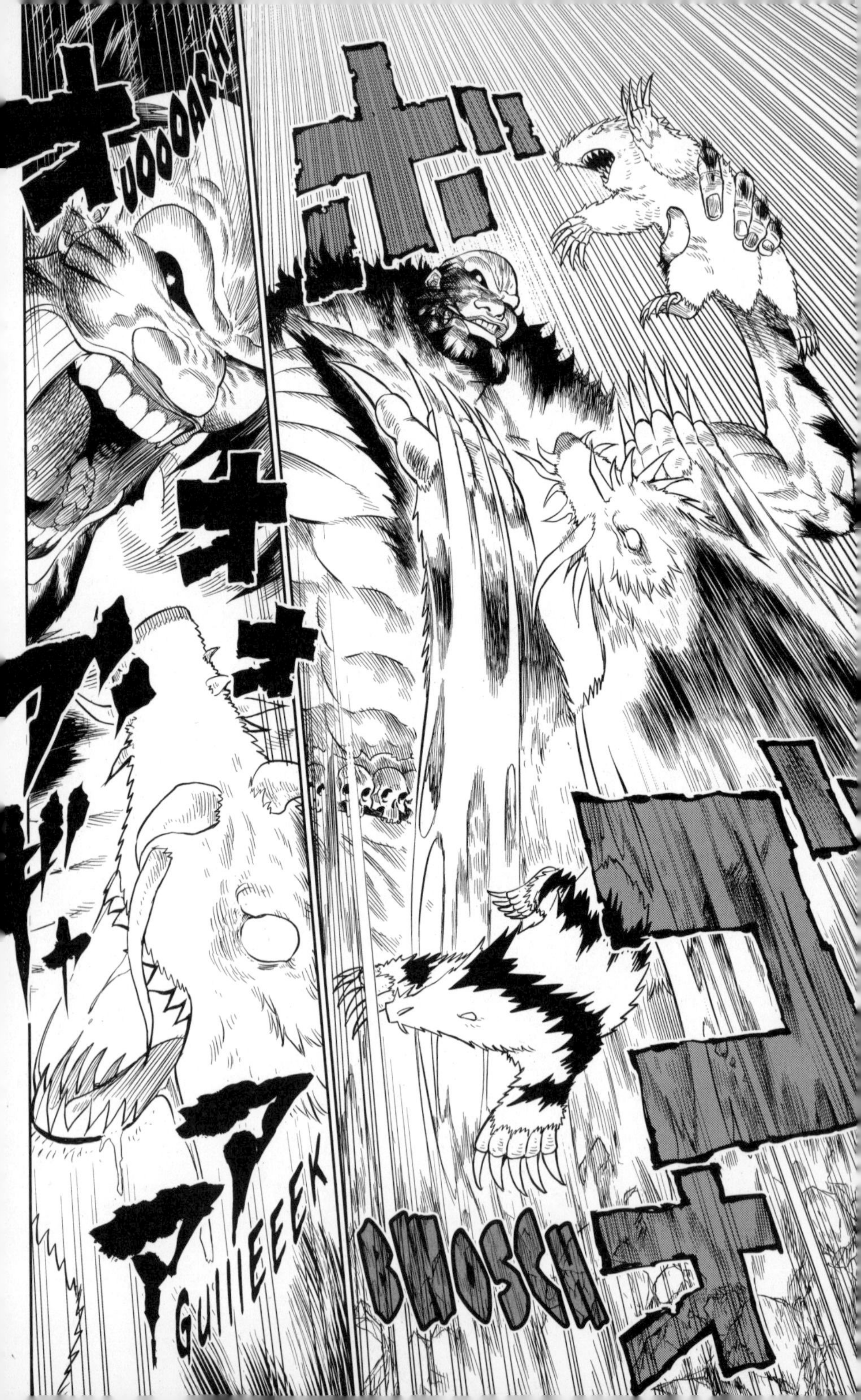
BWOSCH
GUIIIEEEK
UOOOARH

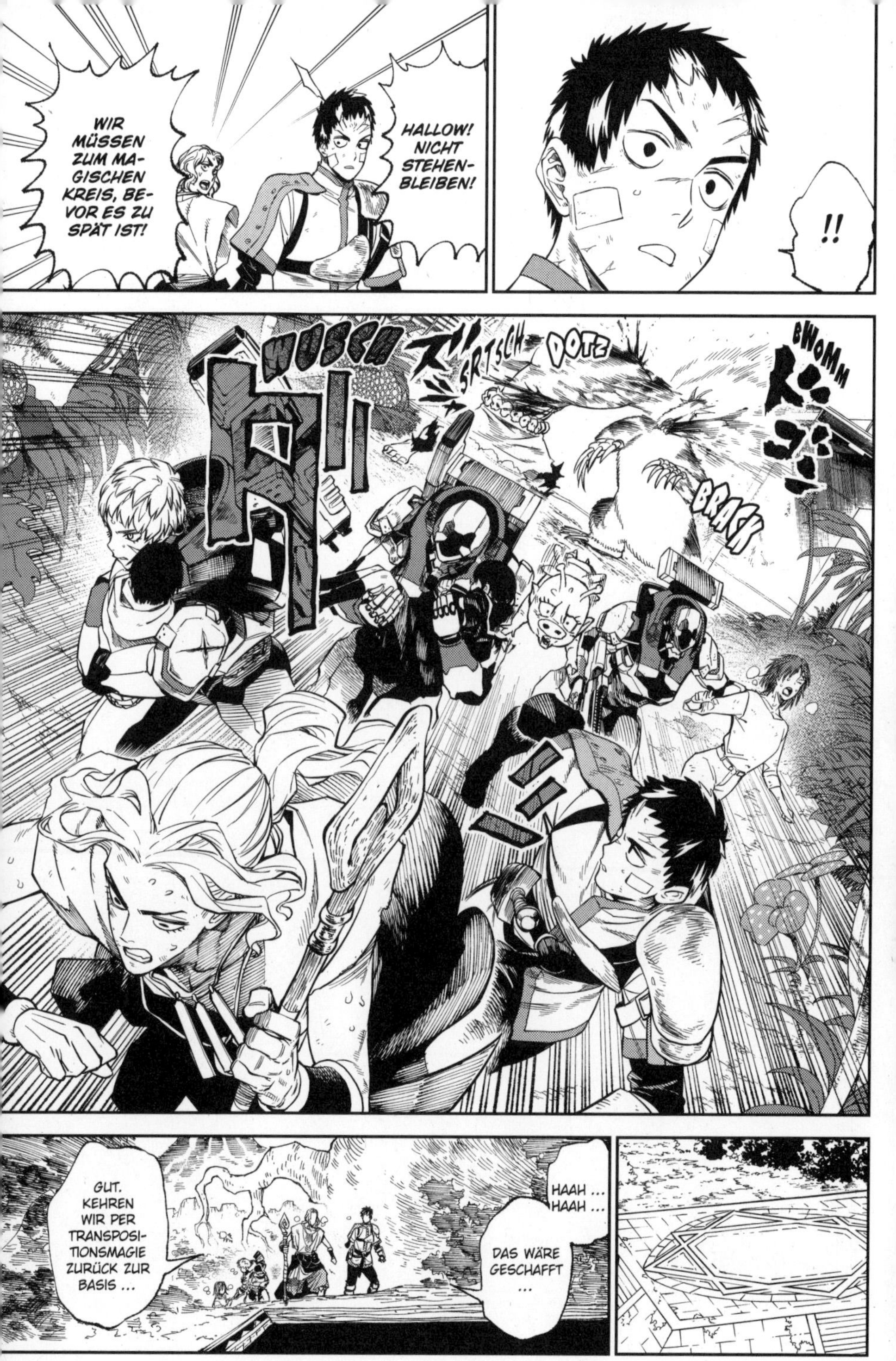
WIR MÜSSEN ZUM MAGISCHEN KREIS, BEVOR ES ZU SPÄT IST!
HALLOW! NICHT STEHENBLEIBEN!
!!
WUSCH
SRTSCH
DOTZ
BWOMM
BRACK
GUT. KEHREN WIR PER TRANSPOSITIONSMAGIE ZURÜCK ZUR BASIS …
HAAH … HAAH …
DAS WÄRE GESCHAFFT …

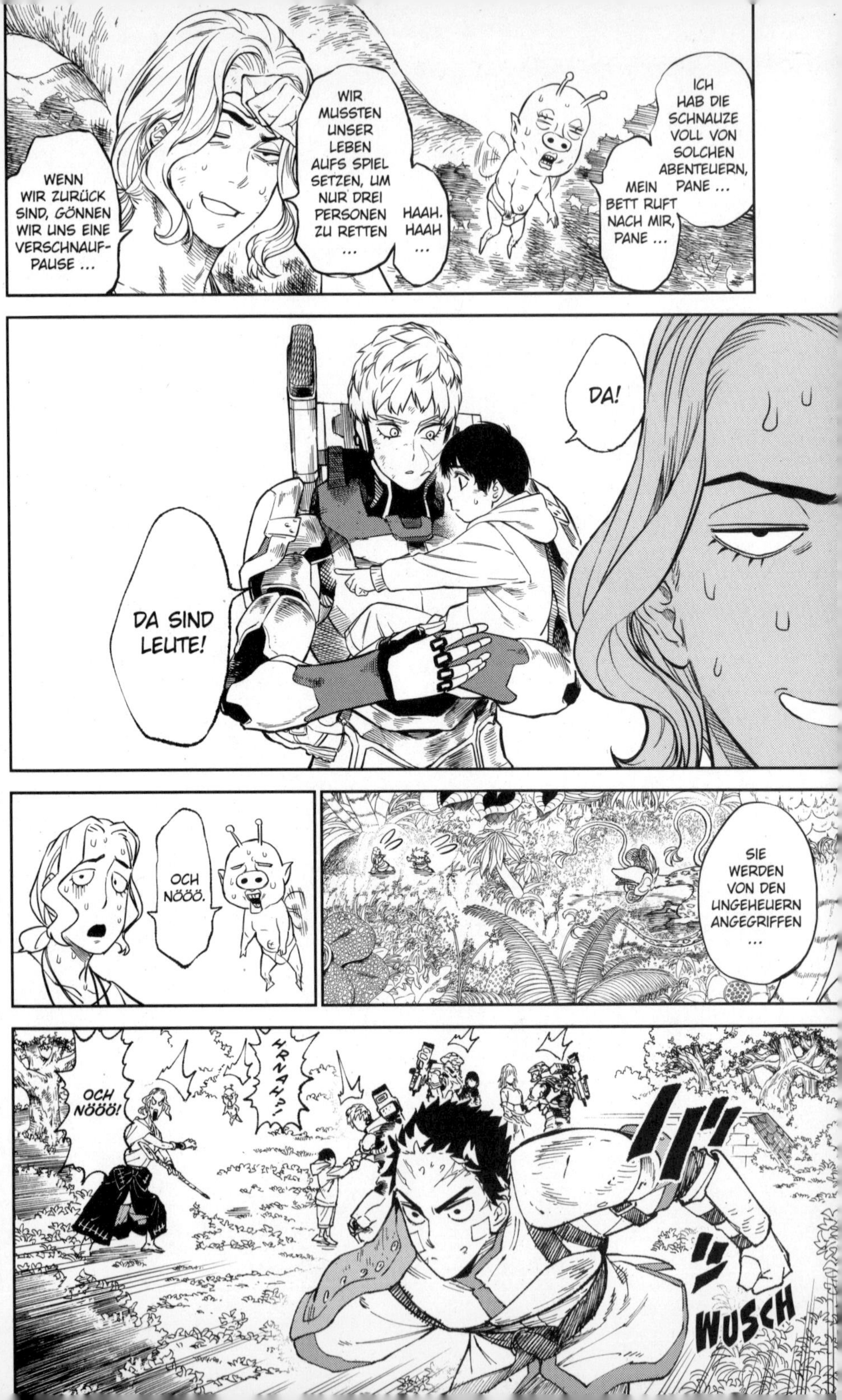
ICH HAB DIE SCHNAUZE VOLL VON SOLCHEN ABENTEUERN, PANE …
MEIN BETT RUFT NACH MIR, PANE …
HAAH. HAAH …
WIR MUSSTEN UNSER LEBEN AUFS SPIEL SETZEN, UM NUR DREI PERSONEN ZU RETTEN …
WENN WIR ZURÜCK SIND, GÖNNEN WIR UNS EINE VERSCHNAUFPAUSE …
DA!
DA SIND LEUTE!
SIE WERDEN VON DEN UNGEHEUERN ANGEGRIFFEN …
OCH NÖÖÖ.
WUSCH
HRNAH?!
OCH NÖÖÖ!

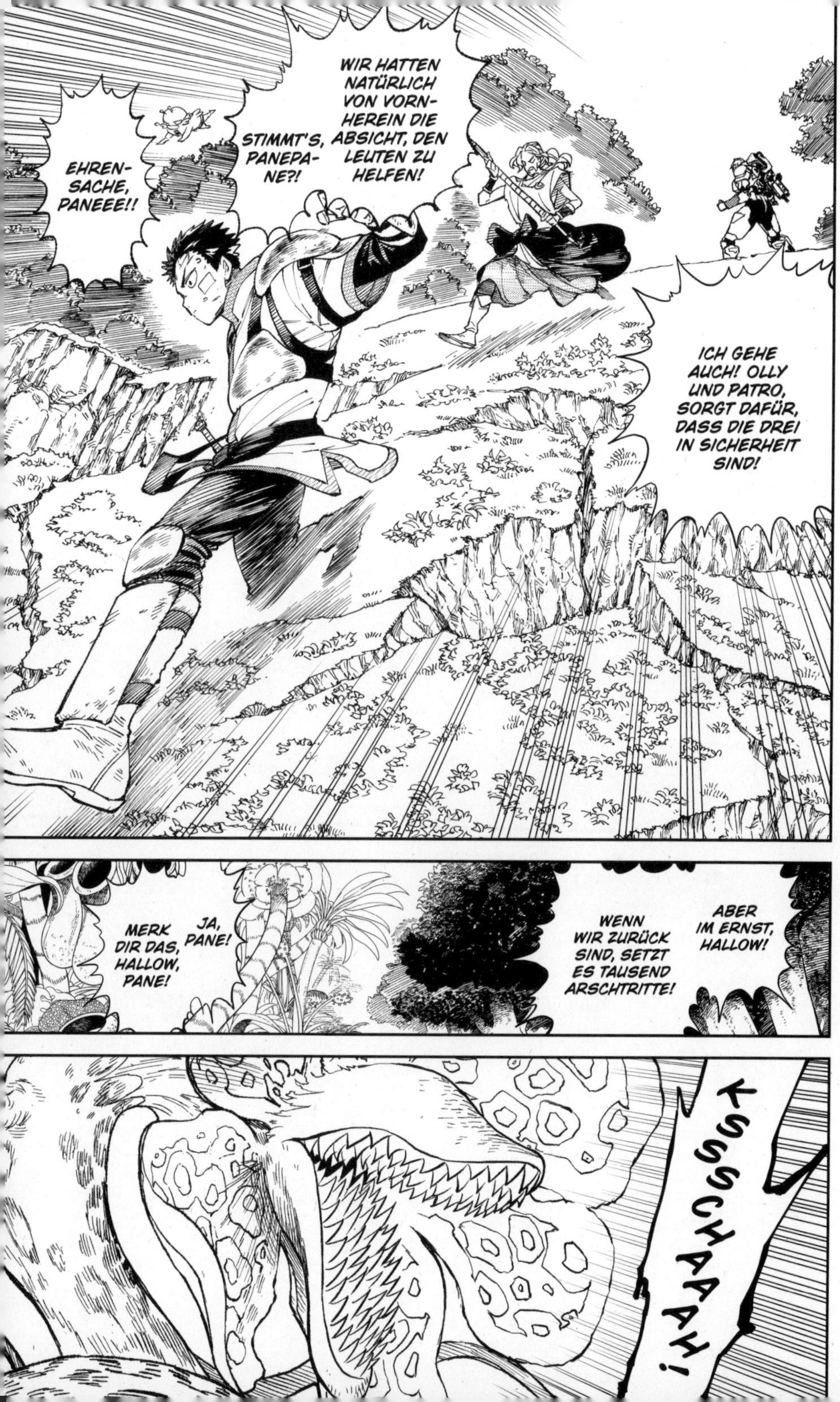
ICH GEHE AUCH! OLLY UND PATRO, SORGT DAFÜR, DASS DIE DREI IN SICHERHEIT SIND!
WIR HATTEN NATÜRLICH VON VORNHEREIN DIE ABSICHT, DEN LEUTEN ZU HELFEN!
STIMMT'S, PANEPANE?!
EHRENSACHE, PANEEE!!
ABER IM ERNST, HALLOW!
WENN WIR ZURÜCK SIND, SETZT ES TAUSEND ARSCHTRITTE!
JA, PANE!
MERK DIR DAS, HALLOW, PANE!
KSSSCHAAAH!

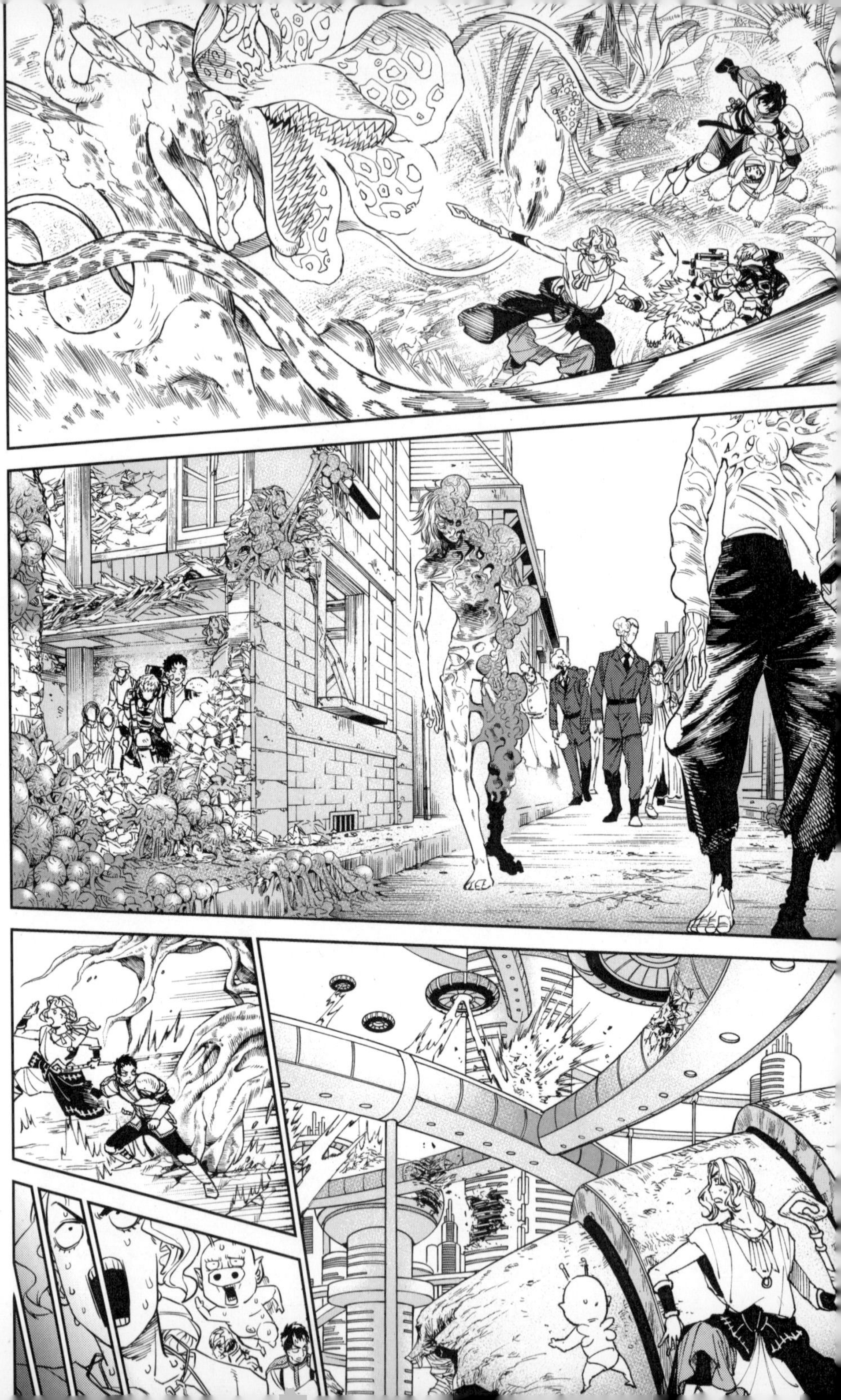

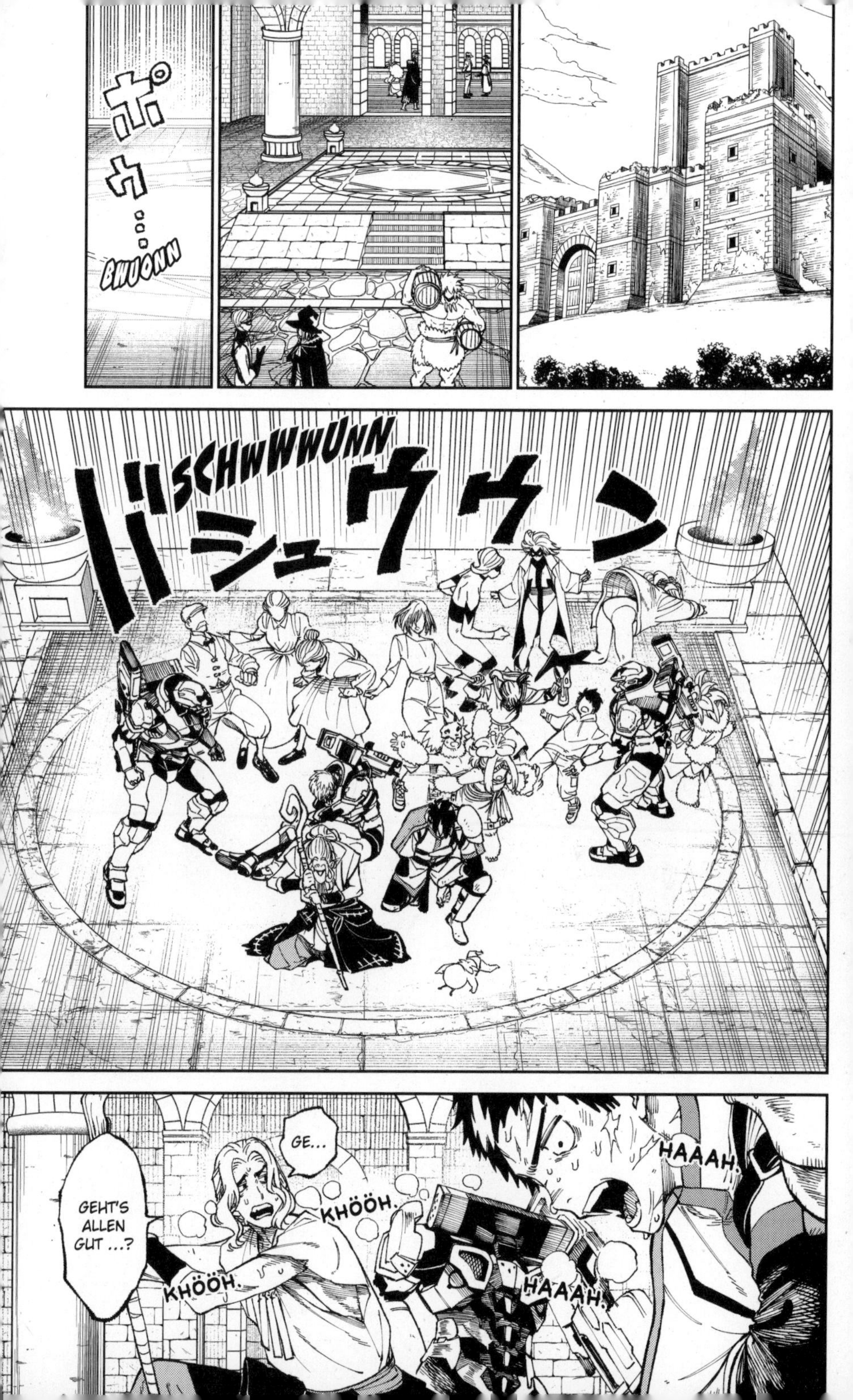
ポわ…
BWUONN
バシュウウン
SCHWWWUNN
HAAAH.
HAAAH.
GE…
KHÖÖH.
KHÖÖH.
GEHT'S ALLEN GUT …?

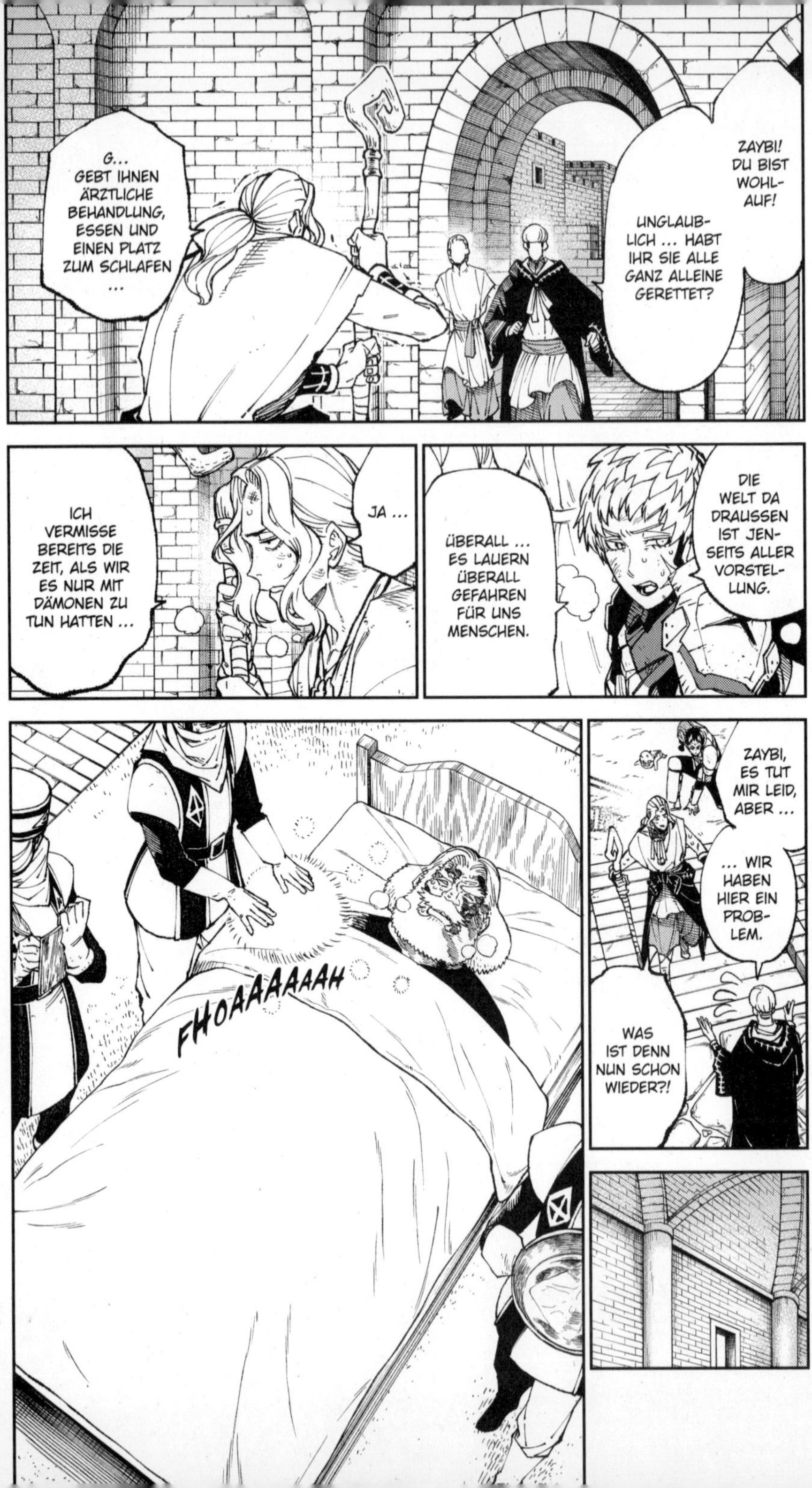
ZAYBI! DU BIST WOHLAUF!
UNGLAUBLICH ... HABT IHR SIE ALLE GANZ ALLEINE GERETTET?
G... GEBT IHNEN ÄRZTLICHE BEHANDLUNG, ESSEN UND EINEN PLATZ ZUM SCHLAFEN ...
DIE WELT DA DRAUSSEN IST JENSEITS ALLER VORSTELLUNG.
ÜBERALL ... ES LAUERN ÜBERALL GEFAHREN FÜR UNS MENSCHEN.
JA ...
ICH VERMISSE BEREITS DIE ZEIT, ALS WIR ES NUR MIT DÄMONEN ZU TUN HATTEN ...
ZAYBI, ES TUT MIR LEID, ABER ...
... WIR HABEN HIER EIN PROBLEM.
WAS IST DENN NUN SCHON WIEDER?!
FHOAAAAAAH

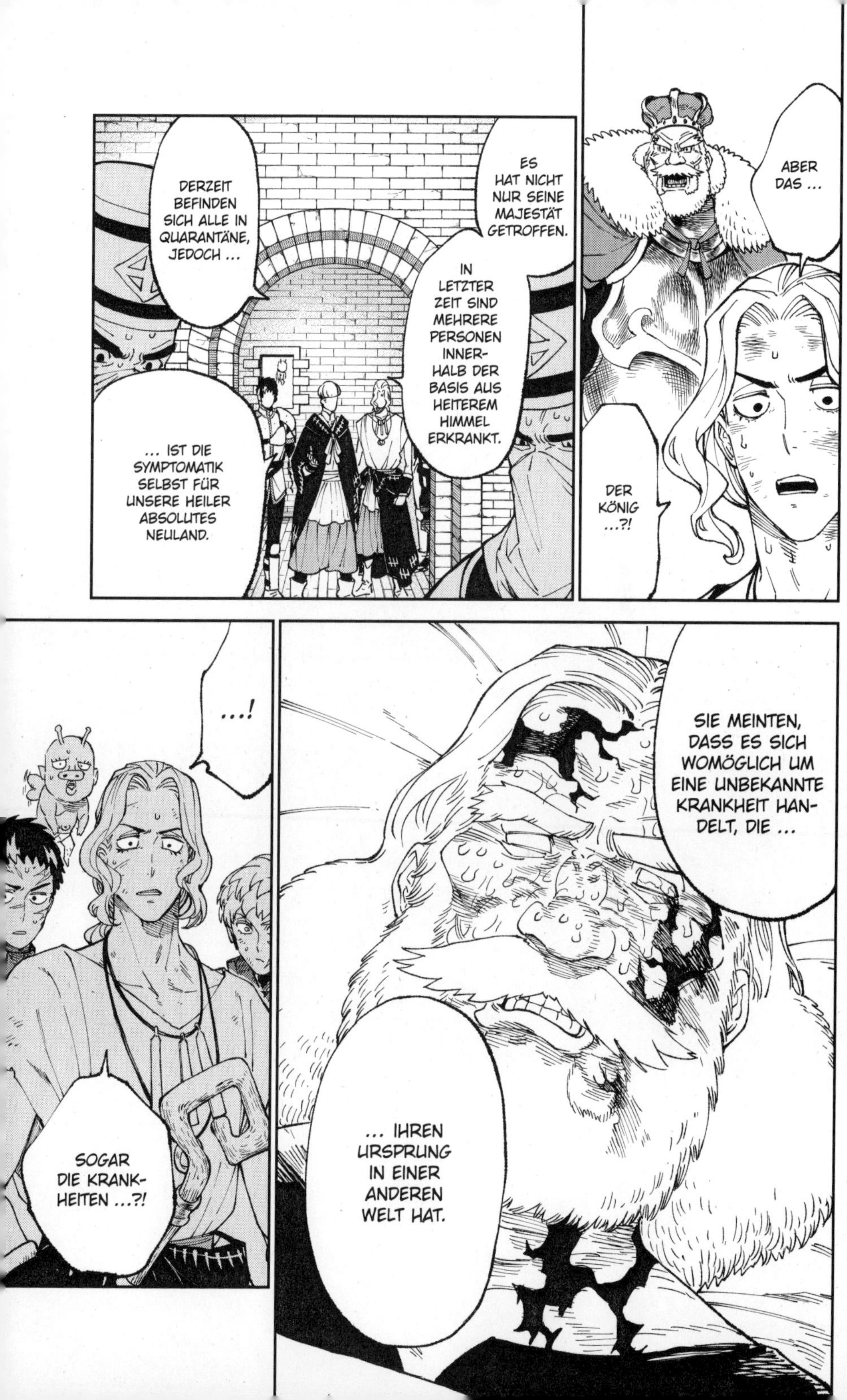
ABER DAS …
DER KÖNIG …?!
ES HAT NICHT NUR SEINE MAJESTÄT GETROFFEN.
IN LETZTER ZEIT SIND MEHRERE PERSONEN INNER-HALB DER BASIS AUS HEITEREM HIMMEL ERKRANKT.
DERZEIT BEFINDEN SICH ALLE IN QUARANTÄNE, JEDOCH …
… IST DIE SYMPTOMATIK SELBST FÜR UNSERE HEILER ABSOLUTES NEULAND.
SIE MEINTEN, DASS ES SICH WOMÖGLICH UM EINE UNBEKANNTE KRANKHEIT HAN-DELT, DIE …
… IHREN URSPRUNG IN EINER ANDEREN WELT HAT.
…!
SOGAR DIE KRANK-HEITEN …?!

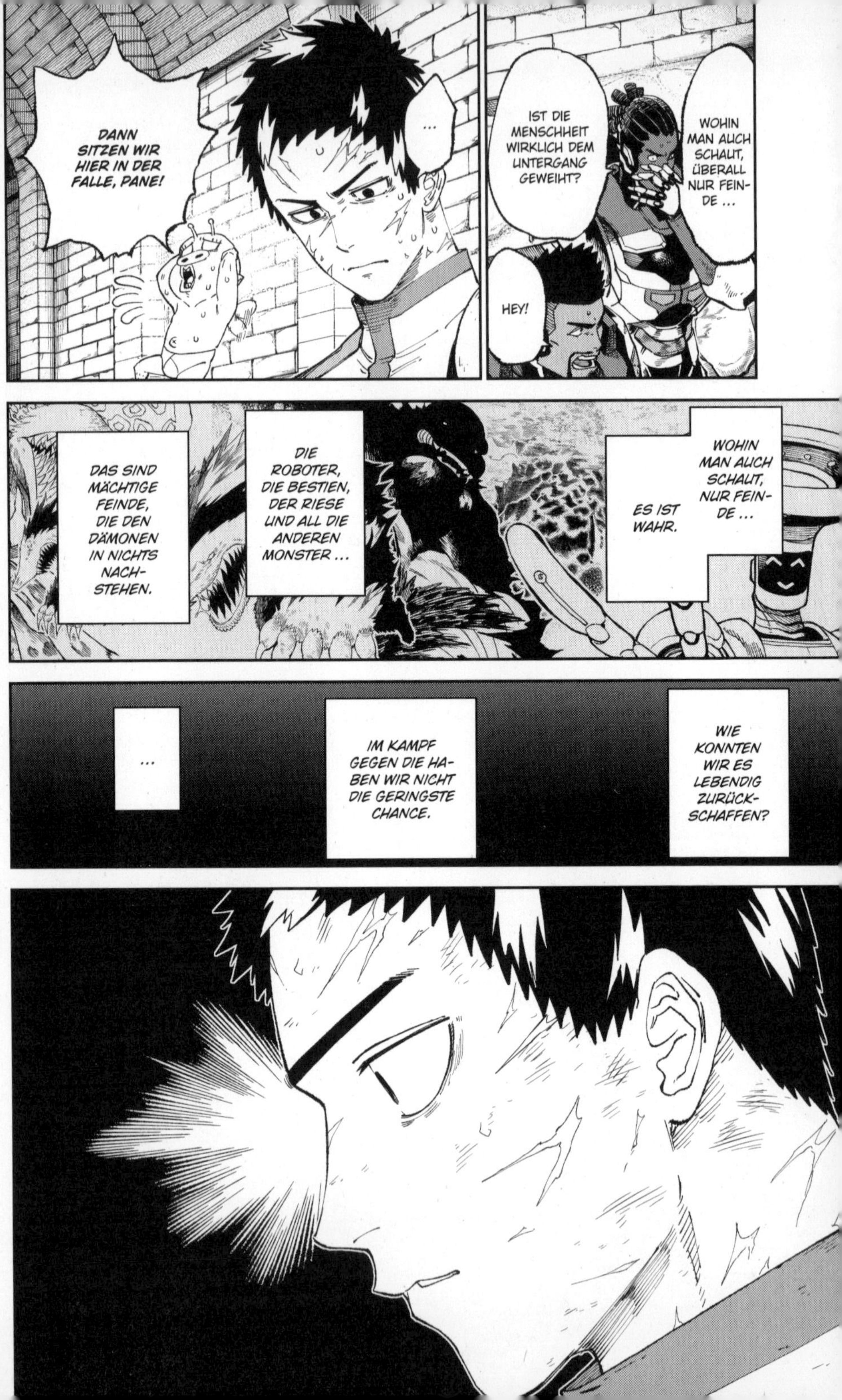
WOHIN MAN AUCH SCHAUT, ÜBERALL NUR FEINDE …
IST DIE MENSCHHEIT WIRKLICH DEM UNTERGANG GEWEIHT?
HEY!
…
DANN SITZEN WIR HIER IN DER FALLE, PANE!
WOHIN MAN AUCH SCHAUT, NUR FEINDE …
ES IST WAHR.
DIE ROBOTER, DIE BESTIEN, DER RIESE UND ALL DIE ANDEREN MONSTER …
DAS SIND MÄCHTIGE FEINDE, DIE DEN DÄMONEN IN NICHTS NACHSTEHEN.
WIE KONNTEN WIR ES LEBENDIG ZURÜCKSCHAFFEN?
IM KAMPF GEGEN DIE HABEN WIR NICHT DIE GERINGSTE CHANCE.
…

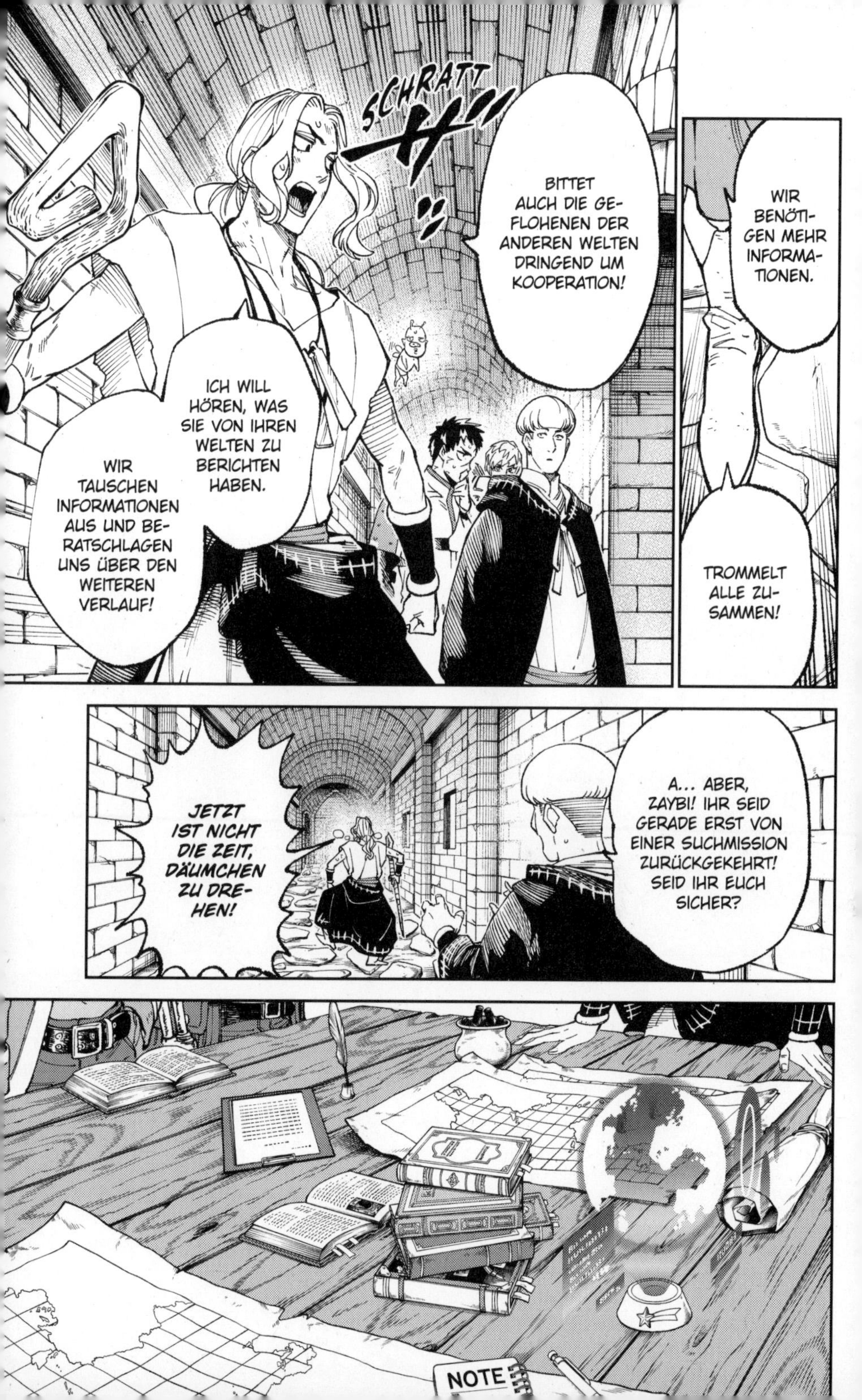
WIR BENÖTIGEN MEHR INFORMATIONEN.
TROMMELT ALLE ZUSAMMEN!
SCHRATT
BITTET AUCH DIE GEFLOHENEN DER ANDEREN WELTEN DRINGEND UM KOOPERATION!
ICH WILL HÖREN, WAS SIE VON IHREN WELTEN ZU BERICHTEN HABEN.
WIR TAUSCHEN INFORMATIONEN AUS UND BERATSCHLAGEN UNS ÜBER DEN WEITEREN VERLAUF!
A... ABER, ZAYBI! IHR SEID GERADE ERST VON EINER SUCHMISSION ZURÜCKGEKEHRT! SEID IHR EUCH SICHER?
JETZT IST NICHT DIE ZEIT, DÄUMCHEN ZU DREHEN!
NOTE

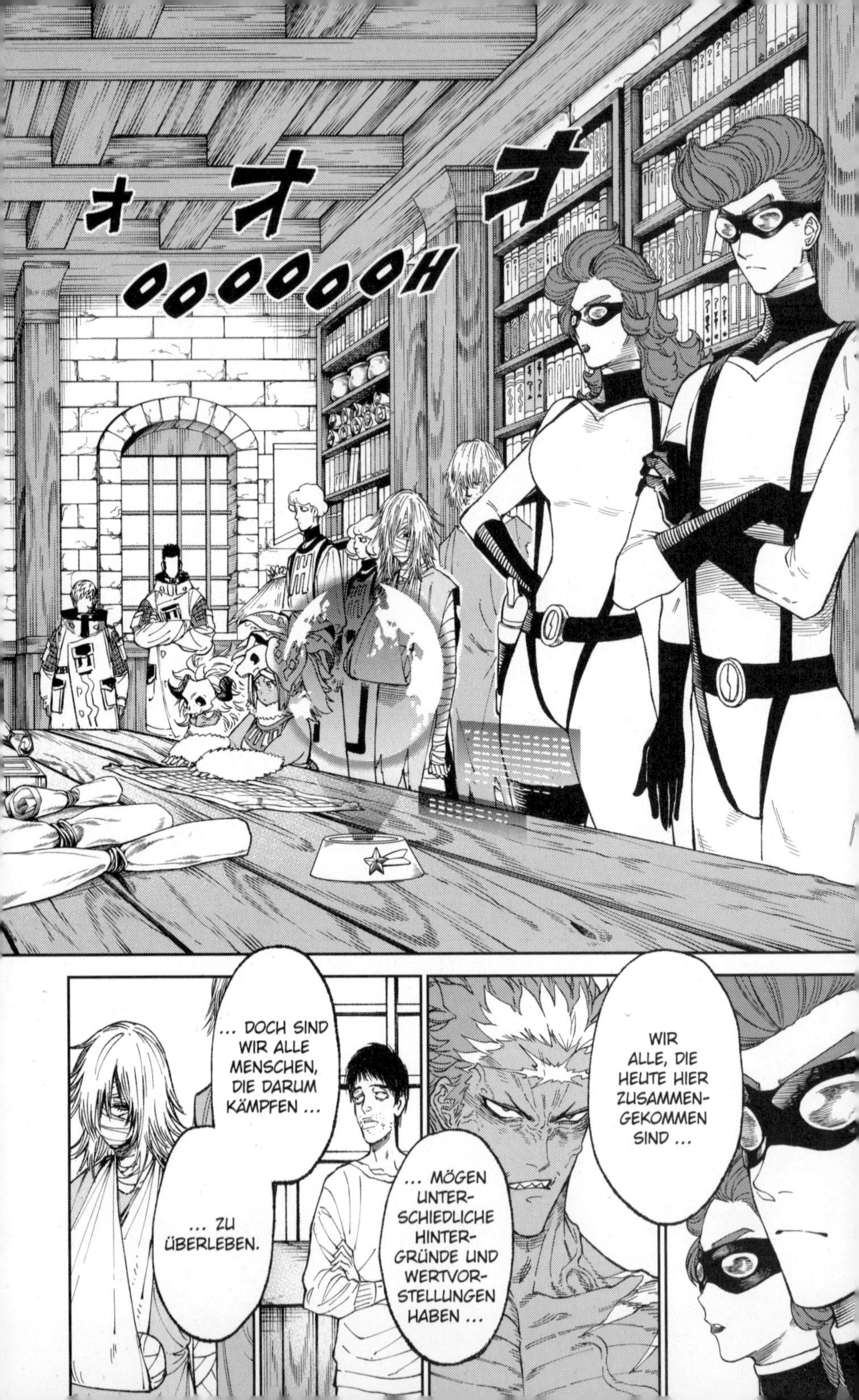
オオオ
OOOOOOOH
WIR ALLE, DIE HEUTE HIER ZUSAMMEN-GEKOMMEN SIND …
… MÖGEN UNTER-SCHIEDLICHE HINTER-GRÜNDE UND WERTVOR-STELLUNGEN HABEN …
… DOCH SIND WIR ALLE MENSCHEN, DIE DARUM KÄMPFEN …
… ZU ÜBERLEBEN.

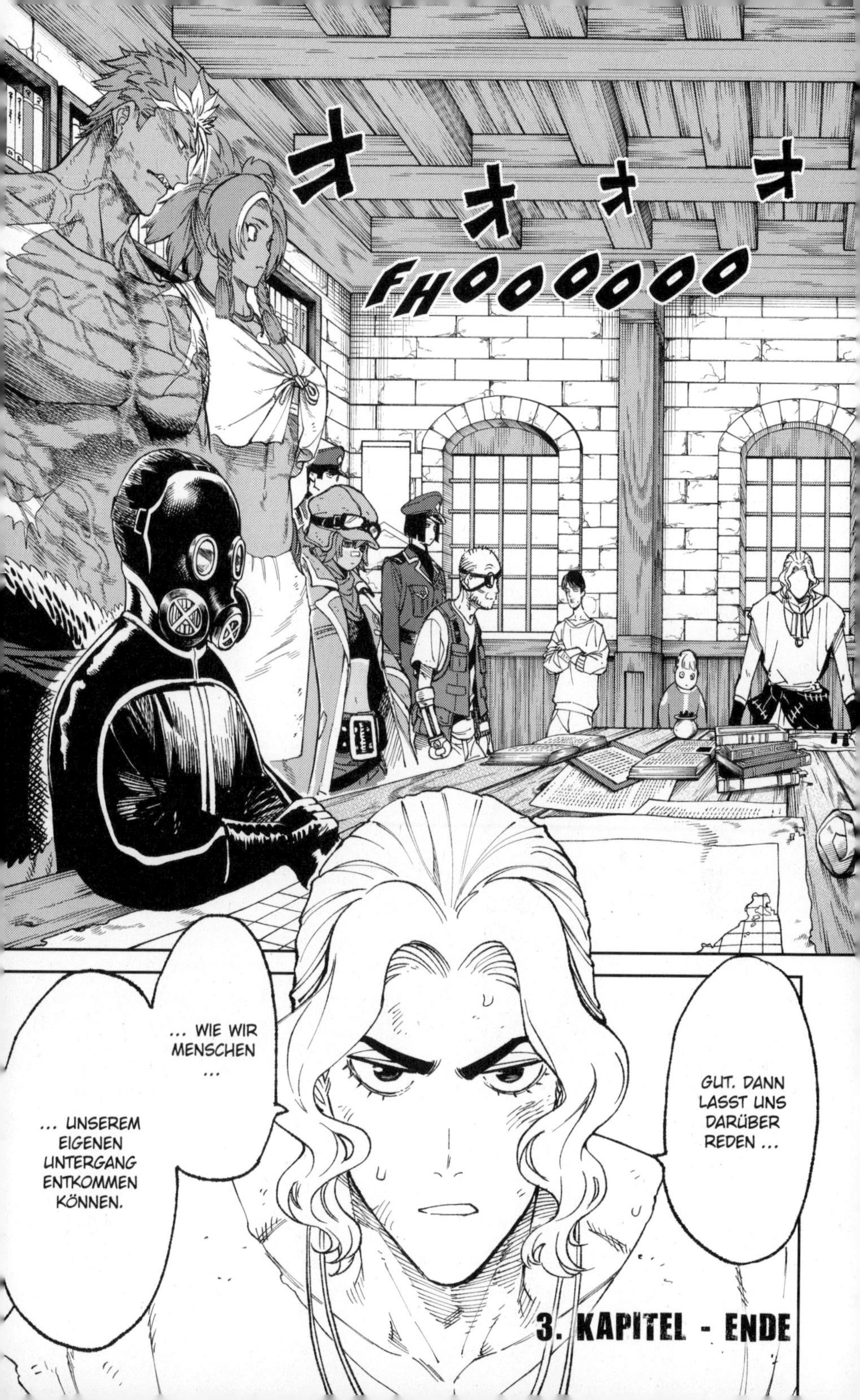
オオォオ
FHOOOOOO
GUT. DANN LASST UNS DARÜBER REDEN ...
... WIE WIR MENSCHEN ...
... UNSEREM EIGENEN UNTERGANG ENTKOMMEN KÖNNEN.
3. KAPITEL - ENDE

VERSUS

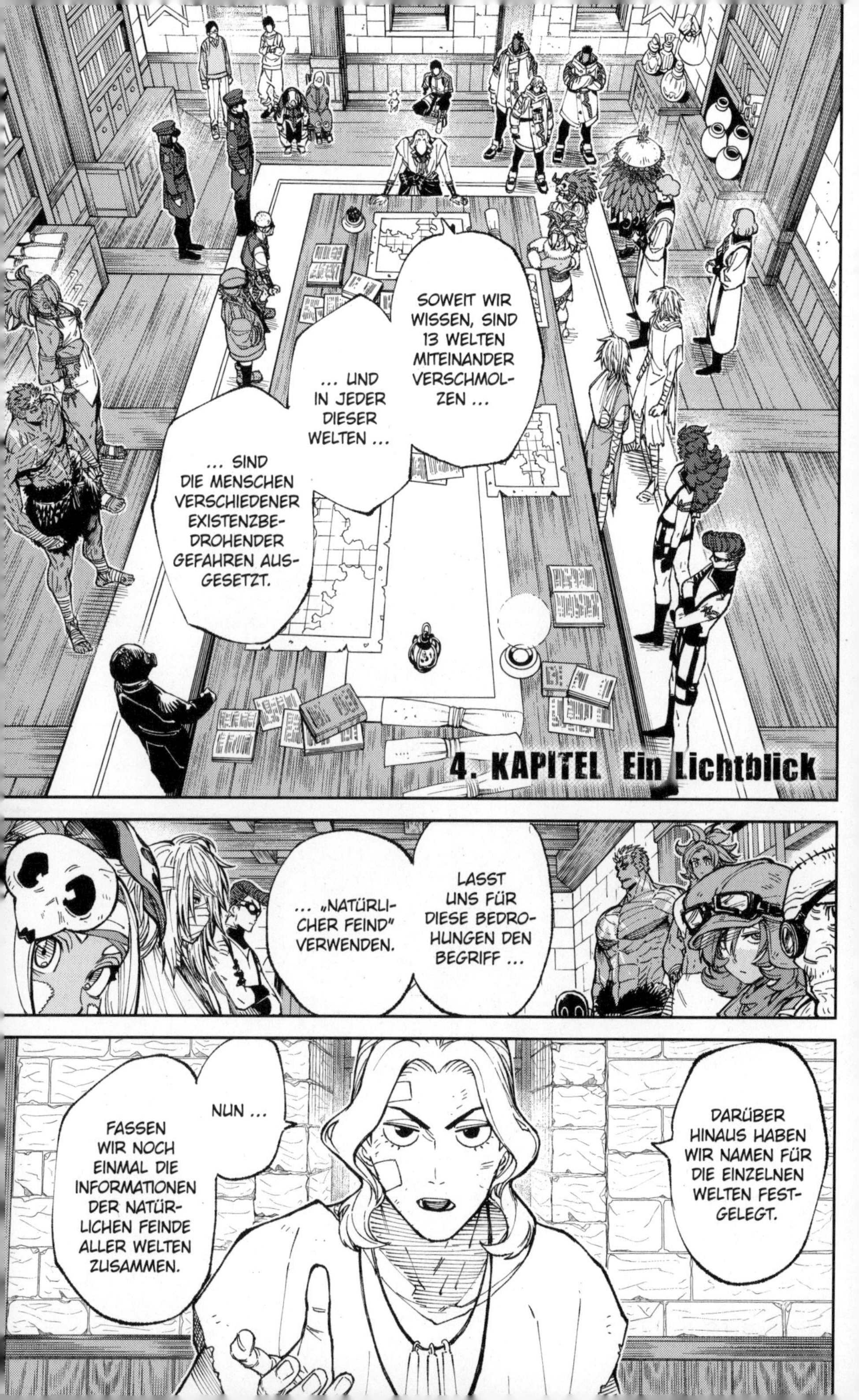
4. KAPITEL Ein Lichtblick
SOWEIT WIR WISSEN, SIND 13 WELTEN MITEINANDER VERSCHMOLZEN …
… UND IN JEDER DIESER WELTEN …
… SIND DIE MENSCHEN VERSCHIEDENER EXISTENZBEDROHENDER GEFAHREN AUSGESETZT.
LASST UNS FÜR DIESE BEDROHUNGEN DEN BEGRIFF …
… „NATÜRLICHER FEIND" VERWENDEN.
DARÜBER HINAUS HABEN WIR NAMEN FÜR DIE EINZELNEN WELTEN FESTGELEGT.
NUN …
FASSEN WIR NOCH EINMAL DIE INFORMATIONEN DER NATÜRLICHEN FEINDE ALLER WELTEN ZUSAMMEN.

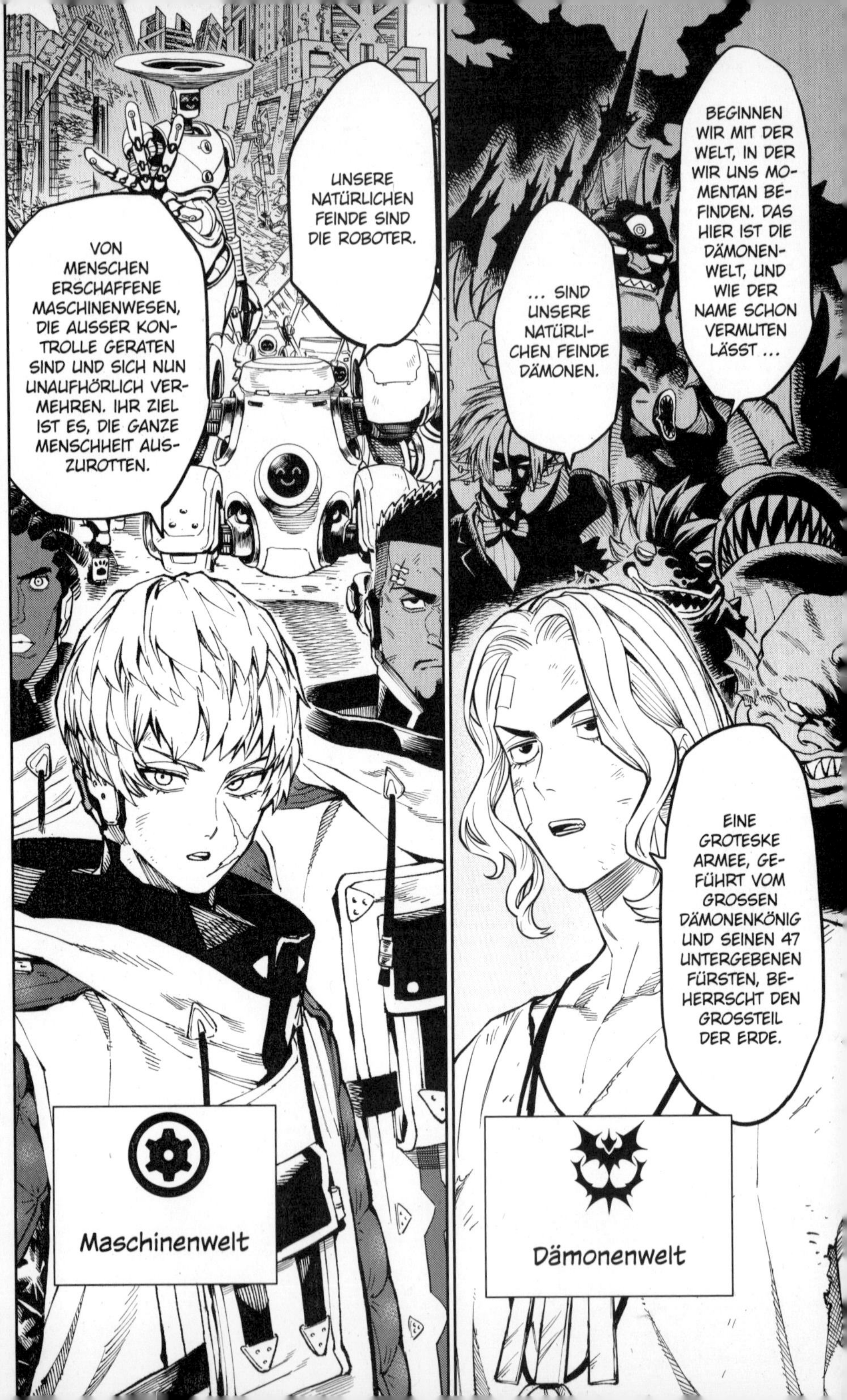
BEGINNEN WIR MIT DER WELT, IN DER WIR UNS MOMENTAN BEFINDEN. DAS HIER IST DIE DÄMONENWELT, UND WIE DER NAME SCHON VERMUTEN LÄSST …
… SIND UNSERE NATÜRLICHEN FEINDE DÄMONEN.
EINE GROTESKE ARMEE, GEFÜHRT VOM GROSSEN DÄMONENKÖNIG UND SEINEN 47 UNTERGEBENEN FÜRSTEN, BEHERRSCHT DEN GROSSTEIL DER ERDE.
Dämonenwelt
UNSERE NATÜRLICHEN FEINDE SIND DIE ROBOTER.
VON MENSCHEN ERSCHAFFENE MASCHINENWESEN, DIE AUSSER KONTROLLE GERATEN SIND UND SICH NUN UNAUFHÖRLICH VERMEHREN. IHR ZIEL IST ES, DIE GANZE MENSCHHEIT AUSZUROTTEN.
Maschinenwelt

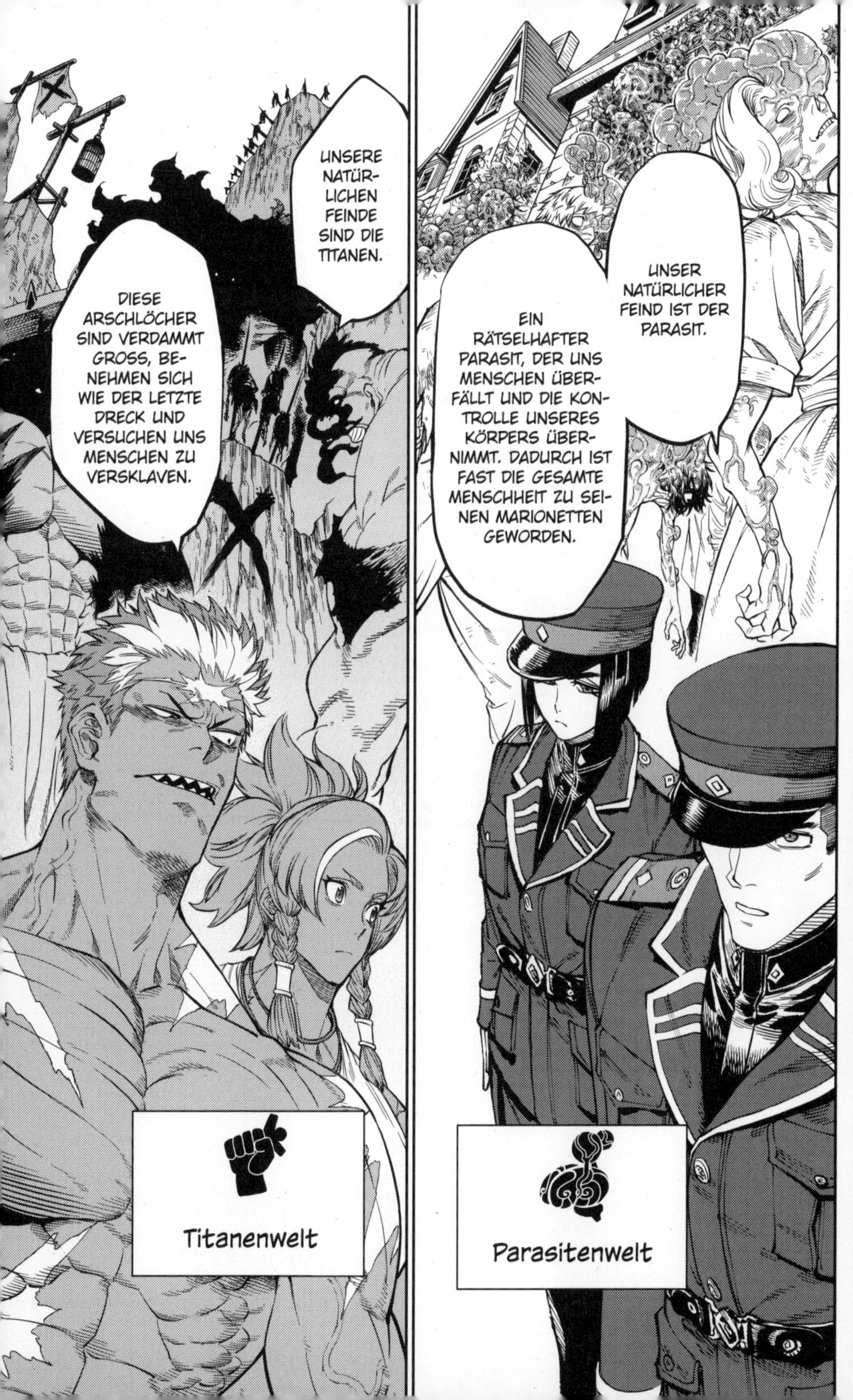
UNSER NATÜRLICHER FEIND IST DER PARASIT.
EIN RÄTSELHAFTER PARASIT, DER UNS MENSCHEN ÜBERFÄLLT UND DIE KONTROLLE UNSERES KÖRPERS ÜBERNIMMT. DADURCH IST FAST DIE GESAMTE MENSCHHEIT ZU SEINEN MARIONETTEN GEWORDEN.
Parasitenwelt
UNSERE NATÜRLICHEN FEINDE SIND DIE TITANEN.
DIESE ARSCHLÖCHER SIND VERDAMMT GROSS, BENEHMEN SICH WIE DER LETZTE DRECK UND VERSUCHEN UNS MENSCHEN ZU VERSKLAVEN.
Titanenwelt

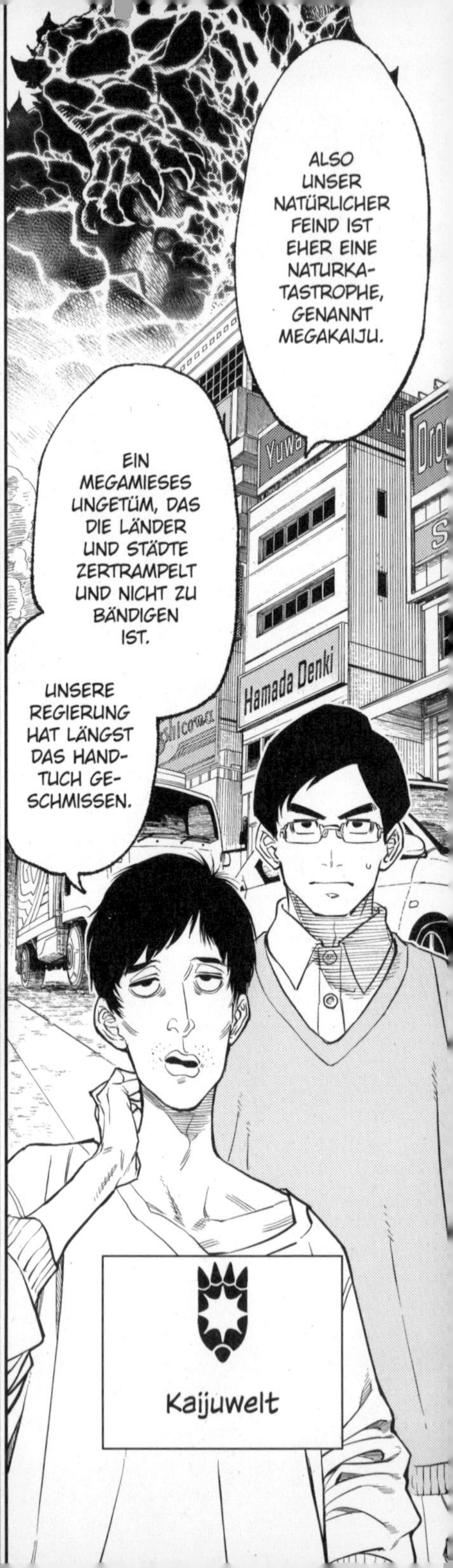
ALSO UNSER NATÜRLICHER FEIND IST EHER EINE NATURKATASTROPHE, GENANNT MEGAKAIJU.
EIN MEGAMIESES UNGETÜM, DAS DIE LÄNDER UND STÄDTE ZERTRAMPELT UND NICHT ZU BÄNDIGEN IST.
UNSERE REGIERUNG HAT LÄNGST DAS HANDTUCH GESCHMISSEN.
Hamada Denki
Kaijuwelt

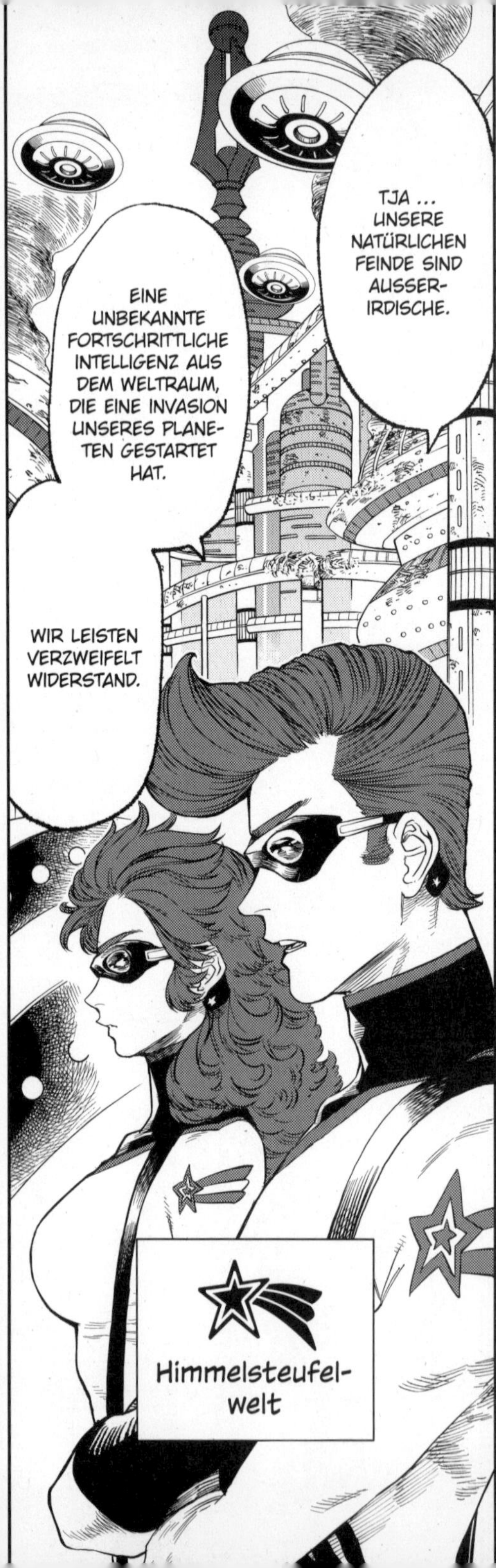
TJA ... UNSERE NATÜRLICHEN FEINDE SIND AUSSERIRDISCHE.
EINE UNBEKANNTE FORTSCHRITTLICHE INTELLIGENZ AUS DEM WELTRAUM, DIE EINE INVASION UNSERES PLANETEN GESTARTET HAT.
WIR LEISTEN VERZWEIFELT WIDERSTAND.
Himmelsteufelwelt

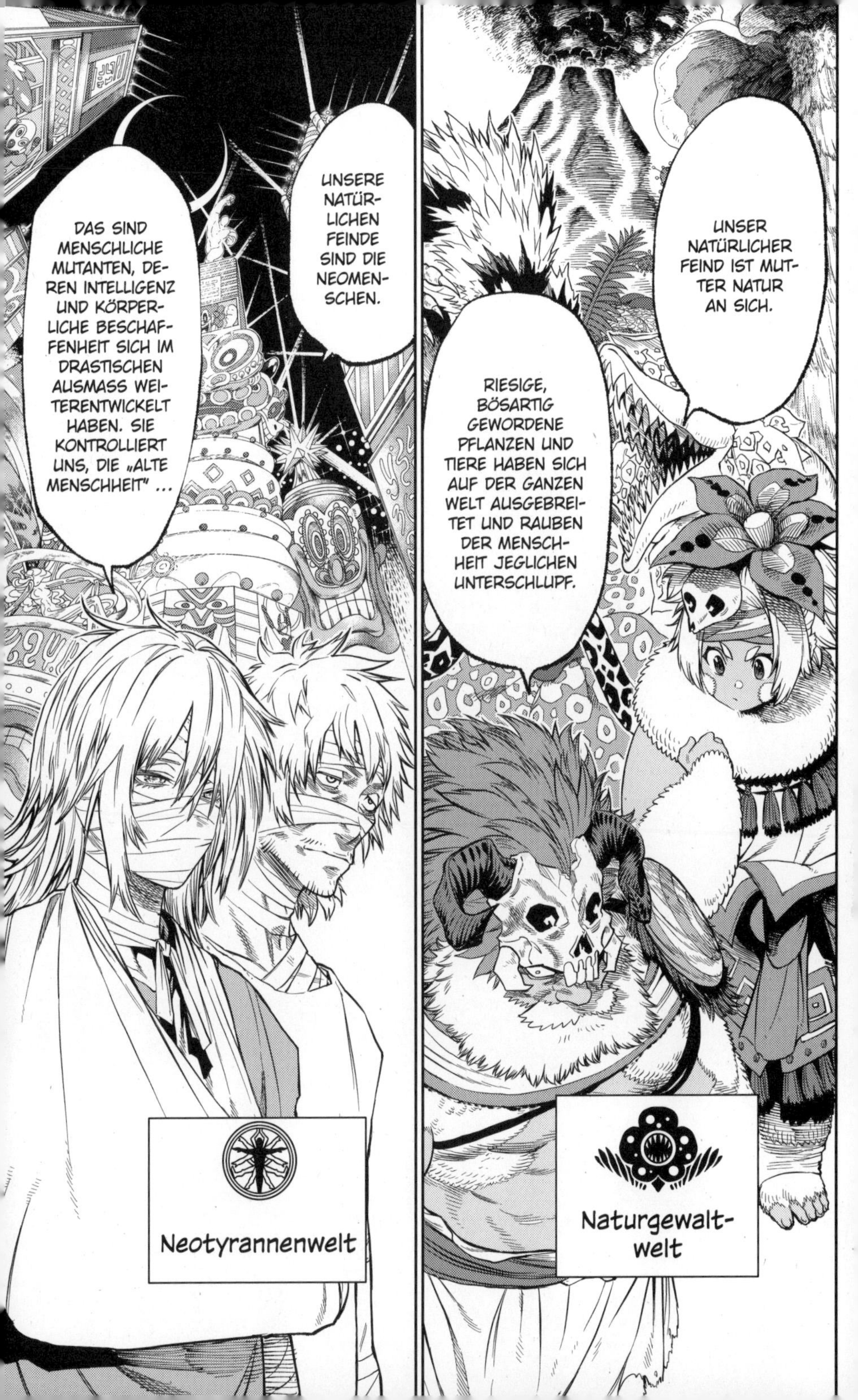

UNSER NATÜRLICHER FEIND IST MUTTER NATUR AN SICH.
RIESIGE, BÖSARTIG GEWORDENE PFLANZEN UND TIERE HABEN SICH AUF DER GANZEN WELT AUSGEBREITET UND RAUBEN DER MENSCHHEIT JEGLICHEN UNTERSCHLUPF.
Naturgewaltwelt
UNSERE NATÜRLICHEN FEINDE SIND DIE NEOMENSCHEN.
DAS SIND MENSCHLICHE MUTANTEN, DEREN INTELLIGENZ UND KÖRPERLICHE BESCHAFFENHEIT SICH IM DRASTISCHEN AUSMASS WEITERENTWICKELT HABEN. SIE KONTROLLIERT UNS, DIE „ALTE MENSCHHEIT" ...
Neotyrannenwelt

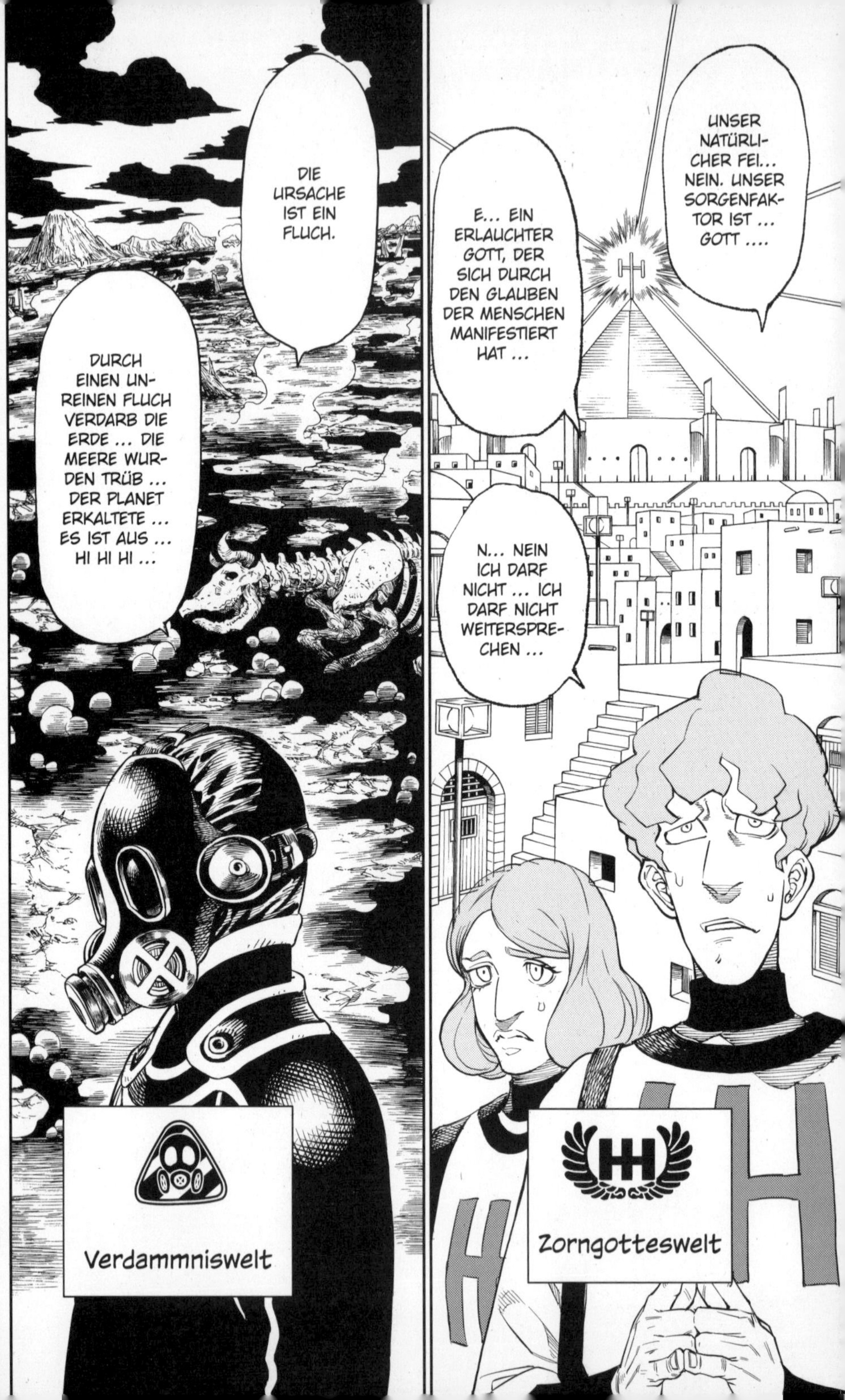
UNSER NATÜRLICHER FEI… NEIN. UNSER SORGENFAKTOR IST … GOTT ….
E… EIN ERLAUCHTER GOTT, DER SICH DURCH DEN GLAUBEN DER MENSCHEN MANIFESTIERT HAT …
N… NEIN ICH DARF NICHT … ICH DARF NICHT WEITERSPRECHEN …
Zorngotteswelt
DIE URSACHE IST EIN FLUCH.
DURCH EINEN UNREINEN FLUCH VERDARB DIE ERDE … DIE MEERE WURDEN TRÜB … DER PLANET ERKALTETE … ES IST AUS … HI HI HI …
Verdammniswelt

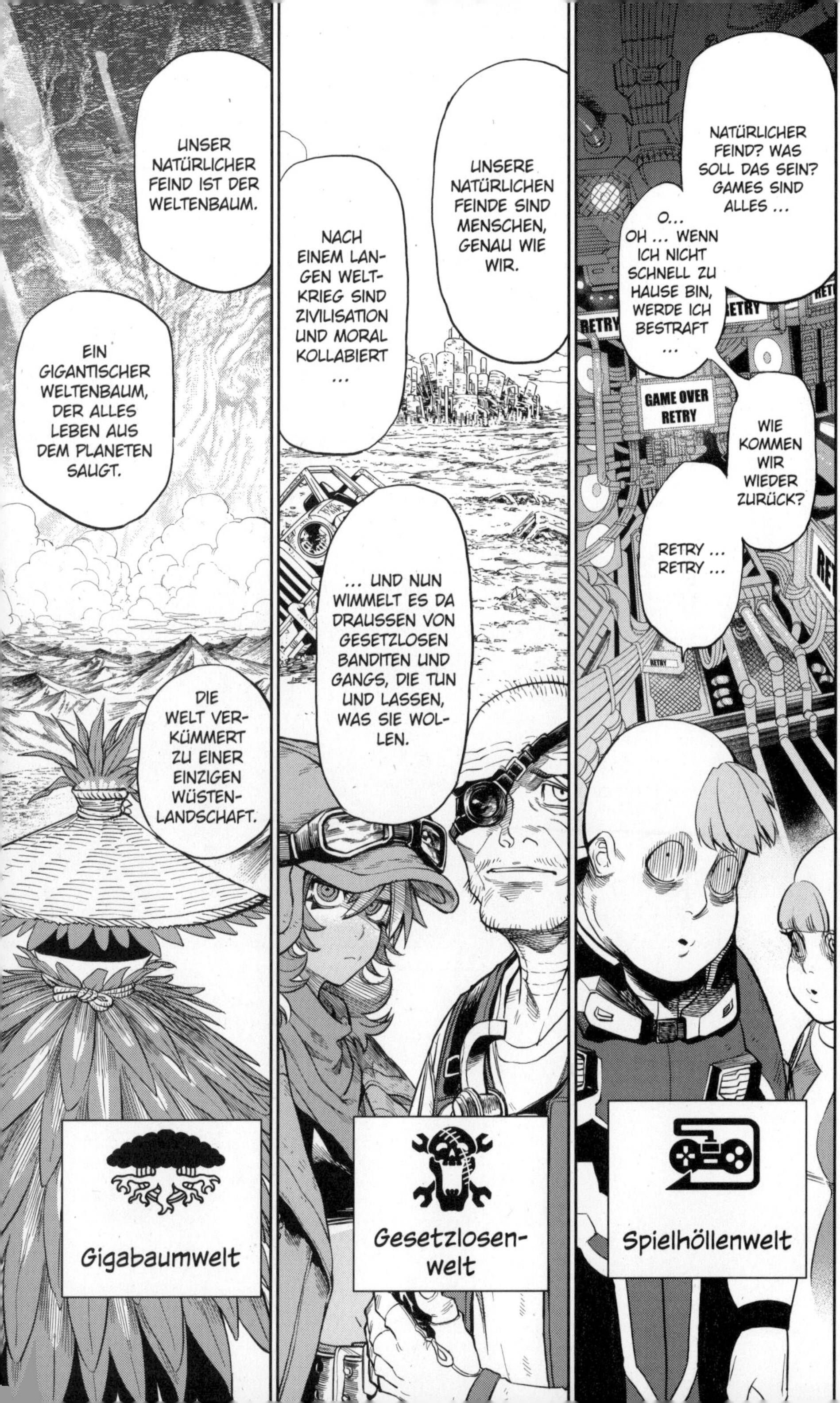
UNSER NATÜRLICHER FEIND IST DER WELTENBAUM.
EIN GIGANTISCHER WELTENBAUM, DER ALLES LEBEN AUS DEM PLANETEN SAUGT.
DIE WELT VERKÜMMERT ZU EINER EINZIGEN WÜSTENLANDSCHAFT.
Gigabaumwelt
UNSERE NATÜRLICHEN FEINDE SIND MENSCHEN, GENAU WIE WIR.
NACH EINEM LANGEN WELTKRIEG SIND ZIVILISATION UND MORAL KOLLABIERT …
… UND NUN WIMMELT ES DA DRAUSSEN VON GESETZLOSEN BANDITEN UND GANGS, DIE TUN UND LASSEN, WAS SIE WOLLEN.
Gesetzlosenwelt
NATÜRLICHER FEIND? WAS SOLL DAS SEIN? GAMES SIND ALLES …
O… OH … WENN ICH NICHT SCHNELL ZU HAUSE BIN, WERDE ICH BESTRAFT …
RETRY
GAME OVER RETRY
WIE KOMMEN WIR WIEDER ZURÜCK?
RETRY … RETRY …
Spielhöllenwelt

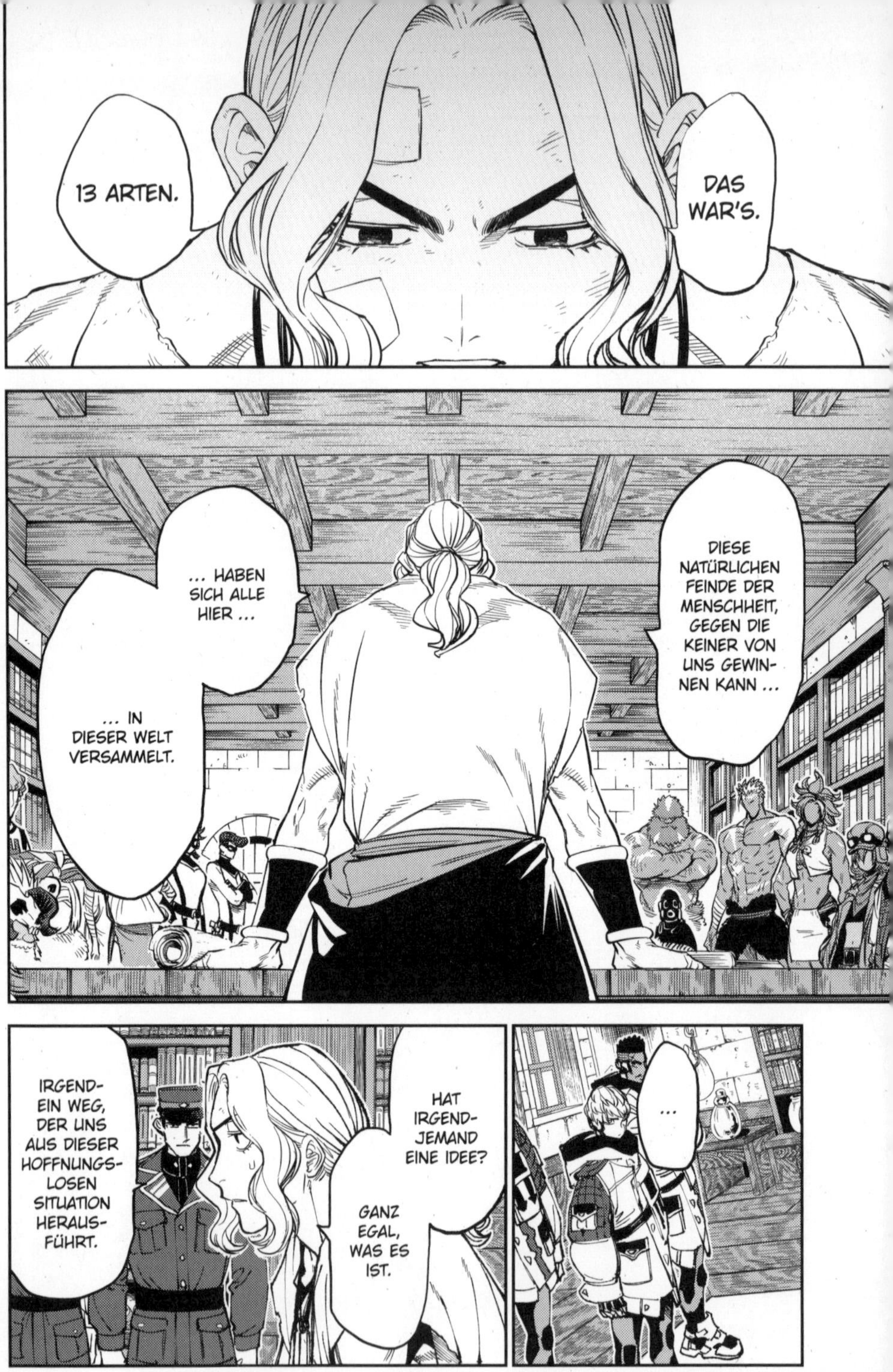
DAS WAR'S.
13 ARTEN.
DIESE NATÜRLICHEN FEINDE DER MENSCHHEIT, GEGEN DIE KEINER VON UNS GEWINNEN KANN ...
... HABEN SICH ALLE HIER ...
... IN DIESER WELT VERSAMMELT.
...
HAT IRGENDJEMAND EINE IDEE?
GANZ EGAL, WAS ES IST.
IRGENDEIN WEG, DER UNS AUS DIESER HOFFNUNGSLOSEN SITUATION HERAUSFÜHRT.

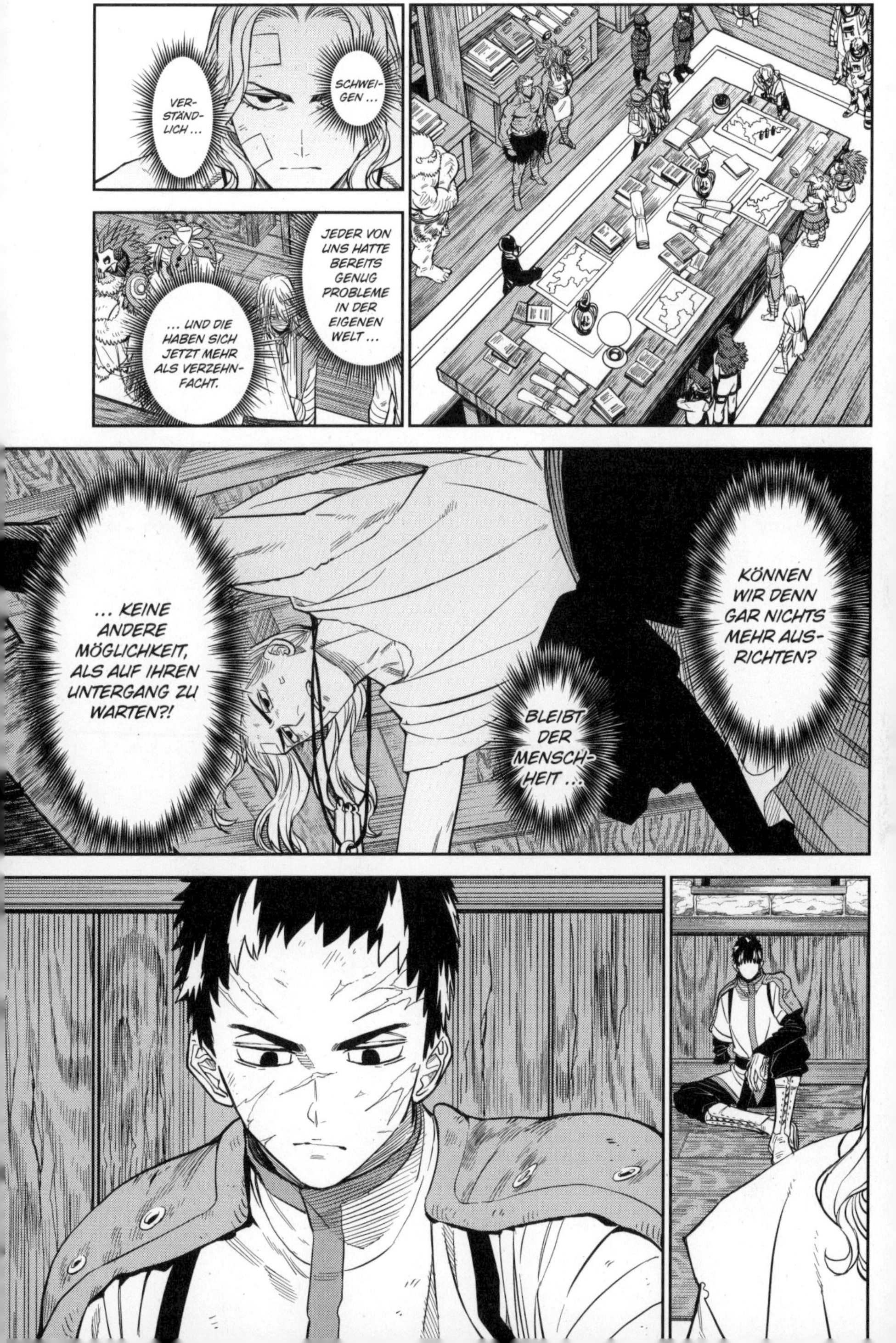
SCHWEI-
GEN …
VER-
STÄND-
LICH …
JEDER VON
UNS HATTE
BEREITS
GENUG
PROBLEME
IN DER
EIGENEN
WELT …
… UND DIE
HABEN SICH
JETZT MEHR
ALS VERZEHN-
FACHT.
KÖNNEN
WIR DENN
GAR NICHTS
MEHR AUS-
RICHTEN?
BLEIBT
DER
MENSCH-
HEIT …
… KEINE
ANDERE
MÖGLICHKEIT,
ALS AUF IHREN
UNTERGANG ZU
WARTEN?!

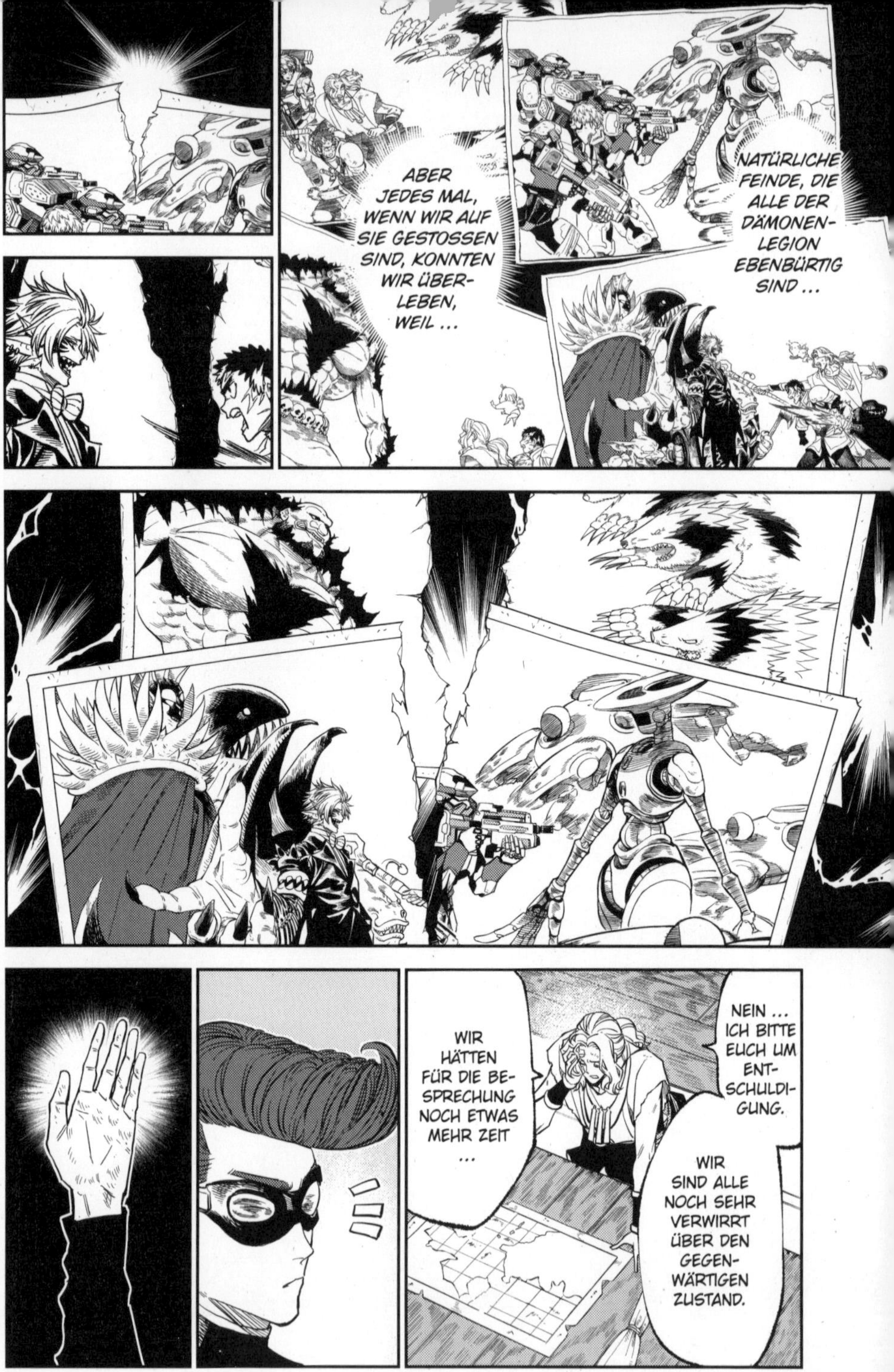

ABER JEDES MAL, WENN WIR AUF SIE GESTOSSEN SIND, KONNTEN WIR ÜBERLEBEN, WEIL …
NATÜRLICHE FEINDE, DIE ALLE DER DÄMONEN-LEGION EBENBÜRTIG SIND …
WIR HÄTTEN FÜR DIE BESPRECHUNG NOCH ETWAS MEHR ZEIT …
NEIN … ICH BITTE EUCH UM ENTSCHULDIGUNG.
WIR SIND ALLE NOCH SEHR VERWIRRT ÜBER DEN GEGENWÄRTIGEN ZUSTAND.

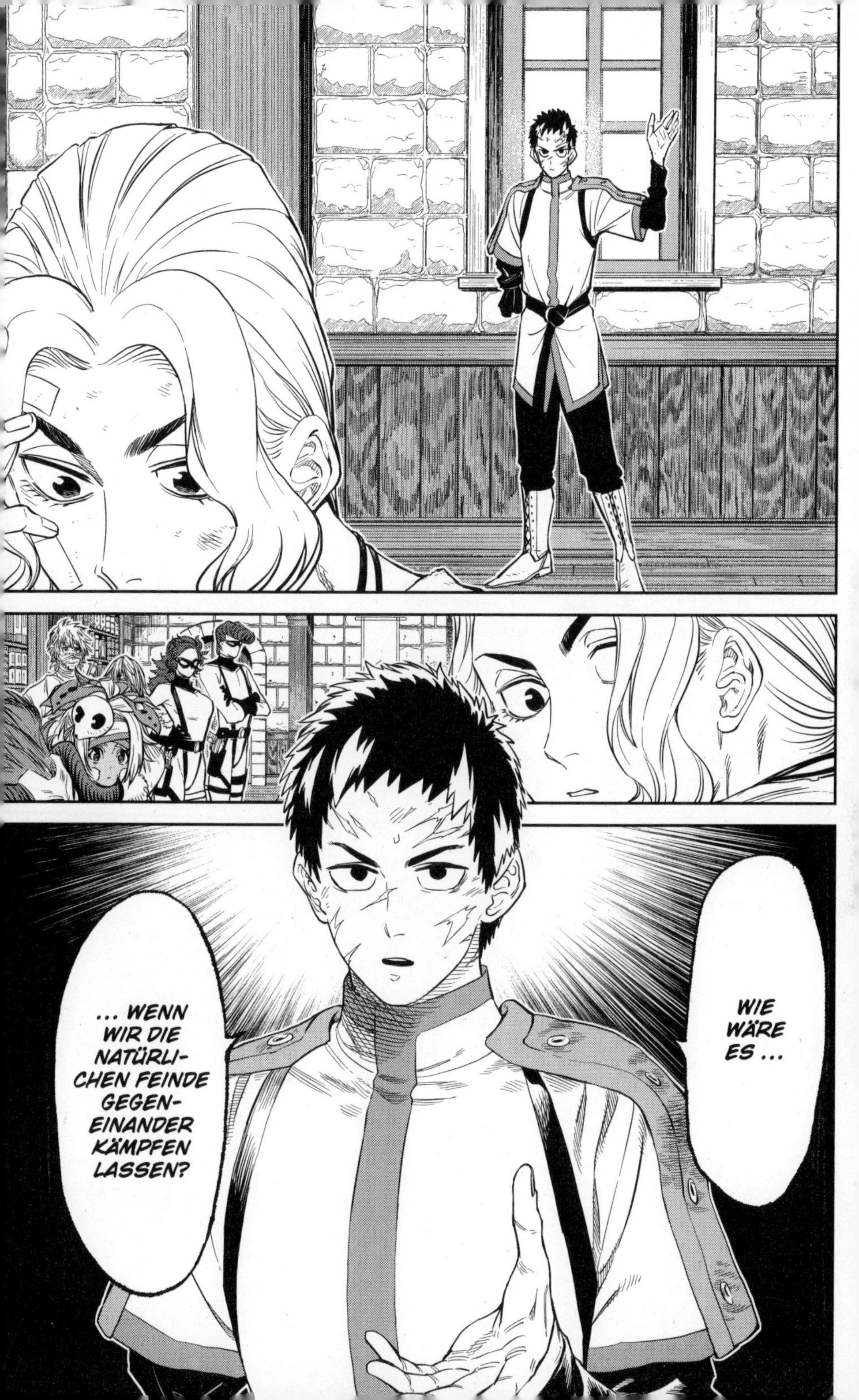
WIE WÄRE ES …
… WENN WIR DIE NATÜRLICHEN FEINDE GEGENEINANDER KÄMPFEN LASSEN?

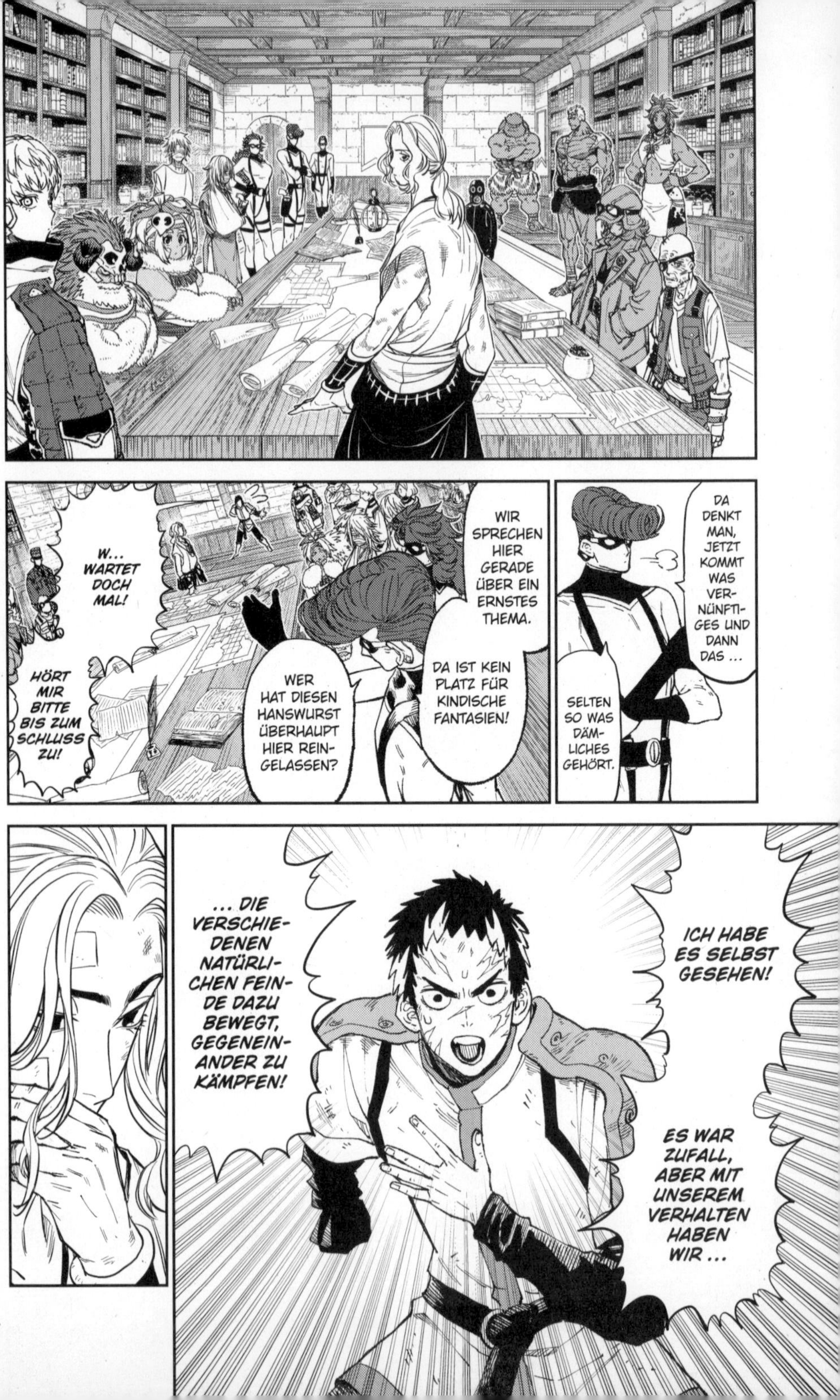
DA DENKT MAN, JETZT KOMMT WAS VERNÜNFTIGES UND DANN DAS …
SELTEN SO WAS DÄMLICHES GEHÖRT.
WIR SPRECHEN HIER GERADE ÜBER EIN ERNSTES THEMA.
DA IST KEIN PLATZ FÜR KINDISCHE FANTASIEN!
WER HAT DIESEN HANSWURST ÜBERHAUPT HIER REINGELASSEN?
W… WARTET DOCH MAL!
HÖRT MIR BITTE BIS ZUM SCHLUSS ZU!
ICH HABE ES SELBST GESEHEN!
ES WAR ZUFALL, ABER MIT UNSEREM VERHALTEN HABEN WIR …
… DIE VERSCHIEDENEN NATÜRLICHEN FEINDE DAZU BEWEGT, GEGENEINANDER ZU KÄMPFEN!

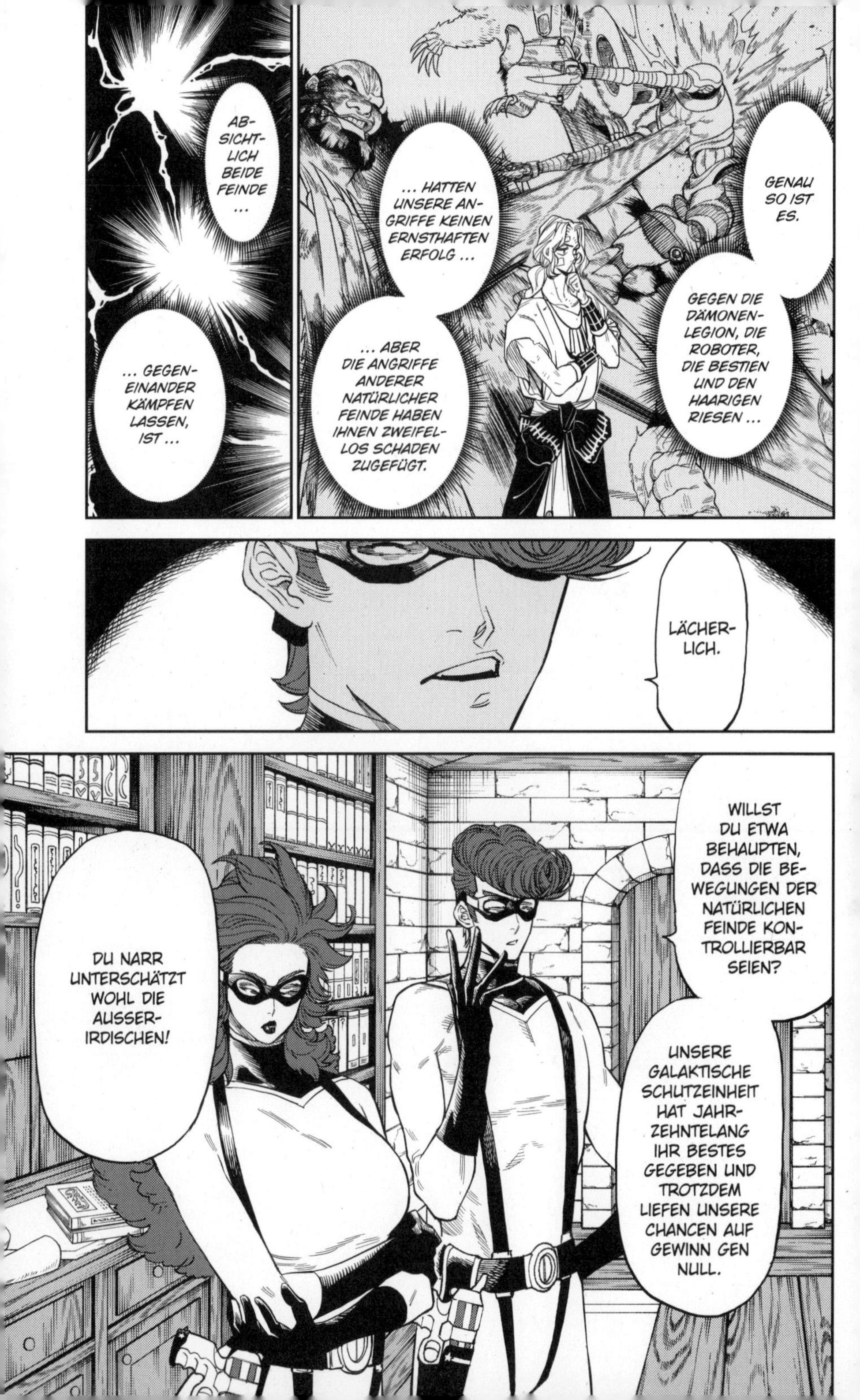

GENAU SO IST ES.
GEGEN DIE DÄMONEN-LEGION, DIE ROBOTER, DIE BESTIEN UND DEN HAARIGEN RIESEN …
… HATTEN UNSERE ANGRIFFE KEINEN ERNSTHAFTEN ERFOLG …
… ABER DIE ANGRIFFE ANDERER NATÜRLICHER FEINDE HABEN IHNEN ZWEIFELLOS SCHADEN ZUGEFÜGT.
ABSICHTLICH BEIDE FEINDE …
… GEGENEINANDER KÄMPFEN LASSEN, IST …
LÄCHERLICH.
WILLST DU ETWA BEHAUPTEN, DASS DIE BEWEGUNGEN DER NATÜRLICHEN FEINDE KONTROLLIERBAR SEIEN?
UNSERE GALAKTISCHE SCHUTZEINHEIT HAT JAHRZEHNTELANG IHR BESTES GEGEBEN UND TROTZDEM LIEFEN UNSERE CHANCEN AUF GEWINN GEN NULL.
DU NARR UNTERSCHÄTZT WOHL DIE AUSSERIRDISCHEN!

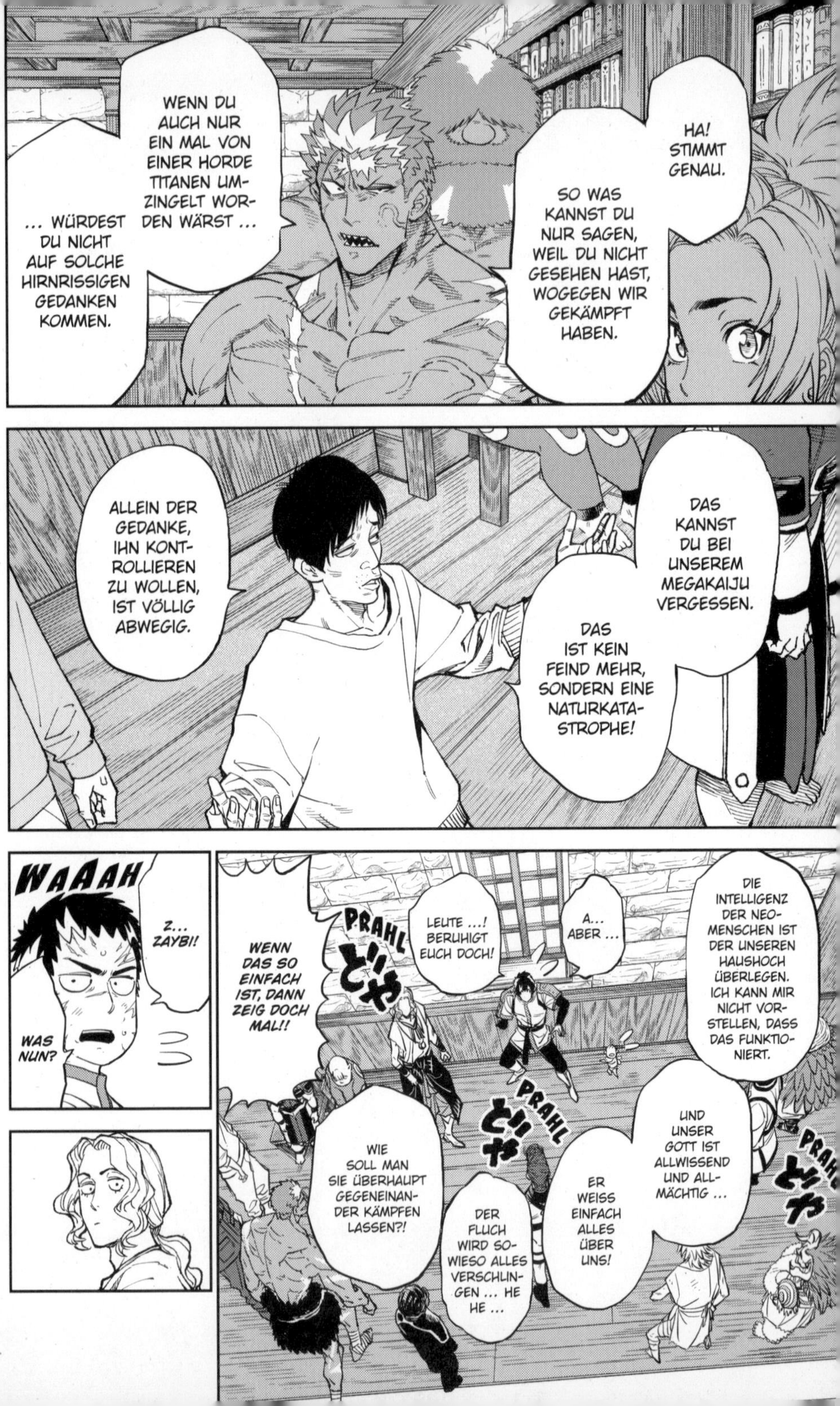
WENN DU AUCH NUR EIN MAL VON EINER HORDE TITANEN UMZINGELT WORDEN WÄRST …
… WÜRDEST DU NICHT AUF SOLCHE HIRNRISSIGEN GEDANKEN KOMMEN.
HA! STIMMT GENAU.
SO WAS KANNST DU NUR SAGEN, WEIL DU NICHT GESEHEN HAST, WOGEGEN WIR GEKÄMPFT HABEN.
DAS KANNST DU BEI UNSEREM MEGAKAIJU VERGESSEN.
DAS IST KEIN FEIND MEHR, SONDERN EINE NATURKATASTROPHE!
ALLEIN DER GEDANKE, IHN KONTROLLIEREN ZU WOLLEN, IST VÖLLIG ABWEGIG.
DIE INTELLIGENZ DER NEOMENSCHEN IST DER UNSEREN HAUSHOCH ÜBERLEGEN. ICH KANN MIR NICHT VORSTELLEN, DASS DAS FUNKTIONIERT.
A… ABER …
LEUTE …! BERUHIGT EUCH DOCH!
PRAHL
WENN DAS SO EINFACH IST, DANN ZEIG DOCH MAL!!
UND UNSER GOTT IST ALLWISSEND UND ALLMÄCHTIG …
PRAHL
ER WEISS EINFACH ALLES ÜBER UNS!
PRAHL
WIE SOLL MAN SIE ÜBERHAUPT GEGENEINANDER KÄMPFEN LASSEN?!
DER FLUCH WIRD SOWIESO ALLES VERSCHLINGEN … HE HE …
WAAAH
Z… ZAYBI!
WAS NUN?

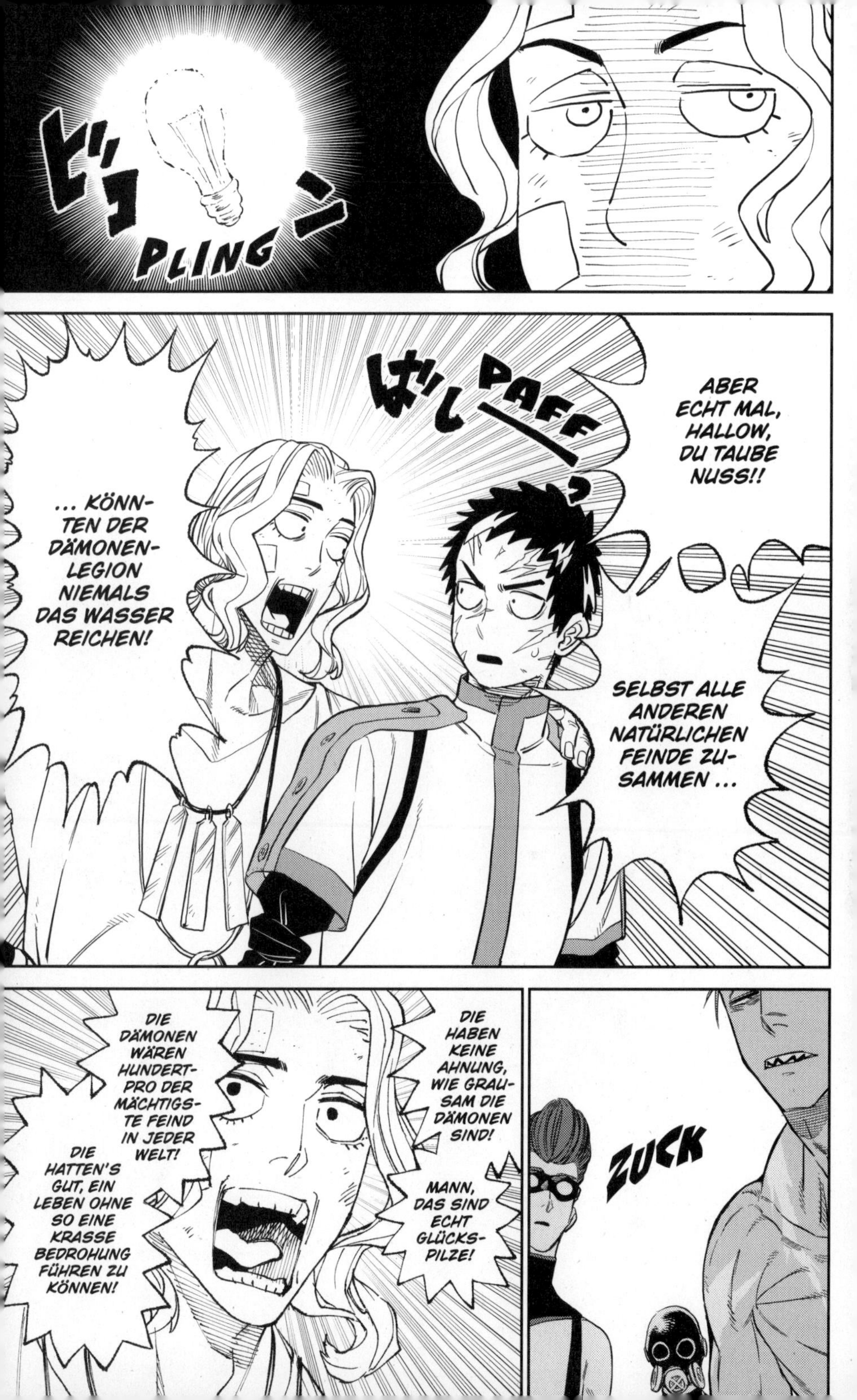
PLING
PAFF
ABER ECHT MAL, HALLOW, DU TAUBE NUSS!!
SELBST ALLE ANDEREN NATÜRLICHEN FEINDE ZUSAMMEN ...
... KÖNNTEN DER DÄMONENLEGION NIEMALS DAS WASSER REICHEN!
ZUCK
DIE HABEN KEINE AHNUNG, WIE GRAUSAM DIE DÄMONEN SIND!
DIE DÄMONEN WÄREN HUNDERTPRO DER MÄCHTIGSTE FEIND IN JEDER WELT!
MANN, DAS SIND ECHT GLÜCKSPILZE!
DIE HATTEN'S GUT, EIN LEBEN OHNE SO EINE KRASSE BEDROHUNG FÜHREN ZU KÖNNEN!

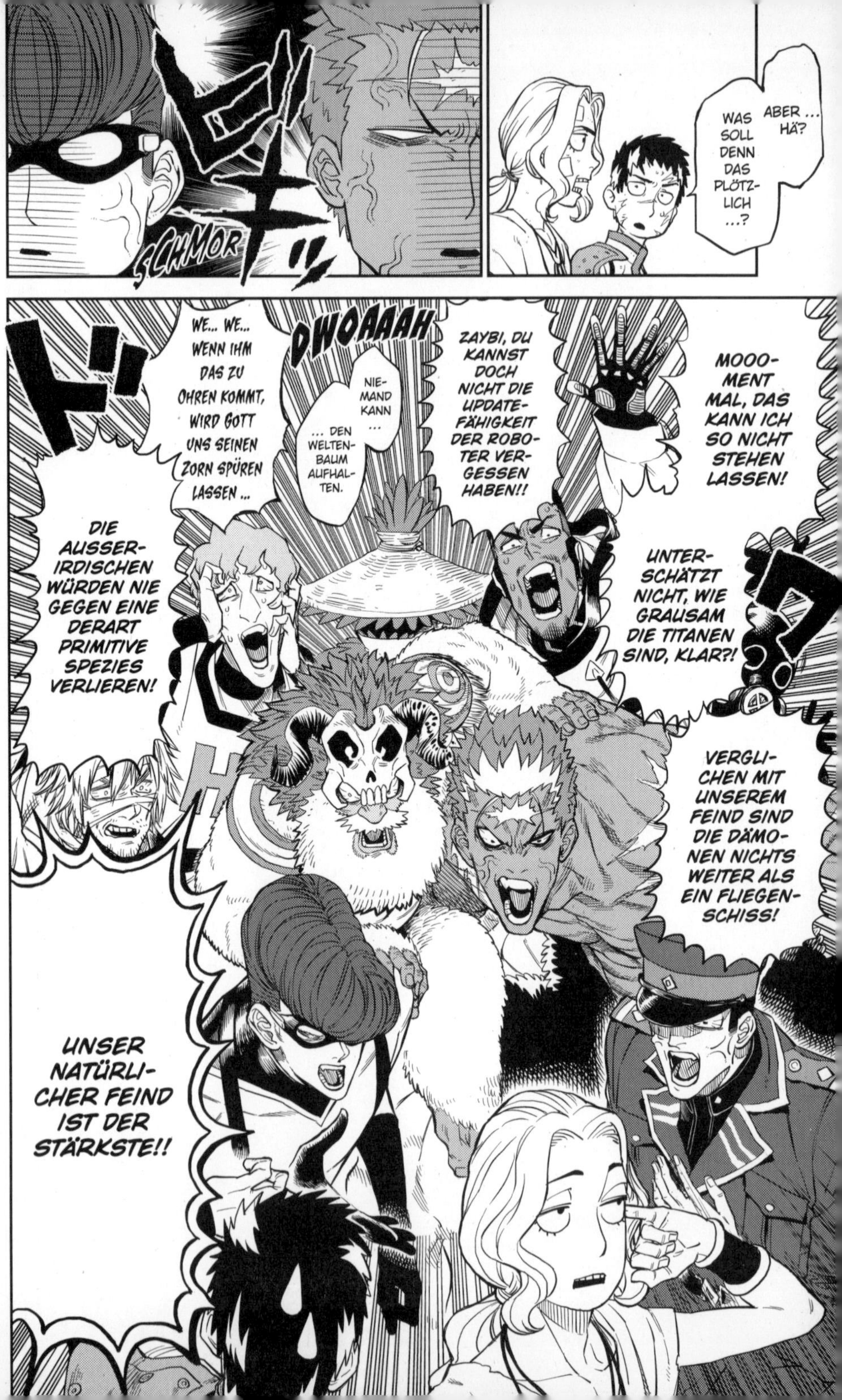
ABER … HÄ?
WAS SOLL DENN DAS PLÖTZLICH …?
SCHMOR
MOOOMENT MAL, DAS KANN ICH SO NICHT STEHEN LASSEN!
ZAYBI, DU KANNST DOCH NICHT DIE UPDATEFÄHIGKEIT DER ROBOTER VERGESSEN HABEN!!
DWOAAAH
NIEMAND KANN …
… DEN WELTENBAUM AUFHALTEN.
WE… WE… WENN IHM DAS ZU OHREN KOMMT, WIRD GOTT UNS SEINEN ZORN SPÜREN LASSEN …
UNTERSCHÄTZT NICHT, WIE GRAUSAM DIE TITANEN SIND, KLAR?!
DIE AUSSERIRDISCHEN WÜRDEN NIE GEGEN EINE DERART PRIMITIVE SPEZIES VERLIEREN!
VERGLICHEN MIT UNSEREM FEIND SIND DIE DÄMONEN NICHTS WEITER ALS EIN FLIEGENSCHISS!
UNSER NATÜRLICHER FEIND IST DER STÄRKSTE!!

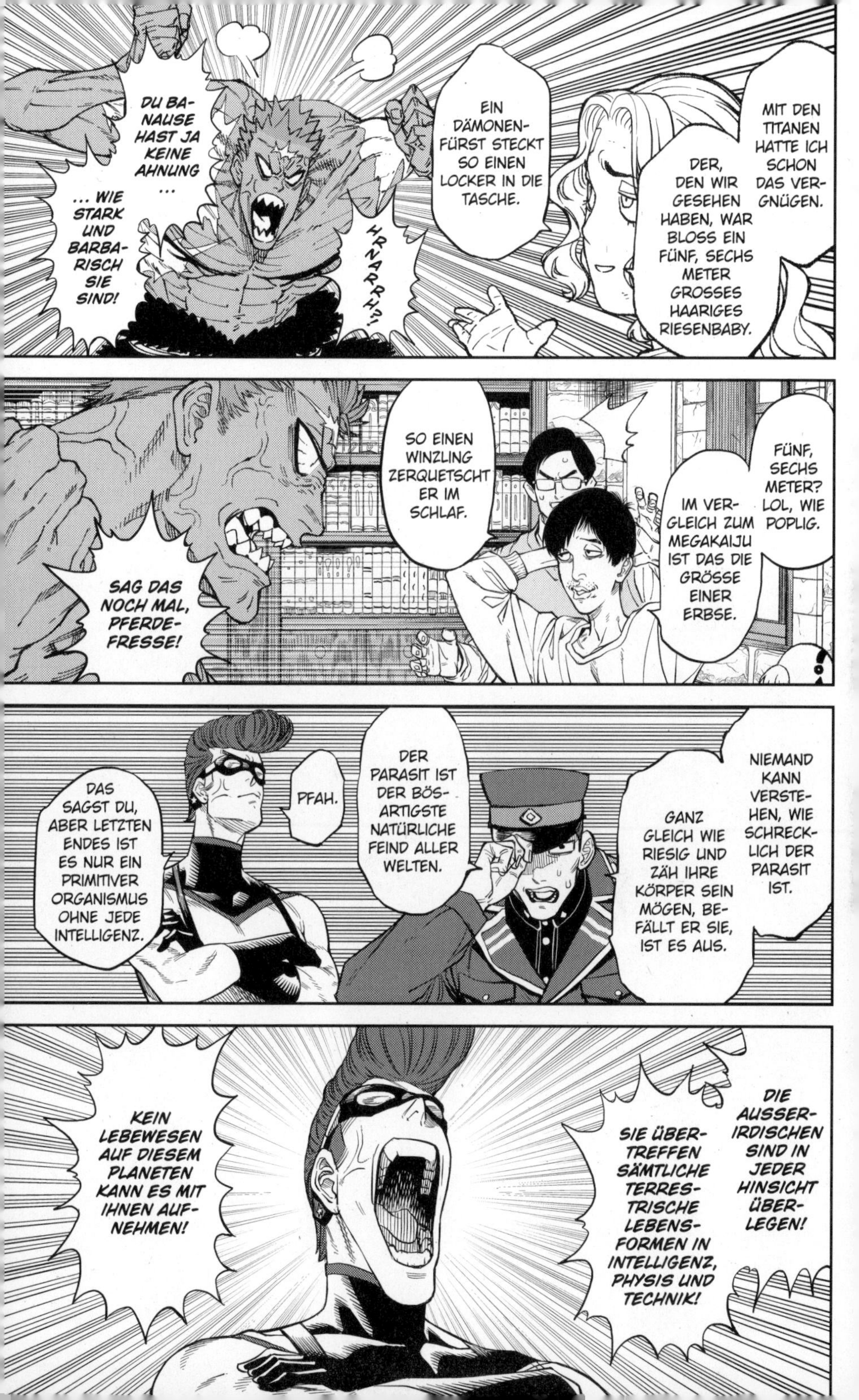
Mit den Titanen hatte ich schon das Vergnügen.
Der, den wir gesehen haben, war bloss ein fünf, sechs Meter grosses haariges Riesenbaby.
Ein Dämonenfürst steckt so einen locker in die Tasche.
HRNARRH?!
Du Banause hast ja keine Ahnung …
… wie stark und barbarisch sie sind!
Fünf, sechs Meter? LOL, wie poplig.
Im Vergleich zum Megakaiju ist das die Grösse einer Erbse.
So einen Winzling zerquetscht er im Schlaf.
Sag das noch mal, Pferdefresse!
Niemand kann verstehen, wie schrecklich der Parasit ist.
Ganz gleich wie riesig und zäh ihre Körper sein mögen, befällt er sie, ist es aus.
Der Parasit ist der bösartigste natürliche Feind aller Welten.
Pfah.
Das sagst du, aber letzten Endes ist es nur ein primitiver Organismus ohne jede Intelligenz.
Die Ausserirdischen sind in jeder Hinsicht überlegen!
Sie übertreffen sämtliche terrestrische Lebensformen in Intelligenz, Physis und Technik!
Kein Lebewesen auf diesem Planeten kann es mit ihnen aufnehmen!

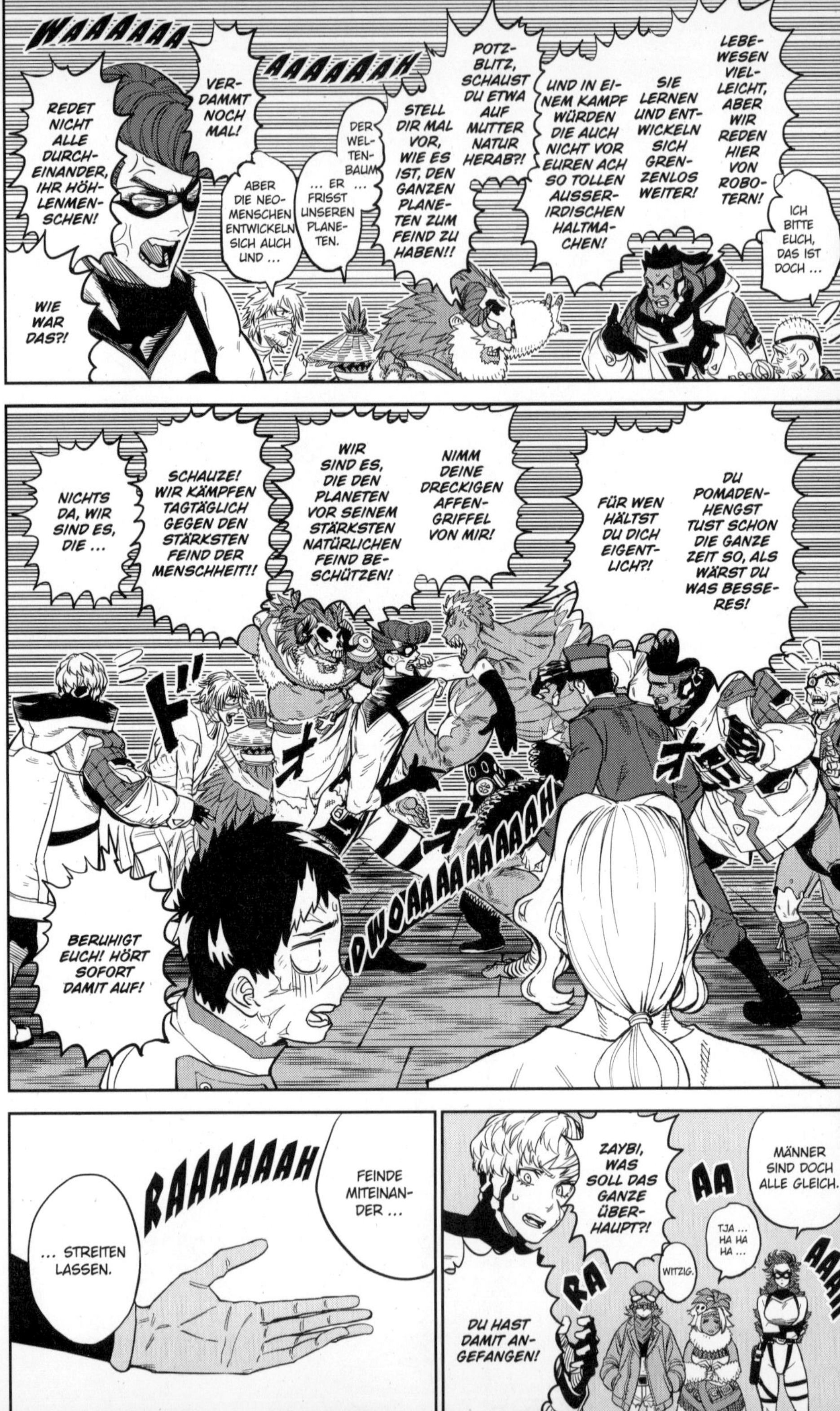
LEBEWESEN VIELLEICHT, ABER WIR REDEN HIER VON ROBOTERN!
ICH BITTE EUCH, DAS IST DOCH …
SIE LERNEN UND ENTWICKELN SICH GRENZENLOS WEITER!
UND IN EINEM KAMPF WÜRDEN DIE AUCH NICHT VOR EUREN ACH SO TOLLEN AUSSERIRDISCHEN HALTMACHEN!
POTZBLITZ, SCHAUST DU ETWA AUF MUTTER NATUR HERAB?!
STELL DIR MAL VOR, WIE ES IST, DEN GANZEN PLANETEN ZUM FEIND ZU HABEN!!
AAAAAAH
DER WELTENBAUM …
… ER FRISST UNSEREN PLANETEN.
ABER DIE NEOMENSCHEN ENTWICKELN SICH AUCH UND …
VERDAMMT NOCH MAL!
WAAAAAA
REDET NICHT ALLE DURCHEINANDER, IHR HÖHLENMENSCHEN!
WIE WAR DAS?!
DU POMADENHENGST TUST SCHON DIE GANZE ZEIT SO, ALS WÄRST DU WAS BESSERES!
FÜR WEN HÄLTST DU DICH EIGENTLICH?!
NIMM DEINE DRECKIGEN AFFENGRIFFEL VON MIR!
WIR SIND ES, DIE DEN PLANETEN VOR SEINEM STÄRKSTEN NATÜRLICHEN FEIND BESCHÜTZEN!
SCHAUZE! WIR KÄMPFEN TAGTÄGLICH GEGEN DEN STÄRKSTEN FEIND DER MENSCHHEIT!!
NICHTS DA, WIR SIND ES, DIE …
DWOAAAAAAAAAAH
BERUHIGT EUCH! HÖRT SOFORT DAMIT AUF!
MÄNNER SIND DOCH ALLE GLEICH.
ZAYBI, WAS SOLL DAS GANZE ÜBERHAUPT?!
TJA … HA HA HA …
WITZIG.
RA AA AAAH
DU HAST DAMIT ANGEFANGEN!
FEINDE MITEINANDER …
… STREITEN LASSEN.
RAAAAAAH

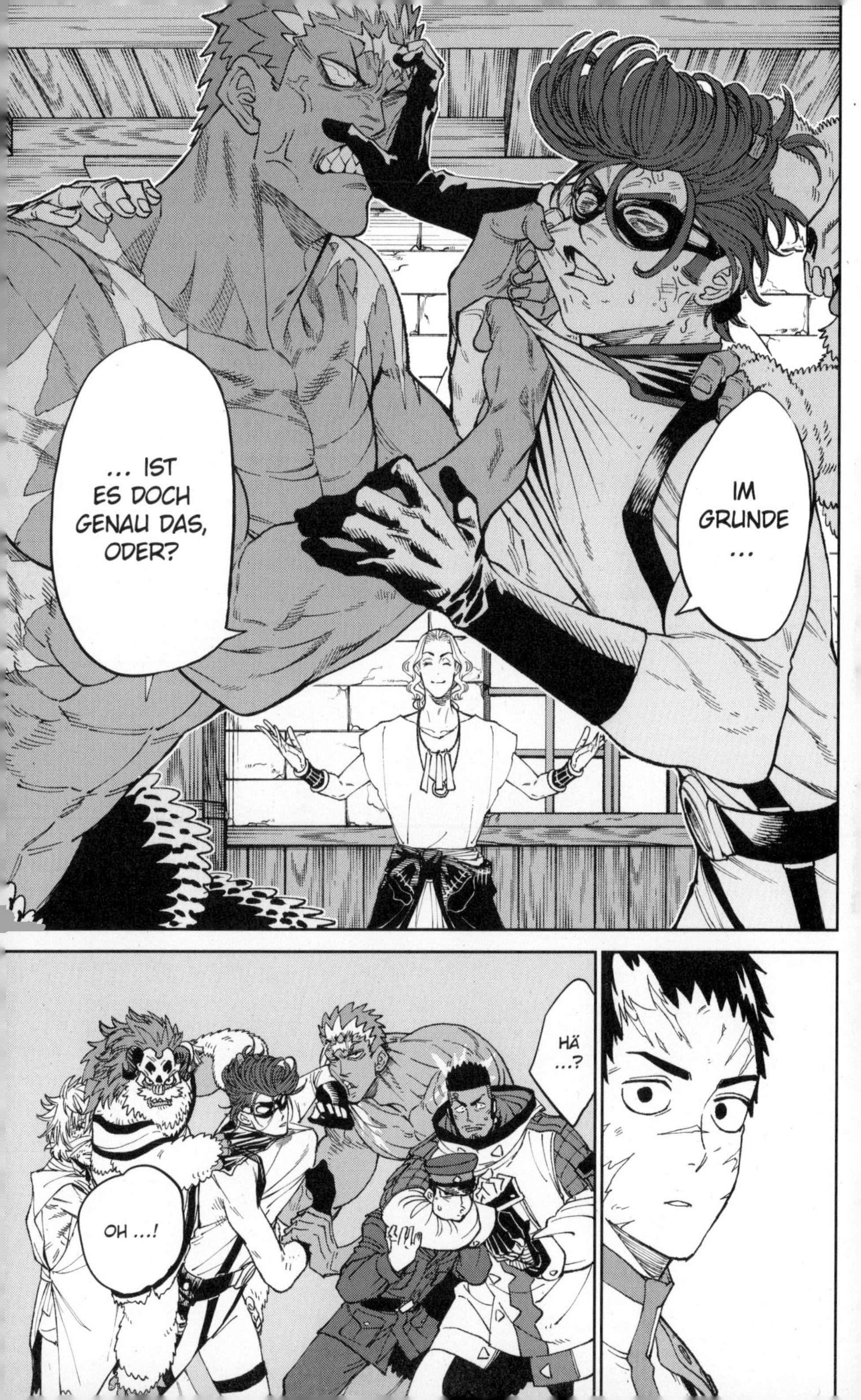
IM GRUNDE …
… IST ES DOCH GENAU DAS, ODER?
HÄ …?
OH …!

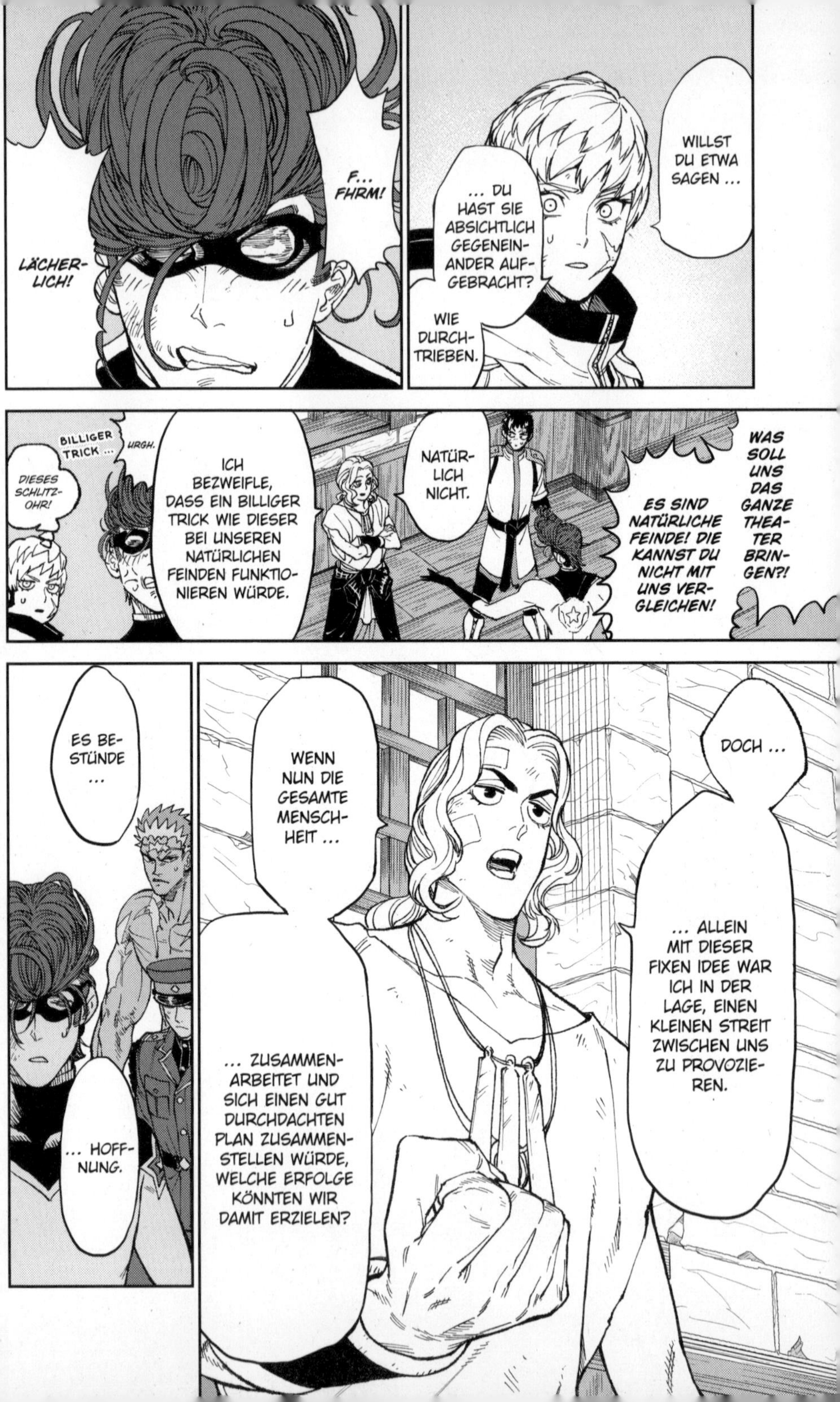
WILLST DU ETWA SAGEN …
… DU HAST SIE ABSICHTLICH GEGENEINANDER AUFGEBRACHT?
WIE DURCHTRIEBEN.
F… FHRM!
LÄCHERLICH!
WAS SOLL UNS DAS GANZE THEATER BRINGEN?!
ES SIND NATÜRLICHE FEINDE! DIE KANNST DU NICHT MIT UNS VERGLEICHEN!
NATÜRLICH NICHT.
ICH BEZWEIFLE, DASS EIN BILLIGER TRICK WIE DIESER BEI UNSEREN NATÜRLICHEN FEINDEN FUNKTIONIEREN WÜRDE.
URGH.
BILLIGER TRICK …
DIESES SCHLITZOHR!
DOCH …
… ALLEIN MIT DIESER FIXEN IDEE WAR ICH IN DER LAGE, EINEN KLEINEN STREIT ZWISCHEN UNS ZU PROVOZIEREN.
WENN NUN DIE GESAMTE MENSCHHEIT …
… ZUSAMMENARBEITET UND SICH EINEN GUT DURCHDACHTEN PLAN ZUSAMMENSTELLEN WÜRDE, WELCHE ERFOLGE KÖNNTEN WIR DAMIT ERZIELEN?
ES BESTÜNDE …
… HOFFNUNG.

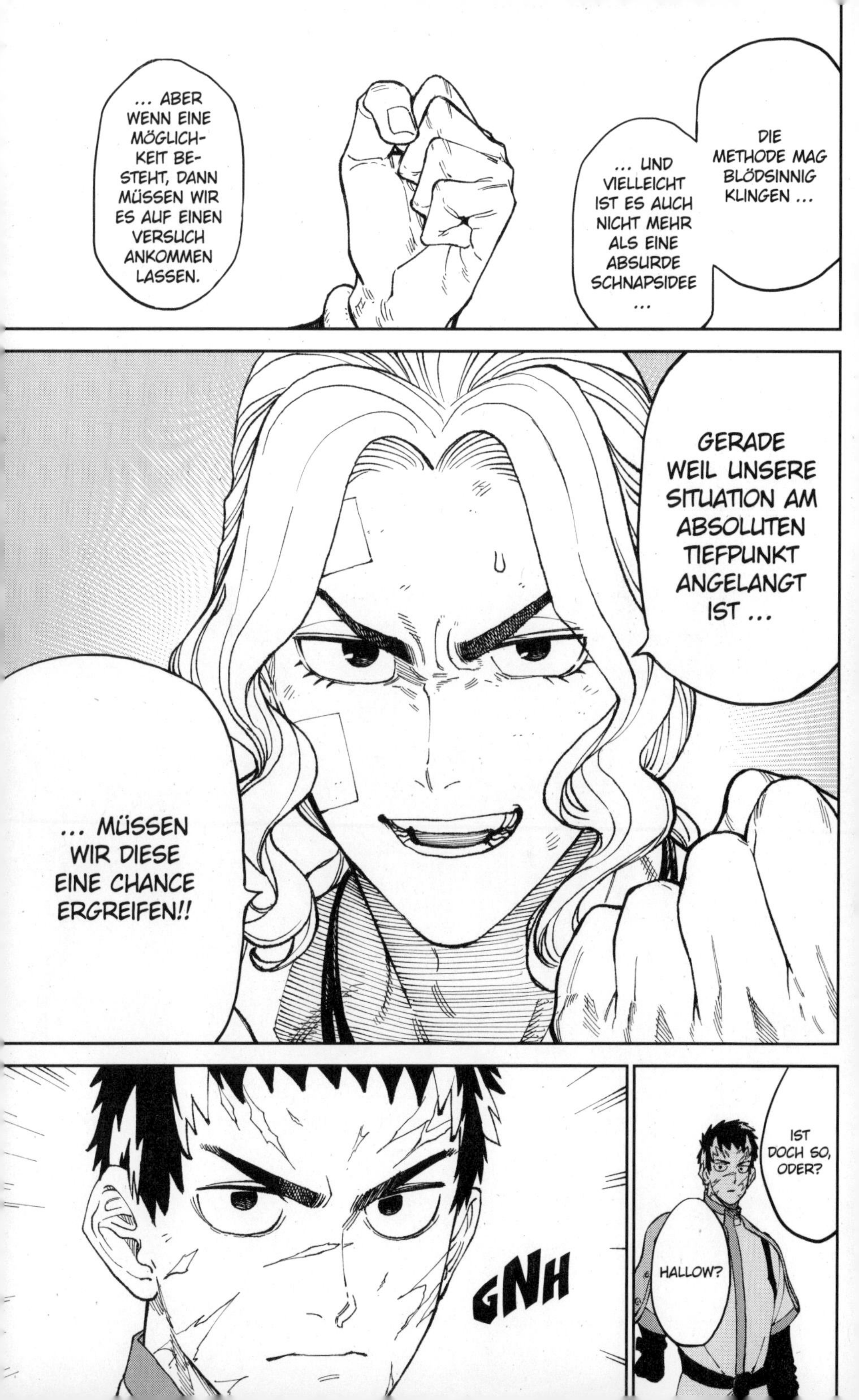

DIE METHODE MAG BLÖDSINNIG KLINGEN …
… UND VIELLEICHT IST ES AUCH NICHT MEHR ALS EINE ABSURDE SCHNAPSIDEE …
… ABER WENN EINE MÖGLICH-KEIT BE-STEHT, DANN MÜSSEN WIR ES AUF EINEN VERSUCH ANKOMMEN LASSEN.
GERADE WEIL UNSERE SITUATION AM ABSOLUTEN TIEFPUNKT ANGELANGT IST …
… MÜSSEN WIR DIESE EINE CHANCE ERGREIFEN!!
IST DOCH SO, ODER?
HALLOW?
GNH

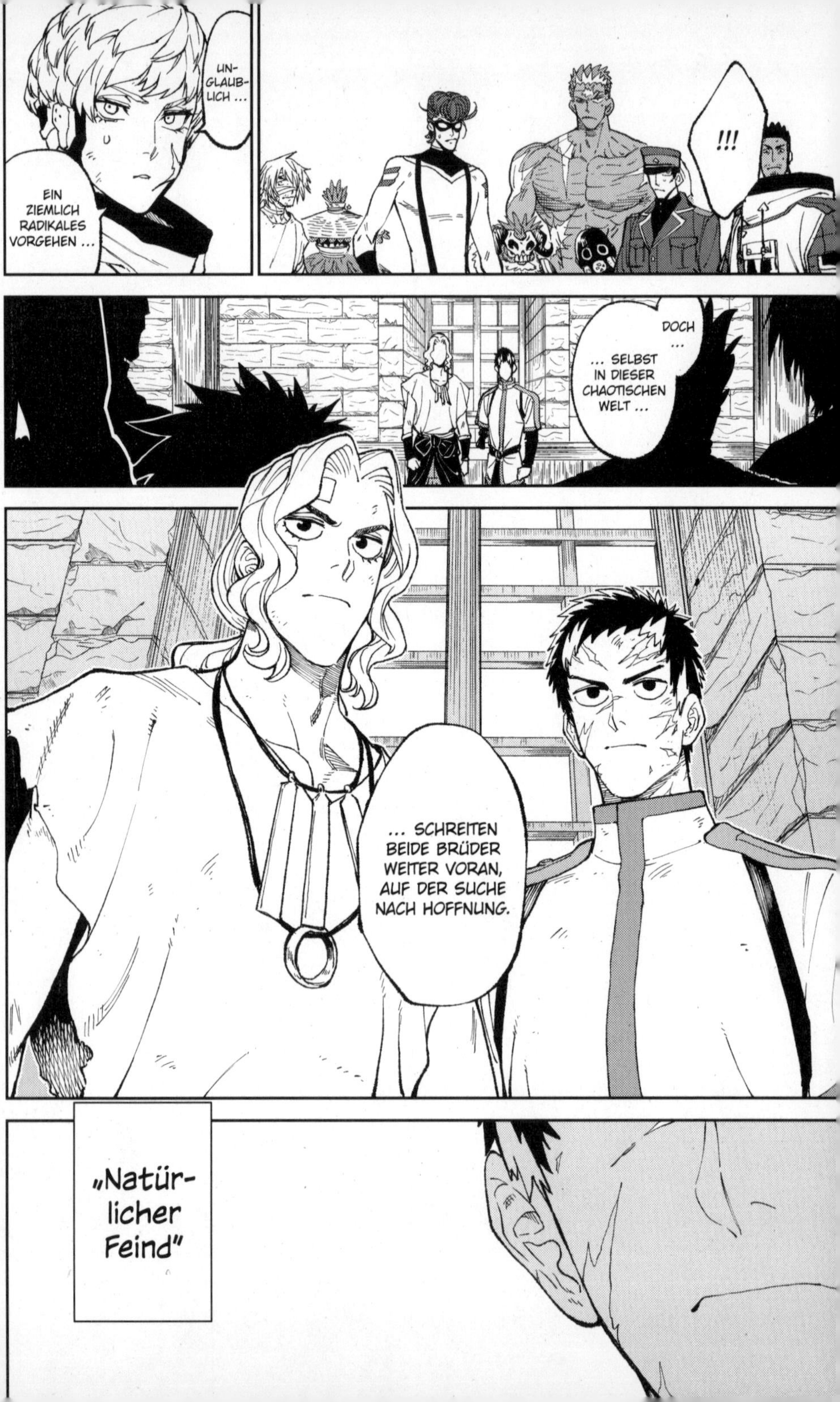
!!!
UN-GLAUB-LICH …
EIN ZIEMLICH RADIKALES VORGEHEN …
DOCH …
… SELBST IN DIESER CHAOTISCHEN WELT …
… SCHREITEN BEIDE BRÜDER WEITER VORAN, AUF DER SUCHE NACH HOFFNUNG.
„Natür-licher Feind"

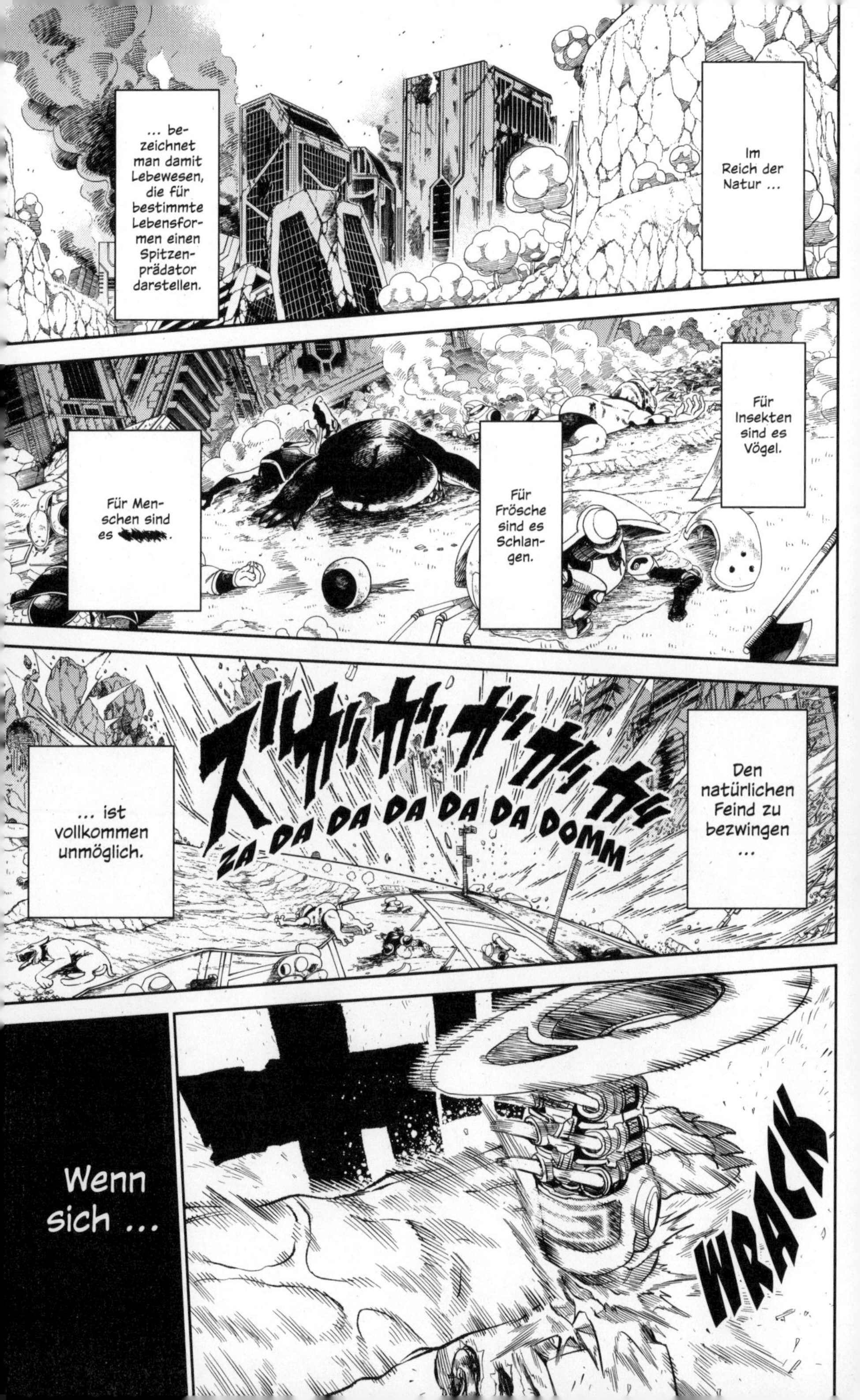
Im Reich der Natur …
… bezeichnet man damit Lebewesen, die für bestimmte Lebensformen einen Spitzenprädator darstellen.
Für Insekten sind es Vögel.
Für Frösche sind es Schlangen.
Für Menschen sind es .
Den natürlichen Feind zu bezwingen …
ZA DA DA DA DA DA DOMM
… ist vollkommen unmöglich.
WRACK
Wenn sich …

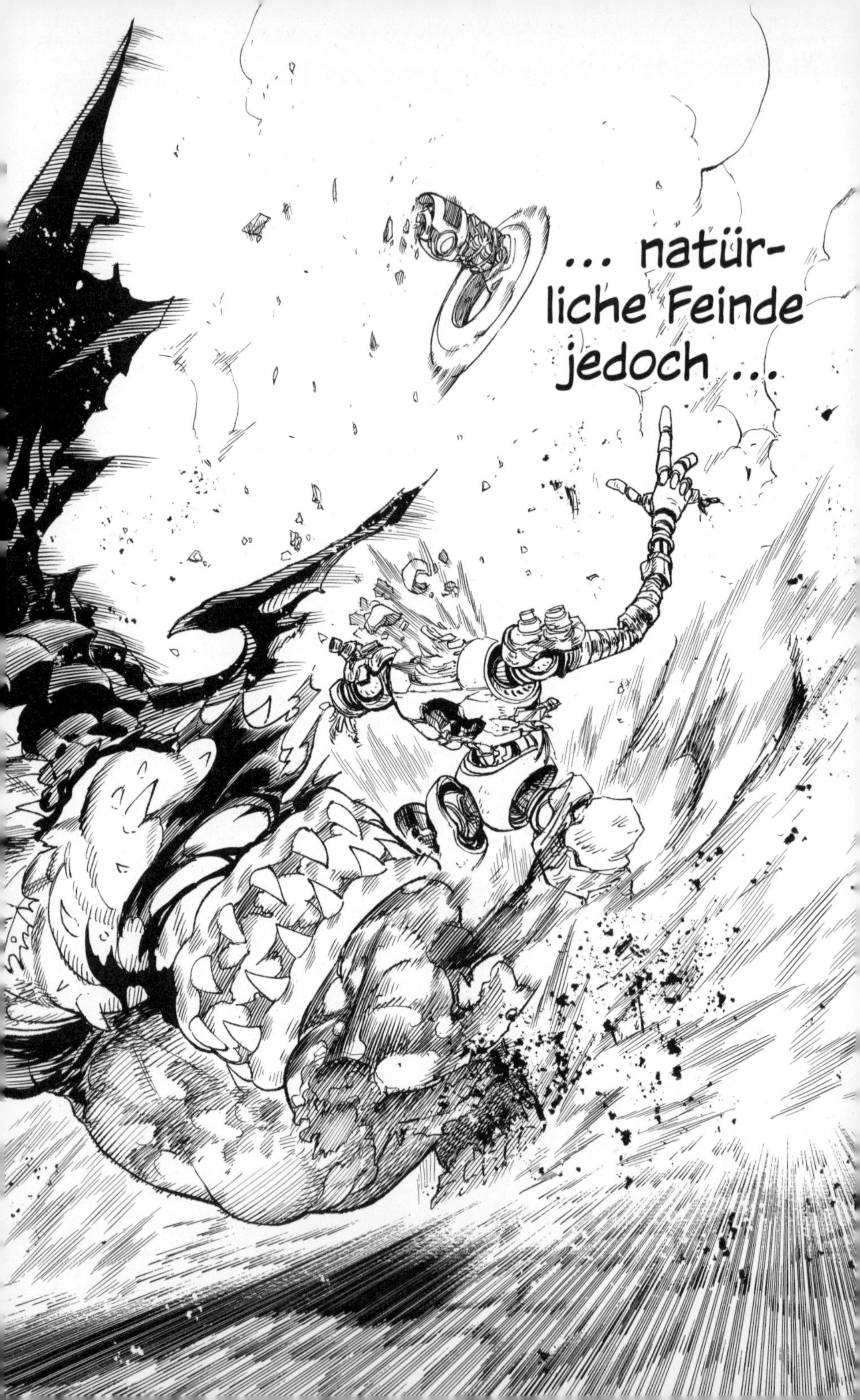
... natür-
liche Feinde
jedoch ...

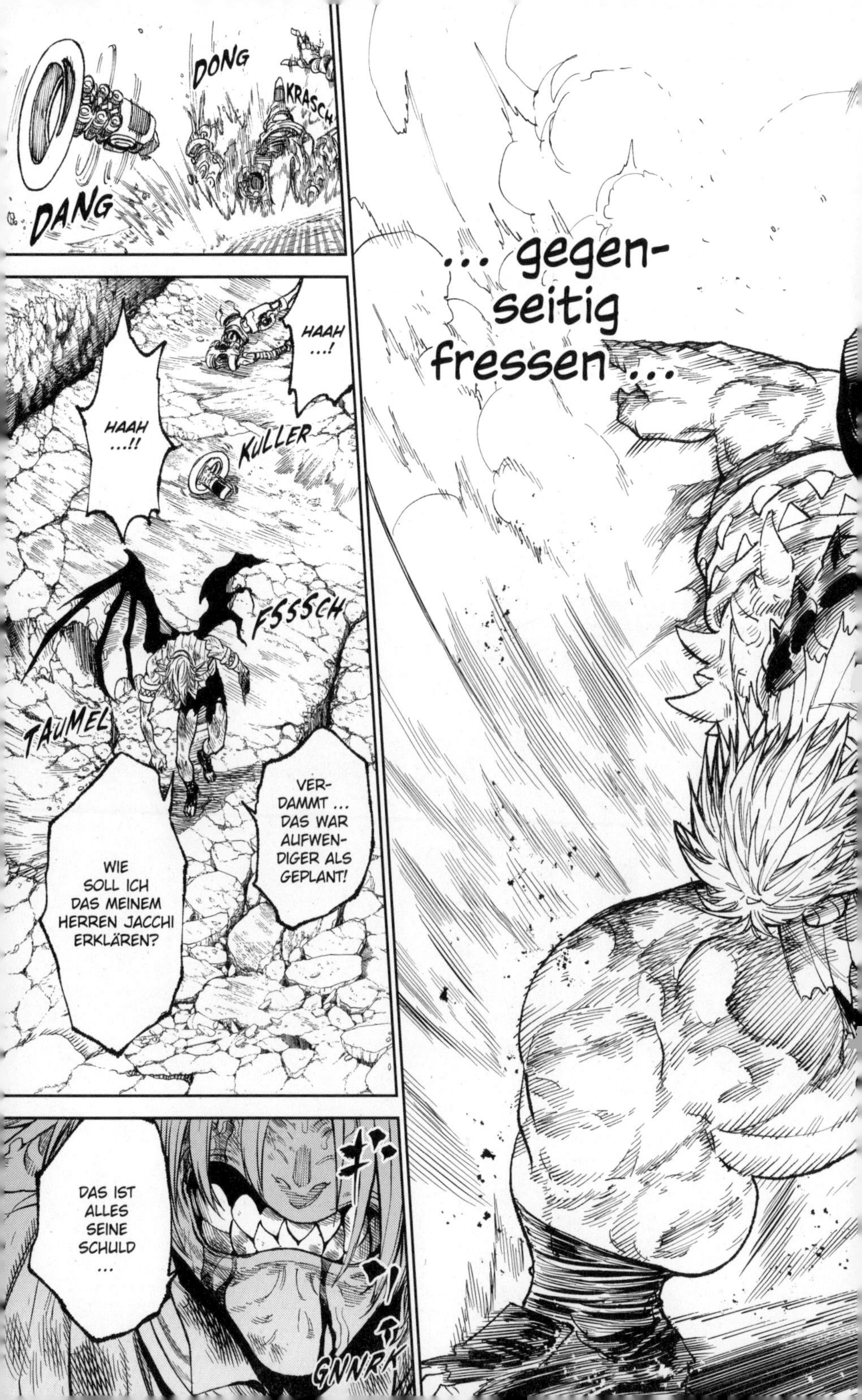

... gegen-seitig fressen ...
DONG
KRASCH
DANG
HAAH ...!
HAAH ...!!
KULLER
FSSSCH
TAUMEL
VER-DAMMT ... DAS WAR AUFWEN-DIGER ALS GEPLANT!
WIE SOLL ICH DAS MEINEM HERREN JACCHI ERKLÄREN?
DAS IST ALLES SEINE SCHULD ...
GNNRK

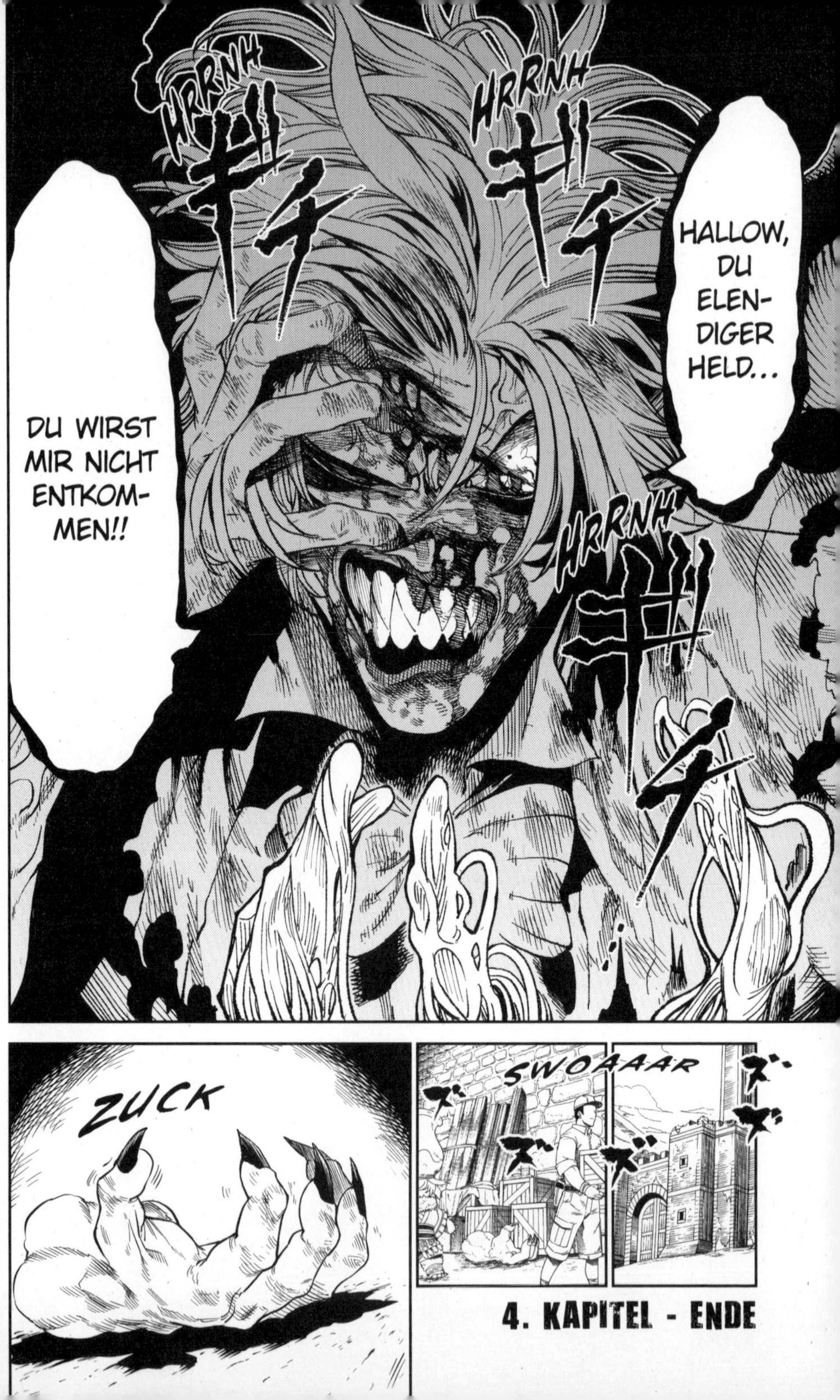
HRRNH
HRRNH
HALLOW, DU ELENDIGER HELD...
DU WIRST MIR NICHT ENTKOMMEN!!
HRRNH
ZUCK
SWOAAAR
4. KAPITEL - ENDE

FORTSETZUNG FOLGT ...

manga 漫画 cult

MANGA CULT Checkliste

CELLS AT WORK!
An die Arbeit, Blutplättchen!
von Yuko Kakihara & Yasu & Akane Shimizu
☐ Band 01-04
14x21 | SC | Comedy | 13+
€ 7,99 (D) | **Abgeschlossen**

CELLS AT WORK! BLACK
von Shigemitsu Harada & Issey Hatsuyoshiya & Akane Shimizu
☐ Band 01-08
14x21 | SC | Action | Science | 16+
€ 10,– (D) | **Abgeschlossen**

COFFEE MOON NEU
von Mochito Bota
☐ Band 01 ISBN: 978-3-7573-0354-9 August 2024
14x21 | SC | Mystery | 15+
€ 10,– (D)

COLORLESS
von KENT
☐ Band 01 ISBN: 978-3-96433-797-9
☐ Band 02 ISBN: 978-3-96433-798-6
☐ Band 03 ISBN: 978-3-96433-799-3
☐ Band 04 ISBN: 978-3-96433-800-6
☐ Band 05 ISBN: 978-3-96433-801-3
☐ Band 06 ISBN: 978-3-96433-802-0 Juni 2024
☐ Band 07 ISBN: 978-3-96433-803-7 August 2024
14x21 | SC | Science-Fiction | 16+
€ 12,– (D)

CUTIE AND THE BEAST
von Yuhi Azumi
☐ Band 01 ISBN: 978-3-96433-390-2
☐ Band 02 ISBN: 978-3-96433-391-9
☐ Band 03 ISBN: 978-3-96433-392-6
14x21 | SC | Romance | 13+
€ 7,99 (D)

DAI DARK
von Q-Hayashida
☐ Band 01 ISBN: 978-3-96433-779-5
☐ Band 02 ISBN: 978-3-96433-780-1
☐ Band 03 ISBN: 978-3-96433-781-8
☐ Band 04 ISBN: 978-3-96433-782-5
☐ Band 05 ISBN: 978-3-96433-783-2
☐ Band 06 ISBN: 978-3-7573-0282-5 Mai 2024
☐ Band 07 ISBN: 978-3-7573-0292-4 August 2024
14x21 | SC | Science-Fiction | 16+
€ 10,– (D)

DARLING IN THE FRANXX NEU
von Code:000 & Kentaro Yabuki
☐ Band 01 ISBN: 978-3-7573-0316-7 August 2024
14x21 | SC | Science-Fiction | 16+
€ 10,– (D)

DAS LAND DER JUWELEN
von Haruko Ichikawa
☐ Band 01-11
☐ Band 12 ISBN: 978-3-7573-0062-3
14x21 | SC mit Klappen | Fantasy | 12+
€ 10,– (D)

☐ Band 14 ISBN: 978-3-96433-508-1 Juli 2024
14x21 | SC mit Schutzumschlag | Action | 16+
€ 25,– (D)

BLAME! 0: NOiSE
Master Edition
von Tsutomu Nihei
☐ Einzelband ISBN: 978-3-96433-140-3
16x24 | HC | Science-Fiction | 16+
€ 20,– (D) | **Abgeschlossen**

BLAME!
Master Edition
von Tsutomu Nihei
☐ Band 01-06
16x24 | HC | Science-Fiction | 16+
€ 28,– (D) | **Abgeschlossen**

BLAME! +:
Die Flucht der Elektrofischer
Master Edition
von Koutarou Sekine & Tsutomu Nihei & BLAME! Production Committee
☐ Einzelband ISBN: 978-3-96433-320-9
16x24 | HC | Science-Fiction | 16+
€ 20,– (D) | **Abgeschlossen**

BLOOD ON THE TRACKS
von Shuzo Oshimi
☐ Band 01-05
☐ Band 06 ISBN: 978-3-96433-688-0
☐ Band 07 ISBN: 978-3-96433-689-7
☐ Band 08 ISBN: 978-3-96433-690-3
☐ Band 09 ISBN: 978-3-96433-691-0
☐ Band 10 ISBN: 978-3-96433-692-7
☐ Band 11 ISBN: 978-3-96433-693-4 Mai 2024 | € 12,– (D)
☐ Band 12 ISBN: 978-3-96433-694-1 Juli 2024 | € 12,– (D)
☐ Band 13 ISBN: 978-3-7573-0295-5 September 2024 | € 12,– (D)
14x21 | SC | Drama | 16+
Band 01-08 € 10,– (D) | Band 09-13 € 12,– (D)

BLUE PERIOD
von Tsubasa Yamaguchi
☐ Band 01-10
☐ Band 11 ISBN: 978-3-96433-683-5
☐ Band 12 ISBN: 978-3-96433-819-8
☐ Band 13 ISBN: 978-3-96433-820-4
☐ Band 14 ISBN: 978-3-96433-821-1 August 2024 | € 12,– (D)
14x21 | SC | Special | 15+
Band 01-12 € 10,– (D) | Band 13-14 € 12,– (D)

BRUTAL – Bekenntnisse eines Mordermittlers
von Kei Koga & Ryo Izawa
☐ Band 01 ISBN: 978-3-96433-773-3
☐ Band 02 ISBN: 978-3-96433-774-0
☐ Band 03 ISBN: 978-3-96433-775-7
☐ Band 04 ISBN: 978-3-96433-776-4
☐ Band 05 ISBN: 978-3-96433-777-1 Mai 2024
14x21 | SC | Thriller | 18+
€ 12,– (D)

CELLS AT WORK!
von Akane Shimizu
☐ Band 01-06
14x21 | SC mit Klappen | Comedy | Science | 13+
€ 10,– (D) | **Abgeschlossen**

6TH BULLET
von Yusuke Osawa
☐ Einzelband ISBN: 978-3-96433-088-8
14x21 | SC | Science-Fiction | 16+
€ 15,– (D) | **Abgeschlossen**

A MAN AND HIS CAT
von Umi Sakurai
☐ Band 01-10
☐ Band 11 ISBN: 978-3-96433-817-4
☐ Band 12 ISBN: 978-3-96433-818-1 August 2024
14x21 | SC | Slice of Life | 15+
€ 10,– (D)

A MAN AND HIS CAT:
Fukumaru und das Sternenschiff des Glücks
von Umi Sakurai
☐ Einzelband ISBN: 978-3-98743-087-9
14x21 | HC mit Schutzumschlag | Slice of Life | 3+
€ 15,– (D) | **Abgeschlossen**

ABARA
Master Edition
von Tsutomu Nihei
☐ Einzelband ISBN: 978-3-96433-717-7
16x24 | HC | Science-Fiction | 16+
€ 28,– (D) | **Abgeschlossen**

AFTERIMAGE SLOW MOTION
von Jyanome
☐ Einzelband ISBN: 978-3-96433-503-6
14x21 | SC | Boys Love | 16+
€ 10,– (D) | **Abgeschlossen**

ALMA
von Shinji Mito
☐ Band 01 ISBN: 978-3-7573-0342-6
☐ Band 02 ISBN: 978-3-7573-0343-3 Juni 2024
☐ Band 03 ISBN: 978-3-7573-0344-0 August 2024
14x21 | SC | Science-Fiction | 16+
€ 12,– (D)

APOSIMZ – Das Land der Puppen
von Tsutomu Nihei
☐ Band 01-09
14x21 | SC mit Klappen | Science-Fiction
15+ | € 10,– (D) | **Abgeschlossen**

APOSIMZ
Full Color Master Edition
von Tsutomu Nihei
☐ Band 01 ISBN: 978-3-96433-324-7
16x24 | HC | Farbe | Science-Fiction | 15+
€ 30,– (D)

AYANASHI
von Yukihiro Kajimoto
☐ Band 01-04
14x21 | SC | Science-Fiction | Action | 12+
€ 10,– (D) | **Abgeschlossen**

BLADE OF THE IMMORTAL
2in1 Perfect Edition
von Hiroaki Samura
☐ Band 01-10
☐ Band 11 ISBN: 978-3-96433-505-0
☐ Band 12 ISBN: 978-3-96433-506-7
☐ Band 13 ISBN: 978-3-96433-507-4

Änderungen und Irrtümer vorbehalten. Stand 02/2024

MANGA CULT Checkliste

EVERYDAY ESCAPE
von Shouichi Taguchi
☐ Band 01-04
14x21 | SC | Slice of Life | 13+
€ 7,99 (D) | **Abgeschlossen**

EX-ARM
von HiRock & Shin-ya Komi
☐ Band 01-14
14x21 | SC mit Klappen | Science-Fiction | 16+
Band 01-12 € 10,– (D) | Band 13-14 € 12,– (D)
Abgeschlossen

FIST OF THE NORTH STAR
Master Edition
von Buronson & Tetsuo Hara
☐ Band 01-05
☐ Band 06 ISBN: 978-3-96433-753-5
☐ Band 06 ISBN: 978-3-96433-997-3
+ Schuber € 34,– (D)
☐ Band 07 ISBN: 978-3-96433-754-2
Juni 2024
☐ Band 08 ISBN: 978-3-96433-755-9
September 2024
16x24 | HC | Action | 16+
€ 28,– (D)

FROM THE RED FOG
von Mosae Nohara
☐ Band 01 ISBN: 978-3-96433-961-4
☐ Band 02 ISBN: 978-3-96433-962-1
☐ Band 03 ISBN: 978-3-96433-963-8
☐ Band 04 ISBN: 978-3-96433-964-5
☐ Band 05 ISBN: 978-3-7573-0286-3
Juni 2024
14x21 | SC | Mystery | 16+
€ 10,– (D)

GANTZ – 3in1 Perfect Edition
von Hiroya Oku
☐ Band 01-12
14x21 | SC mit Klappen | Science-Fiction |16+
Band 01-08 € 20,– (D) | Band 09-12 € 25,– (D)
Abgeschlossen

GANTZ:E
von Hiroya Oku & Jin Kagetsu
☐ Band 01 ISBN: 978-3-96433-476-3
☐ Band 02 ISBN: 978-3-96433-568-5
☐ Band 03 ISBN: 978-3-96433-569-2
☐ Band 04 ISBN: 978-3-96433-969-0
☐ Band 05 ISBN: 978-3-7573-0283-2
Mai 2024
14x21 | SC | Science-Fiction | 16+
€ 10,– (D)

GANTZ:G – 3in1 Perfect Edition
von Hiroya Oku & Keita Iijka
☐ Einzelband ISBN: 978-3-96433-571-5
14x21 | SC | Science-Fiction
16+ | € 25,– (D) | **Abgeschlossen**

GIRLS' LAST TOUR **NEU**
von Tsukumizu
☐ Band 01 ISBN: 978-3-7573-0324-2
September 2024
14x21 | SC | Science-Fiction | 13+
€ 10,– (D)

DEMON SLAYER –
Kimetsu no Yaiba:
Wasser und Flammen
von Ryoji Hirano & Koyoharu Gotouge
☐ Einzelband ISBN: 978-3-96433-968-3
14x21 | SC | Action | 13+
€ 10,– (D) | **Abgeschlossen**

DIE BLUMEN DES BÖSEN – Aku no Hana
2in1 Edition
von Shuzo Oshimi
☐ Band 01-05
14x21 | SC | Drama | 15+
Band 01 € 20,– (D) | Band 02-05 € 15,– (D)
Abgeschlossen

DIE CHRONIKEN DES KÖNIGREICHS
von Asumiko Nakamura
☐ Band 01 ISBN: 978-3-96433-877-8
☐ Band 02 ISBN: 978-3-96433-878-5
☐ Band 03 ISBN: 978-3-96433-879-2
☐ Band 04 ISBN: 978-3-96433-880-8
September 2024
14x21 | SC | Fantasy | 16+
€ 12,– (D)

DIE DREI MUSKETIERE
von Cédric Tchao & Néjib
☐ Band 01 ISBN: 978-3-96433-976-8
☐ Band 02 ISBN: 978-3-7573-0277-1
14x21 | SC | Action | Abenteuer | 16+
€ 10,– (D) | **Abgeschlossen**

DIE TAGEBÜCHER DER APOTHEKERIN –
Geheimnisse am Kaiserhof
von Natsu Hyuuga & Itsuki Nanao
& Nekokurage & Touco Shino
☐ Band 01-10
☐ Band 10 ISBN: 978-3-96433-960-7
+ Schuber € 18,– (D)
☐ Band 11 ISBN: 978-3-96433-824-2
☐ Band 12 ISBN: 978-3-96433-825-9
Juni 2024
14x21 | SC | Mystery | 15+
€ 10,– (D)

DOROHEDORO
2in1 Edition
von Q-Hayashida
☐ Band 01-11
14x21 | SC | Fantasy | 16+ | Band 01-07 € 15,– (D)
Band 08-09 € 18,– (D) | Band 10-11 € 20,– (D)
Abgeschlossen

DOU KYU SEI –
Verliebt in meinen Mitschüler
von Asumiko Nakamura
☐ Einzelband ISBN: 978-3-96433-206-6
14x21 | SC | Boys Love | 15+
€ 10,– (D) | **Abgeschlossen**

DOU SOU SEI – **NEU**
Was danach geschah
von Asumiko Nakamura
☐ Band 01 ISBN: 978-3-96433-974-4
Mai 2024
☐ Band 02 ISBN: 978-3-96433-975-1
Juni 2024
14x21 | SC | Boys Love | 15+
€ 12,– (D)

DEMON SLAYER –
Kimetsu no Yaiba
von Koyoharu Gotouge
☐ Band 01-23
☐ Band 08 ISBN: 978-3-96433-462-6
+ Schuber € 15,– (D)
☐ Band 01-08 ISBN: 978-3-96433-701-6
+ Schuber € 75,– (D)
☐ Band 16 ISBN: 978-3-96433-699-6
+ Schuber € 18,– (D)
☐ Band 09-16 ISBN: 978-3-96433-702-3
+ Schuber € 80,– (D)
☐ Band 20 ISBN: 978-3-96433-881-5
LE + Postkartenset | € 15,– (D)
☐ Band 23 ISBN: 978-3-96433-700-9
+ Schuber € 20,– (D)
☐ Band 17-23 ISBN: 978-3-96433-703-0
+ Schuber € 75,– (D)
14x21 | SC | Action | 13+
Band 01-22 € 10,– (D) | Band 23 € 12,– (D)
Abgeschlossen

DEMON SLAYER –
Kimetsu no Yaiba: Blume des Glücks
Light Novel
von Koyoharu Gotouge & Aya Yajima
☐ Einzelband ISBN: 978-3-96433-771-9
14x21 | SC mit Ausklappposter | Action | 13+
€ 14,– (D) | **Abgeschlossen**

DEMON SLAYER –
Kimetsu no Yaiba:
Der Wind weist den Weg
Light Novel
von Koyoharu Gotouge & Aya Yajima
☐ Einzelband ISBN: 978-3-96433-889-1
14x21 | SC mit Ausklappposter | Action | 13+
€ 14,– (D) | **Abgeschlossen**

DEMON SLAYER –
Kimetsu no Yaiba:
Einflügeliger Schmetterling
Light Novel
von Koyoharu Gotouge & Aya Yajima
☐ Einzelband ISBN: 978-3-96433-887-7
14x21 | SC mit Ausklappposter | Action | 13+
€ 14,– (D) | **Abgeschlossen**

DEMON SLAYER – **NEU**
Kimetsu no Yaiba: Im Laufe der
Jahre – Gesammelte Illustrationen
von Koyoharu Gotouge
von Koyoharu Gotouge
☐ Einzelband ISBN: 978-3-96433-967-6
TBA
DIN A4 | HC | Farbe | Action | 13+
€ 30,– (D)

DEMON SLAYER – **NEU**
Kimetsu no Yaiba: School Days
von Natsuki Hokami & Koyoharu Gotouge
☐ Band 01 ISBN: 978-3-7573-0369-3
Juni 2024
☐ Band 02 ISBN: 978-3-7573-0370-9
August 2024
14x21 | SC | Comedy | 13+
€ 8,99 (D)

Änderungen und Irrtümer vorbehalten. Stand 02/2024

MANGA CULT Checkliste

JOJO'S BIZARRE ADVENTURE – Part 1: Phantom Blood
von Hirohiko Araki
☐ Band 01-03
14x21 | SC | Action | 16+
€ 12,– (D) | **Abgeschlossen**

JOJO'S BIZARRE ADVENTURE – Part 2: Battle Tendency
von Hirohiko Araki
☐ Band 01-04
14x21 | SC | Action | 16+
€ 14,– (D) | **Abgeschlossen**

JOJO'S BIZARRE ADVENTURE – Part 3: Stardust Crusaders
von Hirohiko Araki
☐ Band 01-05
☐ Band 06 ISBN: 978-3-96433-518-0
☐ Band 07 ISBN: 978-3-96433-519-7
☐ Band 08 ISBN: 978-3-96433-520-3
☐ Band 09 ISBN: 978-3-96433-521-0
☐ Band 10 ISBN: 978-3-96433-522-7
14x21 | SC | Action | 16+
€ 14,– (D) | **Abgeschlossen**

JOJO'S BIZARRE ADVENTURE – Part 4: Diamond is Unbreakable **NEU**
von Hirohiko Araki
☐ Band 01 ISBN: 978-3-7573-0287-0 Juni 2024
☐ Band 02 ISBN: 978-3-7573-0293-1 August 2024
14x21 | SC | Action | 16+
€ 14,– (D)

KAINA OF THE GREAT SNOW SEA **NEU**
von Tsutomu Nihei & Itoe Takemoto
☐ Band 01 ISBN: 978-3-7573-0302-0 Juli 2024
☐ Band 02 ISBN: 978-3-7573-0303-7 September 2024
14x21 | SC | Science-Fiction | 15+
€ 10,– (D)

KANOJO MO KANOJO – Gelegenheit macht Liebe
von Hiroyuki
☐ Band 01-10
☐ Band 11 ISBN: 978-3-96433-594-4
☐ Band 12 ISBN: 978-3-96433-595-1
☐ Band 13 ISBN: 978-3-96433-596-8
☐ Band 14 ISBN: 978-3-96433-597-5
☐ Band 15 ISBN: 978-3-96433-980-5
☐ Band 16 ISBN: 978-3-96433-981-2 Juni 2024 | € 8,99 (D)
14x21 | SC | Comedy | Romance | 13+
Band 01-08 € 7,99 (D) | Band 09-16 € 8,99 (D)

KNIGHTS OF SIDONIA Master Edition
von Tsutomu Nihei
☐ Band 01-07
16x24 | HC | Science-Fiction | 16+
€ 28,– (D) | **Abgeschlossen**

KUHIME
von Hideo Takenaka
☐ Band 01-04
14x21 | SC mit Klappen | Horror | 16+
€ 10,– (D) | **Abgeschlossen**

☐ Band 13 ISBN: 978-3-96433-638-5 Juli 2024
☐ Band 14 ISBN: 978-3-7573-0296-2 September 2024
14x21 | SC | Boys Love | 15+
€ 10,– (D)

I'M IN LOVE WITH THE VILLAINESS
von Aonoshimo & Inori. & Hanagata
☐ Band 01 ISBN: 978-3-96433-739-9
☐ Band 02 ISBN: 978-3-96433-740-5
☐ Band 03 ISBN: 978-3-96433-741-2
☐ Band 04 ISBN: 978-3-96433-742-9
☐ Band 05 ISBN: 978-3-96433-971-3
☐ Band 06 ISBN: 978-3-7573-0297-9 September 2024
14x21 | SC | Girls Love | 15+
€ 10,– (D)

I'M STANDING ON A MILLION LIVES
von Naoki Yamakawa & Akinari Nao
☐ Band 01-15
☐ Band 16 ISBN: 978-3-96433-884-6
☐ Band 17 ISBN: 978-3-96433-885-3 Juli 2024 | € 12,– (D)
14x21 | SC | Fantasy | 13+
Band 01-14 € 10,– (D) | Band 15-17 € 12,– (D)

ICH BIN EINE SPINNE, NA UND?
von Okina Baba & Asahiro Kakashi
☐ Band 01-10
☐ Band 11 ISBN: 978-3-96433-674-3
☐ Band 12 ISBN: 978-3-96433-675-0
☐ Band 13 ISBN: 978-3-96433-676-7 Mai 2024
14x21 | SC | Fantasy | Action | 13+
€ 10,– (D)

ICH BIN EINE SPINNE, NA UND? Die vier Schwestern
von Gratinbird & Okina Baba & Tsukasa Kiryu & Asahiro Kakashi
☐ Band 01-05
☐ Band 06 ISBN: 978-3-96433-673-6
14x21 | SC | Fantasy | Comedy | 13+
€ 10,– (D) | **Abgeschlossen**

ICH KANN DICH NICHT ERREICHEN
von Mika
☐ Band 01-05
☐ Band 06 ISBN: 978-3-96433-972-0
☐ Band 07 ISBN: 978-3-7573-0290-0 Juni 2024 | € 8,99 (D)
14x21 | SC | Boys Love | 15+
Band 01-05 € 7,99 (D) | Band 06-07 € 8,99 (D)

INSIDE MARI **NEU**
von Shuzo Oshimi
☐ Band 01 ISBN: 978-3-7573-0360-0 August 2024
14x21 | SC | Drama | 16+
€ 10,– (D)

IT'S MY LIFE
von Imomushi Narita
☐ Band 01-11
14x21 | SC | Fantasy | 13+
€ 10,– (D) | **Abgeschlossen**

GOLDEN KAMUY
von Satoru Noda
☐ Band 01-25
☐ Band 26 ISBN: 978-3-96433-827-3
☐ Band 27 ISBN: 978-3-96433-828-0
☐ Band 28 ISBN: 978-3-96433-829-7 Mai 2024 | € 12,– (D)
☐ Band 29 ISBN: 978-3-96433-830-3 Juli 2024 | € 12,– (D)
☐ Band 30 ISBN: 978-3-96433-831-0 September 2024 | € 12,– (D)
14x21 | SC | Action | History | 16+
Band 01-20 € 10,– (D) | Band 21-30 € 12,– (D)

GREEN WORLDZ
von Yusuke Osawa
☐ Band 01-08
14x21 | SC mit Klappen | Survival Horror
16+ | € 10,– (D) | **Abgeschlossen**

GTO – Great Teacher Onizuka **NEU**
von Tōru Fujisawa
☐ Band 01 ISBN: 978-3-7573-0330-3 Mai 2024
☐ Band 02 ISBN: 978-3-7573-0331-0 Juli 2024
☐ Band 03 ISBN: 978-3-7573-0332-7 September 2024
14x21 | SC | Comedy | 15+
€ 18,– (D)

HAPPINESS 2in1 Edition
von Shuzo Oshimi
☐ Band 01 ISBN: 978-3-96433-743-6
☐ Band 02 ISBN: 978-3-96433-744-3
☐ Band 03 ISBN: 978-3-96433-745-0
☐ Band 04 ISBN: 978-3-96433-746-7
☐ Band 05 ISBN: 978-3-96433-747-4 Juni 2024
14x21 | SC | Mystery | 16+
€ 15,– (D)

HEAVENLY DELUSION – Das verlorene Paradies
von Masakazu Ishiguro
☐ Band 01-05
☐ Band 06 ISBN: 978-3-96433-610-1
☐ Band 07 ISBN: 978-3-96433-767-2
☐ Band 08 ISBN: 978-3-96433-768-9
☐ Band 09 ISBN: 978-3-96433-769-6 September 2024
14x21 | SC | Science-Fiction | 15+
€ 10,– (D)

HI SCORE GIRL
von Rensuke Oshikiri
☐ Band 01-10
14x21 | SC | Slice of Life | 13+
€ 10,– (D) | **Abgeschlossen**

HITORIJIME MY HERO
von Memeco Arii
☐ Band 01-10
☐ Band 06 ISBN: 978-3-96433-886-0 + Schuber | € 18,– (D)
☐ Band 11 ISBN: 978-3-96433-636-1
☐ Band 12 ISBN: 978-3-96433-637-8 Mai 2024
☐ Band 12 + Schuber ISBN: 978-3-7573-0284-9 Mai 2024 | € 18,– (D)

Änderungen und Irrtümer vorbehalten. Stand 02/2024

MANGA CULT Checkliste ☑

MY NEXT LIFE AS A VILLAINESS: Wie überlebe ich in einem DATING-GAME?
von Satoru Yamaguchi & Nami Hidaka
☐ Band 01-05
☐ Band 06 ISBN: 978-3-96433-556-2
☐ Band 07 ISBN: 978-3-96433-600-2
☐ Band 08 ISBN: 978-3-96433-841-9
☐ Band 09 ISBN: 978-3-96433-842-6
Juni 2024
14x21 | SC | Fantasy | 15+
€ 10,– (D)

QUIN ZAZA – Die letzten Drachenfänger
von Taku Kuwabara
☐ Band 01-10
☐ Band 11 ISBN: 978-3-96433-639-2
☐ Band 12 ISBN: 978-3-96433-695-8
☐ Band 13 ISBN: 978-3-96433-844-0
☐ Band 14 ISBN: 978-3-96433-845-7
☐ Band 15 ISBN: 978-3-96433-846-4
September 2024 | € 12,– (D)
14x21 | SC mit Klappen | Fantasy | 15+
Band 01-13 € 10,– (D) | Band 14-15 € 12,– (D)

RG VEDA Master Edition
von CLAMP
☐ Band 01-05
16x24 | HC | Fantasy | 12+
€ 28,– (D) | **Abgeschlossen**

SHADOWS HOUSE
von so-ma-to
☐ Band 01 ISBN: 978-3-96433-851-8
☐ Band 02 ISBN: 978-3-96433-852-5
☐ Band 03 ISBN: 978-3-96433-853-2
☐ Band 04 ISBN: 978-3-96433-854-9
☐ Band 05 ISBN: 978-3-96433-855-6
☐ Band 06 ISBN: 978-3-96433-856-3
Juni 2024
☐ Band 07 ISBN: 978-3-96433-857-0
August 2024
14x21 | SC | Mystery | 13+
€ 8,99 (D)

SHIKIMORI'S NOT JUST A CUTIE
von Keigo Maki
☐ Band 01 ISBN: 978-3-96433-784-9
☐ Band 02 ISBN: 978-3-96433-785-6
☐ Band 03 ISBN: 978-3-96433-786-3
☐ Band 04 ISBN: 978-3-96433-787-0
☐ Band 05 ISBN: 978-3-96433-788-7
☐ Band 06 ISBN: 978-3-96433-789-4
Mai 2024
☐ Band 07 ISBN: 978-3-96433-790-0
Juli 2024
☐ Band 08 ISBN: 978-3-96433-791-7
September 2024
14x21 | SC | Romance | 13+
€ 8,99 (D)

SHOJO-MANGAKA NOZAKI-KUN
von Izumi Tsubaki
☐ Band 01-10
☐ Band 11 ISBN: 978-3-96433-448-0
☐ Band 12 ISBN: 978-3-96433-543-2
☐ Band 13 ISBN: 978-3-96433-654-5
☐ Band 14 ISBN: 978-3-96433-970-6
Juli 2024
14x21 | SC | Comedy | 13+
Band 01-13 € 7,99 (D) | Band 14 € 8,99 (D)

MEIN SCHULGEIST HANAKO ARTBOOK
von AidaIro
☐ Band 01 ISBN: 978-3-96433-588-3
☐ Band 02 ISBN: 978-3-96433-766-5
DIN A4 | HC | Farbe | Fantasy | Mystery | 13+
€ 30,– (D)

MIDNIGHT MONOLOGUE
von Jyanome
☐ Einzelband ISBN: 978-3-96433-804-4
☐ Einzelband ISBN: 978-3-96433-805-1
LE + Booklet | € 14,– (D)
14x21 | SC | Boys Love | 16+
€ 10,– (D) | **Abgeschlossen**

MIERUKO-CHAN – Die Geister, die mich riefen
von Tomoki Izumi
☐ Band 01-05
☐ Band 06 ISBN: 978-3-96433-625-5
☐ Band 07 ISBN: 978-3-96433-837-2
☐ Band 08 ISBN: 978-3-96433-838-9
☐ Band 09 ISBN: 978-3-96433-839-6
Mai 2024 | € 8,99 (D)
14x21 | SC | Mystery | 15+
Band 01-07 € 7,99 (D) | Band 08-09 € 8,99 (D)

MONONOGATARI – Die Wächter der Artefaktgeister
von Onigunsou
☐ Band 01 ISBN: 978-3-96433-862-4
☐ Band 02 ISBN: 978-3-96433-863-1
☐ Band 03 ISBN: 978-3-96433-864-8
☐ Band 04 ISBN: 978-3-96433-865-5
☐ Band 05 ISBN: 978-3-96433-866-2
☐ Band 06 ISBN: 978-3-96433-867-9
Mai 2024
☐ Band 07 ISBN: 978-3-96433-868-6
Juli 2024
☐ Band 08 ISBN: 978-3-96433-869-3
September 2024
14x21 | SC | Fantasy | 13+
€ 10,– (D)

MUSHISHI Perfect Edition
von Yuki Urushibara
☐ Band 01-10
14x21 | SC | Fantasy | 15+
€ 15,– (D) | **Abgeschlossen**

MY BOY
von Hitomi Takano
☐ Band 01-05
☐ Band 06 ISBN: 978-3-96433-730-6
☐ Band 07 ISBN: 978-3-96433-731-3
☐ Band 08 ISBN: 978-3-96433-732-0
☐ Band 09 ISBN: 978-3-96433-733-7
14x21 | SC | Drama | 15+
€ 10,– (D) | **Abgeschlossen**

MY HOME HERO
von Naoki Yamakawa & Masashi Asaki
☐ Band 01-10
☐ Band 11 ISBN: 978-3-96433-662-0
☐ Band 12 ISBN: 978-3-96433-663-7
☐ Band 13 ISBN: 978-3-96433-664-4
Juni 2024
☐ Band 14 ISBN: 978-3-96433-665-1
August 2024
14x21 | SC | Thriller | 16+
€ 10,– (D)

LAID-BACK CAMP
von afro
☐ Band 01-10
☐ Band 11 ISBN: 978-3-96433-537-1
☐ Band 12 ISBN: 978-3-96433-577-7
☐ Band 13 ISBN: 978-3-96433-578-4
☐ Band 14 ISBN: 978-3-7573-0288-7
Juni 2024
14x21 | SC | Slice of Life | 13+
€ 10,– (D)

LAYLA UND DAS BIEST, DAS STERBEN MÖCHTE
von Asato Konami & Eziwa Saita
☐ Band 01-04
14x21 | SC mit Klappen | Abenteuer | 12+
€ 10,– (D) | **Abgeschlossen**

LIFE LESSONS WITH URAMICHI
von Gaku Kuze
☐ Band 01-05
☐ Band 06 ISBN: 978-3-96433-555-5
☐ Band 07 ISBN: 978-3-96433-704-7
☐ Band 08 ISBN: 978-3-7573-0285-6
Mai 2024
14x21 | SC | Comedy | 15+
€ 7,99 (D)

LOVE OF KILL
von Fe
☐ Band 01-10
☐ Band 11 ISBN: 978-3-96433-833-4
☐ Band 12 ISBN: 978-3-96433-834-1
☐ Band 13 ISBN: 978-3-96433-835-8
Mai 2024 | € 8,99 (D)
14x21 | SC | Action | 16+
Band 01-09 € 7,99 (D) | Band 10-13 € 8,99 (D)

LOVELOCK OF MAJESTIC WAR
von Tatsuya Shihira
☐ Band 01-04
14x21 | SC | Action | 16+
€ 10,– (D) | **Abgeschlossen**

MEIN GELIEBTER GAMING-FREUND IST MEIN FIESER BOSS?! Σ(･□･)
von Nmura
☐ Band 01 ISBN: 978-3-96433-612-5
☐ Band 02 ISBN: 978-3-96433-836-5
☐ Band 03 ISBN: 978-3-7573-0300-6
Juli 2024 | € 10,– (D)
14x21 | SC | Boys Love | 15+
Band 01 € 14,– (D) | Band 02-03 € 10,– (D)

MEIN SCHULGEIST HANAKO
von AidaIro
☐ Band 00-15
☐ Band 16 ISBN: 978-3-96433-619-4
☐ Band 17 ISBN: 978-3-96433-620-0
☐ Band 18 ISBN: 978-3-96433-986-7
☐ Band 19 ISBN: 978-3-96433-987-4
☐ Band 20 ISBN: 978-3-96433-988-1
August 2024
☐ Band 20 ISBN: 978-3-7573-0377-8
LE + Booklet | August 2024 | € 12,– (D)
14x21 | SC | Fantasy | Mystery | 13+
Band 00-17 € 7,99 (D) | Band 18-20 € 8,99 (D)

MEIN SCHULGEIST HANAKO – After School
von AidaIro
☐ Einzelband ISBN: 978-3-96433-613-2
14x21 | SC | Fantasy | Mystery | 13+
€ 7,99 (D) | **Abgeschlossen**

MANGA CULT Checkliste

YU YU HAKUSHO NEU
von Yoshihiro Togashi
☐ Band 01 ISBN: 978-3-7573-0304-4 Juli 2024
☐ Band 02 ISBN: 978-3-7573-0305-1 September 2024
14x21 | SC | Action | 13+
€ 15,– (D)

ZETMAN 2in1 Edition
von Masakazu Katsura
☐ Band 01 ISBN: 978-3-96433-806-8
☐ Band 02 ISBN: 978-3-96433-807-5
☐ Band 03 ISBN: 978-3-96433-808-2
☐ Band 04 ISBN: 978-3-96433-809-9
☐ Band 05 ISBN: 978-3-96433-810-5
☐ Band 06 ISBN: 978-3-96433-811-2 Juni 2024
☐ Band 07 ISBN: 978-3-96433-812-9 August 2024
14x21 | SC | Science-Fiction | 16+
€ 18,– (D)

manhwa 만화 Cult

7FATES: CHAKHO mit BTS
von HYBE und WEBTOON
☐ Band 01 ISBN: 978-3-98949-016-1
14,8x21 | SC | Fantasy | 13+
€ 18,– (D)

DARK MOON – THE BLOOD ALTAR mit ENHYPEN NEU
von HYBE und WEBTOON
☐ Band 01 ISBN: 978-3-98949-028-4 Juni 2024
14,8x21 | SC | Fantasy | 13+
€ 18,– (D)

JULY FOUND BY CHANCE NEU
von Muryu
☐ Band 01 ISBN: 978-3-98949-000-0 Juli 2024
☐ Band 02 ISBN: 978-3-98949-001-7 September 2024
14,8x21 | SC | Drama | 15+
€ 16,– (D)

THE STAR SEEKERS mit TOMORROW X TOGETHER NEU
von HYBE und WEBTOON
☐ Band 01 ISBN: 978-3-98949-023-9 Mai 2024
14,8x21 | SC | Fantasy | 13+
€ 18,– (D)

UNINTENTIONAL LOVE STORY NEU
von PIBI
☐ Band 01 ISBN: 978-3-98949-010-9 August 2024
14x21 | SC | Boys Love | 16+
€ 12,– (D)

TWILIGHT OUTFOCUS LONG TAKE NEU
von Jyanome
☐ Band 01 ISBN: 978-3-7573-0375-4 Juli 2024
☐ Band 01 ISBN: 978-3-7573-0376-1 LE+ Booklet | Juli 2024 | € 14,– (D)
14x21 | SC | Boys Love | 16+
€ 10,– (D)

TWITTERING BIRDS NEVER FLY
von Kou Yoneda
☐ Band 01-05
☐ Band 06 ISBN: 978-3-96433-422-0
☐ Band 07 ISBN: 978-3-96433-423-7
☐ Band 08 ISBN: 978-3-96433-424-4 August 2024 | € 12,– (D)
14x21 | SC | Boys Love | 16+
Band 01 € 10,– (D) | Band 02-08 € 12,– (D)

VERSUS NEU
von ONE & Kyoutarou Azuma & bose
☐ Band 01 ISBN: 978-3-7573-0301-3 Mai 2024
14x21 | SC | Action | 15+
€ 10,– (D)

WANDANCE
von Coffee
☐ Band 01-05
☐ Band 06 ISBN: 978-3-96433-723-8
☐ Band 07 ISBN: 978-3-96433-724-5
☐ Band 08 ISBN: 978-3-96433-993-5
☐ Band 09 ISBN: 978-3-96433-994-2
☐ Band 10 ISBN: 978-3-96433-995-9
☐ Band 11 ISBN: 978-3-7573-0294-8 August 2024
14x21 | SC | Special | 13+
€ 10,– (D)

WELCOME BACK, ALICE
von Shuzo Oshimi
☐ Band 01-05
☐ Band 06 ISBN: 978-3-96433-996-6
☐ Band 07 ISBN: 978-3-7573-0289-4 Juni 2024
14x21 | SC | Drama | 16+
€ 10,– (D)

YAKUZA FIANCÉ – Verliebt, verlobt, verpiss dich
von Asuka Konishi
☐ Band 01 ISBN: 978-3-7573-0346-4
☐ Band 02 ISBN: 978-3-7573-0347-1 Juni 2024
☐ Band 03 ISBN: 978-3-7573-0348-8 August 2024
14x21 | SC | Romance | 16+
€ 10,– (D)

YAKUZA REINCARNATION
von Hiroki Miyashita & Takeshi Natsuhara
☐ Band 01-05
☐ Band 06 ISBN: 978-3-96433-710-8
☐ Band 07 ISBN: 978-3-96433-711-5
☐ Band 08 ISBN: 978-3-96433-712-2 Mai 2024
☐ Band 09 ISBN: 978-3-7573-0291-7 Juli 2024
☐ Band 10 ISBN: 978-3-7573-0299-3 September 2024
14x21 | SC | Action | 15+
€ 10,– (D)

SOLOIST IN A CAGE
von Shiro Moriya
☐ Band 01-03
14x21 | SC | Mystery | 16+
€ 14,– (D) | **Abgeschlossen**

SOMALI UND DER GOTT DES WALDES
von Yako Gureishi
☐ Band 01-05
☐ Band 06 ISBN: 978-3-96433-321-6
14x21 | SC | Fantasy | 12+
€ 10,– (D)

SORA & HARA
von Asumiko Nakamura
☐ Einzelband ISBN: 978-3-96433-973-7
14x21 | SC | Boys Love | 15+
€ 14,– (D) | **Abgeschlossen**

SOTSU GYO SEI – Verliebt in meinen Mitschüler
von Asumiko Nakamura
☐ Band 01-02
14x21 | SC | Boys Love | 15+
€ 10,– (D) | **Abgeschlossen**

SURVIVING WONDERLAND
von Tabasa Iori
☐ Band 01-03
14x21 | SC | Horror | Mystery | 16+
€ 10,– (D) | **Abgeschlossen**

THE HOLY GRAIL OF ERIS
von Kujira Tokiwa & Hinase Momoyama & Yu-nagi
☐ Band 01-05
☐ Band 06 ISBN: 978-3-96433-599-9
☐ Band 07 ISBN: 978-3-96433-847-1
☐ Band 08 ISBN: 978-3-96433-848-8
☐ Band 09 ISBN: 978-3-96433-849-5 Juli 2024 | € 8,99 (D)
14x21 | SC | Mystery | 15+
Band 01-05 € 7,99 (D) | Band 06-09 € 8,99 (D)

TONIKAWA – Fly me to the Moon
von Kenjiro Hata
☐ Band 01-15
☐ Band 16 ISBN: 978-3-96433-650-7
☐ Band 17 ISBN: 978-3-96433-651-4
☐ Band 18 ISBN: 978-3-96433-652-1 Mai 2024 | € 8,99 (D)
☐ Band 19 ISBN: 978-3-96433-653-8 Juli 2024 | € 8,99 (D)
☐ Band 20 ISBN: 978-3-7573-0298-6 September 2024 | € 8,99 (D)
14x21 | SC | Romance | 13+
Band 01-10 € 7,99 (D) | Band 11-20 € 8,99 (D)

TRICKS DEDICATED TO WITCHES
von Shizumu Watanabe
☐ Band 01-04
14x21 | SC | Action | 15+
€ 10,– (D) | **Abgeschlossen**

TWILIGHT OUTFOCUS
von Jyanome
☐ Band 01-02
14x21 | SC | Boys Love | 16+
€ 10,– (D) | **Abgeschlossen**

Änderungen und Irrtümer vorbehalten. Stand 02/2024

STOPP! DIES IST DIE LETZTE SEITE!

VERSUS ist ein Manga, und einen japanischen Comic liest man von hinten nach vorne. Auch die Lesereihenfolge der Bilder und Sprechblasen auf den Seiten ist anders als gewohnt: von rechts oben nach links unten.

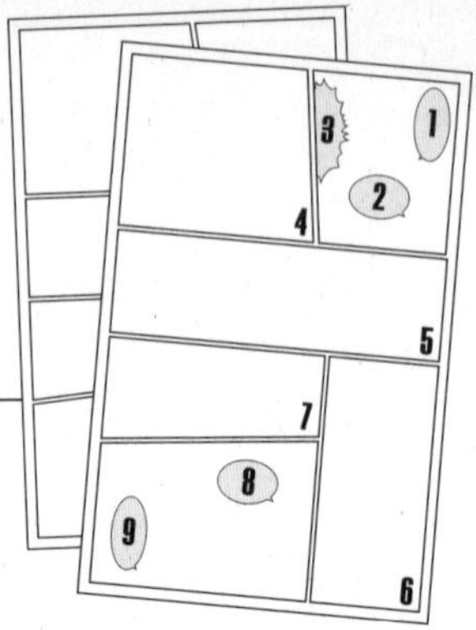

VERSUS 1

von
ONE, Kyoutarou Azuma & bose

1. Auflage, 2024
Deutsche Ausgabe/German Edition

Verlagsleitung: Andreas Mergenthaler & Luciana Bawidamann

Aus dem Japanischen von Etsuko Tabuchi & Florian Weitschies

First published in Japan in 2023 by KODANSHA LTD., Tokyo.
Publication rights for this German edition arranged through KODANSHA LTD., Tokyo.
Original Cover Design: Illustration: KYOUTAROU AZUMA | Design: YUSUKE KURACHI(Astrorb)

KODANSHA

Programmleitung: Alexandra Grimsehl
Redaktion & Lektorat: Mareike Pieczarek
Korrektorat: Natalia Pankeew
Grafik/Produktionsleitung: Elke Epple
Layout und Lettering: Manga Cult, Datagrafix GSP GmbH, Berlin
Druck: GGP Media GmbH, Pößneck

Print-ISBN: 978-3-7573-0301-3

www.manga-cult.de | Mai 2024